中华传世藏书

【图文珍藏版】

中华上下五千年

刘宇庚⊙主编

线装书局

初唐四杰

初唐的政治变革和经济繁荣并没有立即改变六朝以来的浮靡诗风。唐初诗人多是深受齐梁影响的陈、隋旧臣，新王朝的统治者对宫体艳诗也情有独钟，初唐前期诗坛的诗人竞相写作淫靡浮艳的宫体诗和富丽呆板的应制诗。上官仪是这时期宫廷诗人的典型代表，他的诗大多描写浮华腐化的贵族生活。以绮丽婉媚为本，为当时人所仿效，称为“上官体”。

为扭转诗坛沿袭齐梁的颓势，初唐后期陆续有新诗人出现，展开斗争。首先是“初唐四杰”的崛起。

所谓“四杰”，是高宗武后时期，“以文章齐名天下”的四个青年诗人：王勃、杨炯、卢照邻、骆宾王。四杰都才高位卑，命运不幸，因而在文学上走着与宫廷诗人不同的道路。

“四杰”不仅开拓了诗歌的视野，扩大了诗歌的题材，而且使诗歌具有了昂扬的时代气息。

王勃虽然在 27 岁时就不幸逝世，但却为后世留下了千古佳篇，如《送杜少府之任蜀川》：

城阙辅三秦，风烟望五津。
与君离别意，同是宦游人。
海内存知己，天涯若比邻。
无为在歧路，儿女共沾巾。

全诗摆脱了一般送别诗的旧调，一扫离别之际的依依之情，而以事业心批判儿女情，立足高远，给人以耳目一新之感。“海内存知己，天涯若比邻”，意境开阔，气象高爽，历来为人们传诵。

王勃

王勃的五绝《山中》和七古《滕王阁诗》，也都具有悲凉雄放的气势，显示出独特的风貌。

杨炯有《从军行》：

烽火照西京，心中自不平。
牙璋辞凤阙，铁骑绕龙城。
雪暗凋旗画，风多杂鼓声。
宁为百夫长，胜作一书生。

慷慨激昂，壮怀激烈，反映了初唐一般士人向往边塞生活的豪壮气魄，读来令人精神振奋。

另外如卢照邻《长安古意》以纵横奔放、富丽铺陈的诗笔揭露了长安上层社会繁华堕落的生活，预示这种生活必然幻灭的结局，衬托自己清贫生活的可贵。

骆宾王的代表作《帝京篇》与《长安古意》内容风格相近，是初唐少有的大篇，当时以为绝唱。《在狱咏蝉》寄悲愤沉痛于咏物之中，是初唐律诗中精工凝练的名作：

西陆蝉声唱，南冠客思侵。
那堪玄鬓影，来对白头吟。
露重飞难进，风多响易沉。
无人信高洁，谁为表予心。

“初唐四杰”的出现，预示着唐诗的繁荣景象即将到来，尽管还需等待一段时间，但他们已经开了一代风气，所以后来唐代伟大的现实主义诗人杜甫热烈地颂扬他们：“王杨卢骆当时体，轻薄为文哂未休。尔曹身与名俱灭，不废江河万古流。”

政论专史《贞观政要》

《贞观政要》，是明成化九年内府刊本，其作者为唐代吴兢，是一本政论类史书。《贞观政要》主要内容记载了唐太宗在位的二十三年中一些政治、经济上的重大措施。本书通过贞观年间唐太宗李世民与臣下魏征、王珪、房玄龄、杜如晦、虞世南、褚遂良等人关于施政问题的对话，以及一些大臣的谏议和劝谏奏疏，对贞观年间的历史经验进行了系统的总结，对唐初的立国方针、君道政体、历史借鉴、官员选拔、君民作风、任贤纳谏、教诫太子、道德规范、学校文化、正身修德、刑罚贡赋、征伐安边、善始慎终等都进行了详细的记述，反映了贞观年间最高层对治国方针的思考。书中所反映的一代史事，正是“贞观之治”形成的原因。

“贞观之治”本身所具有的强大魅力，贞观君臣的政治谋略和用人谋略，他们所代表的卓越的领导艺术，一直被后世所推崇。《贞观政要》将这些珍贵的经验和谋略智慧如实地记录下来，为后世的政治学、领导学留下了一笔极其丰富的资料。

《贞观政要》包含着极其丰富的治国理念，堪称一部极富东方哲理的领导艺术教科书。它自问世以来，一直受到统治阶级的珍视，奉为治国宝典。唐宣宗李忱对《贞观政要》无比珍爱，命人把它抄在屏风上，时时拱手读之，不胜景仰，并且从中汲取经验，用之于自己的治国实践中，做到了明察沉断、用法无私、从谏如流。因为他勤于政事，恭谨节俭，惠爱民物，所以，唐王朝到他那时，虽已近于黄昏，但政治态势一度好转，成为晚唐唯一值得一提的皇帝。他死之后，人们感念他，称他为“小太宗”。

清朝乾隆皇帝也把《贞观政要》奉为治国的圭臬，曾感叹地说：

“余尝读其书，想其书，未尝不三复而叹曰：贞观之治盛矣。”

不仅如此，《贞观政要》在国外也引起了极大的反响。书成不久即传到了东邻日本，平安朝以来的历代皇帝都很爱读，精通汉语的大臣们努力为他们讲解，他们模仿贞观政事，把《贞观政要》作为皇家的政治教科书，以后历代幕府也奉为治国圣典。日本历史上著名的德川幕府在1615年颁布《禁中并公家法度》，第一条就是把《贞观政要》定为天子的必读书；《贞观政要》作为明治天皇的座右铭，对明治时期的政治改革产生了很大的影响。

《贞观政要》全书10卷40篇，8万余言，作者是唐玄宗时期著名的史学家吴兢。他出生于唐高宗总章三年（670年），病逝于唐玄宗天宝八年（749年）。早在武则天时期，吴兢就进入史馆，和当时著名的史学家刘知几等人一同修撰史书。那时候，武则天的侄子武三思和男宠张昌宗、张易之弄权，史官们惧怕他们的权势，不免曲笔掩饰，吴兢鄙视那种不良史德，他和刘知几一起撰写的《武后实录》中，如实记载了张昌宗、张易之兄弟以“赂以美官”诱使张说诬证魏元忠。后来张说为相，对这件事深感不安，明知道是吴兢所为，还故意对吴兢说：“记魏齐公事，都是刘知几做的。”吴兢从容回答说：“是兢书之，非刘公修述，草本犹在。其人已亡，不可诬枉于幽魂，令相公有怪耳。”张说几次请求删改，他都断然拒绝，凛然回答：“若取人情，何名为直笔？”吴兢终因此事而被贬官，但他的高风亮节，却得到时人称赞，人们称誉他是当世董狐，后世史家更是以他为典范。

吴兢任史官30余年，编纂唐国史65卷，最有生命力的还是这部《贞观政要》。这是一部独具特色，对人富有启发意义的经典著作。

《贞观政要》写作于开元、天宝之际。当时的社会仍呈现着兴旺的景象，但社会危机已露端倪，实际上在吴兢去世后6年，安史之乱便爆发了，从此，唐王朝进入不可逆转的衰势。在政治上颇为敏感的吴兢已感受到这种衰颓趋势的到来。作为一个有责任感的大臣，为了保证唐皇朝的长治久安，他深感有必要总结唐太宗君臣相得、励精图治的成功经验，为当时的帝王树立起施政的楷模。《贞观政要》正是基于这样一个政治目的而写成的。

《贞观政要》所辑录的又是唐太宗李世民和魏征等大臣的政论或奏疏。这些人多是有远见的政治家，他们熟悉儒家的治国安邦之术，对历史上的治乱兴衰，如暴秦的速亡、两汉的衰落、南北朝政治的黑暗，都有非常深刻的认识，他们自己又亲历过隋末改朝换代的斗争，头脑更加清醒，也能够冷静地总结历史的经验教训，认真地思考社会现实问题，提出行之有效的治国方针。所以《贞观政要》所阐述的思想便具有了治国安民的重大参考价值，历代帝王更是把它当作一门必修的功课。

吴兢从贞观君臣的论述中，得出结论，认为君主是封建政权的关键，他在开卷的第一篇《君道》中，集中探讨了为君之道：

贞观初，太宗谓侍臣曰："为君之道，必须先存百姓。若损百姓以奉其身，犹割股以啖腹，腹饱而身毙。若安天下，必须先正其身，未有身正而影曲，上治而下乱者。"

要想当好君主，必先安定百姓，要想安定天下，必须先正自身。把安民与修养自身作为君的两个要素，对于封建政治来说，是抓到了点子上。对于君主的个人修养，他以唐太宗为例，说明清心寡欲和虚心纳谏是相当重要的。这两点正是唐太宗成功的关键，所以后世提及唐太宗，必提这两点为君王的可贵品格。

在这篇中，还提到了"明君"与"昏君"的问题。

贞观二年，太宗问魏征曰："何谓为明君暗君?"征曰："君之所以明者，兼听也；其所以暗者，偏信也。……是故人君兼听纳下，则贵臣不得壅蔽，而下情必得上通也。"太宗甚善其言。

这就是被后人反复提及的"兼听则明，偏听则暗"的道理。做"明君"有一个非常重要的特点，就是善于发现和使用人才。唐太宗对用人有较深刻的认识，他一再强调"为政之要，唯在得人"。(《贞观政要·崇儒》)《贞观政要》第七篇《论择官》中记载：唐太宗问封德彝，政治之本唯在得到人才。近来朕命令你举荐人才，却没见你举荐。天下有那么多事要朕去处理，你却不能为朕分忧。你不说话，我能寄希望于谁呢？封德彝赶紧回答，说臣愚昧，但是也不敢不尽力，只是臣到现在也没碰上个有奇才的人哪。唐太宗就很不高兴地说，前代明哲君王用人是取其所长，而且都在当世取才，哪能等着梦见傅说、姜尚，再去寻找他们，再来治理国家呢？况且哪个朝代没有贤能人才？只是怕被你遗漏了！几句话说得封德彝很惭愧。

《论择官》还记载：

贞观元年，太宗谓房玄龄等曰："致治之本，惟在于审。量才授职，务省官员。故《书》称：'任官惟贤才。'又云：'官不必备，唯其人。'若得其善者，虽少亦足矣；其不善者，纵多亦奚为？”

意思是治理国家的根本在于审量人才而授以官职，官员务必要精简。任用官员应以贤能为准。如果是有用的贤才，就是少也足够了，如果不是贤才，再多又有什么用呢？

唐太宗还提出，为政者要具有高尚的品德，能够克己恭俭，正直廉洁，虚心听取别人的意见。为此，他不但采取了一系列选拔人才的措施，而且非常重视对官员的考核和赏罚。通过唐太宗的努力，一批人才集中于初唐政坛。这些人才又为巩固唐初政权、组织民众生产、安定民众生活方面发挥了重大作用。正是君明臣贤，上下一心，共同促成了贞观之治的出现。这就如贞观名臣魏征所言：

“大厦云构，非一木之枝；帝王之功，非一士之略。”

选拔和使用人才真是关系到国家兴衰成败的大问题，为政者不可不重视啊。

总之，《贞观政要》对中国史学史上古老记言体裁加以改造更新而创作，是一部独具特色、富有启发性的历史著作。《贞观政要》既有史实，又有很强的政论色彩；既是唐太宗贞观之治的历史记录，又蕴含着丰富的治国安民的政治观点和成功的施政经验。《贞观政要》是现存记载太宗朝历史较早的一部史书，在史料学方面具有重要价值。这里，我们无法一一列举。古为今用，鉴古而知未来。读《贞观政要》，掩卷细思，感慨良多。其中深刻的见解和哲理，在今天看来仍有振聋发聩的作用。

文成公主出嫁

文成公主（约623年—680年），吐蕃名甲木萨汉公主，吐蕃赞普松赞干布的第二位皇后（第一位皇后来自今日的尼泊尔）。本是中国唐朝皇室远枝，640年奉唐太宗之命和亲吐蕃。

文成公主在中国可谓家喻户晓，她为发展汉藏两族人民的友谊做出了不朽的贡献。人们为了纪念她，为她雕塑了一座金像，至今仍供奉在西藏拉萨的大昭寺内。关于文成公主出嫁，在民间流传着一些优美动人的故事。

文成公主雕像

大唐贞观年间，唐太宗李世民励精图治，治国有方，国势蒸蒸日上，成为中国封建社会最兴盛富强的时期。当时周边一些小国纷纷俯首称臣。一些国家还通过联姻的形式，加强与大唐王朝的友好关系。

在青藏高原，当时有一个吐蕃国，吐蕃国国王松赞干布也是一个日思进取之人。他听说大唐在生产、科技、文化诸方面都很发达，值得学习，便想进一步发展与大唐的友好关系。想来想去，想到了联姻的方式。贞观九年（公元635年），他派人到长安向李世民求婚未果。贞观十四年（公元640年），为了表示诚意，他派宰相禄东赞亲到长安二次向唐王李世民表达求婚之意。唐太宗李世民很注意发展同少数民族的友好关系，又见松赞干布诚心如此，便表示同意联姻。

但是，这下李世民可为了难。为什么呢？因为吐蕃国地处高原，气候寒冷，离长安又万里之遥。那些公主们一听都纷纷摇头，表示不愿意去，即使有看到父皇为难，表示愿意去的，李世民一看，又觉得年龄太小，自己有些舍不得。

太宗李世民不愿强迫女儿出嫁到地处偏远的吐蕃国，但又答应了人家，无法反悔，一连几天为此事犯难。此事被他的族弟江夏王李道宗知道了，回家闲谈中便与女儿说起此事，最后还叹息道："唉，公主们哪里知道，这一桩婚姻抵得上十万雄兵呢！"他的女儿是个饱读诗书、知情达礼之人。听父亲说出这一番话，低头思忖了一会儿，忽然摇头说道："父亲，既然这桩婚姻如此重要，女儿愿意代为出嫁，也算替父亲为国尽忠了，您看如何？"

李道宗一听先是心中大喜，高兴女儿如此贤德，为国着想。但一转念，心中又实在舍不得女儿去那天寒地冻、人烟稀少的去处。但他的女儿对其明之以大义，要父亲以国事为重。李道宗见此，便去禀报了太宗李世民。李世民闻听，更是高兴，当即夸奖了一番，并封李道宗女儿为文成公主。

其实文成公主心中也担心，倒不为别的，只怕吐蕃人粗鄙落后。但她是个非常聪明的女子，想出了一个主意，便向太宗奏明：要提三个问题，吐蕃使者都答对了，才肯出嫁入吐蕃。太宗李世民是个开明君主，见文成公主说得有理，便毫不犹豫地答应了。和吐蕃宰相禄东赞一说，他不仅答应，心中还暗自佩服文成公主有心计。

第二天早朝，当着满朝文武，文成公主给吐蕃国使者出了第一道题：她给了禄东赞一块绿松石和一条绸带。绿松石中有弯弯曲曲的小孔，要禄东赞将绸带穿过绿松石的小孔。题一出来，满朝文武面面相觑，均想：文成公主定是不想去吐蕃，故出此题难为吐蕃使者禄东赞。坐在龙书案前的唐太宗李世民闻听此题也不免微微皱眉，心道：你若果真不愿去，也就算了，何必如此刁难人家？一时之间，在场之人全将目光落到禄东赞身上。禄东赞也真不愧为一朝宰相，只见他略一思忖，不慌不忙走出大殿。众人以为他不会回答，就此走了。正在议论纷纷，只见禄东赞又转身回来了。原来他早已想出一个好办法。他从殿外抓来一只大蚂蚁，拴上细丝，放到绿松石一端，然后在另一端放上有香味的食物，蚂蚁嗅觉灵敏，不一会儿，便循着味儿从另一端爬出来。禄东赞见状，又将被蚂蚁顺势拖出的丝线拴在绸带一头一拉，绸带便在绿松石中穿过去了。

在场众臣无不为之拍手叫好，唐太宗李世民在龙椅之上面带微笑，躲在幕后的文成公主心中也是暗喜，觉得这吐蕃人不但不笨，还很聪明。

紧接着文成公主又出了第二道难题：找来一根两头一样粗的木头，让吐蕃使者禄东赞说出哪头是根，哪头是梢。禄东赞成竹在胸，文成公主话音刚落，他便说道："只需将木头放进流水中，木头顺水漂流。前面的是根部，后面的是梢部。"文成公主又追问其故，禄东赞笑道："公主自当知道树木根部比梢部重，被水一冲，自然是重的一头在前，所以前面的必是根部。"文成公主一听，点头微笑不语。

禄东赞在答这两道题时，对文成公主是只闻其声，未见其人。而公主这第三道题便是自己混在300名美女之中，让禄东赞辨识出来。禄东赞来到长安，虽从未与公主谋面，但他颇为聪明，事先早已见过公主的人画像一张，自己仔细观察了好多天。因此他很快便心平气静地在300名美女中指出了举止端庄、容貌秀美的文成公主。

既然人家三道题都答对了，文成公主就不食前言，答应了松赞干布的求婚，心中还颇为满意，只是不知未来的夫君是个什么样的人物。

太宗李世民闻听文成公主已同意出嫁，心中大喜，决心要把文成公主的婚嫁当作一件大事来办。首先在边境修筑了一座富丽堂皇的行宫，以便公主一行人休整之用。又为公主准备了丰厚的嫁妆，其中包含一尊赤金的释迦牟尼佛像。此外，像图书、作物种子、生活用品、各类工匠等，应有尽有。一切准备就绪，即派礼部尚书李道宗（文成公主父亲）为送亲特使，于贞观十五年正月率3000羽林军护送文成公主离开长安，随吐蕃使者禄东赞直奔吐蕃国而去。消息传开，满朝文武皆来送行，交口赞誉文成公主此举。甚至连普通百姓也主动夹道相送，送亲的队伍蜿蜒几十里。

文成公主为人心地善良，经过百南巴（今青海省玉树市）时，发现当地居民不会种庄稼，便让随行的农民教他们种大麦、燕麦；又让所带石匠在河边安上水磨，看到当地居民安居乐业，这才率众离去。当地居民也深深感激文成公主，便给她立了一尊石像以做纪念。

一路上，文成公主走到哪里，就将栽桑养蚕、制作酥油的技术传播到哪里，深受沿途各族人民的欢迎，而文成公主所带给他们的恩惠也由祖辈流传下来。直到今天，一提起文成公主，人们还赞不绝口。

吐蕃王松赞干布早就得到文成公主即将来到的消息，又闻听公主为人贤德善良，更是兴奋得几宿没睡好觉，率领军队到很远的地方迎接文成公主。一见公主举止文雅，貌若天仙，更是高兴得难以言表。公主见松赞干布英勇潇洒、彪悍威武，心中也是暗自喜欢。两人可谓一见如故，天成地配的一段好姻缘。

松赞干布陪同文成公主进入国都逻些（今西藏拉萨）。吐蕃国民闻听此事，欢呼雀跃，净水泼街，夹道欢迎。松赞干布深感自豪，文成公主也颇为激动。从此之后，文成公主在吐蕃生活下来。她不仅和松赞干布恩爱异常，对待吐蕃国民也是关爱谦和，从不摆大国架子。还亲自教给吐蕃人民纺织、农业、牧业等各种适合他们的技术。吐蕃人民更加爱戴她。松赞干布为了表达自己以及吐蕃人民对文成公主的爱，还专门为她修建了大昭寺，并将文成公主带来的释迦牟尼佛像供奉其中。

至今，人们提起文成公主仍赞不绝口。她与同为发展民族友谊而做出卓越贡献的汉代王昭君被称为我国历史上的“双姐妹”。松赞干布雄才大略，统一西藏，促进了吐蕃政治、经济、文化的发展，加强了藏族与汉族的亲密关系，为中国这个统一的多民族国家的历史发展做出了杰出贡献。文成公主知书达礼，不避艰险，远嫁吐蕃，为促进唐蕃间经济文化的交流，增进汉藏两族人民亲密、友好、合作的关系，做出了历史性的贡献。

唐玄奘“西天取经”

《西游记》是中国古典四大名著之一，明代小说家吴承恩所著中国古代第一部浪漫主义长篇神魔小说。主要描写孙悟空、猪八戒、沙僧三人保护唐僧西行取经，沿途遇到八十一难，一路降妖伏魔，化险为夷，最后到达西天、取得真经的故事。而在我国唐代却真有一位僧人——唐玄奘，到当时的所谓西天佛国天竺国（今印度）求取佛经，为此他所经历的却不止八十一难。

唐玄奘（602—664），本名陈祎，洛州缑氏（今河南洛阳偃师市）人，其先颍川人。唐代著名高僧，法相宗创始人，被尊称为“三藏法师”，后世俗称“唐僧”，与鸠摩罗什、真谛并称为中国佛教三大翻译家。玄奘是他的法号，其父陈惠曾任江陵县令。其兄长捷在洛阳净土寺为僧。隋大业十年（公元614年），陈祎也在净土寺剃度为僧。

唐王朝建立后，玄奘与其兄辗转至成都定慧寺。武德元年（公元618年）

至武德五年（公元622年）间，在此精研佛经。后游历至荆州天皇寺以及河南、河北、山东等地的名山宝刹访有道的高僧，研讨佛经，钻研各派学说。在多年苦心研读佛经的过程中，他发现国内佛经不仅残缺不全，而且错误纰漏颇多。为了了解经典真义，寻求佛法究竟，他决心亲自到佛教圣地天竺国求取真经。

但是，当朝皇帝唐太宗李世民那时对佛教采取一定的限制态度，玄奘法师向有关衙门申请的西行通行证没有得到批准。他只好再耐心等待，寻找机会。

贞观三年（公元629年）秋季，关中一带发生灾荒。唐太宗李世民降旨：允许百姓出关到各地谋生。27岁的玄奘认为机会来了，夹在灾民之中，出了长安城，开始了漫长的西行之路。

他途经秦州、兰州，到达凉州（今甘肃武威）。凉州是西域各国与内地联系的必经要道。玄奘就准备从这里通过西域到天竺国。但是他没有通行证，遭到凉州都督李太亮的严格盘查。非但不让过关，还要他即刻返回长安，否则就抓起来遣送回去。

这点困难吓不倒玄奘，明闯不行就来暗度。他首先求助于凉州佛寺中的成远法师。成远法师与李太亮很有交情，他被玄奘的才华所折服，也为他求学的精神所感动。当晚，就设计亲自将玄奘护送出关。玄奘出了凉州，一路风餐露宿，到了瓜州（今安西）。

但是李太亮不知怎么知道了玄奘出关的消息，早派兵向瓜州送发了追捕玄奘的公文，幸亏瓜州刺史独孤达信仰佛教，尊重僧人，他没有捕抓玄奘，只是让他快些离开。

玄奘依令而行。来至瓜州寺庙门口之外，一位西域来进香的老人见他气宇不凡，便上前攀谈。玄奘发现他是西域人，想借机了解一下沿途情况，便与之谈起西行之事。老人对他说："西去路途遥远，还要经历戈壁沙漠，几百里杳无人烟，几百里全是沙海。此去道路险峻，困难重重。法师独自一人，实在是太危险了！"

玄奘闻听，微微一笑，道："贫僧立誓西行，不到天竺国求取真经，决不后退一步。即便中途亡故，亦不后悔！"

老人对玄奘油然而生一种敬意。又见他如此坚决，叹口气道："也罢，世上像你这样的奇人也真是少见，老汉我深感佩服。这样吧，为了表达我的一番心意，就将我这匹识途老马送给你吧！"言罢递过马的缰绳。

玄奘见自己与老人素不相识，老人竟将如此贵重的交通工具赠送自己，开始时坚决不收。老人见此，以为玄奘嫌马老了，便一边用手抚着马头，一边深情地说道："法师敬请收下吧。你别看这匹马已经很老了，但它脚力还行。更重要的是它曾十几次穿越戈壁大漠，为我可是立下了汗马功劳呢！如若不是您，我还真舍不得将它送人呢！"

玄奘一听老人的话，知道他误会了。但又一想，自己孤身穿越大漠，没有向导，有这样一匹老马，真是雪中送炭。便也不多做解释，千恩万谢地谢过老人，收下老马，骑上西行而去。

玄奘离开瓜州，日夜兼程，很快便来到玉门关前。抬头远眺，高耸入云的玉门关朦胧可见。但是前面大河拦路，河上无桥，河岸无船。玄奘正在发愁，老马忽然昂首缓步向河中走去。玄奘一惊，以为马要喝水，可那马的意思分明是要过河。玄奘怕老马体力不支，被水冲走，死命向后拖。但老马执意前行，好似胸有成竹一样。玄奘只好紧紧拽住马的缰绳，没想到竟然被老马顺利驮过河去。上了岸，玄奘心中高兴，用手亲昵地抚了抚马头，以示感激。老马也用头拱了拱他，打了几个响鼻。然后，人、马又愉快地上路了。

这一天，玄奘来到玉门关外的第一座烽火台下，被校尉王祥发现，将他盘问一番，但并未为难他，因为王祥信仰佛教，深为玄奘求取真经的精神所感动。临别还告诉他一条可躲过两座烽火台的小路，并写了一封信让他交给第四座烽火台的守将王伯陇。

王祥所指小路，人迹罕至，灌木丛生，基本上没有路。玄奘不畏艰苦，在荆棘中日夜穿行。只有太劳乏的时候，才肯将行李铺在草地上休息一会儿。此时已是深秋，凉风习习。如若晚上休息，早晨起来一看，身上、行李上都是霜。玄奘只好晚上行路，白天休息。万幸的是，小路虽然荒僻难走，但确实比走大路要近得多。不久他就走到了第四座烽火台，将王祥的信交给了王伯陇。

王伯陇见信后，对玄奘热情相待。原来王伯陇是王祥的本家兄弟，王祥已在信中托他照顾玄奘。就这样，王伯陇又指给玄奘一条绕过第五座烽火台的小路，并在玄奘临走时送给他一只罗盘。

玄奘按王伯陇的指点顺利绕过了第五座烽火台，进入莫贺延碛（安西至哈密间的沙漠）。

沙漠之中晚秋的气候温差特别大。当地有句俗谚称：“早穿皮袄午穿纱，围着火炉吃西瓜。”这是丝毫也不夸张的。玄奘白天顶着炎炎的烈日，晚上冒着凛冽的冷风，在沙漠中艰难行进了两天，又疲又累，到了第三天，他不小心竟将仅有的一皮囊水给洒光了。继续往前，至少还要七八天的时间才能走出沙漠，又何况沙漠之中酷热难耐，没有水怎么行呢？玄奘想折回去取水，但一想自己曾有“不取到真经，绝不退回一步”的誓言，便又继续前行。

玄奘又走了两天，终因渴累交加昏倒在地。老马不肯离去，守在他身旁，不时嘶鸣，似乎希望有经过的人来救救玄奘。可是茫茫大漠，哪有一个人影？午夜时分，凉风习习，玄奘被风一吹，似乎清醒了些，慢慢醒转过来，牵上老马，继续踽踽而行。

走了一程，老马突然一声长嘶，挣脱玄奘之手，向前飞奔。玄奘先是心里一惊，后又想起行李吃食均在马背上，心中暗道：“我命休矣！”不过求生的欲望使他强打精神，跟在老马后边紧追不舍。当他气喘吁吁，精疲力竭地追上老马，惊喜地发现老马正站在一泓清泉旁边，它似乎已喝饱了，正悠闲地打着响鼻。原来，这就是传说中的野马泉。玄奘顾不得多想，趴在泉边，咕咚，咕咚，先喝了个够，又装上满满一皮囊水，这才牵着老马上路了。

这下有了力气，又走了五天，玄奘终于走出戈壁大漠，来到伊吾（今新疆哈密）。伊吾西部不远处有个高昌国，国王曲文泰对佛教非常虔诚。听说伊吾来了一位唐朝僧人，忙命人盛情将玄奘接到国都交河（今新疆吐鲁番一带）。玄奘在高昌国讲了几天经，颇受欢迎。高昌国国王曲文泰非常欣赏他，送别之时，赠给玄奘许多衣物，几十匹好马，又派 25 人护送。同时还让玄奘带上他给沿途 24 个国王写的亲笔信，请求他们给玄奘方便。玄奘一路从未受此厚待，万分感

动，更坚定了西去求取真经的决心。

玄奘一行人不久就走入天山支脉凌山。凌山地处高原，气候奇寒，山上常年积雪，时有雪崩发生。众人尽管一路小心，还是遇上了雪崩，有几人不幸身亡。还有一些人觉得此行触怒了神明，吓得悄悄跑回去了，最后只剩下七八个人跟随玄奘。但玄奘矢志不渝，毫无退意，跋涉七天，翻过7000多米高的雪山，辗转许多国家，来到铁门关（今阿富汗巴达克山），把高昌国陪行的人打发回去，自己孤身前行。又历尽数不清的磨难，终于到达迦湿弥罗（今克什米尔），历时十几个月的时间。

在迦湿弥罗国，玄奘与当地名僧研讨佛经。其后，又先后到磔迦（今巴基斯坦旁遮普地方）、那仆府（今印度北境的罗兹普尔地方）等国学习经典。贞观五年（公元631年）10月初，玄奘到佛教最高圣地那烂陀寺（今印度北部比哈尔邦巴特那以东55英里的巴腊贡）潜心学习，师从戒贤法师。戒贤是非常著名的得道高僧。本因年老已久不讲学，但为了玄奘竟破例连续讲了15个月。玄奘在这里刻苦钻研了5年，不负众望，终于成为第一流的得道高僧。从此之后，有许多国家请他讲学。因此，他得以周游印度，增加了自己的阅历见闻，为他日后编述著作打下了基础。

传说摩揭陀国乌苌王朝国王戒日，请玄奘主持在曲女城召开研经辩论大会。18国的国王和五六千名僧侣以及5万民众前来参加。玄奘届时主讲《制恶见论》，连讲18天，没有一人反驳他的观点，由此更是声名远扬。

贞观十六年（公元642年）春，玄奘携带自己所收集的657部佛经从那烂陀寺开始启程回返大唐。此外，还有热带、亚热带的树木和花草种子，以及戒日国王送他的大象、马匹和护送人员一同上路。

玄奘几乎每走到一个地方，都有人请他讲经，所以直到第二年秋才走到于阗（今新疆和田）。进入大唐境内之前，他特将自己这17年的情况写成简明的表文托人捎至长安呈送太宗李世民，以求赦免私自出国之罪。李世民看后又惊又喜，亲写敕文，要玄奘速来长安。

玄奘这才放心，满怀激情踏上故土。各地官员见到太宗皇帝的敕文自是热情迎送。贞观十九年（公元 645 年）正月 24 日，玄奘终于回到阔别 19 年的长安。走的时候，他才 27 岁，回来时，已经 46 岁。

唐太宗李世民对玄奘西游所获见闻颇感兴趣。玄奘就把他所经历的 110 多个国家的地理情况、风俗人情、历史状况以及传说故事等一一口述，让徒弟们记录成一部《大唐西域记》呈送给李世民。

而玄奘自己则从贞观十九年 5 月开始及至以后的 19 年中，专心致志，坚持译经，从无间断。玄奘一生共译经论 74 部、1365 卷。在他逝世前一年冬，还坚持完成了我国佛教经典中卷帙最大的《大般若经》600 卷。

玄奘被世界人民誉为中外文化交流的杰出使者，其爱国及护持佛法的精神和巨大贡献，被鲁迅誉为“中华民族的脊梁”，世界和平使者 。他以无我无人无众生无寿者相，不畏生死的精神，西行取佛经，体现了大乘佛法菩萨，渡化众生的真实事迹。他的足迹遍布印度，影响远至日本、韩国以至全世界。玄奘的思想与精神如今已是中国、亚洲乃至世界人民的共同财富。

高宗麟德元年（公元 664 年），一代高僧玄奘法师在长安附近的玉华寺圆寂，终年 65 岁。但是，由于他对于中国佛教文化做出了卓越的贡献，他的故事被永远地流传下来。

诤臣魏征

诤，即谏诤之意；诤臣即为谏诤之臣；就是指敢于“犯颜”直谏，向皇帝提出反面意见，指正皇帝过失的贤臣。唐代魏征就是这样一位在历史上非常有名的诤臣。

魏征（580—643），字玄成。汉族，隋唐时期巨鹿人，唐朝政治家。曾任谏议大夫、左光禄大夫，封郑国公，谥文贞，为凌烟阁二十四功之一。以直谏敢言著称，是中国史上最负盛名的谏臣。著有《隋书》序论，《梁书》《陈书》《齐书》的总论等。其言论多见《贞观政要》。其中最著名，并流传下来的谏文表——《谏太宗十思疏》。他的重要言论大都收录《魏郑公谏录》和《贞观政

要》两本书里。

魏征

魏征原来是太子建成的重要谋士，每次太子建成采用他的计谋，总会给李世民以不小的打击。所以那时李世民就很注意他，希望有朝一日能把他网罗到自己手下。玄武门之变，建成、元吉一败涂地，丢了性命。本来以为自己必死无疑的魏征却得到了已是皇帝的唐太宗李世民的重用。

有些官员不服气，便跑到李世民面前说："魏征本是东宫手下，许多暗害陛下您的行动他都参与过。像这样的人，陛下理应杀掉，怎可委用呢？"

李世民听罢，严肃地回答道："治理国家，要任人唯贤才能搞好政务，我怎么能以一己私怨而不顾江山社稷呢？只要是有才华的人，不管是东宫的人，还是齐王的人，我都要重用！"

长孙无忌听了此话不以为然道："那魏征先是跟随李密，以后投奔窦建德，再后来在太子建成手下，三人都相继遭到失败的下场，由此可见，他也不见得有什么才华呀？"

李世民一听，不怒反笑，道："长孙爱卿，他们三人之所以失败，不就是因为没听魏征的话吗？"长孙无忌和众人一琢磨，觉得皇上的话有道理，便也不再说别的了。

此事传到魏征耳中，从此他更是尽心尽力地辅佐唐太宗李世民，不久他就带着太宗李世民的手敕去河北道宣安抚众官。

原来，河北道宣有许多官员都曾是太子建成和齐王李元吉手下。虽然李世民登基后曾明示天下对这些人既往不咎，但这些人仍惴惴不安，惶惶不可终日。魏征深知此事，便禀明了太宗李世民。李世民当即写了手敕让他前去安抚众人。

离开长安以后，魏征一行人在磁州（今河北磁县）遇见了被押在囚车之中的李志安和李思行，二人分别为故太子建成禁卫军官和齐王元吉的护卫军官。魏征见状便对副官道：“皇上曾下诏，原东宫、齐王府的人一概不追究，今将二人抓起来，我再去安抚众官，人家怎能相信呢？我想现在就将他二人放了。”副官闻言大惊道：“你以前曾是东宫手下，现在若放了二人，不怕有嫌疑吗？”魏征道：“大丈夫行事光明磊落。更何况，皇上待我恩重如山，我怎能因为怕自己遭嫌疑而不顾国事，辜负了皇上对我的厚待呢？”言罢，策马上前，命押解官放了李志安、李思行二人。

押解官见有皇上手敕，也不敢怠慢，忙将二人放了。二人对魏征感激涕零。魏征对二人道：“你们不必感激我，还是去感激当今皇上吧！”然后又写了一份材料给押解官向上级交差。李志安、李思行二人走后，此事很快在河北传开，当地的官员都安下心来，立即上书唐太宗表示效忠之意。李世民非常高兴，魏征从河北回来便封他做了尚书右丞，兼谏议大夫。

皇帝，是封建社会的最高统治者，拥有至高无上的权力，生杀予夺，随心所欲。大臣，对皇帝要言听计从，事事遵旨。“君前失言”便可招来杀身之祸。而魏征自从得到唐太宗的信任之后，为报“龙恩”，也可以说为了大唐江山，将生死置之度外，屡次犯颜直谏，向唐太宗李世民提出许多好的意见和建议。

尽管李世民也堪称一代开明君主，但有时面对魏征咄咄逼人的锋言利辞，也难免大发雷霆。

一天，右仆射封德彝建议将征兵年龄由18岁降至16岁，太宗李世民觉得现在兵丁不足便同意了，并让封德彝起草诏书。诏书要由封德彝与魏征二人签字。魏征认为诏书不妥，不肯签字。封德彝急道：“这是皇上的旨意，你也不签吗？”

“皇上的旨意，只要是错的，我也反对。这字我是不能签的。大人一定要签，就请奏明皇上，撤了我的职，另任命一位尚书右丞吧！”魏征毫不示弱地反驳道。

封德彝见他如此，说了声：“好，我这就去禀明皇上！”就怒气冲冲地走了。

太宗闻听此事大怒。心想，魏征你太过分了，这天下是你魏家的了不成？

连我的旨意你也敢反对？但他知道，现在满朝文武都知道魏征是个忠臣，自己不能轻易降罪于他。于是便将心中的火气向下压了压，等第二天早朝再与之理论。

不料，第二天早朝之上，魏征非但不认错，反而与太宗李世民针锋相对，据理力争。说什么“兵不在多而在精……强征幼男，必遭民怨……”李世民又不好当庭发作，气得罢朝回宫。

回到后宫还兀自咬牙切齿地说道：“这魏征太可恶了，总有一天我要杀了他，他就作死吧！”

侍奉一旁的宫女们也都闻听过魏征是有名的贤臣，听说皇上要杀魏征，慌忙跑到皇后长孙氏那里禀报。长孙皇后非常贤淑，闻听此言大惊，忙换上朝服，来到庭院之中。太宗李世民见状，惊问何故。长孙皇后道：“皇上，我听说，遇上昏庸的君主，臣子都不敢说真话；遇上了贤德的君主，臣子才敢直言进谏。如今，臣妾闻大臣魏征敢于当庭指正皇上的利弊得失，这不仅说明魏征是一位贤臣，还说明皇上是一位贤明的君主啊！故此，臣妾特来恭喜皇上！”

一番话说得李世民顿时醒悟过来，他知道贤德的长孙皇后是在婉言劝说自己不要杀魏征。他上前笑着拉住皇后的手道：“爱妃，这魏征还真得感谢你，要不是你几次三番在关键时刻挺身而出，救他性命，朕已6不知杀了他几次了！”

唐太宗李世民也真不愧为一代有道的明君，从此他非但不忌恨魏征，反而更器重他，甚至有点“怕”他。

不久，魏征启程回家乡扫墓，唐太宗想趁魏征不在之机去南山游玩。车都备好了，可他又犹豫起来，最后还是没去。魏征回朝听说此事，便问太宗：“听说陛下要巡视南山，车马都已备好，又突然停止了，却又为何？”太宗笑道：“怕你又要进谏，说我只顾玩乐，荒废朝政啊！”魏征听完，脸也一下子红了。

还有一次，太宗李世民得到一只佳鹞，正放在臂上，逗玩得非常开心。这时，魏征忽然前来奏事。慌忙之中，太宗将鹞子藏入怀中，专心倾听魏征奏事。由于时间很长，等魏征走了，太宗那只心爱的鹞子早闷死在怀中了。

唐太宗之所以如此，其实并非真的惧怕魏征，而是他深知魏征知无不言，言无不尽，敢于犯颜直谏的良苦用心。而他自己也认为，为避免亡国之患，一国之君就必须广纳兼听，从谏如流。只要能保住天下，失掉天子的“尊严”也就只是小事一桩了。

魏征是个忠臣，这毋庸置疑，但魏征曾对唐太宗李世民明确表示过：自己宁愿做个贤臣，而不是忠臣。

贞观元年（公元627年），有人上书太宗说魏征包庇亲戚做坏事。太宗差人去办，结果查明此事与魏征无关。事后，太宗对魏征说：“作为忠臣，不仅要尽心于国家，而且还要注意检点自己的行为。”

魏征听罢严肃地说道：“如果为了避祸，光知道检点自己的行为，那也算不得忠臣。况且微臣也不愿做个忠臣，而愿做个贤臣。”

太宗诧异道：“难道忠臣与贤臣还有何区别吗？”

“当然有。为国尽忠，但却未保国家昌盛的，是为忠臣，如龙逄、比干。而善于向君主直谏，并使君主采纳，使国运无穷者，是为贤臣。忠臣一般均遭昏君杀戮，空有虚名；而贤臣却能辅佐贤君，千秋万代，子子孙孙传扬下去。所以臣愿做一个为陛下效忠的贤臣。”魏征侃侃而谈，阐述自己对于贤臣、忠臣的看法。

太宗听罢，点头赞同。又问：“作为皇帝，又何为明君，何为昏君呢？”魏征不假思索地答道：“兼听则明，偏信则暗。秦二世偏信赵高，梁武帝偏信朱异，结果均遭国破家亡的下场。如果他们当初能够兼听广纳，权臣便难以舞弊，下情必能上达，不会遭此厄运，自然也会成为流传千古的有道明君了！”

太宗李世民听了魏征的话，茅塞顿开，从此更加喜爱魏征。他曾对别的大臣说：“许多人均言魏征言语粗俗率直，我倒觉得他这样非常可爱！”

贞观十七年（643）魏征病故，李世民非常伤心，并为此废朝五天。追赠魏征为司空、相州都督，谥“文贞”。并亲自写了碑文让石匠刻了，立在魏征墓前，并且说了流传千古的名言：“以铜为镜，可以正衣冠；以古为镜，可以知兴替；以人为镜，可以知得失。”

唐王朝的对外用兵

唐太宗李世民登基即位之后，唐朝国势蒸蒸日上，可谓天下太平，于是这位雄心勃勃的马上皇帝又动起了征讨周边小国的打算。

第一个征讨对象便是突厥。李世民当年领兵带队为大唐打江山的时候，曾经数次与突厥交战，他深知突厥兵骁勇善战，无比厉害，因此，没有十成的把握他也不肯轻举妄动。他一方面派人探听突厥方面的国情，一方面加紧训练一支足以与突厥骑兵相匹敌的马上队伍。

贞观三年冬，机会终于来了。唐太宗李世民得到探马来报：突厥内部发生纷争，此时国内大乱，人心惶惶。李世民大喜，认为这是天赐良机，遂派李靖、李世绩二人率 10 万大军，北讨突厥。

李靖本是隋朝名将韩擒虎的外甥，颇得他舅舅的衣钵，领兵打仗很有一套策略。又加之当年李渊为报私怨要杀他，被李世民救下，那时便有了要报答李世民的心思。所以此次出征抱定了必胜的信念。攻城防守，巧施计谋，骁勇异常，数次与突厥交战，均取得绝对的胜利。

贞观四年 3 月，李靖亲自率 3000 骑兵，趁着朦胧的月色偷袭定襄城（今内蒙古呼和浩特以南）。突厥首领颉利可汗毫无防备，慌忙应战。一时之间喊杀声震天，火光冲天。定襄城外，唐兵唐将个个奋勇当先。突厥兵虽然也勇猛无敌，但由于国内起了内讧，无心应战。很快，定襄城便被突破。颉利可汗见大势已去，只得率部仓皇出逃。

李靖在后紧追不舍，至阴山与突厥兵再次交锋。败兵难胜，颉利可汗与突厥兵勉强抵挡了一阵，继续逃窜，逃到碛口（今内蒙古二连浩特西南），遇到早已埋伏在那里的李世绩大军。后有追兵，前有堵截，颉利可汗只得硬着头皮上前应战。敌众我寡，突厥兵难以支撑，死伤无数，余下的兵士见状，纷纷缴械投降。颉利可汗不敢再战，像疯了一般杀出重围，只身逃往沙钵罗。

一路上，风声鹤唳，颉利可汗胆战心惊，唯恐被唐军追上。跑了不知有多久，他实在是太累了，看到后面没有追兵，便滚鞍下马稍事歇息。不料，连日的劳乏一齐袭上身来，他靠在一棵树下，不知不觉竟酣然睡去。睡梦中就听得身边人仰马嘶，睁眼一看，颉利可汗吓得魂飞魄散，一队唐军人马不知从何而至，将他团团围住，而且近在咫尺。他想抄家伙抵抗，已经来不及了。早有几个强壮的唐兵上前，将他按住，捆绑起来。原来唐军副总管张宝相闻听大军在阴山已和突厥兵开战，特率兵前来接应。不想，路上正遇颉利可汗。张宝相与他在两军阵前见过，自然认得，当即命人将他绑了。

李靖、李世绩此次出征，果真大获全胜，高奏凯旋歌，班师回朝。随军押着突厥首领颉利可汗与上万名俘虏，到长安交由皇帝处理。太宗闻讯，亲自出城迎接，又重重奖赏了二人。对待俘虏也非常宽宏大度，将他们一个不杀，全部释放，甚至安置他们在长安定居下来，充分促进了民族之间的交往与融合。这也正是太宗李世民的英明之处。

唐军旗开得胜，大大刺激了太宗李世民君临天下的雄心。此后，又陆续攻克了吐谷浑、高昌、焉耆（今新疆焉耆）、龟兹诸国。余下的伊吾等国见大唐王朝国富力强，自知不是对手，又加之久慕大唐繁华，便纷纷前来归顺，表达亲近修好之心。太宗李世民龙颜大悦，一一予以安抚。

而此时的新罗、百济等国正面临着被攻打的危险。原来，与这两国相毗邻的高丽国有个酋长叫盖苏文。此人野心勃勃，阴险狡诈，很早就觊觎王位，只是无缘下手，便装作一副非常驯服的样子，渐渐取得了高丽国国王的信任。然后趁国王对他没有防备，突然起兵发动政变，杀了国王及其亲信官员100多人，篡夺了王位。此人生性好战，即位不久，便发动了对新罗、百济的侵略战争。

新罗、百济是两个小国，自知不是高丽的对手，但也不甘臣服。听说大唐天子李世民是一位贤明的君主，而且国势强盛，便派人到长安表示归顺之意，并请求大唐天子出兵相助。太宗李世民闻言便与群臣商议。连续打了胜仗的将士们群情激奋，均表示出兵征讨高丽相助新罗、百济是正义之战，理应出征，还纷纷向太宗请战。唐太宗李世民是个马上皇帝，见群臣如此，他也受到了鼓舞，异常兴奋，不及细想，便答应了两国使者，并决定御驾亲征。

唐军兵分两路攻打高丽。一路由李世绩率领，从陆路进发；一路由张亮负责，从水路进发，唐朝大军锐不可当，李世绩从陆路先后攻下盖军城（今辽宁盖州市）、辽东城（今辽宁辽阳）、白名城（今沈阳以东）；张亮从水路一路经渤海，攻占阜沙城（今辽宁海城）。在战斗中，许多年轻将领脱颖而出，如薛仁贵，表现得英勇顽强，得到太宗的赞赏。后人还据此编写了戏剧《薛礼征东》。

但是唐军在进攻安市城（今盖州市东北）时，遭遇高丽大军的顽强抵抗。双方相持88天，也未见结果。由于战线太长，唐军的粮草供应不上，发生困难，又时值冬季，天气严寒，无法作战，唐太宗李世民只好无可奈何地下令撤军。

这一仗，从春季到冬季，消耗了大量的财力、物力、人力，最终却无功而返。李世民在班师途中甚感后悔，不禁仰天长叹道："如果魏爱卿（魏征）在，他定然会直言进谏，全力劝阻，我又何至于此？"可见，魏征在李世民心中占有多么重要的地位。众臣听罢，也深感事实如此，心中不是滋味，均低头无语。

为立后扼死亲生女

在中国封建历史中，皇太后临朝听政的情况很多，但自称皇帝并且改换朝代的唯有武则天一人。她统治国家数十年，可以说创造了中国历史的一个奇迹，为此她也付出了极为沉重的代价。

武则天名武曌，并州文水人。中国历史上唯一的正统的女皇帝。唐高宗时初为昭仪，后为皇后。为唐中宗、唐睿宗的皇太后临朝称制，691年自立为皇帝，神龙元年，武则天病笃。唐中宗上尊号"则天大圣皇帝"，后遵武氏遗命改称"则天大圣皇后"，以皇后身份入葬乾陵。武则天出生于一个木材商人的家庭，父亲叫武士彟。武士彟后来投靠至李渊手下，成为开国功臣。唐王朝建立后，他官至工部尚书、利州都督。但是以关陇、山东高级士族的眼光来看，门第仍属寒微一流。

武则天的姨娘杨氏，本为齐王李元吉之妃。玄武门之变，元吉丧命。李世民不久登基坐殿，当了皇帝。他在齐王府见过年轻貌美的杨氏，便纳杨氏为妃。

贞观十一年（公元637年），贤德妃长孙皇后病故，李世民悲恸欲绝。杨氏为了安抚太宗李世民，从民间选了几位美女进宫，同时将外甥女武则天送入宫中，武则天当时才14岁。

武则天

14岁的武则天活泼可爱，太宗比较喜欢，封她为才人，赐名媚娘。只是武则天父亲早逝，同父异母的两位哥哥对她不好，致使她读书很少，文化素质不高。太宗逐渐对她失去兴趣，因此，她入宫10多年仍原封不动，还是个才人。

但是，李世民的儿子李治却在武则天刚一入宫时，便对她一见钟情，念念不忘。无奈她是父皇的才人，不敢再存非分之想，只得作罢。

贞观二十三年（公元649年），唐太宗李世民驾崩归西。贞观二十二年，太白曾在白天出现，太史令李淳风说这是“女主昌盛”的预兆。李世民为防止大唐江山落入“女主”之手，遗诏将他名下的宫眷大多送至尼姑庵出家为尼，武则天是个才人，也被送到感业寺，时年26岁。

武则天身在感业寺，心里却幻想有朝一日李治能接她重进皇宫。她是一个颇有心机的女子，在与李治的接触中，她早已洞察李治的心思，并且有意无意地与之眉目传情。而此时的李治早已是万人之上的大唐天子，他现在虽有权选尽天下美女，但22岁的他魂牵梦绕的仍是那个自己10岁时就已暗恋的女子武则天。

永徽二年5月26日，是太宗李世民两周年忌日。当朝皇上李治借进香之名到感业寺召见了武则天。

一旦幻想成真，武则天竟有些不敢相信。她跪在李治面前，热泪止不住地从脸颊滑落下来。两年了，她盼望着这一天，心力交瘁。在这人迹罕至的古寺，她度过了无数个不眠之夜。渐渐地，她失望了，绝望了。而这一天又忽然降临，她不知如何言说自己复杂的心情。

李治见了武则天也是唏嘘不已。他将跪在地上的武则天扶起来，心疼地擦去她脸上的泪水，深情说道：“这两年来，朕时时记挂着你。只是要为父皇守孝三年，所以不能召你入宫。你且忍耐一时，待蓄起长发，朕便派人来接你……”

武则天一听李治要接自己入宫，顿时心花怒放。但又听说要等到三年，心里又有些着急。但她知道朝中律制，不可违背，只好耐心等待。

永徽三年（公元652年）正月，年已29岁的武则天被王皇后提前召进宫。李治册封她为昭仪，地位仅次于当时非常得宠的萧淑妃。

王皇后提前将武则天召进宫，是有她自己的目的的。原来，王皇后没有生育能力，而当时已经很受李治宠爱的萧淑妃却生了一个皇子。这样一来，李治就更加偏爱萧淑妃。萧淑妃为人尖刻，与王皇后不和。王皇后怕日后萧淑妃的儿子被立为太子，会威胁到自己的皇后地位。她召武则天进宫是想利用她来挑拨李治与萧淑妃之间的关系。

武则天作为先帝的才人，二度进宫，受到当朝皇帝的宠幸，引起轩然大波，更多的人是鄙夷和嘲笑她。但她不惧怕，也不气馁，更不在李治面前哭闹，而是不动声色，默默忍耐。武则天是一个非常聪明的女人，她很快看出了萧淑妃与王皇后之间的矛盾，立刻明白了王皇后召自己进宫的用意所在。她投其所好，站在王皇后一边，并且经常向王皇后表达感激之情。王皇后见她乖巧，便也常在李治面前夸她，越发数说萧淑妃的不是。李治本来就喜欢武则天，这样一来，就渐渐把爱萧淑妃的心也全部转移到武则天身上。

萧淑妃很快就觉察到这种变化，这个女人也不简单，便处心积虑要加害武则天。但她却不是武则天的对手，很快便败下阵来。

一天，李治去武则天寝宫看她。却发现武则天病在床上，看来病势沉重，不由得大惊，忙找太医来为她调治。不料，几名太医均摇头，不知武昭仪身患何病。李治气得直跺脚，大骂他们无用。正当他无可奈何、眼泪汪汪地守着心爱的武则天叹息之时，身旁一位宫女忽然跪倒在地，对李治说道：“奴婢有话不知当讲不当讲？”李治以为她有救武则天之法，急命快说。

只听那位宫女说道："奴婢家乡有一种法术，只要请巫师做了这种法术，那被诅咒的人必死无疑。今见昭仪病体沉重，而太医又说不出个所以然来，莫非——"说到这，她忽然停住不敢说了。

李治顿时明白了她的意思，说道："你是说有人咒武昭仪早死，是谁这样胆大妄为呢?!"

宫女开始不肯说，后来李治一再催问，她才小声说道："奴婢闻听萧淑妃因昭仪受到皇上的宠爱，怀恨在心，已有加害之心，只不知这次——"说到这，她又不说了。

李治一听大怒，恨不得当即找萧淑妃算账。但他知道，此事非同小可，没有证据是不能治萧淑妃罪的。便跑到王皇后寝宫，与她说了此事。王皇后一听，心中大喜，自告奋勇地带一帮人去萧淑妃住处搜查证据，果然搜出一个浑身扎满钢针的小木头人。萧淑妃刚开始不明所以，大喊大叫，要她们出去。但是当王皇后手拿小木人站在她面前冷笑的时候，她心里立时明白是怎么回事。脸色惨白，跪在李治面前，大喊冤枉。李治也不理她，一跺脚，转身离去。

第二天，李治便降诏将萧淑妃废为庶人，武则天的病也奇迹般地好了。王皇后也为拔去了萧淑妃这个眼中钉而暗自高兴。但她却不知道，这一切都是武则天暗施的一条毒计，她被武则天当了枪使，却还蒙在鼓里。

除掉了萧淑妃，武则天的下一个目标便是王皇后。但王皇后可不是萧淑妃，她身为一国之母，连李治也不能轻易给她治罪的。武则天也不着急，从长计议，等待时机。

永徽五年，武则天为李治生了一个公主。这个公主一出生，额头便有一朵鲜艳欲滴的五瓣梅花，满朝文武视为吉兆。这个小公主不仅长得漂亮，而且非常爱笑，逗人喜爱。两岁的时候，便咿呀学语，会赖在李治怀中撒娇卖乖了。高宗李治将她视为心肝宝贝，异常宠爱。每天都要看几次，否则就像缺了点什么。

一天，王皇后到太极宫有事找高宗，但高宗不在，她便向外走。此时，从侧室传来小公主"咯咯"的笑声。王皇后自己没有孩子，也非常喜欢这个小公主，便循声走进侧室，亲昵地抱着小公主玩了一会儿才走。

王皇后刚走，武则天便从外面走了进来，看着王皇后远去的身影，她若有所思地点了点头。进了太极宫，她将乳母打发走，便一步步走向自己的女儿。小公主见母亲来了，高兴地向她扑来。看着女儿甜甜的笑，武则天又将伸向女儿脖子的手缩了回来，将她抱在怀中，也禁不住泪如雨下。但她转念一想，机不可失，时不再来，现在不动手，恐怕就再也没有机会了，自己也就永无出头之日。于是她将女儿放入旁边的摇篮里，轻轻为女儿哼起了儿歌。小公主从未听到母亲为自己唱过这么温柔的歌，一会儿就带着甜蜜的微笑进入了梦乡。此时的武则天一旦下了决心，就变得异常平静，她顺手拿起身边的一个枕头捂在了小公主的头上，可怜的小公主在梦中都来不及挣扎一下便命丧黄泉了。见女儿死了，武则天慢慢站起身，怀着一种复杂的心情缓缓地向御花园走去……

高宗李治像往常一样来看望自己的心肝宝贝，可眼前的情景令他肝胆欲裂，嘶哑着喉咙喊道："是谁，是谁害死了朕的公主?！乳母，谁刚才来过……"看到公主死了，乳母又心疼又害怕，她明知不是王皇后害死的公主，但她更不可能想到武则天——公主的亲生母亲身上。看到李治暴跳如雷的样子，她为了逃脱罪责只好小声道："皇后来过。"高宗一听，怒火上撞，他固执地认为一定是王皇后自己不能生育，又见自己异常宠爱这个孩子，而下毒手杀了她。他想不到皇后如此狠毒，当即决定废了王皇后。

王皇后对武则天的所作所为已有所察觉，但她一来没有证据，二来人们也不相信是武则天害死了自己的亲生女儿。而且除了她之外，再也没有有作案嫌疑的人。所以尽管她赌咒发誓，也无济于事，李治乃至后宫嫔妃都认定是她杀了小公主。

宫中发生了如此之大的事，朝野之中为之哗然。许多大臣都怀疑皇后掐死公主的事，不同意废黜皇后。尤其是长孙无忌等重臣，认为事情不弄清楚不能废掉皇后。

但是皇帝李治哪里肯听？他一意孤行，于永徽六年（公元 655 年）十一月初一，降诏废王皇后为庶人，册封武则天为皇后。武则天终于以女儿的性命，换来了皇后宝座，迈出了走向更高权力的最关键的一步。

武则天篡权

武则天连施毒计铲除了后宫的两个劲敌：王皇后和萧淑妃，又使出浑身解数俘获住高宗李治的心。不久，高宗李治就不顾重臣反对册封武则天为皇后。在册封皇后的大典上，武则天望着肃义门楼之下跪倒的一大片文武官员，一种摄取权力的欲望在她心中慢慢升腾起来。

而现在最后悔莫及的当属已被废为庶人的王皇后。她当初召武则天进宫是为了对付萧淑妃，没想到，自己费尽心机打败了狼，却引进来一只虎，落了个和萧淑妃一样的下场。此时她与萧淑妃一起关在冷宫里。她深知自己的命运仍掌握在武则天手中，但也无可奈何，只得认命。以前她与萧淑妃是敌人，而萧淑妃见她如此，也不再记恨她。两人便这样在一起艰难度日，互相之间还稍有慰藉，只是绝口不提当初之事，以免揭痛疮疤。

高宗李治是个软弱的人，很快便被武则天玩弄于股掌之中，武则天想干什么就干什么，李治拿她毫无办法。一天，武则天到她母亲荣国夫人府里去。李治闲来无事，忽然记起了萧淑妃和王皇后，便信步来到冷宫。他从宫门的小洞向里瞅，里面黑乎乎的，看不清楚，只隐隐约约能看见两个模糊的人影，便试探着问道："里面可是王皇后和萧淑妃吗？"

王皇后一听便知是高宗李治，刚又上前却又退了回来，甚至将脸背过去。因为她知道自己此时一定又丑又脏，不愿让皇上看见。可萧淑妃却知道活命的机会来了，忙扑过去，对李治喊道："皇上，臣妾是冤枉的，臣妾在皇上身边颇受宠爱，臣妾非常知足，怎可起害人之心，望皇上再详加明察。皇上，放臣妾出去吧！……"

李治当初将萧淑妃打入冷宫也是一时愤怒，过后想想，也有些不忍。今天又见萧淑妃蓬头垢面，脸颊消瘦，早已失去了往日的神采和高雅气质，心中更加不是滋味。李治也是一个很有感情的人，又想起以前与萧淑妃的恩爱日子，加之萧淑妃在他面前指天发誓，声泪俱下地哭诉，心中早有些后悔，也流着眼泪说道："爱妃，不必说了。朕知道你的心意，你且在这里再忍受些日子，朕一定想法救你出去。"

萧淑妃一听这话，心里凉了半截。女人的感觉是最灵敏的。萧淑妃已明显地感觉到此时的李治已被武则天完全控制在手中。自己想要出去，恐怕要比登天还难。但她不愿放弃这唯一的一次机会与最后一丝希望。她一再向李治表白自己的情意，表示只要皇上能救她出去，她愿来生做牛做马报答皇上。直到李治离去，她还对着李治的背影嘶喊："皇上，一定要救臣妾呀……"

李治听着萧淑妃凄厉的呼声，真有些肝肠寸断，后悔自己当初所为。心想：本来一个花容月貌的女子竟被折磨至此，我不能让她二人再在那个暗无天日的地方待下去了，一定要设法将二人救出来……但是，高宗李治想得太简单了，没等他动手救人，已经有人先他一步开始行动了。

此人就是武则天。原来，武则天刚从荣国夫人府回来，便有安插在宫中的耳目前来向她禀告了高宗李治去冷宫看望萧淑妃、王皇后二人之事。武则天一听，心里就是一惊。心中想道：王皇后倒也没什么，只是那萧淑妃为人颇有心计，我不能不防备她。思来想去，便想出一条毒计。

这一天，武则天打扮得分外妖艳，来到高宗李治的寝宫。李治一见，心中高兴，忙命人置办酒宴，与武则天对坐而饮。酒至半酣，武则天忽然盈身下拜，对高宗道："皇上，如今我大唐王朝，国泰民安，臣妾觉得理应大赦天下，就算是王皇后与萧淑妃以前她们对臣妾有过不是，但为国家社稷着想，臣妾恳请皇上还是赦免了她们二人吧！"说罢，眼睛一眨不眨地望着高宗李治。

李治此时已有些微醉，闻听此言，正中下怀，也不想武则天为何忽出此言，高兴得手舞足蹈，拉着武则天的手道："哎呀，朕也早有此意，只是唯恐爱妃心中不高兴，所以一时也未向你提及。既然爱妃今有此意，那朕立刻降诏将她二人放出来。"

武则天其实只是在试探高宗李治，不想他竟如此高兴，心中气恨。但她表面丝毫不露声色，站起身，挽着高宗坐下，娇笑道："皇上，就算要赦免二人，也不在这一时，况且也不能违背了国家律制呀！如果皇上信得过臣妾，就将此事交与臣妾去办吧！只是还请皇上先拟一纸诏书。”

高宗李治一听非常高兴，又让武则天连灌几杯，早就醉了，被武则天连哄带骗就写下了诏书，但酒醉之中却毫不知道自己写下了什么。武则天得到诏书，嘴角浮出一丝冷笑，命宫女服侍早已烂醉如泥的高宗睡下，自己匆匆出门而去。

不一会儿，在大内皇宫传出一个女人凄厉的惨叫声。她已被两个宫监打得昏死过去几次，但每次醒来，她都破口大骂：“武则天，你这个狐狸精、妖精，下辈子你就是一个老鼠，我也要托生成猫，咬死你——”此人就是萧淑妃。

原来，武则天出了太极宫，便命两个宫监提着已准备好的食盒直奔囚禁萧淑妃、王皇后的冷宫而去。来到狭窄阴暗的冷宫内，她冷冰冰地对肖、王二人道：“二位真是受苦了。我今日特向皇上讨了御旨，赐二位饮鸩而死。皇上还赏了御宴，请二位先将就着在此用过，快点上路吧！”说完命宫监将食盒打开，拿出酒和饭菜。

二人一听大惊，想起前几天皇上还来此说要放二人出去，怎么可能这么快就变了卦，要赐死二人呢？在昏暗的灯光下，王皇后茫然地睁着一双无神的双眼，她觉得自己的末日已经来临了。而萧淑妃则用一种恶毒的眼神盯着武则天。武则天见状冷冷一笑道：“怎么，你们还不相信吗？如若不信可以看看皇上亲拟的诏书！”说罢，将从高宗处骗来的诏书扔到她二人脚下。

王皇后颤抖着手从地上捡起诏书一看，忽然纵声大笑，笑过之后喃喃道：“想不到我身为皇后，今天落到这般下场。也许，也许这就是命运，这就是天意。只是……皇上，你好狠心呀……”说着，也不吃饭，拿起毒酒，一饮而尽，不一会儿就七窍流血而死。

萧淑妃刚一看到皇帝赐死她二人的诏书，也吓得脸色惨白，但她很快明白，这是武则天一手操纵安排的。一想到自己今天难逃活命，她反而镇静下来，慢慢走到王皇后身旁，蹲下身，为她合上仍大睁着的双眼道：“姐姐，你莫怪皇上无情，不是他害了你，是宫中出了妖精，是她想要你的命。”

武则天闻听大怒，道：“怎么，就是我要你死，你敢不死吗？”萧淑妃一听，轻笑道："武则天，你终于说了实话。那好，我也告诉你，你让我死，我偏不死。除了皇上没一个人能让我死！"说罢，竟一脚踢翻了食盒，猛扑过来，抓住武则天又抓又挠。

在宫监的拉扯下，武则天好不容易才从萧淑妃手中挣脱出来，她气急败坏，命两个宫监将她拖出去毒打100杖。她在旁边一边看着一边还狠狠地说道："好，既然今日你非要不得好死，我便成全了你！"

萧淑妃开始时还大喊："皇上，救我！"但是冷宫地处皇宫偏僻处，离太极宫甚远，她声音再大也传不出去。更何况此时的高宗正醉得一塌糊涂，呼呼大睡呢，就是做梦，也梦不见她的呼救声啊！渐渐地，她绝望了，开始大骂武则天。武则天初时并不在意，只是在一旁冷笑。但到后来，听到萧淑妃用阴惨惨的声音嚷道，死后要托生成一只猫咬死她的时候，她也不由得浑身一颤，只觉得后脊梁骨直冒冷气，便喝令宫监住手。宫监以为就此饶了萧淑妃，便将萧淑妃向冷宫的小监牢里拖。

不料，武则天狞笑道："这样歹毒的妇人，怎能饶她？来人，给我将她砍去手脚，割去舌头，然后泡入酒中，我要让她活不得，死不得！"两位宫监一听，都不由得倒吸一口凉气，从进宫以来，他们还从未听说过如此残酷的刑罚。但是，二人不敢违背武则天的旨意，只得硬着头皮照做。可怜一个曾经花容月貌、备受皇帝宠爱的萧淑妃被折磨得人不人、鬼不鬼，受尽了痛苦，三个月后才咽下了最后一口气。

高宗李治酒醉后醒来，似乎还依稀记得赦免王、肖二人之事，便向武则天提起。武则天还故作悲凄地叹息道："二人等不及皇上赦免，寂寞难耐。臣妾赶去时，二人已自尽多时了。臣妾想起与她二人姐妹一场，哭了一场，然后按惯例将二人厚葬了。"李治闻听先吃了一惊，但转念一想，人死不能复生，也许这就是天意，掉了几滴眼泪，渐渐也就将此事淡忘了。

除去了王皇后、萧淑妃这两个心腹之患，武则天的下一个目标就是废太子。太子李忠并非王皇后所生。当初王皇后怕立萧淑妃的儿子为太子而威胁到自己的皇后之位，便让她的舅舅柳奭联合几位重臣，根据"无嫡立长"的原则，立燕王李忠为太子。现在武则天当了皇后，而且她从感业寺进宫第二年便为高宗李治生了个皇子，属于正宗。她几次背着李治在燕王面前流露出太子应是正宗皇子之意。李忠是个聪明人，他也隐约听到过一些有关武则天害死王皇后、萧淑妃的事。心想，自己若不让位，她肯定不会放过自己，于是禀明高宗辞去了太子之位。高宗也正为武则天终日缠着他要他立自己的亲生儿子为太子而犯愁，所以也乐得同意此事。武则天见立了自己的儿子李弘为太子，又建议高宗改元。高宗李治丝毫没有主见，就依武则天定次年为显庆元年。

武则天完成了这几件事，心中对权力的欲望越来越膨胀，而朝中几位重臣对她对于权力的摄取形成了巨大的障碍。武则天毫不手软，或诛除或贬谪，一一除掉。大臣褚遂良因不同意废王皇后遭到武后忌恨，好歹寻个理由将之贬离京都。韩瑗上书为褚遂良说了几句公道话，武后也不能容忍，“顺我者生，逆我者亡”，她指使亲信许敬宗、李义府诬告褚遂良、韩瑗等人谋反。高宗李治不明真相，而且此时他已被武后牢牢控制在手中，根本没有自主权，遂把褚遂良、韩瑗贬谪到更偏远的地方。就连高宗李治的亲舅舅长孙无忌，武后也不放过，设计将其贬谪，这位唐朝元老羞愤难当，怒而自尽。

与此形成鲜明对比的是武后的娘家人。她的母亲被封为荣国夫人，姐姐为韩国夫人，哥哥武元庆为宗正少卿、武元爽为少府少监，就连堂兄武惟良也为司卫少卿……不仅如此，武后还在宫廷内外广插耳目，稍有风吹草动，她立刻就会得到消息。她就是这样一步步剪除朝中重臣，逐渐形成自己庞大的关系网。从此之后，朝中大权基本上落入到武后之手。

武则天，尽管她对权力的攫取有些不择手段，但她确实创造了一个奇迹。她在那样一个时代里，高高凌驾于世人之上，堪称一位奇女子。但是，谁也不能预料，这个不同寻常的女人将来会给大唐王朝带来什么。总而言之，类似武则天这样的风云人物总难免誉满天下的同时也谤满天下，但对于这样的人，你可以诋毁她也可以颂扬她，但你唯一做不到的就是忽视她，所以无论后人如何评说，她都将永远留存在中华民族的历史记忆中，千秋万代，光彩永存。

生母弑亲子

俗话说得好，“母子连心”，母亲和孩子之间的亲情是任何人都不可替代的。普天之下，均是如此。然而唐代武则天的孩子所享受到的“母爱”却是与众不同的。

她共为高宗李治生过 6 个孩子。大女儿还未满 3 岁，便被她扼杀在摇篮之中，成了她权力斗争的牺牲品，此外还剩下 5 个孩子。依次是李弘、李贤、李显（曾改名李哲）、李旦和小女儿太平公主。

武则天为了巩固自己的皇后地位，施计废掉了原太子燕王李忠。然后按长幼次序立大儿子李弘为太子。她原以为李弘是自己的亲生儿子，定会对自己言听计从，可事实并非如此。

太子李弘从小饱读诗书，聪颖好学，尤其是他在性格方面继承了高宗宽厚仁爱的一面，无论是对待朝中大臣，还是对待宫女下人，他都不像母亲武后那样狠毒骄纵。因此他在朝中上下、宫廷内外都有很高的威信。而且与高宗李治的软弱无能相比，显得更有志气。武后大权独揽，他非常看不惯，经常背着武后做一些让武后不高兴的事，因此武后对他逐渐失去了信任，甚至于到最后完全失望了。

一天，太子李弘在御花园中散步，迎面走来两个女人，李弘一抬头，吃了一惊。心里说道：宫中怎么还会有这样的女子？面色苍白，身体瘦弱，莫非是宫外混进来的。他立时警惕起来，待走到近前仔细一看，才发现是同父异母的两个姐姐——义阳公主和宣城公主。忙施礼问候，但她二人一见是李弘，却二话不说，互相扶携着慌慌张张地跑开了。李弘心里纳闷，便向一个素日很熟悉的老宫监打听。老宫监开始不肯说，但经不住李弘再三追问，只好说道：“太子殿下，老奴对你说与此事，你可千万别对外人说是老奴说的，更不要做出傻事，惹皇后不高兴啊！”

李弘一听，便知此事与母亲有关。他忙答应了老奴不对外人说，催他快讲。

老宫监也是平日见太子仁厚，不似武后那般狠毒，又见他问得急切，这才叹了口气，缓缓开口道：“这都是天作孽呀！老奴是看着义阳公主和宣城公主长大的。她二人本是花一样的人物，如今都30岁了，仍待嫁宫中。沦落到如此地步，只因她们的娘是萧淑妃。”

萧淑妃死时，李弘还很小，而宫中对萧淑妃之死虽然都心里明镜似的，但谁也不敢在他面前提起，故此李弘只知父皇曾有一名宠妃，即萧淑妃，后来死了。原来只当是病死的，现在听老宫监如此说，心想其中定有蹊跷，便细问其故。老宫监既然开了口，便索性将武后当初如何从感业寺进宫，如何与王皇后、萧淑妃明争暗斗，及至最后如何将二人残害至死，原原本本给太子李弘讲了一通。

太子李弘听完，就仿佛做了一个噩梦一般。他虽知母后有时做事专横，但万万也想不到她如此狠毒。心中立时明白母后将二位姐姐囚禁宫中不准出嫁，一是想让她二人在宫中胆战心惊地过日子，备受折磨，以此来解心头对萧淑妃的怨恨；二来也是想让她二人老死宫中，以防他日报杀母之仇。心念及此，李弘竟有些支持不住。心道：母后呀，杀人不过头点地。更何况，萧淑妃已死，您又何必如此呢？月圆则缺，水盈则溢，您就不怕苍天报应吗？他努力镇定了一下心神，下决心道：我一定想办法救出二位姐姐，也算为母后赎此罪过了。老宫监一看太子李弘脸上的表情，便知自己闯了祸，忙跪地叩头道：“太子殿下，为了老奴一条性命，您可千万别有什么别的想头儿啊！”李弘忙将他搀起道：“老公公，放心，我不会连累你的。”说罢，转身离去。

太子李弘离开老宫监，立时将这个情况禀明了高宗李治。李治至此方明白王皇后、萧淑妃的死因。听李弘述说完前情，泪流满面，痛悔莫及，连道：“是我害了她二人，是我害了她们呀！”李弘忙上前劝慰：“事已至此，父皇也不必伤心了，还是想办法将两位姐姐解救出去，以赎此过吧！”

不料高宗李治虽然心疼女儿，但更害怕得罪则天武后，闻听李弘此言，半晌讷讷不语，拿不定主意。李弘急得跺脚道：“父皇如若又有何难处，只需降旨就行，一切由儿臣做主来办。”李治闻听，只得拟了一旨，交给李弘。

李弘拿到圣旨，一刻也不停留，先去后宫找二位姐姐。义阳公主和宣城公主见李弘来了以为大祸临头，吓得浑身乱颤。待到李弘说明来意，她二人初时不信，后来见李弘从怀中拿出圣旨，态度诚恳，方信了。一时不由得悲喜交加，二人相拥而泣，仿佛要将这三十年的委屈全在此时宣泄出来。李弘见状忙上前劝慰道："两位姐姐休要哭泣。小弟如今要和二位商议你二人的终身大事，还请两位姐姐早拿主意。"义阳公主和宣城公主这才止住悲声，两人对望一眼齐声道："此事全凭太子殿下定决，我二人至此已是感激不尽。"言罢，竟然一齐跪拜下去。李弘慌忙将二人拉住，说道："如此，小弟便无礼了。"言罢转身出宫而去。

接下来的事情就好办了，李弘出宫找到禁军将领权毅、遂古，说明要把两位姐姐嫁给他俩，二人自然同意，一切安排妥后，李弘才将此事告诉武后。

武后一听，气得七窍生烟，半天说不出话来。但事情已定，也无可奈何，只得将义阳公主和宣城公主草草嫁出宫，但是李弘也因此招来杀身大祸。

武则天既然肯为了坐上皇后宝座亲手杀了自己的亲生女儿，那么，同样是为了权力，她又有什么可吝惜儿子的呢？两位公主出嫁不久，皇后武则天就对亲生长子李弘下了毒手。对外只说是暴病身亡，但具体死亡原因，谁也无法知道。只是那个对太子李弘诉说真情的老宫监知道太子死得冤枉，着实为他在御花园僻静处痛哭了一场。不料此事又被武后获悉，将之毒杀。

两个月后，则天武后立次子李贤为太子。李贤是年 21 岁，意气风发，精明强干而又处事公正，比起李弘有过之而无不及。他曾组织人注释了《后汉书》给父皇看，高宗李治看后赞叹不已。如果李贤真能继承皇位，那么大唐历史就要改写了，很可能会延续更长的时期。但是，他只因为一句话就遭到了母后的不满，因此也就注定了他永远不可能登上皇帝宝座。

原来，在当时有一个自称会求仙的道士明崇俨，很得武后赏识，封他为正义大夫（四品官）。有一天，武后让李贤陪他一起看明崇俨表演仙术。明崇俨将一粒瓜子种到地里。一瞬间，便生芽长叶结出能吃的大西瓜。武后看了非常高兴，而一旁的李贤却不以为然地说道："不过是一种骗人的幻术罢了，还妄谈什么仙术！”武则天听了便有些不高兴，心想，此子也是个不识抬举的。那明崇俨见李贤揭了他的老底，心中更是恼恨。他又最善察言观色，见武后也有不善李贤之意，便灵机一动，计上心来。

不久，明崇俨便借机在武后身边搬弄是非。说李贤命薄相孬，非但难以继承皇位，还会克母。而三子李哲、四子李旦长相富态，定是子贵母荣。武后听罢，对太子李贤更加怀疑，就连李贤让人注释的《后汉书》，她也认为是针对自己的。于是赐给李贤要求讲究忠和孝的书，一本《孛子传》，一本《少阳正范》，以示警诫。太子李贤也自然明白母后是嫌自己不听话。他是个聪明人，从此稍事收敛，至少当着武后的面不再违拂其意。但即使如此，也不能让武后对他稍加信任。

不久，那个会幻术的明崇俨被人杀死。武后怀疑是李贤干的，于是决定除掉此子。她派人到东宫搜查，在李贤住处附近搜出几百件旧甲仗。又指使宫奴赵道生说此即为太子李贤杀明崇俨所用之物，然后以谋反之名定了李贤死罪。

高宗李治闻讯，慌忙跑去求情，武后将其怒斥一顿，不过，到最后还算给皇帝面子，免去李贤死罪，废为庶人，押到巴州（今四川省巴中）。

远在巴州的李贤，空有一身抱负，却无一点人身自由。不久又闻听父皇李治驾崩，三弟李哲继任不足两月，因稍违母后之意，便被废掉。如今最小的弟弟李旦继承皇位，整日也是战战兢兢，是个傀儡皇帝，下场也不会太妙。李贤反复思考，不明白亲生母亲为何这样凶狠，连自己的亲生儿子也不放过，越想越气愤，挥笔写下一首《黄台曲》：

种瓜黄台下，瓜熟子离离。

一摘使瓜好，再摘使瓜稀。

三摘犹自可，四摘抱蔓归。

写完此诗，李贤心中忧愤稍平，遂转身出屋而去，诗稿也随风吹飘落至地上。

但是李贤万万没有想到，正是此诗给自己招来杀身大祸。不久，左金吾将军丘神勣到巴州逼杀李贤。李贤一见丘神勣手中的《黄台曲》，顿时明白母后安插在自己身边的亲信为了邀功请赏向母后报告了此事。他想，既然母后看了此诗仍然大怒，不思悔改，那自己迟早是死，何必要做徒劳的挣扎呢？遂拔剑自刎。

李贤死后，武后为掩人耳目，还苛责丘神勣，说自己派他去巴州只是让他责问李贤，并未让他逼杀李贤。遂将其贬官至置州刺史，恢复了李贤的雍王称号，在众人面前还哭了几声。

但不等丘神勣去置州上任，武后就又将其恢复原职。这充分证明，逼杀李贤是她的旨意，众人也都心知肚明，只是心照不宣罢了。

至此，武则天四个儿子，被她或杀或贬谪，只剩一个老四李旦，也是如履薄冰。作为一个女人，她因嫉生恨，毒杀王皇后和萧淑妃，这似乎还算一个理由。但作为一个母亲，她亲手弑杀亲子，那么，即使她称帝之后也曾一度将国家治理得井井有条，甚至出现盛世的局面，也永远无法得到世人的谅解。不知道武则天自己心中是否明白这一点。

则天治国

武则天一步步将大权牢牢把握到自己手中，但她的身份仍然是皇太后（此时高宗李治已死，中宗李显继位）。公元690年，已经67岁的武则天，终于不再满足于没有皇帝称号而代行皇帝职权的局面。为此她导演了一场数万人上表求她即位的闹剧。然后，理直气壮地在则天楼上宣布即皇帝位，改国号为周，年号为天授，自称“圣神皇帝”。自此，中国出现了历史上第一位也是唯一一位女皇帝。

武则天虽然当了皇帝，但她毕竟是个女人，是一个处于男尊女卑的封建社会中的女人。因此要想治理好国家，要付出比以往任何朝代的男性皇帝多得多的心血和精力。然而武则天并没有因此而退缩，而是义无反顾，迎难而上。

她刚刚即位，李氏宗族便兴兵讨伐，代表是唐太宗李世民的九儿子越王李贞。他最初与其他几个同姓王联络，要联合发动兵变。王族们都表示同意。可是到了起事那天，那些被联络的王爷们慑于武则天的权力和威势，个个按兵不动，只有李贞的儿子琅琊王李冲响应父亲号召，发了兵。但是很快就被武则天手下的大将军丘神勣打败。李贞及其全家被杀，连没有起事的李氏宗亲也受到株连，大人被杀，小孩发配岭南（今广东广西一带）。

李贞父子的叛乱平定之后，武则天以此为鉴，在各地设立告密的铜盒子，重用酷吏，以防有人再度谋反。

在这些酷吏中最有代表性的就是来俊臣和周兴。来俊臣原来就是一个无赖，因为冤枉好人有功，被武则天提拔为御史中丞；周兴也因制造冤狱有方被升为秋官侍郎。总之，二人是武则天监视朝中大臣乃至天下人，大肆屠杀异己的工具。二人抓人之多，杀人之多，简直可称之为屠夫了。

二人杀人成性，为此还曾写过一部《罗织经》，阐述他们诬陷别人的“心得”。他们把毫无罪过的人罗织成罪，然后再指派几个人进行诬告，最后动用酷刑。酷刑的名词、种类繁多，有什么突地吼、死猪熟、求破家……听听名字就够瘆人的，还有什么“凤凰晒翅”（将受刑人手脚展开绑在车轮上，让车轮下转）、“仙人献梁”（受刑者戴着枷跪在地上，狱吏往枷上陆续加砖）、“玉女登梯”（受刑者被绑在高处，枷尾坠着重物，使人在半空中折来翻去）等听起来颇为文雅，实际上更加残酷的刑罚。

他们使用的酷刑名词繁多，花样翻新。被捕的人常常看了刑具，就愿承认任何罪名，以求免刑。一时之间，屈打成招，被冤下狱者，比比皆是。以至于洛阳监狱都快放不下了，就连大唐名相狄仁杰、魏元忠都曾以谋反被诬下狱，险遭杀害。名将百济人黑齿常之、高丽人众献诚都与政局毫无干涉，也被周兴冤杀。

武则天重用酷吏，仅几年时间，杀戮皇室宗亲数百人之多，大臣几百家，刺史、郎将不计其数。她之所以大肆屠戮，只不过想防止有人谋反，以此巩固其统治地位。但杀到最后，连她自己也不相信有这么多人谋反了。特别是来俊臣、周兴二人杀上了瘾，甚至将主意打到武氏权贵身上。武则天这才对他二人有所警觉，欲设计将二人杀了。

一天，来俊臣请周兴到家中做客。两人一边喝酒，一边交流滥用酷刑害人的经验体会。正在这时，家人送来一份文件。来俊臣展开看过之后，对周兴道："周兄，小弟近日遇到一个不同寻常的囚犯，用遍了小弟手中刑具，他也不肯招供。不知周兄可否赐教一二？"

周兴一听，来了精神，喝了口酒，吃了口菜，这才摇头晃脑说道："贤弟这就不如愚兄了吧？我正好新发明了一种刑具，不妨说与贤弟。找来一只大瓮（缸），周围放好通红的炭火，把犯人放在瓮中烤，就算他是铁打的，恐怕也不敢不招供吧?!"说罢纵声长笑。

来俊臣嘴角浮出一丝冷笑，命家人依周兴所说就在屋中准备好此刑具。周兴一见，诧异地问道："怎么，贤弟要亲自拷问犯人吗？"

来俊臣此时忽然一改往日对周兴的亲和态度，厉声喝道："周大人，刚刚有内状送来，要小弟速速审问你与丘神勣谋反有关一事。既然如此，就请兄先入瓮中吧！"

周兴顿时傻了眼，酒也醒了。他万万没有想到，自己设计的刑具会给自己用上。虽然后悔莫及，却又无可奈何，只得招认。这就是成语"请君入瓮"的来历。

周兴因谋反之罪被发配岭南，途中被仇人杀了。来俊臣的下场也不妙，被武则天寻个理由杀了。

武则天作为一个皇帝，还是比较有作为的。面对宗室、贵族以及部分将相大臣的挑战，采取任用酷吏严厉镇压的手段，但一旦发现出现严重弊端，立刻将其铲除。同时她还特别注意选拔人才，为己所有。玄宗开元年间的许多非常有名的大臣，如姚崇、张说、宗都是她在位的时候选拔出来的。为了培养大批能臣，她大胆地冲击门阀观念，大量提拔庶族地主做官。为了满足庶族地主做官的欲望，她进一步实行科举考试制度。天授元年，开创了"殿试"。她甚至派人到各地搜罗人才，有些本来很有才华，或因考场失意、或因无人举荐而湮没的能人被她提拔了许多。历史上非常有名的大唐名相狄仁杰，就是其中的一个。

狄仁杰出身寒微，尽管科举得意，考取功名，但也只做过县令、刺史等地方官。他在为官期间，清正廉洁，为百姓做了许多好事，特别是善于断案，渐渐地在地方上有了一些名气。

可是狄仁杰尽管很有才华，武则天身居高堂，如果没人引荐，也不可能知道他。但武则天善于用人，她任用的宰相娄师德非常重视人才。他经常明察暗访，向武则天举荐人才。狄仁杰很快便成为其中的一个。

武则天亲自考察之后，任命狄仁杰为宰相。起初，他以为自己很了不起，有些瞧不起办事谨慎的娄师德，经常在武则天面前数落他的不是。武则天爱惜他是个人才，听过之后也不说什么，只是笑笑。后来，有一次狄仁杰又在武则天面前说娄师德如何无能，武则天沉思了一会儿，道："你从一个地方小官被我重任为宰相，你知道是怎么回事吗？"

狄仁杰听了先是一愣，继而颇为自信地答道："自是皇上圣明，又加之微臣确实有一点功绩，才得到皇上如此厚爱。"

武则天看了看狄仁杰，好半天没说话，想了好一会儿，才缓缓说道："无论我如何英明，都不可能面面俱到，一个人的精力毕竟是有限的。我在提拔你为宰相之前，并不怎么了解你的过去。你如今至此，全是娄师德的功劳。"

狄仁杰刚开始还不信，武则天便将娄师德举荐狄仁杰的举荐书拿给他看。狄仁杰这才如梦方醒，满面通红，请求武则天处罚自己。但是武则天并未因此责怪他，只是语重心长地提醒他要明白自己如此做的一番心意。狄仁杰从此之后，自是更加尽心尽力地为武则天办事。也像娄师德那样，奖掖后人，举荐贤能之士，而且也不再像从前那样骄傲自大了。由此可见武则天是多么知人善任。唐代后期的政治家用这个词来评价她，是非常公允的。

对待任何事物都要一分为二地来看待。武则天作为封建历史上一个比较特殊的皇帝，有许多应该批判的地方。如，她曾大力推行酷刑滥杀的举措；还曾因自己信佛，便大兴寺庙，虚耗国库大量财帛，甚至曾将"断屠，禁捕鱼虾"的禁令实行了七八年，影响了许多百姓的生计。特别是晚年，政局搞得比较混乱。但是，她也有许多值得肯定的地方。比如，她大量提拔庶族地主，冲击传统门阀观念；开创"殿试"，增设武举；重视人才，知人善任；特别是她非常关注地方行政，凡是耕地增加，家有余粮的地方，官吏便受奖赏，反之，便要受罚。在她统治的末年，户口从贞观时的380万户上升到615万户。所以，尽管武则天在皇权斗争方面凶狠残忍，但在朝政方面，任人唯贤。特别是在她治国期间，社会安定，老百姓生活不错，因此得到当时许多人的拥护。这也正是越王李贞造反，天下百姓无人响应的真正原因。

总的来讲，武则天当权时期，唐帝国仍在继续向上发展。在我国漫长的封建社会发展史上，这也是一个较好的时期。后人曾总结，唐王朝共有两个半好皇帝。一个是唐太宗李世民，他统治期间出现了“贞观之治”的盛世，另一个是唐玄宗李隆基，在他统治期间出现了“开元盛世”的兴盛局面。那另外的半个，便是则天武后。可见，在后人看来，她的功大于过。

神龙元年十一月二十六日（705年12月16日），武则天在上阳宫的仙居殿病逝，享年八十二岁。遗诏省去帝号，称“则天大圣皇后”，并赦免王皇后、萧淑妃二族以及褚遂良、韩瑗、柳奭三人的亲属。神龙二年（706年）五月，与高宗合葬乾陵。死后在自己墓前立一无字碑，是非功过，将由后人评说。

两朝良佐长孙无忌

长孙无忌（594年-659年），字辅机，河南洛阳人，唐初宰相、外戚，隋朝右骁卫将军长孙晟之子，母亲高氏为汉族，文德皇后同母兄。贞观年间，无忌历任左武侯大将军、吏部尚书、尚书右仆射、司空、司徒、侍中、中书令，封赵国公，在凌烟阁功臣中位列第一。他在立储之争时支持高宗，后被任为顾命大臣，授太尉、同中书门下三品。永徽年间，长孙无忌在《贞观律》基础上主持修订《唐律疏议》，后反对高宗立武则天为皇后。显庆四年（659年），无忌被许敬宗诬陷，削爵流放黔州，最终自缢而死。上元年间平反。

长孙无忌的父亲死得早，他与妹妹一同在舅父高士廉家中长大。高士廉博文通史，很有才华和名望。在这样一个文化素养高的家庭中，长孙氏兄妹受到了很好的文化教育。无忌通览经史，精晓文义，妹妹也是少好读书，通情达理。

高士廉慧眼识人，早在李渊父子太原起兵之前，就发现李世民是个非常之人，把长孙无忌的妹妹聘与李世民，后来李世民做皇帝，册封长孙氏为皇后。长孙无忌的年龄与李世民相仿，二人从小交往友善，妹妹嫁给李世民后，关系就更近了一步。

长孙无忌

李渊义军渡黄河后，长孙无忌即前去谒见，多次参与李世民的军事行动，出谋献计，殚精竭虑，虽没有赫赫战功，但因谋划有方，还是被封为上党县公。

长孙无忌的政治才能是在玄武门事变中显露出来的。

武德九年（626），长孙无忌在太子李建成和齐王李元吉咄咄逼人的情势下，暗中劝说李世民先发制人，并和房玄龄、杜如晦秘密谋划，六月四日，他与尉迟敬德、侯君集等九人，入玄武门杀李建成、李元吉，李世民不久登上了皇位。他在“玄武门之变”中是个非常重要的角色。

李世民即位后，马上封这位大舅子为吏部尚书，以功第一，进封齐国公。

这是长孙无忌一生中最为得意之时，国家元勋又兼贵戚，恩礼尤重，常常出入皇帝卧内议事，如家人兄弟一般。他也就想当宰相。他的妹妹长孙皇后对太宗说：“臣妾既蒙恩宠，托身紫宫，全家尊贵无比，真不愿我的哥哥执掌国政。”太宗不听，拜长孙无忌为尚书右仆射。

贞观二年（627），有人密奏太宗说“无忌权宠过盛”，不利于国。李世民亲自拿这封密疏给长孙无忌看，表示自己对他非常放心。太宗又召集百官，宣布说：“无忌有大功于我李家，朕诸子皆弱，视无忌如子，不是他人所能离间的。”

贞观七年（633），朝廷册拜长孙无忌为司空，他坚决推辞，并上表说：“我有幸贵为外戚，屡受重任，恐怕天下人会说陛下您偏私啊。”太宗表示：“朕授官，必择才行。假如没有才德，就是亲戚也不用。”后来，太宗还亲自做《威风赋》赐予长孙无忌，表彰他的贤德谦让。

太宗在世的时候，长孙无忌还受到如下恩遇：

与诸功臣世袭大州刺史；

亲自到长孙无忌家里，赏赐长孙亲族；

册拜长孙无忌为司徒；

命在凌烟阁图长孙无忌等二十四功臣的画像。

在太宗在位的20多年里，长孙无忌真是风光无限，受尽了恩宠。

长孙无忌还曾受命与房玄龄等主修《唐律》和《律疏》，即现存的《唐律疏议》。

贞观二十三年（649），太宗病危，临终前，他委托长孙无忌和褚遂良二人辅政。太宗对太子李治说：“无忌、遂良在，你就不用担心天下了。”

又对褚遂良说：“无忌尽忠于我。我有天下，多是此人之力。你辅政后，不要让谗毁之徒陷害无忌，否则，你就不是我李家忠臣。”

高宗李治即位后，进拜长孙无忌为太尉，兼扬州都督，仍知尚书及二省事。长孙无忌则以帝舅身份竭尽忠诚，数进良谏，高宗无不采纳。

高宗当了皇帝不久，就纳太宗的才人武媚娘为妾，封为昭仪，就是武则天。高宗很宠爱武则天，想让她做皇后，他们知道这件事一定会遭到大臣们的反对，所以就要首先取得亲舅舅长孙无忌的同意。

永徽五年（654），高宗和武昭仪亲自临幸长孙无忌家，给长孙无忌的儿子们封官厚赏，长孙无忌心知肚明，不为所动。武则天后来又让亲妈杨氏多次上门说情，都被长孙无忌驳回。礼部尚书许敬宗是个马屁精，多次劝说，长孙无忌痛斥不已。

永徽六年（659），高宗召长孙无忌、褚遂良等人进内殿，讨论立武则天为后的问题。无忌说：“先帝托付遂良，陛下您问问他可否。”褚遂良坚决反对，高宗不听，武则天还是当上了皇后。从此，武则天对长孙无忌更是恨之入骨。长孙无忌从此在朝中处于半退隐状态，重大朝议都不找他了。

显庆四年（659），许敬宗诬陷长孙无忌构陷忠臣，伺机谋反。高宗听信谗言，将长孙无忌流放黔州。

不久，许敬宗又派人到黔州重审长孙无忌谋反案，到黔州后逼令长孙无忌自缢而死，并抄没家产，子孙流放岭外荒野之地。

韦后乱政

公元705年正月初一，已经步入风烛残年的女皇武则天，度过了她人生中最灰暗的一个新年。本来每年都应该照例举行的元旦大朝会被临时取消。早已病入膏肓的女皇，只有她的两个男宠张易之、张昌宗兄弟陪伴在身边。女皇强打精神，在龙床上用颤颤巍巍的手签署了大赦天下、改年号为“神龙”的诏书。

这时候，一场宫廷政变正在朝廷之外紧锣密鼓地策划着。过了二十几天，以宰相张柬之、崔玄玮与大臣桓彦范、敬晖、袁恕已等五人为首，以诛杀“二张”、恢复李唐为号召，联合禁军将领李多祚、驸马王同皎等，发动政变，诛杀了张易之、张昌宗及其党羽，拥立太子李显称帝，恢复国号为“唐”，将“神都”洛阳改回为东都，一切礼仪制度全都改依唐朝旧制。拥立他复位的张柬之等五位大臣加官晋爵，被封为王。历史上把这件事称为“五王政变，中宗返正”。就在这一年的冬天，被迁居到上阳宫的女皇武则天，在悲愤交加中凄凉地走完了传奇的一生，终年八十二岁。大唐王朝这艘巨轮在女皇的掌舵下刚刚驶过一段高速平稳的发展航程，就忽然遭遇不测风云，帝国政坛波涛汹涌，暗流涌动，险象环生，又陷入了一段长达八年之久的动荡岁月。

唐中宗复位以后，立韦氏为皇后，追封皇后的父亲韦玄贞为王。

这位韦氏出身于名门望族，倒也有些胆识。她给中宗生下了长子李重润（追封为懿德太子）和永泰、永寿、长宁、安乐四位公主。其中永寿公主早死，李重润和永泰公主又因为偷偷地议论女皇奶奶的私生活而被杀。最小的女儿安乐公主，则是韦氏在中宗被废、全家流放房州（今湖北房县）途中生下的。安乐公主刚出生时，中宗脱下了自己随身穿的衣服将女儿裹了起来，给她起了个乳名就叫“裹儿”。安乐公主从小就特别受到中宗、韦氏夫妇的疼爱和娇惯，养成了随心所欲的品性。

中宗、韦后和孩子们被武则天幽禁在房州，过着囚徒般的生活，度日如年，备受煎熬，长达十几年。他们尝尽了人世间的辛酸与艰难，但却也是他们一生中感情最好的时期。在房州期间，中宗一听说朝廷派来使者，就精神高度紧张，吓得要自杀。每当这时，韦氏总会柔声细语地安慰他说：“祸福无常，说不定我们还死不了呐，何必这样害怕呢?”多亏了韦氏的乐观与坚强，给落难中的中宗提供了强大的精神支柱，才使他没有走上绝路，苟活了下来。所以，中宗打心眼儿里感激和佩服这位患难与共的妻子。有一天，他突然心血来潮地对韦氏说：“有朝一日，你我夫妻只要能重见天日，我一定会满足你的所有愿望，决不加阻拦。”如今他重新当上了皇帝，就想兑现他当年的诺言，所以对韦后提出的要求一律全都照办，这在无形中就助长了这个女人的野心。

韦后也想仿效当年武则天的样子，垂帘听政。中宗居然不假思索就答应了，于是韦后就堂而皇之地干预起朝廷事务来了。由于中宗在政治上毫无主见，对韦后言听计从，而韦后又远没有武则天那样的才能和见识，所以唐朝的政局又开始变得动荡不安起来了。

那时候，武则天虽然已死，但她的侄子武三思仍然有很大的势力。韦后把最宠爱的小女儿安乐公主嫁给了武三思的儿子武崇训，两家成了儿女亲家，关系十分密切。曾经受到过武则天重用的上官婉儿，在中宗复位后，也继续被委以重任，先封为婕妤（妃子的一种），不久又晋封为昭容（也是妃子的一种），同韦后一起居中用事，专门在宫中掌管起草发布诏令，为韦后出谋划策。婉儿还和武三思私通，将他引荐给了韦后，从此韦后与武三思的关系越来越亲密。中宗见韦后和武三思这样要好，不但毫不介意，而且每当遇到什么重大事情，也找武三思商量，这样就连张柬之等人也都得听他发号施令。有时武三思入宫，经常会留在寝宫，在御床上陪韦后玩双陆（一种棋类游戏），中宗居然饶有兴致地站在一旁为他们数筹码。如此一来，武三思与韦后二人很快就勾搭成奸，武家势力比武则天当权时还要威风。

敬晖等人见武三思如此得宠，惧怕他们加害自己，就派崔湜为耳目，悄悄地打听他的动静，伺机下手。不料崔湜见中宗这样亲近武三思而猜忌敬晖等人，就出卖了敬晖，将他们的计划全都告诉了武三思。武三思得知敬晖等人的密谋后，急忙去找韦后商量对策。两人一起到中宗那里告了敬晖等人一状，说他们居功专权，将要图谋不轨。昏庸的唐中宗竟然信以为真，就听从了韦后和武三思出的主意，采取了明升暗降的办法，把敬晖等五人加封为王，但却罢免了他们的宰相职务，实际上是剥夺了他们的大权。接着武三思又想办法让中宗下令，先后把他们贬官到外地，然后派刺客在途中把他们杀害了。

五王被贬杀之后，武三思把持了朝廷大权，下令恢复武则天时期的做法，凡是反对武氏家族的官员统统受到迫害，而在五王政变时被处理的人又都官复原职。驸马王同皎因不满韦后、武三思的所作所为，被人告发阴谋废黜韦后、杀武三思之罪，结果被抄家杀害。就连有人揭发武三思和韦后私通的丑行，唐中宗都不予理会，反而将告发者治罪。

武三思一看中宗对他这样信任，气焰更加嚣张。他经常得意忘形地说：“我不知道世界上什么叫好人，什么叫坏人。凡是对我好的就是好人，凡是对我不好的就是坏人。”一时间，趋炎附势的小人，全都聚拢到武三思身边。武三思的权势甚至超过唐中宗，朝廷上下几乎都是他的爪牙，像兵部尚书宗楚客、将作大匠宗晋卿、太府卿纪处讷、鸿胪卿甘元柬等是武三思的党羽；御史中丞周利用、侍御史冉祖雍、太仆丞李俊、光禄丞宋之逊、监察御史姚绍之等人则是他的耳目，当时人称他们为“三思五狗”。

神龙二年（706年）七月，在大臣们的强烈要求下，中宗立卫王李重俊为太子。李重俊因为不是韦后亲生，所以韦后十分讨厌他。而武三思更是对太子非常反感。安乐公主作为韦后的亲生女儿，认为只有自己才最有资格做天子，所以她野心勃勃，一心想学武则天当女皇。她经常与丈夫武崇训欺负这个同父异母的太子哥哥，甚至有时当面就称他为“奴”。她还在丈夫的教唆下，几次奏请中宗废掉太子，立自己为皇太女。大概是中宗也觉得这事太过于荒唐，所以没有答应，一笑了之。

李重俊感到自己的太子地位岌岌可危，他不甘心忍受凌辱，更不想就这样坐以待毙，于是在景龙元年（707 年）七月，暗中联络禁军将领李多祚等人发动政变。太子借口武三思、上官婉儿与韦后图谋不轨，带领禁军三百多人，先将武三思、武崇训父子及亲党几十人杀死。接着，又带兵攻入皇宫。韦后、上官婉儿、安乐公主等人听到兵变的消息，急忙簇拥着唐中宗逃到宫城北面的玄武门城楼上，并调集忠于皇上的禁军前来护驾。双方在交战中，太子带来的部队反戈，最后导致政变失败。李重俊、李多祚等参与政变者都被杀害。

太子被杀后，韦皇后与安乐公主更加肆无忌惮，为所欲为，她们竟然公开大肆卖官鬻爵，贪赃枉法。唐中宗对他的这个宝贝女儿也真是百依百顺，当时的宰相多数都是由她推荐的死党，以至她权倾朝野。有一次，安乐公主竟然私制伪造了一份制书（皇帝下达的诏书），用手捂住内容，拿去让中宗签署。中宗居然觉得好玩，看都不看，就笑眯眯地照办了。还有一次，安乐公主向父皇提出把昆明池赏赐给她，中宗因为老百姓要在那里捕鱼而没有答应，她便通过巧取豪夺的手段，霸占了许多民田，让人在长安城西开凿了一个方圆达几十里（一说数里）的人工湖，起名叫“定昆池”，意思是要压倒昆明池。她还和她姐姐长宁公主比着修规模宏伟的府第，其奢侈豪华之程度甚至超过了皇宫，搞得老百姓怨声载道。

唐中宗在悍妇横女的把持之下，很少敢自作主张。有一次，在举行宫廷宴会时，中宗让大臣们行酒令娱乐，各唱《回波词》。有一个艺人唱道：“回波尔时栲栳，怕妇也是大好。外边只有裴谈，内里无过李老。”栲栳，在这儿是指一种盛酒器；李老，即指唐中宗。“怕妇也是大好”，一语道出了中宗窝囊惧内的性格。中宗听后，不但毫不生气，反而神色自如，洋洋自得，赏赐了这个艺人一匹绢帛。像中宗这样的皇帝也实在数得上是“气度不凡”了。唐中宗还有一个“和事天子”的绰号，有一次，监察御史崔琬当面弹劾宗楚客、纪处讷等人私通胡人，收受贿赂，引起边境纠纷。按照惯例，被弹劾的大臣，应该立即退出朝堂，等待并接受处理。但是，宗楚客等人自恃有韦后、安乐公主给撑腰，当时就气得脸色大变，自称忠心耿耿，指责崔琬诬蔑。中宗不但没有做公断，

反而不问是非曲直，采取了息事宁人的态度，让崔琬和宗楚客结为兄弟，和解了事。这和他皇帝的身份极不相称，因此当时人就送了这样一个“雅号”。

景龙四年（710年）四月，定州人郎岌上书告发韦后和宗楚客阴谋作乱，韦后居然命令中宗将他乱棍打死。五月，许州司兵参军燕钦融又上书，指责韦皇后生活淫乱，干预国政，阴谋篡权。中宗亲自召见燕钦融，当面对质。燕钦融神态自若，慷慨陈词，中宗被说得低下了头，默不作声。韦后见状，就指使她的心腹、兵部尚书宗楚客派禁军把燕钦融摔死在大殿之下。唐中宗虽然没有下令追查这件事，但看得出来他心里是很不痛快的，脸色也十分难看。这时，韦后及其党羽开始有点害怕了。

韦后找来他的两个情夫太医马秦客和御厨杨均商量对策。安乐公主正愁当不上皇太女，就鼓动韦后临朝称帝，自己好当皇太女。他们四人一起合谋，在唐中宗平时爱吃的蒸饼中下毒，结果中宗就这样被自己狠毒的老婆和女儿给毒死了。

韦后毒死中宗以后，对外封锁消息，秘不发丧。她总揽了一切大权，召集娘家人和亲信大臣商量办法。她先派韦家子弟带兵五万控制了京城，然后让上官婉儿起草伪造了中宗遗诏：立十六岁的温王李重茂为傀儡皇帝，罢免了相王李旦参政的权力，由韦后临朝摄政。李重茂即位，是为少帝（殇帝），尊韦后为皇太后，改年号为唐隆。

宗楚客、武延秀等亲信以及韦家子弟都劝韦后仿照武则天，废掉少帝，自己登基。为此，他们把当时京城禁军和政府要害部门全都把持。宗楚客还大肆制造“韦后宜革唐命改朝换代”的舆论，到处宣扬。韦氏一伙感到相王、太平公主是他们的最大障碍，所以，打算在废掉少帝之前先除掉这二人。这个消息被兵部侍郎崔日用偷偷地透露给了相王的儿子李隆基。于是，李隆基找姑姑太平公主商议，决定先下手为强。他们秘密联络禁军将领陈玄礼、葛福顺、钟绍京等人，于六月二十日深夜抢先发动政变，从玄武门攻入皇宫，杀死了韦后和安乐公主，接着又用武力清洗了韦氏和武氏集团。

最后由武则天的女儿太平公主出面，废掉了少帝，恢复了唐睿宗的皇位。

唐王朝从此结束了这场长达五年的韦后乱政局面。

“政治女人”太平公主

太平公主是唐朝唐高宗李治与武则天的小女儿，她是一个梦想当皇帝的人，学自己的母亲一样。从小就倍受宠爱，是一个“几乎拥有天下的公主”，她不但继承了母亲武则天的强势和聪慧的性格，而且还对权力十分迷恋，是一个权利欲望十分强烈的一个人。唐睿宗在复位过程中，还有个很有意思的小插曲：景龙四年（710年）六月二十日深夜，太平公主与侄儿李隆基联手发动宫廷政变、杀掉韦后和安乐公主以后，睿宗并没有急着马上复位。因为韦后拥立的傀儡皇帝少帝还在。所以在二十三日，太平公主逼迫少帝下令：让位于睿宗。睿宗假意推辞了一番，在儿子李隆基等人的劝说下，答应了下来。第二天，一场逼宫好戏在太极殿上演，少帝坐在御座，睿宗站立在中宗灵柩旁，太平公主故意问：“皇帝想将皇位让给叔父，这样做可以吗?”刘幽求等人跪奏，表示拥护。于是少帝正式宣布退位，传位于睿宗。

唐睿宗

当时少帝还没有来得及从御座上起身，只听性急的太平公主又接着说：“天下人心已经全向着相王，这个座不应该是你呆的地方!”说着，就一把将少帝提了下来。睿宗这才重新登上皇帝宝座，改年号为景云，大赦天下。

少帝当时已经是一个十六岁的小伙子了，按理说体重怎么也得有近百斤，可是已经年近半百的太平公主却毫不费力地一把就将他提了下来，可见公主的力气很不一般，个头也应该不会太矮。据说公主长得非常丰满健壮，宽宽的额头，圆圆的脸盘，与她的母亲武则天颇为相像。唐人以丰满为美，据说现存洛阳龙门石窟的奉先寺大佛，就是以武则天为原型而雕刻的。果真如此的话，太平公主应该算得上是当时的一个美人了。

太平公主是武则天的小女儿。武则天一共生有两个女儿，大女儿在小时候，就成为母亲争夺皇后宝座的牺牲品，所以在武则天的内心难免会有些愧疚，后来追封长女为安定公主，也算是对这个夭折的幼小生命的一点慰藉吧。正因为如此，幼女太平公主出生以后，武则天将她视为掌上明珠，宠爱有加。

总章三年（670 年），太平公主大约六七岁时，姥姥杨氏去世，武则天为了让她的母亲能在阴间继续享受富贵荣华，就假意将太平公主出家为女道士，为她的外祖母祈福。太平公主十三四岁时，已经出落成一个如花似玉的大姑娘，以至连远在雪域高原的吐蕃赞普，也听说大唐有一位美若天仙的公主，于是便向唐王朝点名请求公主下嫁。无奈唐高宗和武则天舍不得让宝贝女儿去世界屋脊饱受那风霜之苦，但对吐蕃的和亲之议又不好断然拒绝，于是便干脆为太平公主修建了一座道观，让她也像真的女道士那样住在里面烧香礼拜，以回绝和亲之事。吐蕃赞普见太平公主真的做了女道士，也就只好将和亲之事作罢。

虽然父母亲对太平公主宠爱有加，但她的美色，还是引起了色胆包天的表兄、武则天姐姐韩国夫人的儿子贺兰敏之的垂涎。大概太平公主还在年幼的时候，就遭到她这位表兄的骚扰。武则天的母亲病逝以后，贺兰敏之趁太平公主往来外婆家祭奠之时，又强暴了自己的这位亲表妹。这件事情出来以后，武则天就把这个畜生外甥给处死了。

太平公主一生共经历了两次婚姻，第一次婚姻是由她的父亲高宗做主的，嫁给当时名门望族出身的薛绍。这一次婚姻维持了八年，生有二男二女。垂拱四年（688 年），薛绍因受琅琊王李冲起兵事件的牵连而被杀，于是年轻的太平公主成为寡妇。

太平公主的第二次婚姻，是由她的母亲武则天做主的。这次婚姻的政治色彩更加强烈，武则天为了“李武联姻”的政治意图，选择了自己的侄儿武承嗣。不巧，正赶上武承嗣生病，只好取消这桩婚事。武则天又看中了另一个侄儿武攸暨，但武攸暨是有妻室的人，于是武则天干脆派人杀了武攸暨的妻子，于天授元年（690 年）将太平公主嫁给了他。后来武攸暨官做得很大，但在政治上没有什么作为。他比公主早死一年，二人共生有二男一女。

虽然太平公主是一个曾经结过两次婚的女人，但她的私生活仍然很不检点，还同时与多人保持着不正当的婚外情。如从外国来的胡僧慧范，就与公主私通，他凭借公主的权势，贪赃枉法高达四十余万，被御史魏传弓检举，按律应该判处死刑，但皇帝看在公主面上没有同意，有位大臣坚持认为慧范违法，不可饶恕，结果反被公主贬官到外地；道士史崇玄也与公主有染，他虽然只是太清观的一个主持，却先后被授予国子祭酒（从三品）、鸿胪卿（从三品）、金紫光禄大夫（正三品）、上柱国（视正二品）、河内郡开国公（正三品）等官爵，享受着国家给予的二千户的封邑，他还曾为睿宗的两个女儿金仙、玉真公主授道，与多名公主关系密切；士家子弟张昌宗虽然出身于功臣之家，却也成了公主的情夫。此外，出入公主之门的轻佻文士还有很多。

太平公主很有权谋，这一点连她母亲都认为很像自己。也就是说，无论是从长相还是在政治能力方面，太平公主都有与她母亲武则天的相似之处。正因为如此，武则天对太平公主特别喜欢，宠用有加，经常让她参与一些政事的谋划。刚开始步入政坛时，大概还慑于母亲的威势，她还是比较收敛的。但在武则天临终之前以及死后，她就大露峥嵘，显示出其庐山真面目了。

太平公主一生多次参与宫廷政变。诛二张、灭韦氏，她都出力很大。从武则天晚年到唐玄宗即位，皇室多故，政坛风云迭起。在历次政变中，太平公主翻手为云、覆手为雨，都起了举足轻重的作用。

太平公主参与的第一次政变是诛“二张”。提起“二张”，其实还与太平公主颇有些瓜葛。原来，唐高宗死后，太平公主见其母武则天寡居寂寞，就把自己的情夫、年少貌美的张昌宗推荐给了武则天，张昌宗得宠之后，又把同样年轻貌美、精通音乐的哥哥张易之引荐给了武则天，结果哥俩同时成为武则天的男宠。后来随着武则天年事渐高，政事多交给张易之兄弟处理，造成“二张”权力激剧膨胀，势倾朝野。神龙元年（705 年），武则天病情加重，御榻旁只有张氏兄弟侍奉，太子、宰相、相王都没有办法见到女皇。于是，宰相张柬之等谋划匡复李唐，得到太平公主的坚决支持。二张被诛，中宗复辟，太平公主因功加号“镇国太平公主”。中宗朝，韦后、上官婉儿用事禁中，都以智谋不及公主，对她敬畏有加。

太平公主参与的第二次政变是诛杀武三思。神龙三年（707 年），太子李重俊诛杀武三思、又进攻皇宫未遂，被杀。事后有人告发安国相王（李旦）及太平公主，亦与太子连谋举兵。

太平公主参与的第三次政变是诛韦氏。唐隆元年（710 年），迫不及待想当女皇的韦后和安乐公主母女，毒死了唐中宗，准备效法武则天，临朝称制。太平公主与侄子李隆基联手发动宫廷政变，拥立了李隆基的父亲、太平公主的哥哥睿宗李旦。从此以后，太平公主权倾天下，不可一世。睿宗对她言听计从，每当宰相奏事，睿宗总要先问：“和太平商议了吗？”如果哪一天太平公主因病或有事未能入朝，宰相便要亲自到她府上去议事。当时朝中宰相七人，就有五个是她的亲信，至于文武大臣，大半是她的人。就连掌管禁军的将领常元楷、李慈等人，也经常私下谒见公主。

太平公主发动的第四次政变是与侄儿李隆基的较量。唐睿宗重登皇位以后，将参与诛韦氏、有拥立之功的第三子李隆基立为太子。由于李隆基精明能干，不满外戚及诸公主干预朝政的行为，这对太平公主形成了潜在的威胁，所以她打算易置太子，立一位软弱无能的人，以利于自己长久专权。她先是指使心腹制造流言蜚语，散布太子“不是长子不应该成为太子”的舆论，同时在太子身边安插亲信，监视太子的行动。后来她甚至亲自拦住上朝的宰相，要求他们讨论废立太子。面对太平公主咄咄逼人的结党营私活动，李隆基深感不安，姑侄之间的矛盾日益加深。太极元年（712 年），唐睿宗下诏传位于太子李隆基，他就是历史上有名的唐玄宗（又称唐明皇）。太平公主见大势已去，企图做最后的挣扎。她先是勾结宫人元氏，在御膳中下毒，打算毒死李隆基，但是阴谋没有得逞；第二年她又准备在七月四日发动军事政变，用武力废掉李隆基。李隆基在得知这一阴谋后，决定提前一天发起行动。七月三日，李隆基突然起事，以迅雷不及掩耳之势，率亲信三百余人，首先一举捕杀了太平公主的党羽，然后追捕太平公主。太平公主惊恐万状，先逃入南山寺，三日后返回家中，被李隆基下令赐死。这样，一向以足智多谋而著称的太平公主，虽然在武则天以后的历次政变中，都能稳操胜券，涉险安度，但在最后同自己侄子的较量中，终于遭到了惨败。

历史人物优劣的评价，一定是在一定条件下的评价，要结合当时的社会历史情况。太平公主是一个生活在血腥的骨肉相残和权力争夺漩涡中的“政治女人”。她的婚姻家庭生活根本谈不上有什么爱情和幸福可言，在生活上却又极端的骄横奢侈甚至是荒淫无度；她对政治充满了强烈的欲望，最终又使自己成为政坛的祭品。她对大唐王朝的复国是有大贡献的，其政治才能有承其母武则天，巾帼不让须眉，是历史上极有个性、才情和思想的一位公主。

狄仁杰桃李满门

武则天对于反对她掌权的人，进行无情镇压；但她又十分重视任用贤才。她经常派人到各地去物色人才。只要发现谁有才能，就不计较门第出身、资格深浅，破格提拔，大胆任用。所以，在她的手下，涌现出一批有才能的大臣，其中最著名的是宰相狄仁杰。

狄仁杰

狄仁杰（630—700），字怀英，并州太原（今山西太原）人，唐代、武周政治家。狄仁杰早年考中明经科，历任汴州判佐、并州都督府法曹、大理丞、侍御史、度支郎中、宁州刺史、冬官侍郎、文昌右丞、豫州刺史、复州刺史、洛州司马，以不畏权贵著称。久视元年（700年），狄仁杰进封内史，并于同年病逝，追赠文昌右相，谥号文惠，后又追赠司空、梁国公。

狄仁杰当豫州刺史的时候，办事公平，执法严明，受到当地百姓的称赞。武则天听说他有才能，把他调到京城当宰相。

一天，武则天召见他，告诉他说："听说你在豫州的时候，名声很好，但是也有人在我面前揭你的短。你想知道他们是谁吗?"

狄仁杰说："别人说我不好，如果确是我的过错，我应该改正；如果陛下弄清楚不是我的过错，这是我的幸运。至于谁在背后说我的不是，我并不想知道。"

武则天听了，觉得狄仁杰器量大，更加赏识他。

来俊臣得势的时候，诬告狄仁杰谋反，把狄仁杰打进了牢监。来俊臣逼他招供，还诱骗他说："只要你招认了，就可以免你死罪。"

狄仁杰坦然说："如今太后建立周朝，什么事都重新开始。像我这种唐朝旧臣，理当被杀，我招认就是了。"

另一个官员偷偷告诉狄仁杰说："你如果供出别人来，还可以从宽。"

狄仁杰这下可生了气，说："上有天，下有地，叫我狄仁杰干这号事，我可干不出来!"说着，气得用头猛撞牢监里的柱子，撞得满面流血。那个官员害怕起来，连忙把他劝住了。

来俊臣根据逼供的材料，胡乱定了狄仁杰的案，对他的防范也就不那么严密了。狄仁杰趁狱卒不防备，偷偷地扯碎被子，用碎帛写了封申诉状，又把它缝在棉衣里。

那时候，正是开春季节。狄仁杰对狱官说："天气暖了，这套棉衣我也用不上，请通知我家里人把它拿回去吧。"

狱官也不怀疑，就让前来探监的狄家人把棉衣带回家去。狄仁杰的儿子拆开棉衣，发现父亲写的申诉状，就托人送给武则天。

武则天看了狄仁杰的申诉状，才下令把狄仁杰从牢监里放了出来。武则天召见狄仁杰，说："你既然申诉冤枉，为什么要招供呢?"

狄仁杰说："要是我不招，早就被他们拷打死了。"

武则天免了狄仁杰死罪，但还是把他宰相职务撤了，降职到外地做县令。

直到来俊臣被杀以后，才又把他调回来做宰相。

在狄仁杰当宰相之前，有个将军娄师德，曾经在武则天面前竭力推荐他；但是狄仁杰并不知道这件事，他认为娄师德不过是普通武将，不大瞧得起他。

有一次，武则天故意问狄仁杰说：“你看娄师德这人怎么样？”

狄仁杰说：“娄师德做个将军，小心谨慎守卫边境，还不错。至于有什么才能，我就不知道了。”

武则天说：“你看娄师德是不是能发现人才？”

狄仁杰说：“我跟他一起工作过，没听说过他能发现人才。”

武则天微笑说：“我能发现你，就是娄师德推荐的啊。”

狄仁杰听了，十分感动，觉得娄师德的为人厚道，自己不如他。后来，狄仁杰也努力物色人才，随时向武则天推荐。

一天，武则天问狄仁杰说：“我想物色一个人才，你看谁行？”

狄仁杰说：“不知陛下要的是什么样的人才？”

武则天说：“我想要找个能当宰相的。”

狄仁杰早就知道荆州地方有个官员叫张柬之，年纪虽然老了一些，但办事干练，是个宰相的人选，就向武则天推荐了。武则天听了狄仁杰的推荐，提拔张柬之担任洛州（治所在洛阳）司马。

过了几天，狄仁杰上朝，武则天又向他提起推荐人才的事。狄仁杰说：“上次我推荐的张柬之，陛下还没用呢！”

武则天说：“我不是已经把他任用了吗？”

狄仁杰说：“我向陛下推荐的，是一个宰相的人选，不是让他当司马的啊。”

武则天这才把张柬之提拔为侍郎，后来，又任命他为宰相。

像张柬之那样，狄仁杰前前后后一共推荐了几十个人，后来都成为当时有名的大臣。这些大臣都十分钦佩狄仁杰，把狄仁杰看作他们的老前辈。有人对狄仁杰说：“天下桃李，都出在狄公的门下了。”

狄仁杰谦逊地说：“这算得上什么，推荐人才是为了国家，不是为了我个人的私利啊！”

狄仁杰一直活到九十三岁。武则天很敬重狄仁杰，把他称作“国老”。他多次要求告老，武则天总是不准。他死去后，武则天常常叹息说：“老天为什么这样早夺走我的国老啊!”

张说不做伪证

狄仁杰死了以后，魏元忠当了宰相。那时候，武则天宠幸两个官员，叫张昌宗、张易之。这两个人权势大得不得了，满朝文武官员见到两张，都让他们三分。可是，宰相魏元忠就不把他们放在眼里。

魏元忠是个有名的硬汉，在周兴、来俊臣得势的时候，他三次被诬陷遭到流放，有一次差点被处死，但是他始终没有屈服过。后来他担任洛州刺史的时候，张易之的仆人在洛阳大街上仗势闹事，欺压百姓。洛阳官员因为闹事的是张府里的人，不敢奈何他。这件事传到魏元忠那里，魏元忠把那个仆人抓了起来，一顿板子打死了。

魏元忠做了宰相后，武则天想把张易之的弟弟张昌期任命为长史，一些大臣迎合武则天的意思，都称赞张昌期能干。魏元忠却说张昌期年轻不懂事，干不了这样的大事，这件事就只好搁了下来。

为了这些事，张昌宗、张易之两人把魏元忠恨得要死，千方百计想把魏元忠除掉。他们在太后面前诬告魏元忠，说魏元忠在背后议论：太后老了，不如跟太子靠得住。

武则天一听就火了，把魏元忠打进了牢监，准备亲自审讯，并且要张昌宗他们两人当面揭发。

张昌宗恐怕辩不过魏元忠，就偷偷地去找魏元忠部下官员张说，要张说做伪证，并且说，只要张说答应，将来就提拔他。

第二天，武则天上朝，召集太子和宰相，让张昌宗和魏元忠当面对质。魏元忠说什么也不承认有这回事。两人争论了半天，没有结果。张昌宗说：“张说亲耳听到魏元忠说过这些话，可以找他来做证。”

武则天立刻传令张说进宫。跟张说一起的官员听说他要上朝做证，知道发生了什么事，一个官员宋璟对张说说："一个人的名誉是最可贵的，千万不要为了保全自己，去附和奸臣，陷害好人啊！为这个得罪了朝廷，被流放出去，脸上也光彩。"

史官刘知几也在旁边提醒张说说："不要玷污你的历史，连累后代子孙啊！"

张说明知魏元忠冤枉，但是又害怕两张的权势，思想斗争得挺厉害，头上直冒汗，听了宋璟他们的一番话，才觉得胆子壮了些。

张说进了朝堂，武则天问他说："你听到魏元忠诽谤朝廷的话了吗？"

魏元忠一见张说进来，就高声叫起来说："张说，你想跟张昌宗一起诬陷人吗？"

张说回过头来哼了一声说："魏公枉做宰相，竟说出这种不懂道理的话来。"

张昌宗一看张说的话不对头，就在旁边催促他，说："你别去管他，快来做证。"

张说向武则天说："陛下请看，在陛下面前，他还这样胁迫我，可以想象他在宫外是怎样作威作福了。现在我不能不实说，我确实没听魏元忠说过反对陛下的话，只是张昌宗逼我做伪证罢了。"

张昌宗一见张说变了卦，气急败坏地叫了起来："张说这小子是魏元忠的同谋犯。"

武则天是个聪明人，听了张说的答话，知道魏元忠的确冤枉，但是她又不愿给张昌宗他们下不了台阶，就骂张说说："你真是反复无常的小人。"说着，就命令侍从把张说抓起来。以后，武则天又派人审讯张说。张说横下一条心，咬定他没有听到魏元忠说过谋反的话。

武则天没有抓到魏元忠谋反的证据，但是还是撤了魏元忠宰相职务，又把张说判了流放罪。

公元705年，武则天病重，她的侄儿武三思和张昌宗、张易之勾结起来，把持政权。宰相张柬之和一些官员趁武则天病重，夺取禁卫军军权，把两张逮捕起来杀了，迎接唐中宗复位。不久，那个显赫一时的女皇帝武则天病死了。

姚崇灭蝗

唐中宗复位以后，让他的妻子韦后掌握政权，重用武三思，把朝政弄得混乱不堪。公元710年，中宗死后，唐睿宗的儿子李隆基起兵杀了韦后，拥戴睿宗复位。过了两年，睿宗把皇位让给李隆基，这就是唐玄宗。

二十多岁的唐玄宗刚即位的时候，一心想恢复唐太宗的事业。他任用姚崇为宰相，整顿朝政，把中宗时期的混乱局面扭转了过来。唐王朝重新出现了兴盛的景象。

正在玄宗励精图治的时候，河南一带发生了一次特大的蝗灾。中原的广阔土地上，到处出现成群的飞蝗。那蝗群飞过的时候，黑压压的一大片，连太阳都被遮没了。蝗群落到哪里，哪个地方的庄稼都被啃得精光。

那时候，人们没有科学知识，认为蝗灾是天降给人们的灾难。再加上有些人有意搞迷信宣传，于是，各地为了消灾求福，都烧香求神。眼看庄稼被蝗虫糟蹋得这样惨，人们拿它一点办法没有。

灾情越来越严重，受灾的地区也越来越大，地方官吏不得不向朝廷告急。

宰相姚崇向玄宗上了一道奏章，认为蝗虫不过是一种害虫，没有不能治的。只要各地官民齐心协力驱蝗，蝗灾是可以扑灭的。

唐玄宗十分信任姚崇，立刻批准了姚崇的奏章。姚崇下了一道命令，要百姓一到夜里就在田头点起火堆。等飞蝗看到火光飞下来，就集中扑杀；同时在田边掘个大坑，边打边烧。

这个命令一下去，汴州（今河南开封）刺史倪若水拒不执行。他也写了一道奏章，说蝗虫是天灾，人力是没法抗拒的，要消除蝗灾，只有积德修行。

姚崇看到倪若水的奏章，十分恼火，专门发了一封信责备倪若水，并且严厉警告他说，如果眼看蝗灾流行，不采取救灾灭蝗措施，将来造成饥荒，要他负责。

倪若水看宰相说得很硬，不敢不依。他发动各地官民，用姚崇规定的办法灭蝗，果然有效。光汴州一个地方就扑灭了蝗虫十四万担，灾情缓和了下来。

倪若水在事实面前服输了，可是在长安朝廷里还有一批官员，认为姚崇灭蝗的办法，过去从来也没人做过，现在这样冒冒失失推行，只怕闯出什么乱子来。

唐玄宗听到反对的人多，也有点动摇起来。他又找姚崇来问，姚崇从容不迫地回答说："做事只要合乎道理，就不能讲老规矩。再说历史上大蝗灾的年头，都因为没有很好扑灭，造成严重灾荒。现在河南河北，积存的粮食不多，如果今年因为蝗灾而没收获，将来百姓没粮吃，流离失所，国家就危险了。"

唐玄宗一听蝗灾不除，要威胁国家安全，也害怕起来，说："依你说，该怎么办才好？"

姚崇说："大臣们说我的办法不好，陛下也有顾虑。我看这事陛下且别管，由我来处理，万一出了乱子，我愿意受革职处分。"

唐玄宗这才点头同意了。

姚崇出宫的时候，有个宦官悄悄扯住他的衣袖，说："杀虫太多，总是伤和气的事，希望相公好好考虑一下。"

姚崇说："这件事就这么定了，请你不必再说。如果不杀蝗虫，到处都是荒地。河南百姓，统统饿死，这难道不伤和气吗？"

由于姚崇考虑到国家的安全、百姓的生活，不顾许多人反对，坚决灭蝗，各地的蝗灾终于平息下来。

姚崇办事干练是出名的。有一次，姚崇家里有丧事，请了十天假，朝廷的公事就积压了一大堆。另一个宰相卢怀慎不知道该怎么处理，急得团团转。过了十天，姚崇回朝，没有花多少时间，就把案头的积件处理完了。旁边的官员看了，没有一个不佩服他。姚崇自己也有点得意，问一个官员说："我这个宰相，能跟古代什么人相比？能不能比得上管仲、晏婴？"

那官员说："跟管仲、晏婴似乎比不上，但是也可以称得上'救时宰相'了。"

唐玄宗在他即位以后的前二十多年里，除了姚崇以外，还任用过好几个有名的贤相，像宋璟、张说、韩休、张九龄等，他还比较肯接受宰相和大臣们的正确意见，采取了一些有利于经济发展的措施。这个时期唐朝国力强盛，财政充裕。据说，当时各州县的仓库里都堆满了粮食布帛，长安和洛阳的米和帛都跌了价。历史上把这段时期称为“开元之治”（“开元”是唐玄宗前期的年号）。

唐玄宗封禅泰山

开元十三年（725 年）十月，踌躇满志的唐玄宗率领着一支浩浩荡荡的队伍从东都洛阳出发，奔赴泰山，一场亘古未有的封禅大典即将在这里隆重举行。随行有朝廷百官、王公贵戚、各族和各国来宾。每到一处，几十里内满山遍野都是随从人员和牲畜，满载物资的车队连绵数百里。几万匹牧马，以每种毛色分为一队，远远望去，就像一片云锦。中原大地上出现了一幅人欢马嘶的热闹景象，如此壮观的场面，真是让唐玄宗欣喜不已。

唐玄宗

封禅是中国古代帝王为祭拜天地而在东岳泰山举行的盛大活动。封为“祭天”（多指天子登上泰山筑坛祭天），禅为“祭地”（多指在泰山下的小丘除地为坛祭地）。一般来说，封禅活动是以实现天下大治为前提的。唐太宗在取得“贞观之治”的大好局面时，大臣们曾多次请求封禅，都因为当时社会经济还处于恢复发展之中而没有成行。唐高宗时，在经济实力取得新的增长的情况下，于乾封元年（666 年），携皇后武则天，到泰山举行了隆重的封禅大典。唐玄宗即位之后，励精图治，开创了历史上少有的盛世局面。

这时，全国上下出现了一片要求封禅的呼声。就在此前一年（724 年），封禅的热情就空前高涨起来。文武百官、皇亲国戚、各地朝集使以及文人学士，都以太平盛世、五谷丰登为理由，纷纷上书请求封禅，前后多达一千多篇。其中，尤以当时的文坛领袖张说最为积极，他曾在三天之内连续三次上书，力劝玄宗东封。据说，唐玄宗最后是在不得已的情况下才接受封禅之议的。当年十一月，他率领着文武百官到达东都，下达了《允行封禅诏》，宣布：“自古以来受命帝王，都要去封祀泰山、禅祭梁父（一作梁甫），以答谢上天的恩德，宣布大功告成！所以朕决定在明年十一月十日，举行封禅大典。”就这样，在经过将近一年的充分组织和准备，并邀请了当时和唐王朝有来往的各族、各国使者共同参加后，玄宗一行正式踏上了东封泰山的行程。

经过二十五天的长途跋涉，大队人马终于在十一月七日抵达泰山脚下。八日，玄宗在行宫稍做休息，就开始到临时用帐篷搭建起来的帐殿中斋戒。九日，休息一天，养足精神。十日一大早，玄宗就骑马从泰山南麓，顺着山谷开始登山。他认为灵山清静，不宜喧哗，就把众多随从官留在谷口，只在宰相、诸王以及祭祀礼官的陪同下登上岳顶。仪仗队从山上一直排列到山下，方圆一百多里之内到处都是护卫。站在巍峨的泰山之巅，俯瞰苍茫的齐鲁大地，唐玄宗想起了前代登临封禅的帝王，忽然问道：“以前帝王封禅时的玉牒祭文，为什么都秘而不宣呢？”礼部侍郎贺知章回答：“大概是为了秘密有求于神仙，所以不想让别人看到。”唐玄宗对随从大臣们说：“朕此行的目的是为了给天下苍生祈求幸福，朕本人没有什么见不得人的秘密。所以，应该将玉牒拿给诸位大臣看看，让天下人都知道朕的用意。”只见那“礼”应秘不示人的玉牒上写着这样一段文辞：“唐代继承帝位之臣李隆基，特昭告于皇天上帝：天助我李姓，国运昌盛，土德（按照古代阴阳家的说法，五行为金、木、水、火、土，称为五德。历代周而复始，唐代属土德）兴旺。高祖、太宗，受上天之命而建唐开国；高宗登临泰岳封禅，宣告天下兴盛。中宗继承帝位，恢复本朝，却又遭受挫折。多亏上帝护佑，赐予臣忠心与勇气，平息内乱，拥戴皇父睿宗。臣继承皇位，已经有十三年。顺应天意，四海平安。今天封禅岱岳，特别感谢上天赐予的成功。唯愿子子孙孙、天下百姓，长享这无尽幸福！”这篇祭文简单概括了唐朝建国以来的曲折经历以及玄宗所取得的宏大事业，表达了他对皇天上帝的感恩和为子孙、百姓祈福的政治意向。

十一日（725年12月20日）清晨，天空格外清朗，整座山岳沐浴着万道霞光。微风轻拂，祥云缭绕，封禅典礼正式举行。唐玄宗庄严地伫立岳顶封台. 在坛前恭恭敬敬地祭拜皇天上帝，以唐高祖来配祭。玄宗首先献祭，其次是邠王李守礼，最后是宁王李成器陪祭。玄宗在象征性地喝下了一杯祭献用的“福”酒后，将装有金字玉册和玉牒的两个玉盒子，封存在祭坛石匣中。接着，玄宗面向位于封坛东南方的一座燎坛，下令将堆积的柴草点燃。熊熊燃烧的大火直冲天空，在阳光的映照下，烟云升腾，环绕山顶。群臣高呼“万岁”，巨大的声浪从山上一直传呼到山下，此起彼伏，震天动地。这时，在山下祭祀五帝百神的群臣百官也已经结束。唐玄宗陶醉在一片山呼“万岁”声中，情不自禁地说：“如今封禅大礼刚刚举行，吉祥的征兆就已经降临，这都是在众大臣的努力辅佐下取得的成就。祝愿你我君臣相保，常像现在一样，不要骄傲自满，心生懈怠，而是勤勉国事，不辜负天意。”宰相张说跪奏说：“像今天这样的封禅盛典，自古以来都没有听说过。陛下又能联想到慎终如一，百姓幸福，天下人真是太幸运了。”由此可见，封禅其实是借向皇天上帝汇报之名，向普天之下宣告天下大治、盛世伟业的巨大成功，也表达了玄宗居安思危、永葆太平的真诚愿望。

封祀礼毕，玄宗、诸王、宰臣及礼官们开始陆续下山。大约在中午时分，到达社首山帷宫。迎候銮驾的百官、贵戚及各国来宾，争先祝贺，仿佛个个都要聆听从昊天上帝那里带来什么“福音”。这时，阳光更加灿烂，天空愈加明亮。遥望泰山之巅，紫烟冉冉上升，庆云久久不散，帷宫内外一片欢腾。

十二日，在社首山泰折坛又举行了祭祀皇地祇（即地神）的大典。社首山是泰山脚下西南方的一座小山，在今山东泰安西南。传说周成王封泰山，禅于社首。秦始皇和东汉光武帝，都是禅于泰安西南的梁父（一作梁甫）山。唐高宗封禅时，效仿周朝，禅于社首。唐玄宗继续了这一做法。祭祀地神，以唐睿宗配祀。当时，天空飘来一片五色祥云，太阳周围也出现了美丽的光环。祭礼结束后，将玉册同样封存于石匣之中。至此，所谓“封泰山，禅社首”的祭祀天地大典才算结束了。

十三日，唐玄宗在帐殿接受了朝觐。参加的有文武百官、二王（北周、隋）之后、孔子后代、各地朝集使、地方官推荐来的贤良之士以及献封禅赋的儒生文士。还有突厥颉利发，契丹、奚等各族的首领，大食（阿拉伯）、谢风日、五天十姓，昆仑、日本、新罗等国的王子和使者，高丽朝鲜王、百济带方王、十姓摩阿史那兴昔可汗、三十姓左右贤王，日南（越南）、西竺（印度）、凿齿、雕题、牂柯、乌浒等国酋长。可见，这是一次空前的国际性盛会。唐玄宗下令大赦天下，封泰山神为天齐王。

十四日，稍做休整。十五日，唐玄宗率领着庞大的封禅队伍，离开了泰山。

第二年（726 年）七月，唐玄宗为了纪念这次成功的封禅大典，亲自撰写了《纪泰山之铭并序》一文，派人铭刻于泰山之顶的大观峰上。这就是今天我们还能看到的洋洋洒洒一千多字的大唐摩崖石碑。

唐玄宗封禅，气势宏大，超过了以往历代规模，是自古以来最隆重的典礼。它反映了当时社会经济实力的雄厚、盛唐帝国的强大以及与周边各民族关系的友好，也使大唐帝国的声威远播海外。

口蜜腹剑的李林甫

唐玄宗做了二十多年太平天子，渐渐滋长了骄傲怠惰的情绪。他想，天下太平无事，政事有宰相管，边防有将帅守，自己何必那么为国事操心？于是，他就追求起享乐的生活来。

宰相张九龄看到这种情况，心里挺着急，常常给唐玄宗提意见。唐玄宗本来很尊重张九龄，但是到了后来，对张九龄的意见也听不进去了。

有一个大臣李林甫，是一个不学无术的人。他什么事都不会，专学了一套奉承拍马的本领。他和宫内的宦官、妃子勾结，探听宫内的动静。唐玄宗在宫里说些什么，想些什么，他都先摸了底。等到唐玄宗找他商量什么事，他就对答如流，简直跟唐玄宗想的一样。唐玄宗听了挺舒服，觉得李林甫又能干，又听话，比张九龄强多了。

唐玄宗想把李林甫提为宰相，跟张九龄商量。张九龄看出李林甫不是正路人，就直截了当地说："宰相的地位，关系到国家的安危。陛下如果拜李林甫为相，只怕将来国家要遭到灾难。"

这些话传到李林甫那里，李林甫把张九龄恨得咬牙切齿。朔方（治所在今宁夏灵武）将领牛仙客，目不识丁，但是在理财方面，很有点办法。唐玄宗想提拔牛仙客，张九龄没有同意。李林甫在唐玄宗面前说："像牛仙客这样的人，才是宰相的人选；张九龄是个书呆子，不识大体。"

有一次，唐玄宗又找张九龄商量提拔牛仙客的事，张九龄还是不同意。唐玄宗发火了，厉声说："难道什么事都得由你做主吗？"

唐玄宗越来越觉得张九龄讨厌，加上听信了李林甫的诽谤，终于借个由头撤了张九龄的职，让李林甫当宰相。

李林甫一当上宰相，第一件事就是要把唐玄宗和百官隔绝，不许大家在玄宗面前提意见。有一次，他把谏官召集起来，公开宣布说："现在皇上圣明，做臣下的只要按皇上意旨办事，用不到大家七嘴八舌。你们没看到立仗马（一种在皇宫前做仪仗用的马）吗？它们吃的饲料相当于三品官的待遇，但是哪一匹马要是叫了一声，就被拉出去不用，后悔也来不及了。"

有一个谏官不听李林甫的话，上奏本给唐玄宗提建议。第二天，就接到命令，被降职到外地去做县令。大家知道这是李林甫的意思，以后谁也不敢向玄宗提意见了。

李林甫知道自己在朝廷中的名声不好。凡是大臣中能力比他强的，他就千方百计地把他们排挤掉。他要排挤一个人，表面上不动声色，笑脸相待，却在背地里暗箭伤人。

有一次，唐玄宗在勤政楼上隔着帘子眺望，兵部侍郎卢绚骑马经过楼下。唐玄宗看到卢绚风度很好，随口赞赏几句。第二天，李林甫得知这件事，就把卢绚降职为华州刺史。卢绚到任不久，又被诬说他身体不好，不称职，再一次降了职。

有一个官员严挺之，被李林甫排挤在外地当刺史。后来，唐玄宗想起他，

跟李林甫说："严挺之还在吗？这个人很有才能，还可以用呢。"

李林甫说："陛下既然想念他，我去打听一下。"

退了朝，李林甫连忙把严挺之的弟弟找来，说："你哥哥不是很想回京城见皇上吗，我倒有一个办法。"

严挺之的弟弟见李林甫这样关心他哥哥，当然很感激，连忙请教该怎么办。李林甫说："只要叫你哥哥上一道奏章，就说他得了病，请求回京城来看病。"

严挺之接到他弟弟的信，真的上了一道奏章，请求回京城看病。李林甫就拿着奏章去见唐玄宗，说："真太可惜，严挺之现在得了重病，不能干大事了。"

唐玄宗惋惜地叹了口气，也就算了。

像严挺之这样上当受骗的还真不少。但是，尽管李林甫装扮得怎么巧妙，他的阴谋诡计到底被人们识破。人们就说李林甫这个人是"嘴上像蜜甜，肚里藏着剑"（成语"口蜜腹剑"就是这样来的）。

李林甫当了十九年宰相，一个个有才能的正直的大臣全都遭到排斥，一批批钻营拍马的小人都受到重用提拔。就在这个时期，唐朝的政治从兴旺转向衰败，"开元之治"的繁荣景象消失，接着出现的就是"天宝之乱"（天宝是唐玄宗后期的年号）。

高力士忠心侍主

正当李林甫气焰嚣张，一手遮天，出现万马齐喑局面的时候，却有一个宦官委婉地提醒唐玄宗要谨防大权旁落，养成后患。这个胆大的宦官就是被称为"家奴"的高力士。天宝三载（744 年），在一次闲谈中，唐玄宗对高力士说："朕足不出长安已经将近十年了，趁现在天下无事，朕想高居无为，将政事全部委托给李林甫去处理，你看如何？"高力士回答说："国家大权，不宜交给别人；他要是一旦树立起自己的威势，谁还敢再对他说三道四呢！"玄宗乍一听，很不高兴。高力士赶紧叩头谢罪，说："臣刚才所说全是一派疯话，罪该万死。"玄宗细细一想，高力士说得倒也有些道理，于是，转怒为喜，对高力士说："朕与你休戚与共，何必这样呢!”说着，就让拿酒来安慰高力士，左右侍者见此情形，都齐声高呼“万岁”。当时，唐玄宗正在宠信李林甫，谁也不敢对李林甫说半个“不”字，高力士却不赞成把大权完全交给他，担心这个奸臣权力太大而妨碍到皇权，同时还隐含有劝玄宗勤于政事的意思。

高力士，原名冯元一，广东潘州（今高州）人。据说唐初高州总管冯盎是他的曾祖父。他的父亲冯君衡曾任潘州刺史，武则天长寿二年（692年），因为协助酷吏万国俊罗织罪名，滥杀无辜，被治罪，查抄全家。年仅十岁的冯元一因受牵连被阉割为奴，十五岁时入宫，宦官高延福收养了他，改名为高力士。高力士成年以后，身高有一米九五，相貌堂堂，口齿清晰，为人精明，办事谨慎而细致，深受武则天赏识，任宫闱丞，负责传达诏令。中宗返正后，高力士投在临淄王李隆基的门下，成为心腹。他善于骑射，参与了诛杀韦后及太平公主两次宫廷斗争。立有大功，被任命为右监门卫将军、知内侍省事，成为宦官首领，负责掌管内务、皇宫警卫及传达圣旨。

高力士对唐玄宗忠心耿耿。他曾有过这样的表白：“臣出生在少数民族地区，成长于和平安定时期，跟随陛下，三十多年。我曾发誓甘愿粉身碎骨，有助于陛下治理，竭尽忠诚气节，报答皇上恩典。”这是高力士的肺腑之言。他年长玄宗一岁，从青年时代起就追随玄宗左右，长达五十多年，形影不离。在长期的接触中，他揣摩透了玄宗的脾气性格，对玄宗的好恶心思了如指掌。他虽然顺从迎合玄宗的意志，忠贞不贰，但又不是一味地歌功颂德，不讲缺点，而是经常巧妙地提些意见，指出存在的问题。

天宝十三载（754年）六月，云南战事失利，唐军覆没。奸相杨国忠隐瞒战况，欺骗玄宗，把失败说成胜利。朝野上下，慑于他的淫威，谁也不敢反映真实情况。而唐玄宗被蒙在鼓里还心满意足地对高力士说：“朕已经老了，把朝事交给宰相，边事委托将帅，就没有什么可操心的了。”高力士尖锐地指出：“臣听说云南几次战败，边疆将领（指安禄山）又手握重兵，陛下有什么好办法制约他们吗？臣担心一旦危机爆发，将来不及补救，这怎么能说就没有什么可忧虑的了呢？”同年秋，暴雨成灾，杨国忠又隐瞒灾情，禁止有关部门向玄宗报告

实情。他还拿着长势较好的庄稼，欺骗玄宗说："雨下得虽然多了点，但并没有殃及庄稼。"玄宗将信将疑，在身边无人时，单独询问高力士，高力士说："自从陛下将大权交给宰相，赏罚不公，阴阳失调。臣还敢说什么好呢？"寥寥数语，不仅讲明了灾情，也指陈了宰相专权、群臣缄口的政情，然而积弊已深，回天无力。玄宗听后，只能默默无语。

唐玄宗对高力士也特别信任。他常说："力士值班，朕睡得都安稳。"高力士经常住在宫中，成为玄宗和外界联系的关键环节。每当各地送来奏章，都要先经高力士过目，然后再报告玄宗，小事就由他直接处理了。由于他地位特殊，自然身价百倍。在宫中，太子称他"二兄"，诸王公主称他"阿翁"，驸马辈称他"爷"，对他都敬重有加。在外朝，投机钻营的文臣武将也想法设法与他交结。宇文融、李林甫、李适之、盖嘉运、韦坚、杨慎矜、王鉷、杨国忠、安禄山、安思顺、高仙芝等将相大臣都曾走过他的后门，其他人更是数不胜数。高力士曾在长安来廷坊营造宝寿寺，铸成一口大钟，满朝文武都来祝贺，凡敲钟一下，要捐献十万钱。有人为了巴结他，居然一连敲二十下。金吾大将军程伯献、少府监冯绍正等与高力士结为兄弟，高力士的母亲麦氏去世，程伯献等人披麻戴孝，充当孝子，在灵前顿脚痛哭。开元初，高力士娶吕玄晤的女儿为妻，玄晤马上由京师小吏升为少卿、刺史，吕氏的兄弟、亲戚也沾光不少。后来吕氏去世，葬于城东。举行葬礼的时候，仪式非常隆重，中外人士争先恐后地前来祭奠，大街小巷都挤满了送葬的人群，队伍出发后，从高府到墓地，车马络绎不绝。

由于玄宗的信任，高力士的官职不断提升。天宝初，高力士晋封为冠军大将军、右监门卫大将军，晋爵渤海郡公。天宝七载（748 年），加骠骑大将军（武散官从一品）。过了七年（755 年），玄宗特地设置内侍监（职事官正三品）两员，由他和另一个得宠的宦官袁思艺担任。高力士的权势可谓显赫一时。后来，袁思艺投靠了安禄山，高力士则一直追随玄宗流亡成都，晋封为齐国公。返回长安后，又加开府仪同三司（文散官从一品），赏赐实封五百户。上元元年（760 年），高力士被贬放巫州。宝应元年（763 年），在遇赦返回途中，听说玄宗已经去世，高力士遥望北方，放声大哭，吐血而亡。代宗时，追赠扬州大都督，获得陪葬泰陵（玄宗陵墓）的荣宠。

高力士虽然是唐玄宗身边炙手可热的人物，但他一生小心谨慎、忠心侍主，不像有些宦官那样骄横跋扈、不可一世，所以他自始至终都深得玄宗信任，当时人对他的评价也还比较客观公正。但是，宦官制度毕竟是专制皇权的产物，它的发展和膨胀必然会产生腐朽性。正是在唐玄宗统治时期，宦官的地位和权势有了显著的提高。宦官突破了唐初不置三品官的规定，稍有符合玄宗心意的宦官，就被授予三品衔的左右监门将军，门列仪仗，威风凛凛；当时有品阶着黄衣的宦官多达三千余人，着朱紫服者更是突破一千多人。玄宗还经常派遣宦官担任各种使职，出使郡县、边疆，充当监军、管理教坊等，有的甚至直接带兵出征，像宦官杨思勖就经常持节外出，将兵征讨，治军极严，屡立战功，被授予骠骑大将军，封为虢国公。正是由于玄宗的宠任，宦官开始走出宫廷，干预朝政，这就为中唐以后宦官专权局面的形成埋下了隐患。

情深意笃的明皇兄弟

封建王朝中皇家内部，为了争夺皇权，机关算尽，各施手腕，往往动辄诛兄弑父，对皇位的争夺达到白热化的程度。权欲使父子兄弟之间的亲情泯灭，完全笼罩在一种血雨腥风之中，让人看了不由得心胆俱寒。

但是在这样一种恶性循环的封建发展史中，有一个人和他的同宗弟兄却能跳出这个怪圈。非但如此，还相处和睦，情深意笃，羡煞局外人。此人就是诛杀韦后，使大唐政权重新掌握到李氏宗族手中，关键时刻力挽狂澜的李隆基。

李隆基推翻韦氏集团之后，不居功，不自傲，从大局着想，拥立父王李旦为帝。一年后李旦让贤，李隆基这才继承皇位，是年28岁，历史上称其为“玄宗”或“唐明皇”。李隆基是先皇李旦的三儿子。睿宗李旦共有6个儿子，小儿子李隆梯儿时不幸夭折。其余5个儿子李成器、李成义、李隆基、李范、李业在朝不保夕的危险环境中成长起来，相互间非常团结，互亲互爱。故太子李贤之子李守礼，因其父之过一直受则天武后的虐待。李隆基兄弟五人对这位从兄非常同情，小的时候，经常偷偷给李守礼送衣服和吃的。长大之后，李守礼与这五兄弟感情极佳，犹如亲生兄弟一般。

李隆基从小就聪颖异常，再加上后天勤奋，做事周密果断，不仅深受父王李旦的喜爱，而且得到众兄弟的拥戴。他举事造反，发动宫廷政变，拥立相王李旦为帝之后，李旦在立太子的问题上颇为犯难。如尊祖制，应按长幼次序，立大儿子李成器为太子。如遵从事实，应按功劳和能力，立三儿子李隆基为太子。李旦自己深知，自古以来，历朝历代，为争夺太子之位，弄得兄弟不和，甚至反目成仇的事时有发生。太宗李世民兄弟所发动的“玄武门之变”便是典型的一例。他非常清楚其中的利害关系，一旦处理不好，不仅使他们兄弟自相残杀，还会影响国家社稷，甚至葬送了大唐江山。为此，他一筹莫展，茶饭不思。大儿子李成器生性宽厚，他看出了父皇的心事。一日，他主动找到李旦，对他说：“父皇，拥立太子，应以国家社稷为重。在太平年间，理应遵从祖制，以嫡长为先；但若在困难之时，应以有功者为先，这样才不致使天下人失望，国家才会稳定。我恳请您立三弟隆基为太子。我兄弟几人素来亲睦，无论谁被立为太子，其余几人日后定会尽心辅佐，不会有什么嫌隙。”李旦闻听，连连点头，悬着的一颗心才放了下来。

第二天便与众臣商议立李隆基为太子，李隆基素来颇具威望，又加上宫廷政变，首功一件，因此无人反对。于是他顺利登上了太子宝位。不久又继承了皇位。

李隆基为人生性谦和，精通书法、音律。因此他当了皇帝之后，也以其很高的艺术修养保持着极深厚的内涵，对待满朝文武、一般大臣尚且仁厚宽爱，更何况是对待与自己情同手足的亲兄弟呢？他特别珍惜兄弟情，特别是身为皇子的兄弟间这种弥足珍贵的情意。登基不久，就命人在皇宫外修建了五座王府，让两兄、两弟和从兄李守礼居住，并封大哥为宋王、二哥申王、三弟岐王、四弟薛王、李守礼为豳王，人称“五王府”。那种豪华气派丝毫不逊于皇宫。

他与兄弟们还经常聚在一起吃饭，下棋，研诵诗赋，兴致所至，还要一起舞弄管弦，合奏一曲。出外游玩之时，你追我赶，其乐融融，免去君臣之礼，令外人很羡慕。李隆基非常惦念几位兄弟，有什么外域贡品、新鲜什物，均在自己未曾享用之前，先差人送入五王府，他一日不见众兄弟便甚觉想念。就连每日上朝之前，也要先去侧门与之相会，诚挚问候。长此以往，兄弟间的情意越来越深厚。

李隆基对几位兄弟的惦记，不仅是表现在外在的形式上，而是出自一种真挚的自然性情。一天，他让四弟李业去找从兄李守礼一起出城狩猎。一会儿，四弟李业一个人回来对李隆基说：“皇兄说‘今天午后有雨’，让咱们别出城了。”李隆基抬头看看外边，只见晴空万里，阳光一片。不禁奇怪地问道：“皇兄如何知道午后有雨？”李业见问才说出实情。原来，李守礼因是雍王李贤之子，所以颇不得武则天的欢心。武则天将对儿子李贤的一腔怒气完全发泄在孙子李守礼身上，动辄便寻由将其毒打。因此，李守礼身上留下了不少伤疤。伤疤一到要变天时，便又痛又痒，预报天气非常准。玄宗李隆基闻听，沉默不语。日后，差人到各地寻那种专治疮疤痒痛的灵丹妙药，私下里送到李守礼府中，令李守礼颇为感动。玄宗李隆基心思细腻，怕揭皇兄李守礼心中的疮疤，从不当众提及此事。直到一次二人共同沐浴之时，他才趁势察看李守礼身上的伤疤。只见他后背和屁股上伤疤成片，颜色深紫，不禁伤心流泪。李守礼感觉到李隆基的眼泪滴落到自己后背上，心中一热，也流下泪来。他从小失去父爱，又遭祖母嫌弃，受尽了别的同宗兄弟的奚落与嘲讽。今见李隆基对自己如此，心中一时苦辣酸甜，说不清是什么滋味，从此与李隆基的感情，更与别的兄弟不同。

李隆基之所以能得到兄弟的真爱，与他身为皇帝，却从不在兄弟面前摆皇帝的架子有关。李隆基做事细心周到，还在相王府时，众兄弟中哪一个有个头痛脑热的小病，都是他从旁照顾。做了皇帝之后，有了这样的事，他也从不推脱，还是尽心尽力，和从前一样。有一回，四弟李业生病。玄宗正在与大臣研究一件比较重要的政事，抽不开身，便一再差宫监前去问候，一上午居然命宫监探望送药10余次。这还不放心，下朝后又到薛王府，亲自给弟弟熬药，焦急之间，炭火烧了他平日特意蓄起的几缕长髯也不在乎。说来也怪，上午还烧得

满脸通红、翻来覆去、直说胡话的薛王李业，自玄宗来了之后竟安稳地睡去，仿佛玄宗一来，他便安心了似的。众人提起此事，玄宗笑道："这可能是四弟习惯于病中接受我的照顾，因而产生了心灵感应之故。"

玄宗待兄弟们一片真心，兄弟们也非常体恤他做皇帝的难处，都安分守己，不搞特殊，更无仗势欺人的事情发生。特别是长兄李成器，颇有长兄风范，对待玄宗之外的众位弟弟严格约束，自己更是以身作则，成为玄宗李隆基坚强的后盾。

朝中大臣觉得5位王爷聚集京城没什么实权不大妥当，又见他兄弟6人甚为和睦，便上书玄宗，建议给5位王爷一些实权，也可为国效力。玄宗听后，当即征求5位兄弟同意后分封他们为外州刺史。兄弟几个自是尽心竭力地为大唐江山之昌盛而努力做事。兄弟间的感情也未因此而疏远，玄宗还经常召他们几个进京团聚，情谊反而更加深厚。

玄宗治国，从治家开始。兄弟和睦，其他皇室宗亲也纷纷仿效，比较团结。国泰民安，呈现一派祥和之气。在用人方面，玄宗采取任人唯贤的政策，他所任用的姚崇、宋璟两位宰相，素质颇高，做事干练，朝中诸事处理得井井有条。

在唐玄宗统治时期，大唐国势昌盛。人们把唐玄宗统治初期的20多年时间，称之为"开元盛世"，认为"开元盛世"可与太宗李世民统治时期所出现的"贞观之治"相媲美。

鉴真东渡日本

鉴真（688—763），唐朝僧人，律宗南山宗传人，日本佛教律宗开山祖师，著名医学家。日本人民称鉴真为"天平之甍"，意为他的成就足以代表天平时代文化的屋脊（意为高峰）。

14岁随父于扬州大云寺出家，从智满禅师为沙弥。26岁，鉴真成了精通佛教律宗学说的有名的和尚回到扬州，并以这里为中心，开始了他此后三十年在淮南地区广泛的宗教活动和社会活动。55岁时，鉴真住扬州大明寺，为众讲律。

唐朝时期，中国既是世界文化中心，也是佛学中心之一。当时日本国经常派“遣唐使”到中国学习文化。公元742年，日本兴福寺的荣睿和大安寺的普照两位僧人来到扬州，邀请当时已颇有名气的鉴真大师去日本传播佛经。这荣睿、普照二僧本是日本人，随第九次遣唐使来中国学习佛学，到现在已在中国学了10年。因日本国主派他二人物色一位大唐国僧去日本弘扬佛法、传播文化，故此找到鉴真。当时去日本的海路十分艰险。但鉴真大师却毫不犹豫地答应下来，并且毅然说道：“为了佛法，何惜生命。”

鉴真

天宝二年，正当鉴真一行积极准备东渡之际，发生了一件意外的事情。一天，计划和鉴真一起赴日的鉴真之徒道航和尚在师徒间议论时说：“我们这次去日本是为了弘扬佛法，传播文化。因而，所去之人定要学习精深，德高望重，否则定让日本国小看我大唐王朝。像如海这样少学之辈，就不必同行了……”说者无心，听者有意。如海得闻此事，怀恨在心，竟跑到官府，诬告道航要出海与海盗勾结。官府县令听了，立即差人将道航拿去，并且搜走了许多东渡所用的船只。后来虽查清是如海诬告，但仍没收了出海船只，这次东渡计划只好落空了。

但是55岁的鉴真法师没有气馁。第二年，他又拿出自己的全部积蓄，再次筹划东渡之事。他除派人采买了必须的船只、粮食、药品等日用必需品外，还买了许多文物书籍。他考虑到日本建筑佛寺方面的需要，还招聘了几十名玉工、画师以及镂刻、铸写、修文、镌碑等方面的工匠。

唐天宝二年12月（公元743年），鉴真、荣睿、普照、恩托等100名僧众，由扬州登船，出大运河口，顺长江东下。不幸遇到飓风，船被击破。鉴真等人冒着12月的严寒，修好船只，继续前行。但是中途又触暗礁，船只沉没，所幸众多人员幸免于难。但船沉海底，粮、水、药品等所用之物均与船同沉。鉴真等人只好登上一座荒凉的小岛，一直在饥渴中等了三天三夜，才等来一批海上渔民，将他们救回。第二次东渡又就此失败。

第三次、第四次东渡，也皆因有人诬告鉴真一行人而未能成行。唐天宝七年（公元748年）春，鉴真此时已61岁。但他老而弥坚，又一次积极准备东渡。这次东渡，共计35人，在扬州的新河上船。可是没等出海就遇上风浪，被迫在一个小岛上避风，待了一个月才接着航行。走到署风山（今舟山群岛附近）又停了一个月。再次启航不久，又遇大风浪，船只无法控制，只能任凭风吹浪打，随风漂流。十几天之后，才漂到岸边，到了振州（今海南岛崖县）。

鉴真和尚在海南岛大幸寺逗留了一年时间。在此，他除了讲律、授戒之外，还把大幸寺已经破败不堪的大殿修缮一新。后来他又一路经由雷州（今广东海康）、罗州（今广东庯江）、白州（今广西博白）和象州（今广西象县）至桂州（今广西桂林），途经各州县，无不受到热烈欢迎。鉴真大师又在桂州开元寺住了一年，授戒讲律，非常繁忙。

不久，鉴真又应邀去南海郡讲经。不料，途中荣睿不幸病逝，鉴真大师哀痛不已。在南海郡住了几个月，他便率众启程北返。由于五次东渡失败，鉴真大师有些着急上火，又加上南方炎热，他的双眼不幸失明。他的徒弟僧公将他回护至扬州龙兴寺时，已是天宝十年，他已63岁了。

又过了两年，即唐天宝十二年（公元753年），日本派第十一位遣唐使来唐。日本留学生晁衡陪同日本使臣到扬州，再次盛情邀请鉴真东渡日本传经。晁衡当时在京都任四品秘书兼卫尉少卿之职，因此由他出面邀请，官方给予了高度重视，处处为鉴真行方便、开绿灯，使鉴真得以搭乘日本遣唐使的大船，第六次东渡，此次终于成功。

鉴真踏上日本国土，立即受到各界欢迎，还专门为他在奈良修建了一座唐招提寺，请鉴真做住持。

鉴真大师此去日本，带去并宣讲了天台经书，奠定了日本天台宗的基础。

天台宗在日本平安时期迅速发展，对日本平安时代的文化起了很大的作用。

除了弘扬佛教，鉴真还把当时先进的唐文化大量介绍给日本人民，对日本建筑、医药、绘画、书法等方面做出了巨大贡献。

对日本人的生活方面，鉴真一行也很有影响。据说日本制作豆浆和豆腐的方法，就是鉴真传过去的。所以日本豆腐店的老板，都把鉴真看作开业祖师。直到现在，日本豆腐店老板仍以各种方式纪念鉴真。

鉴真和尚作为中日友好的使者，最后留在了日本。日本学者晁衡却留在了中国，肃宗任命他为左散骑常使。大历五年（公元770年），70岁的晁衡在中国病故。

而在此前七年（即公元763年，唐广德元年）的春天，由于长期的积劳成疾，鉴真开始患病，5月6日，鉴真——这位为弘扬中国文化、并且为中日友好关系做出巨大贡献的佛学大师，双腿盘坐，在唐招提寺圆寂了，享年76岁。鉴真不畏艰险，六次东渡日本的故事至今仍为后人所传颂。

玉环受幸华清池

杨玉环（719-756）：号太真。姿质丰艳，善歌舞，通音律，为唐代宫廷音乐家、舞蹈家。其音乐才华在历代后妃中鲜见，被后世誉为中国古代四大美女之一。其籍贯存在争议，主要有五种说法：虢州阌乡（今河南灵宝）、蒲州永乐（今山西永济）说、弘农华阴（今陕西华阴）说、蜀州（今四川成都）、容州（今广西容县）说。她出生于宦门世家，父亲杨玄琰曾担任过蜀州司户。她先为唐玄宗儿子寿王李瑁王妃，受令出家后，又被公爹唐玄宗册封为贵妃。天宝十五载（756年），安禄山发动叛乱，随李隆基流亡蜀中，途经马嵬驿，杨玉环于六月十四日，在马嵬驿死于乱军之中，香消玉殒。

杨玉环，就是与貂蝉、西施、王昭君并称为四大美女之一的杨贵妃。唐代大诗人白居易曾在《长恨歌》中赞其美貌，曰：“回眸一笑百媚生，六宫粉黛无颜色。”玄宗李隆基对其也是“后宫佳丽三千人，三千宠爱在一身”，爱她爱得刻骨铭心。关于两人的爱情故事，在民间有许许多多动人的传说。但是，杨玉环并非一开始就是玄宗李隆基的宠妃，而是寿王李瑁的王妃。至于杨玉环究竟如何进宫，又如何与玄宗刻骨相恋，这其中还有一段曲折的故事。

开元二十五年，玄宗李隆基最宠爱的武惠妃去世，玄宗为此悲恸欲绝。不仅因为武惠妃长相俊美，后宫佳丽三千无一人能及，更是由于武惠妃善解人意，为人谦和温顺，且又精通诗画、韵律。平日她与玄宗下棋作诗，互相唱和，其乐融融。两人整日形影相随，感情甚笃。如今一人蓦然而去，怎不使余下的一人伤心？玄宗从此郁郁寡欢，茶饭不思。众皇子看到父皇如此，便聚在一起商议，给父皇精心筹划 55 岁生日，以解其心中烦闷。

开元二十八年，玄宗 55 岁生日之时，众皇子、妃嫔乃至文武大臣均分批向他朝贺。本来，这项活动每年一次，玄宗司空见惯，也不以为意。尽管这次皇子们精心筹划，玄宗也稍感与往年不同，但由于他还未从失去武惠妃的悲伤中解脱出来，还是有些提不起兴致。

但是世界上的事总是千变万化，让人捉摸不定。朝贺完毕，众皇子、嫔妃，以及文武大臣在皇宫为玄宗祝酒之时，发现玄宗突然变得精神焕发，双目炯炯。众皇子们相视一笑，均认为是他们的精心安排使得父皇抛去了烦恼，变得如此开怀。其实，他们哪里知道玄宗的心理？玄宗所产生的这一系列变化，均因一个人而起，此人就是——杨玉环。

原来，正当玄宗心不在焉地接受儿子、儿媳们的朝贺时，忽然发现十八皇子李瑁身旁有一位与众不同的女子。只见她肤如凝脂，体态丰满，笑靥如花，齿白唇红，简直是倾国倾城。特别是她那一双明眸，仿佛会说话一般。娇笑之时，又呈现出一副憨态。玄宗觉得她不仅迷人，还甚是可爱，不禁怦然心动，把一双眼睛都看呆了。

自从发现了这个女子，玄宗心里好像打开了一扇窗，忽然亮堂起来，所有的烦恼都一扫而光。酒席宴上，55 岁的玄宗仿佛一下年轻了 20 岁，精力充沛，妙语连珠，不时逗引得众位嫔妃们褪去矜持、展颜一笑。玄宗偷眼看去，那个令自己心仪的女子笑得比别人更开心。他似乎受到了某种鼓舞，索性命宫人取来管弦，亲自为起舞的歌姬们奏乐伴奏，不时还要向那个女子瞟去几眼，看那个女子笑靥如花，似有赞许之意，心中竟涌起一种莫名的兴奋与悸动。也许，这就是爱情的最初冲动罢。

不过，天下没有不散的筵席，酒席宴很快就散了。玄宗李隆基眼睁睁看着那位女子随寿王李瑁起身而去，不由得心里一阵惆怅。不料，正在此时，仿佛上天故意安排的一般，那女子忽然回眸一笑。她此时已微露醉态，在玄宗眼中更是别具风情。一时之间，他的魂魄也被勾走了。直到老宫奴高力士在他耳边轻唤了一声“皇上”，玄宗这才慢慢醒过味来，自觉失态，干咳一声，起身回寝宫而去。但是，回寝宫之后，竟是一宿未曾成眠，翻来覆去，眼前总是那个女子娇憨的身影，心里似失落了什么一般。

第二天，玄宗早早召高力士来身边侍奉，似不经意般谈起昨日寿王身边的女子。那高力士是何等人物，他最善于察言观色。昨日一切，他早已尽收眼底，心中早已揣摩透了玄宗的心意，当晚便将一切打探得清清楚楚。今见玄宗谈起，忙原原本本，将所知一切告知玄宗。原来，那个令玄宗神魂颠倒的女子便是杨玉环，是玄宗与武惠妃于5年前为寿王李瑁选的妃子，今年22岁，已为寿王生有2子。

玄宗一听，心里凉了半截。儿子的媳妇，自己是做父亲的，怎好开口要过来呢？高力士在一旁见玄宗唉声叹气的样子，知道他已被寿王妃杨玉环迷住了。眼珠一转，上前道：“皇上，老奴看出您是真心喜欢寿王妃。此事要想办得称人心意，的确要费一番周折。不过，老奴倒有一计——”说到这儿，他故意停住不说了，要看看玄宗的反应。

玄宗一听高力士说有办法，立时转忧为喜，急命高力士快说。高力士见玄宗确实急于想得到寿王妃，便附在玄宗耳边，悄说一计。玄宗闻听，不住地点头，忙催高力士快依此计去办。

次日，高力士来到寿王府，宣玄宗皇帝口谕，让寿王妃杨玉环到庙里“出家”当道姑。闻听此言，寿王李瑁夫妇如五雷轰顶。他二人自成亲以来和和美美，互敬互爱。如今，忽然叫杨玉环出家，不是让人生离死别吗？杨玉环的两个孩子尚小，不知“出家”是去干什么，但见母亲要被一群人拉上车带走，都围在母亲膝下哭喊。寿王夫妇二人见此，更是肝肠寸断，相拥而泣。但是，皇命不可违。万般无奈之中杨玉环一步一回头地走上高力士等人带来的车辇。临走之前，她又叫过寿王李瑁，道：“王爷，你与皇上毕竟是亲父子。我走之后，你去父皇面前苦苦哀求，求他老人家开恩，让我再回到你身边……”说到这里，早已是泣不成声，寿王李瑁也泪流满面，哭得说不出话来，只是拉着杨玉环的手，用力点着头……

杨玉环走了，寿王为此茶饭不想，几日之间，便憔悴得脱了人形。他百思不得其解，父皇此番用意何在。最后，终于鼓足勇气，直奔皇宫而去。

再说玄宗李隆基，闻听高力士将一切办妥，高兴得嘴都合不拢了。立即换上便服，带上贴身侍卫，悄悄赶往骊山华清池温泉。原来，高力士向玄宗献的计便是让杨玉环先“出家”，然后再度入宫中，这样便可掩人耳目，少些议论。可玄宗听说杨玉环已离开寿王府，便有些按捺不住。高力士劝阻不住，也只得任由他而去。此时，那杨玉环正在几个宫女的精心服侍之下。她觉得自己恍若在梦中一般，她不知出家应该去什么地方，但她有一种预感：自己所到之地必不是什么庙宇。仔细察看，倒有一点皇宫别苑的味道。但是烦乱之中，也不及细想，只是听天由命，任由几个宫女摆布。一会儿，便有几个宫女进来，要她沐浴更衣。杨玉环糊糊涂涂坐上车辇，中途乘小轿，此时也确实感到身子劳乏，便依言而行。

杨玉环被引到一个富丽堂皇的温泉池旁。宫女放下换洗衣裳，退了出去。杨玉环轻轻褪去罗衫，缓缓步入温泉之中。顿时，她感觉一股暖流从脚底蕴升上来，四肢百骸，无比畅快。初时，她还有些害羞，但看了一下，周围全是高大的隔扇，偌大的房子中只有自己一个人，便放心地一个人嬉戏起来。也许这正是杨玉环的最可爱处：心无城府，娇憨幼稚。也许，玄宗之所以一生都对她非常迷恋，也是因为这一点。

杨玉环洗浴之处，正是骊山华清池。当然，她对此一无所知，而且她也万万想不到，在她洗浴之时，窗外有一双眼睛正在一眨不眨、温情脉脉地注视着她。此人正是大唐玄宗皇帝。他本想偷看一眼便走，他也知如此做法有失身份。但是，一见到杨玉环，他就再也不想离开了。杨玉环正在温泉池中一边闭目养神，一边用水向身上轻轻地撩水嬉戏，忽然觉得房中有了响动，睁眼一看，不禁花容失色，羞得满面通红。原来，她的公爹玄宗皇帝不知何时已赤裸裸地与她同处一池之中，而且正渐渐向她走来。她一想到自己的样子，说也不是，不说也不是，本能地向池边退去。玄宗皇帝再也忍耐不住了，猛地冲上前去，将体态丰满的儿媳妇杨玉环抱在怀中……

也不知过了多长时间，玄宗皇帝才轻轻放开杨玉环。他怕杨玉环害羞，自己起身先出去更衣。杨玉环见玄宗走了，一时心慌意乱，匆匆忙忙穿好衣衫，走了出来。一抬头，却见玄宗又早在外面等候了。想起刚才之事，杨玉环脸上一下子又涨得通红。还是玄宗洒脱，微笑着说道："玉环，随朕去外面赏花望月如何？"杨玉环岂敢不从，忙点头应"是"，迈动细碎的步子，跟在玄宗身后。说来也怪，杨玉环出来之前，还是月明星稀，她一出来，月亮竟躲到了云层后面。当她来到御花园，本来绽放的百花忽然慢慢合上了，还微微下垂，像害羞了一样。玄宗见此异状，甚感奇怪。略一思忖，笑道："玉环，看来你的容貌真是可使鱼沉潜府，雁落大地，使月儿自闭，使花儿含羞啊！"杨玉环本来胸无城府，见皇上如此夸她，不由得展颜一笑。玄宗一时竟看呆了。这也就是后人用"沉鱼落雁，闭月羞花"来形容杨贵妃之美的来历。

玄宗皇帝是个聪明人，知道不能在华清池久留。在那儿与杨玉环缱绻了一宿，又将其安顿好，许诺不久定接她入宫，便于次日清晨匆匆赶回皇宫。刚一进宫，便有宫监传禀：寿王李瑁求见。玄宗心中自是一惊，他心里自知对不起儿子，也有些惭愧。但一想到杨玉环的种种好处，又镇定下来，决定和儿子李瑁摊牌，便传命下去，请寿王晋见。

寿王李瑁进来先向玄宗叩头问安。玄宗命他起身，不待他开口，便道："瑁儿，朕有一事要与你说，只是不知如何开口。"寿王不知玄宗何出此言，惶惑不安地答道："父皇，与儿臣您有何事不可开口呢？您尽管开口，只要儿臣能办到的，儿臣一定去办；只要儿臣有的，儿臣一定毫不吝惜。就算父皇要了儿臣的性命，儿臣也在所不惜。”

玄宗等他的就是他这一番话，特别是那一句“只要儿臣有的，儿臣一定毫不吝惜”，让玄宗听了不由得心花怒放。当即道：“其实为父也不想要你什么，只想让玉环留在身边解解闷儿。朕已老了，也没有什么别的希求了。朕也知道，这样是有些委屈你，不过，朕一定会重重补偿你……”一番话，对于寿王李瑁不亚于当头一棒。他此次进宫，正是为杨玉环而来，想要求父皇将玉环放回寿王府。不想，父皇说出这样话来。好半天，他才慢慢回过味来，此时方知，这一切都是父皇暗中操纵的，目的就是将玉环从自己身边夺走。他心中气愤，但也无可奈何。他知道，自己反抗不仅是徒劳的，而且弄不好会搭上一条性命，但又实在咽不下这口气，也不听玄宗后来说了些什么，跺了跺脚，愤而离去。

玄宗看着儿子离去的背影，叹了口气。他自知理亏，也不便责怪于他，但是更加坚定了得到杨玉环的决心。不久，他便命人将杨玉环接入宫中，那杨玉环开始还有些推托。但后来见玄宗皇帝琴棋书画，样样精通，比之寿王要强出百倍、千倍。又加之玄宗对她宠爱有加，事事依从，她便半推半就了。及至后来，竟难舍难分，二人成了真正的知音。

天宝四年（公元745年）八月，玄宗正式册立杨玉环为贵妃。贵妃的地位仅次于皇后，而当时没有立皇后，杨贵妃的地位实际上相当于皇后。

李隆基感到对不起儿子李瑁，便又给他选了一个王妃，算是补偿。可是不知他可曾想过，儿子失去妻子的悲伤，以及受尽世人奚落的内心伤痛，是任何东西也无法补偿得了的。

而玄宗李隆基自从有了杨贵妃，就失去了以往的精明干练、爱民勤政的作风。整日留恋床笫懒得上朝，将朝中大事交由李林甫这样的奸臣去管理，唐朝开始走下坡路了。特别是在姚崇去世、宋璟告老还乡之后，唐王朝彻底失去了“开元盛世”的局面。

玄宗李隆基作为在位时间最长的一位大唐皇帝，不能不说他曾励精图治，为国家做出过巨大贡献。但他晚年所奉行的“爱江山更爱美人”的原则，也为唐朝的衰败埋下了伏笔。

唐代大诗人李白

在我国文学史上有“唐诗宋词”的说法，意思就是唐朝以诗闻名，宋代以词胜出。而在唐朝——这个诗歌发展的鼎盛时期，也确实涌现出了许多著名的诗人，如李白、杜甫、韩愈、柳宗元、李商隐、杜牧等。其中李白、杜甫被称为“大李杜”，李商隐、杜牧被称为“小李杜”，此均是赞慕他们的诗才出众。而在这些佼佼者之中，大诗人李白又独领鳌头。他的诗中所饱含的热情，争取解放的蓬勃精神，积极乐观的理想展望，强烈的个性色彩，在中国古代诗史上格外富有朝气。

李白

李白（公元 701—762 年），字太白，自称原籍陇西成纪（今甘肃秦安），出生于碎叶城（在今吉尔吉斯斯坦境内）。约 5 岁时，随家迁居绵州昌隆（今四川江油）。其父李客（真名不详，“客”是对外来者的泛称）为一巨商。

李白自幼读书就广为涉猎，所谓“五岁诵六甲，十岁观百家”。年轻时仗义行侠，曾一人杀出五陵恶少重围。当时诗人崔宗之曾在《赠李十二白》诗中赞其“袖有匕首剑”“双眸光照人”的游侠风度。他还曾隐居戴天大匡山，向往游仙问道的生活。当时著名道士司马承祯曾夸他“有仙风道骨，可与神游八极之表”。李白生性狂放不羁，喜好游山玩水，每到名山古刹，必先其醉饮，后留佳作，为后人所传诵。

李白对大自然具有强烈的感受力。他善于把自己的个性融入到自然景物中去，使他笔下的山水丘壑无不具有理想化的色彩。如他笔下的黄河、长江，奔腾咆哮，一泻千里：“黄河之水天上来，奔流到海不复回”（《将进酒》）；“海神来过恶风回，浪打天门石壁开。浙江八月何如此？涛似连天喷雪来”（《横江词》）。他笔下的山峰峥嵘奇峭、高耸峻拔：“天姥连天向天横，势拔五岳掩赤城；天台四万八千丈，对此欲倒东南倾”（《梦吟天姥吟留别》）；“连峰去天不盈尺，枯松倒挂倚绝壁”（《蜀道难》）。这些都表现了他英气豪发的豪情壮思。同时，他又写了许多晶莹剔透、意境优美的山水诗。如：“人游月边去，舟在空中行”（《送王屋山人魏万还王屋》）；“人乘海上月，帆落湖中天”（《寻阳送弟昌鄱阳司马作》）；“月随碧山转，水合青天流。杳如星河上，但觉云林幽”（《月夜江行寄崔员外宗之》）。这些秀丽的意境又表现出了诗人纤尘不染的天真情怀和追求单纯高洁的澄澈心境。

李白诗歌还充满了热烈的人生之恋。他的诗往往于狂放中洋溢着童真般的情趣，如：“两人对酌山花开，一杯一杯复一杯。我醉欲眠卿且去，明朝有意抱琴来”（《山中与幽人对酌》）。生活如香醇的美酒使诗人心醉。这并不意味着在他的生活中没有失意与惆怅，但诗人的乐观精神足以使他超越和战胜忧患意识。这一点在诗人的千古佳作《行路难》中体现得淋漓尽致。

金樽清酒斗十千，玉盘珍馐值万钱。停杯投箸不能食，拔剑回顾心茫然。欲渡黄河冰塞川，将登太行雪满山。闲来垂钓碧溪上，忽复乘舟梦日边。行路难，行路难，多歧路，今安在！长风破浪会有时，直挂云帆济沧海。

诗中即使写失意的忧愁，也没有丝毫寒促蹇涩的危苦词，诗中出现的黄河、太行、海上，日边等意象，以及拔剑回顾的雄姿，扬帆渡海的遐想，都有着壮美的情思。这也是他旷达心态的写照。

李白诗才狂放，但在他的诗中所体现最多的主题是把排难解纷的济世理想和纵放不羁的个性自由统一起来，以求得圆满的人生。他为自已所设计的人生道路就是首先建立奇功伟业，如：“苟无济代心，独善亦何益?”（《赠韦秘书子春》）而功成之后，却不贪恋功名富贵，而是退隐归居，如：“功成拂衣去，摇曳沧洲傍。”（《玉真公主别馆苦雨赠卫尉张卿》）

李白的个性之活跃与解放，在中国古代诗人中是少有的。他一生不能功名显赫，却以布衣之身而藐视权贵，肆无忌惮地嘲笑以政治权力为中心的统治秩序，以大胆的姿态进行反抗。至今，在我国民间仍流传着李白智斗权贵的不少趣闻逸事。

天宝元年秋，在玉真公主的引荐下，唐玄宗李隆基下诏征李白入京，并给这位旷世奇才以隆重的礼遇："降辇步迎，如见绮皓；以七宝床赐食，御手调羹以饭之。"从此之后，李白成为玄宗李隆基身边的宠臣。但是，仅仅限于写诗作对。在政治方面，这位具有豪气雄怀的大诗人丝毫不能施展他的抱负。诗人所特有的敏感使他很快觉察到当朝政治的腐败与黑暗，但是，孤高的个性使他丝毫不肯向这种恶势力低头。

一天，唐玄宗与他的宠妃杨玉环由高力士和杨国忠陪同去御花园的亭子中赏花。一阵微风吹来，湖中的荷花袅袅婷婷，娇艳无比。此时，杨贵妃轻启莲步，仪态万千地行至亭边的栏杆旁，回头向玄宗道："皇上，今日荷花盛开，该找个好文笔的才士来与皇上作诗应对才是，否则岂不辜负了这大好的时光？"唐玄宗此时正望着那一湖碧荷出神，闻听杨贵妃此言，扭头看去，只见红花映衬着杨贵妃风情万种的面庞，分外妩媚动人。见此情景，他心血来潮，便命人去把李白找来现场作诗。

李白平日素喜豪饮。今日正与忘年交贺知章一边开怀畅饮，一边谈诗论词。忽听皇上召他晋见，忙胡乱穿上一双靴子便进得宫来。玄宗见李白来了，对他说道："你看这御花园中的百花开得姹紫嫣红，争奇斗艳，你就趁着这美景佳人，快快给朕作几首好诗罢。"

李白生性豪放，在玄宗面前也多不拘礼。玄宗命他坐在亭内的石礅上，他便毫不客气地坐下，还悠闲地跷起二郎腿。玄宗一见，不由得哈哈大笑，道："太白为人真是不拘小节，到我面前来，也敢穿这样一双靴子！"李白低头一看，本已因醉酒而通红的脸变得愈加红了。原来，自己匆忙之中竟穿了一双露出脚指头的靴子来见皇上。但既然已经如此，他索性收起小家子气，大胆回道："禀皇上，您给微臣的金银俸禄都已被微臣换酒喝了，以至于如此寒酸，还请皇上恕罪。"

玄宗李隆基也知道李白以"酒仙"自居，又想起他所作《将进酒》中的诗

句：“五花马，千金裘，呼儿将出换美酒。”觉得李白所说虽有些夸张，倒也是实情，便回头对高力士说道：“快去给这位穿破靴的大诗人拿一双新靴子来。”高力士不敢怠慢，忙取来一双新靴子放在李白面前。李白看到眼前的高力士，心中一动。心道：“这个老奴才，祸乱后宫，弄权朝纲。谁不讨好他，谁就会倒霉，连王公大臣也要惧他三分。今天，我倒要戏耍他一番。”想到此，李白抬起一只脚脱靴，可是却故意装出一副酒醉无力的样子，怎么脱也脱不下来。忽然将腿一伸，伸到高力士面前道：“烦劳老总管帮帮忙，我可真是脱不下来了。”高力士丝毫没有料到李白会有这一手，一时竟不知如何是好，心道：“我怎么也算个内侍总管，当朝宰相也要敬我三分，这个李白竟这样不知天高地厚，让我在他面前弯腰屈膝替他脱靴子，真是岂有此理!”心里想着不给他脱，但偷眼看皇上，只见他正点头微笑地看着自己。显而易见，皇上正在兴头上，要看看自己怎么给李白脱靴子。无奈，只得上前，拽住李白的一只靴子用力向后拉。岂知，李白暗中使坏，高力士怎么拉，怎么拽，李白的靴子就是脱不下来。一时之间，脸憋得像紫猪肝一样。一旁的杨贵妃见了，不由得笑道：“高总管可真是老了，连一只靴子也脱不下来!”高力士一听急了，极力地想在贵妃娘娘面前表露一番，越发地用力。李白见了，心里一笑，将本来微翘的脚向前一伸，高力士更不防备李白此招，仰面朝天摔了一个大跟头，手中兀自还拿着李白那只破靴子。而这一跤使那只靴子正倒扣在他脸上，靴中的尘土和着一股难闻的气味扑面而来，呛得高力士直想呕吐。

一旁的玄宗李隆基早已看出李白的伎俩，但他知道李白为人促狭，便也不怪罪他。又见高力士滑稽的样子，也顾不得皇帝尊严，倒与旁边的杨贵妃笑成一团。高力士长得很胖，这一跤摔得不轻，在地上哼哼半天爬不起来。玄宗见状，笑着指着李白道：“朕命你来作诗，你却演一出‘力士脱靴’的笑剧给朕看，你再闹下去，朕可等不及你作诗了。”李白一听，忙收起嬉皮相，自己脱掉另一只靴子，将新靴穿上。然后躬身一礼道：“皇上，微臣这就拟新诗。”

李白走到小太监早已摆好的几案前，拿起笔，在墨盒里蘸了几下，觉得有些淡，忽一眼瞥见杨国忠站在一边，便道：“你把墨再给研浓一些。”李白生活豪放，从不趋炎附势。这杨国忠是贵妃杨玉环的哥哥，属于皇亲国戚，在朝中又位居高官。许多人都上赶着巴结他，李白却丝毫不因此而向他弯腰屈膝，只同一般人一样看待，故此很不在意地让杨国忠为其研墨。其实，李白也无贬低他的意思。可是，那杨国忠一直享受别人的阿谀奉承，在朝中又是一人之下，万人之上，哪里忍受得了这个呀？但是有玄宗在场，又不敢造次，只得先忍下这一口气，上前为李白研好墨。可他心里却暗暗发狠，恨不得把李白千刀万剐才解恨。

李白不知杨国忠此时心里想的什么，只顾自己低头构思新诗。不一会儿，便提笔在纸上一气呵成，写了三首著名的诗篇：

云想衣裳花想容，春风拂槛露华浓。
若非群玉山头见，会向瑶台月下逢。

一枝红艳露凝香，云雨巫山枉断肠。
借问汉宫谁得似？可怜飞燕倚新妆。

名花倾国两相欢，常得君王带笑看。
解释春风无限恨，沉香亭北倚阑干。

玄宗和杨贵妃看罢，俱是称赞不已。两人又与李白吟诗作对一番，方尽兴而归。赐李白折扇一把，命他自去。

次日，玄宗又亲自为李白前日所作诗词谱了曲子，与贵妃二人吹奏玩赏。愈发觉得李白是个难得的奇才，便想为他加官晋爵，大加赏赐。这可急坏了两人，他们就是高力士和杨国忠。这二人因昨日“脱靴”“研墨”之事对李白怀恨在心，伺机报复。一听玄宗要封赏李白，立刻跳出来反对。他们在玄宗面前进谗言，说李白为人骄纵，难成大事，不能重用。玄宗平日非常宠幸这二人，因此便打消了要提拔李白的念头。渐渐地，也就和李白疏远了。李白在长安待了一年，深深感觉到官场的黑暗与腐败。那个豪情满怀吟诵着“仰天大笑出门去，我辈岂是蓬蒿人”的李白已经不见了，取而代之的是一个官场失意、甚觉无聊

的李白。不久，李白辞别玄宗皇帝李隆基，离开长安，浪迹全国各地。

安禄山叛唐

安禄山，是个胡人，本名轧荦山。父亲死后，随母改嫁给突厥人安延偃。当时突厥各部互相发生战争，他所在的部落被人打败，逐渐没落。他便逃入唐朝境内，易姓安氏，名禄山。

安禄山为人骁勇善战，入唐后被幽州节度使张守珪招览，很快又被提升为平卢兵马使。唐玄宗开元二十四年春，营州附近的契丹族、奚族起兵反叛。玄宗封安禄山为平卢讨击使、左骁卫将军带兵前去征讨。此时安禄山已深得玄宗宠信，又自恃骁勇，非常轻敌，深入敌军，结果被打得落花流水，几乎全军覆没。按大唐律法，这就是死罪，但玄宗只罢免他的官职。当时宰相张九龄早看出安禄山貌似憨直，心怀狡诈，恐有反心，所以竭力劝玄宗依法行事，将其斩首。玄宗却认为张九龄对安禄山有成见，坚持不杀，还说安禄山是一个大大的忠良。

玄宗之所以如此信任安禄山，是有其原因的，而且也不是一日之间便形成的。

天宝二年，安禄山入朝。玄宗见他长得肥头大耳，相貌憨厚，尤其是他的肚子非常大，都耷拉下来，垂到了膝盖上，立时觉得他非常可爱。而且安禄山性格狡黠，善于揣度人意，投其所好，说话又诙谐又中听。当时玄宗曾指着他的肚子问：“这胡儿腹中有什么东西，竟如此之大？”安禄山恭恭敬敬地答道：“一点儿多余的东西都没有，有的只是对皇上的一颗忠心。”玄宗听了，心里非常受用，对安禄山的喜爱又添加了一点儿。

退朝之后，玄宗又召安禄山入宫，与太子相见。不料，见了太子，安禄山毫不施礼。周围的侍从催他施礼，他便装傻弄痴道：“陛下，这太子是个什么官？”玄宗耐心地向他解释：太子就是皇帝死了继承皇位的人。安禄山便对玄宗说：自己非常愚昧，只听说过有皇帝，没听说过有太子。玄宗以为他所说都是实话，越发喜欢他。当即便命太监叫来杨贵妃及其姐姐，毫不避讳地令她们与安禄山相见。两人见了安禄山也都觉其憨态可掬。玄宗心里一喜，又命人将杨贵妃的哥哥杨国忠叫来，要他与安禄山结拜成兄弟。安禄山闻听，做受宠若惊状，忙跪地叩头，连对玄宗说："不可。"玄宗诧异道："安卿难道觉得此事有何不妥吗？"安禄山口呼万岁道："正是，皇上与杨国相为兄弟之称，而我为皇上之臣子，怎能与杨国相拜为兄弟呢？"顿了一顿，又道："皇上，您若是真体爱微臣，就让微臣认贵妃娘娘为干娘吧！"

未等玄宗搭话，旁边的贵妃拍手笑道："好个大肚儿的干儿……"一语未了，机灵狡诈的安禄山当即给杨贵妃叩头，口称"干娘"。玄宗道："你好性急，贵妃娘娘并没答应你呀！况且就算答应了你，你也理应先认我这个干老子啊！"安禄山闻听，争辩道："刚才贵妃娘娘口中称'好个大肚儿的干儿'，她老人家金口玉言，岂有说话不算之理？至于皇上要求'先拜干老子'的礼数，那是你们汉家的，我们胡人'先母而后父'。"安禄山早知玄宗对杨贵妃娇宠无比，此次趁机拜贵妃为干娘以拉拢关系，一番话又说得滴水不漏，惹得玄宗皇帝哈哈大笑，当即加封他为范阳节度使。如此一来，安禄山已为平卢、范阳两地节度使。不久，他又向玄宗请求兼任河东节度使，玄宗慷慨应允。

安禄山身兼数职，三镇兵权在握，实际上已成为威胁大唐江山的一个隐患。但是玄宗对此丝毫没有觉察，反而比以前更加宠信安禄山。加封安禄山的官爵高至东平郡王，给他修建的府第比皇宫还要奢华。就连平日有一些什么好吃的东西或者猎获到一些新鲜的禽兽，也要差专人送往安禄山府第。

一天，安禄山过生日，因他是皇帝宠臣，所以来送礼拜寿的人络绎不绝。府中人满为患，热闹非凡。正在此时，忽有内侍太监喊："皇上驾到——"原来，玄宗亲自来参加安禄山的生日宴会。当然皇帝亲临，带来的礼物定是不少，同时还有贵妃娘娘的厚礼一份。满朝文武，任是谁也没受过如此隆恩，均艳羡不已，同时也更加敬畏安禄山。三日后，又有宫监传贵妃娘娘口谕：宣安禄山即刻进宫。安禄山既已拜杨贵妃为干娘，自是可以出入皇宫。他知道贵妃娘娘召他入宫必是有好事，便乐颠颠地去了。果然，一进杨贵妃寝宫，宫女们便用一个锦绣的大襁褓将安禄山包裹起来，然后以彩舆抬着他。自然，这一切都是杨贵妃精心布置的。看到安禄山悠然自得地躺在彩舆之中，她和众宫女们笑得花枝乱颤。玄宗听到后宫喧笑不绝，亲自来观看。一见之下，又诧异又可笑。问宫女这是在干什么，宫女告诉他，这是贵妃娘娘在给干儿子安禄山做三日洗。玄宗听了，当即赏赐给贵妃洗儿金银钱，又厚赏安禄山，方离去。

玄宗走后，杨贵妃命人放下安禄山，差散众人，然后，她与安禄山在早已准备好的酒席前对桌而食。两人推杯换盏，全无君臣母子之态。一会儿，杨贵妃就不胜酒力，微露醉态。这杨贵妃的美貌可是天上人间少有，堪称“沉鱼落雁，闭月羞花”，特别是醉酒之后，丰满的体态，娇艳的笑脸，更是让人觉得风情万种。安禄山此时也略有醉意，乜斜着一双醉眼，连眼都不眨地盯着如花似玉的杨贵妃。杨贵妃见状，已明白他的心意，轻启莲步，行至床边，回眸冲安禄山一笑。安禄山的骨头都快酥了，一个箭步冲上去，将杨贵妃按在床上……

原来，安禄山自从认了杨贵妃为干娘，就可以自由出入皇宫。他早看到杨贵妃年轻貌美，便存了淫心，经常找各种理由去杨贵妃寝宫。由于玄宗年事已高，而杨贵妃正值壮年，一来二去，就与安禄山勾搭成奸。但是，玄宗对此却一无所知。一天，安禄山与杨贵妃在内宫厮混，一个不注意，将杨贵妃的前胸抓破。二人云雨过后，杨贵妃可犯了愁。虽然玄宗李隆基已不如初时那样天天宠幸她，但是几乎每晚还要来此安寝。万一玄宗皇帝问起，这可不是闹着玩的。想来想去，她让宫女找来一块能盖住前胸和肚皮的四方布，剪去一个角，在多出的两个角上用穿成的珍珠链儿连上。又在依次向下的两个大角上缝上细丝带，然后贴身穿上。当晚，玄宗果然来了，他看见杨贵妃胸前一块描龙绣凤的布，觉得非常有趣，就问杨贵妃那是什么物，有何功用。杨贵妃随口扯道，是“兜肚儿”，用来趋避邪物的。玄宗听了很高兴，便让杨贵妃给他也做一个。杨贵妃欣然应允，第二日便命宫中女侍依她的做法做了各种各样的“红兜肚儿”。玄宗穿都穿不过来，有时兴起，便将这宫中私物赏赐给身边宠幸的大臣。这样，兜肚儿便由宫中流落到民间，这也就是“兜肚儿”的来历。至今，我国广大农村仍有给小孩子穿“兜肚儿”以趋避邪物的风俗。殊不知，这东西本来却是杨贵妃用来遮羞避丑、掩玄宗皇帝之目的。

再说安禄山，虽备受玄宗恩宠，仍不满足。他心道：如果我做了皇帝，这天下就是我的了，还用在别人面前乞恩求赏吗？就是与杨贵妃也用不着偷偷摸摸的了。此时他手中握有平卢、范阳、河东三镇精兵，十几万人马，自恃兵力雄厚，渐渐就有了谋反之心。但是人心也是肉长的，玄宗对他实在太好了，不仅在物质上充分满足他，而且充分信任他。有的朝中大臣觉得安禄山手握重兵，迟早要反，就向玄宗上书建议削弱安禄山兵权。玄宗非但不听，反而说："你们不要因朕对他宠信就嫉妒他，安禄山不会反，朕可保他！"甚至由于安禄山长期与杨贵妃在内宫厮混，宫中尽人皆知，有时也难免传入玄宗耳中，他也只是笑笑，不以为意。面对这些，安禄山似乎又有些良心发现，不忍在玄宗生前谋反。于是，便下决心，在玄宗死后再起兵，推翻大唐江山，自己当皇帝。

虽然玄宗依然对安禄山宠信无比，可是，别的人可都看出了他有反心。尤其是太子李亨和相国杨国忠。他们屡次向玄宗奏报安禄山要反，可玄宗就是听不进去。安禄山耳目众多，很快便知道了这些事。他认为自己过去不拜太子，而玄宗年事已高，太子日后继位，恐对自己不利。又见唐朝戒备松弛，此时正是大好时机，便也顾不得玄宗情面，积极准备兵变。

天宝十四年11月，安禄山发动自己的部下同罗、奚、契丹、室韦兵共15万，号称20万，在范阳起兵叛唐。当时唐朝太平已久，国内百姓已久不闻战乱。突然听说有个叫安禄山的在范阳起兵造反，一时人心惶惶，无心农事，产生了不小的震荡。安禄山率叛军一路南下，势不可当，很快攻破潼关，使大唐都城长安告急。玄宗皇帝初时还不相信安禄山造反，认为是有人故意造谣诽谤。直到大军兵临城下，才肯相信，后悔不迭。又见守城军兵无力抵抗，忙率亲近嫔妃和重臣逃离长安。安禄山的先头部队孙孝哲顺利攻入长安。

安禄山在洛阳闻听孙孝哲已打下大唐京都，高兴得乐开了怀，命众将大摆宴筵，还将洛阳城中最好的乐师雷海青叫来，让他当众演奏当时非常著名的《霓裳羽衣曲》。雷海青为人正直，有骨气。他早就听说孙孝哲攻占长安后，大肆屠戮，连幼小的婴儿也不放过。凡叛军所到之处必是烧杀抢掠，无恶不作。

就在洛阳城，他对此也是耳亲闻、眼亲睹。故此，他见了安禄山，也不施礼。安禄山让他弹曲，他怒目而视，忽然用力，只听“嘣、嘣、嘣”一阵乱响，琵琶弦全断了。安禄山气得大怒，将身前几案一掌拍翻，道：“我让你弹《霓裳羽衣曲》，你乱弹什么?”

“哼哼，”雷海青发出一声冷笑道，“你也配听《霓裳羽衣曲》，像你这样造反乱国、残害百姓的奸佞小人迟早会死无葬身之地！我看，你还是到阴间去听吧！”说罢纵声长笑。

安禄山气急败坏，命军士们上前将这位大义凛然的乐师残忍地杀害了。经过此事，安禄山更加残暴，每攻入一城，必大开杀戒，百姓们都恨透了他。

此时，逃亡在外的玄宗将皇位让给了太子李亨。李亨继位，史称肃宗。他率唐兵唐将顽强抵抗安禄山大军。安禄山一心想一鼓作气打败唐军，早日做上真正的皇帝，不料，事与愿违，两军竟然相持不下。他一上火，就患了一种比较严重的眼疾。偏偏又祸不单行，后背上又同时长了疮。这两种病使安禄山脾气更加暴躁，就是对身边的亲从也是动辄打骂。

安禄山身边有一个最受宠信的太监叫李猪儿，也渐渐不能忍受他，便想伺机杀掉他。正巧，安禄山想立新夫人段氏的一岁儿子为太子，这可惹恼了年已30、屡立战功的安禄山长子安庆绪。李猪儿见安庆绪为立太子之事也深恨安禄山，便与之商议杀掉安禄山，功成之后，让安庆绪做皇帝，安庆绪当即同意。

当晚，李猪儿便手持利刃悄悄来到安禄山寝宫。只见安禄山大睁着双眼，仿佛瞪视着自己。要换别人，早吓跑了。李猪儿可不怕，他服侍安禄山多年，早就知道他睡觉时总是睁着眼。李猪儿走至安禄山近前，牙一咬，心一横，举刀狠狠刺入安禄山大肚子中。安禄山大痛而醒，口中兀自在喊：“李猪儿，快来，有刺客……”李猪儿一惊，又在他前胸猛扎几刀，其中一刀正扎中心脏，安禄山还没来得及看清眼前刺客是谁，便咽了气。至此，他仅仅当了一年所谓的皇帝，便被刺杀了。

安庆绪也没得到什么好下场。继位不久，便在与郭子仪的交战中大败，只好回范阳。不料范阳已被史思明占据，无奈之中去了邺县（今河南安阳北）。

史思明攻打邺县，杀了安庆绪，自己在范阳宣布继位大燕皇帝，改元顺天。

上元二年（公元 761 年），也因立太子之事，史思明惹恼长子史朝义。史朝义带兵杀入后宫，射死史思明，杀死史思明所立太子——自己的亲弟弟史铜清，自己继承皇位。但他也没能坚持多长时间，便于广德元年（公元 763 年）被逼自杀。

历史上将安禄山、史思明的叛乱称为安史之乱。它历时八年之久，使唐王朝由盛转衰。

哥舒翰失守潼关

唐天宝十四载（755）十一月，在唐平安史之乱的战争中，范阳、平卢、河东三镇节度使安禄山在范阳（今河北涿州）起兵反唐作战的时候，唐玄宗和杨贵妃正在华清宫里寻欢作乐，一派歌舞升平的景象。十一月初九，杨国忠安置在太原、专门负责牵制安禄山的北都副留守杨光翙，被安禄山的部领何千年等劫走。太原方面的报告火速送到了华清宫，接着，东受降城（今内蒙古托克托南）也传来了安禄山叛乱的消息。但是，唐玄宗却认为这些情报是假的，不相信安禄山会造反。直到十五日，也就是范阳起兵后的第七天，玄宗才在大量证据面前，无可奈何的确认安禄山真的在范阳发动叛乱了。

唐玄宗在震惊和愤怒之余，不得不面对现实，赶紧召集宰相商议对策。一般大臣在听说这样大的事变后都相当紧张，而杨国忠却为他的预言幸而言中洋洋自得，竟然笑着说：“现在造反的只有安禄山，其余三军将士都不愿跟着他。我敢肯定不出十天，就会有人送来他的脑袋。”玄宗也同意这种分析。显然，他们不了解范阳起兵的具体情况，大大低估了安禄山的力量，因而采取的措施仅仅是派遣特进（文散官）毕思琛赴东都洛阳、金吾将军程千里到河东太原，各自就地招募几万人，抵抗叛军。

十六日，唐玄宗在华清宫召见安西节度使封常清，商量讨贼方略。一提起忘恩负义的安禄山，玄宗就黯然伤心。封常清看到皇帝一副愁眉不展的样子，

就夸口说："臣请求赶赴东京，打开仓库，招募一支骁勇善战的队伍，率领他们渡过黄河，在最快的时间里割下安禄山的脑袋来献给陛下！"封常清的豪言壮语，让玄宗非常感动。第二天，就任命他为范阳、平卢节度使，立即奔赴洛阳，招募军队，作防御的准备。

封常清是当时名将，长期担任边镇节度使，军事经验丰富，但他和杨国忠一样错误估计了形势。他到东京后，虽然很快就招募到六万多人，但临时拼凑起来的一帮乌合之众哪里是凶狠的叛军的对手。双方一交手，就被打得大败。十二月十二日，洛阳沦陷，封常清仓皇西逃。

打发走封常清以后，稍微有点宽心的唐玄宗，还在华清宫住了四天，才返回长安，在军事上做了进一步的部署。任命皇子荣王李琬为元帅，右金吾大将军高仙芝为副元帅，并由高仙芝统率禁军及新招募的士兵共五万人开赴陕州（今河南陕县），命宦官边令诚为监军。高仙芝是高丽人，以骁勇善战而知名。封常清败退到陕州后，建议高仙芝退守潼关。高仙芝接受了建议，但由于没有部署阻击力量，以致在撤退过程中，被叛军追上，士兵自相践踏，死伤惨重。这时，昏聩的唐玄宗听信了监军边令诚的片面之词，于十八日临阵斩杀高仙芝、封常清两员大将。

唐玄宗本来打算让太子李亨监国，自己亲自御驾亲征，但已是古稀之年的皇上禁不住杨氏兄妹的挑拨，临时改变了主意，只好把因中风卧病在家的河西、陇右节度使哥舒翰找来，任命他为皇太子先锋兵马元帅，于二十三日出征，率领河西、陇右各部族以及新招募来的士兵，再加上原来高仙芝、封常清的残余部队，号称二十万人，镇守潼关。哥舒翰是突骑施首领哥舒部落的后裔，世居安西，作战非常勇敢，立了许多战功。当时在唐朝的西部边陲流传着一首民谣，歌颂他的功绩："北斗七星高，哥舒夜带刀。至今窥牧马，不敢过临洮。"哥舒翰一向与安禄山不和，曾当面骂安禄山是"野狐（胡）"，安禄山被封为东平郡王后，他被封为西平郡王，与安禄山分庭抗礼。哥舒翰到达前线后，采取了坚守不出的战略方针，在潼关将安史叛军从十二月下旬拖到次年五月底，长达半年之久。求胜心切的唐玄宗在杨国忠的挑唆下，不顾敌强我弱的态势，接连派宦官催促哥舒翰领兵出战，尽快光复洛阳。在君命难违的情况下，哥舒翰不得已，拍着胸脯大哭了一场，于六月四日引兵出关，在灵宝西南中了崔乾祐指挥的叛军的埋伏，唐军大败，哥舒翰也成了俘虏。九日，潼关失守，京师门户顿开。

马嵬驿兵变

马嵬驿兵变，世说皆因玄宗宠爱杨贵妃而起。

当年，杨贵妃初嫁寿王李瑁为妻，被玄宗看中，违背天伦常理，将这位自己的第十九个儿媳妇据为己有。

自从得到杨贵妃，玄宗心满意足。杨贵妃天生丽质，美貌艳绝，玄宗晚年得此娇妻，娇宠有加，真是“要星星不敢给月亮”，“捧在手中怕摔了，含在嘴里怕化了”。不但有求必应，而且对她平日生活中的饮食起居，细心照顾，体贴入微，真称得上“三千宠爱在一身”。

传说杨贵妃爱吃荔枝，但荔枝生长在南方，与京都长安相距很远。玄宗李隆基为了让杨贵妃吃到新鲜荔枝，在各地专门设交通驿站，命人快马传送荔枝。无论刮风下雨，日晒雨淋，都不能耽误。大诗人白居易在其诗《荔枝》中的一句“红尘一骑妃子笑，无人知是荔枝来”，充分证明了确有此事。

玄宗皇帝为了取悦杨贵妃，每年10月都要带她出游华清池，以示纪念（杨贵妃初受宠幸是在华清池）。每次出游，服侍杨贵妃的官员都达数千人之多。分工非常精细，有人管衣裙，有人管首饰，各司其职，有条不紊。而且让杨贵妃的哥哥、姐姐等杨家人相伴。每家穿一色衣服，自成一队。远远望去，色彩斑斓，璨如万花。遗弃于路的绣鞋珠玑，香闻十里。如此浩荡奢华的场面被大诗人杜甫在他的名篇《丽人行》中描绘得有声有色。

玄宗皇帝对杨贵妃的爱，真可谓达到了“爱屋及乌”的程度。杨贵妃有三位兄长：杨铦、杨锜和杨国忠，还有被封为韩国夫人、虢国夫人、秦国夫人的三姐妹。秦国夫人短命而死，其余五家连在一起，在玄宗皇帝的大力支持下，宫府建造得富丽堂皇、气派宏壮，甚至可以和皇宫相媲美。三位哥哥均位居高官，特别是杨国忠，官至相国，因而出事也就出在这个杨国忠身上。

杨国忠本为杨贵妃的一个远房哥哥，他实际上是张易之的私生子。年轻时，行为放荡，为乡里所不齿。实在混不下去，便到四川投奔他的远房伯父杨玄琰。杨玄琰见他身材高大，相貌英俊，既巧言善辩，又精于账目，便让他代为主持家政。杨国忠表面上恭敬谨慎，暗中却早已瞄上杨家二女儿。后杨玄琰客死蜀中，杨国忠趁机便与其漂亮风骚的二女儿私通。

不久，杨玄琰的二女儿应妹妹杨贵妃之召入宫。表面上，她为新寡之妇，入宫与妹妹二人互解烦闷，实际上此女颇有心机。她想既然妹妹在宫中如此受宠，而我长得也不比她差，说不定也会讨皇上的欢心。抱着这种心态，她一入宫就积极地暗中寻找机会，以求接近玄宗皇帝。一日，她在御花园中游玩，正自顾盼间，忽见迎面过来一人，头戴金冠，身着龙袍，心想一定是皇上，便故意在来人面前一晃，却又转身向旁边的宫殿走去。来人正是玄宗李隆基，刚刚饮了一些酒，忽有外域使者送来10颗晶莹剔透、饱满硕大的珍珠。玄宗看了觉得宫中罕有，便揣在怀中，兴冲冲地要亲自给宠妃杨氏送去。走至御花园，忽见眼前一个标致的美人在眼前一闪就不见了，旁边只有一个偏殿，便信步找来。

此时，杨贵妃的姐姐——也就是那个用尽心机、故意想勾引皇上的人，正坐在偏殿内床榻之上默默垂泪。玄宗一进来，便看见她，径直向她走去。走近一看，却是一个从未见过的美人，一时竟看呆了。此女见玄宗死盯着自己看，不由得垂下了一张已然绯红的俏脸，只是脸上兀自挂着泪痕。玄宗见她粉面含春，含露欲泣，更是娇艳无比。一时按捺不住，也是借着三分酒意，竟将她宠幸了。那女子本就有意勾引，自是不曾稍加反抗。二人欢愉过后，均是心满意足。玄宗这才想起问她身世姓名，为何从不曾见。她连羞带怯地将自己的身世说了，最后说道："只因妾身新寡，贵妃娘娘说'怕与皇上不宜相见'，所以皇上未曾见过妾身。不想今日冲撞，还万望皇上恕罪。"玄宗听了道："这有何妨？你既是贵妃的姐姐，朕便封你为'虢国夫人'吧。"皇帝乃金口玉言，这样，这位巧用心机的女子此时便成了虢国夫人。她可真不是简单人物，唯恐妹妹杨贵妃从中作梗，便娇嗔无比地要玄宗在杨贵妃面前光明正大地册封自己，玄宗当即答应了。

果然，第二天，玄宗便来到杨贵妃寝宫。说自己听闻贵妃之姐已到宫中，按理也应加封。杨贵妃岂知他二人之间的苟且之事，高高兴兴地让姐姐出来相见。那位早已受到皇帝加封的虢国夫人装作从未见过玄宗的样子，羞答答出来相见。玄宗皇帝也表现得若无其事，堂而皇之地在杨贵妃面前又重新加封她的姐姐为虢国夫人，并说留在宫中居住也可。杨贵妃一来不知他二人之事，二来独居皇宫也甚觉烦闷，便将这虢国夫人留在自己身边解闷。她却不知道，此举正好给二人提供了机会。从此，这位虢国夫人当着杨贵妃的面与玄宗为君臣关系，恪守大礼，背后却极尽挑逗之能事，很快得到风流皇帝的欢心。

但是，虢国夫人生性放荡，玄宗一个老皇帝，又时常去宠幸杨贵妃，哪里能满足她？正当她寂寞难耐之时，她的老情人——杨国忠入京而来。这杨国忠可不是专门为她而来。原来剑南节度使章仇兼琼与当朝宰相李林甫不和，想巴结颇受皇帝恩宠的杨贵妃为内援。但他与杨家素无瓜葛，要想打通这其中的关系，就需要一个与杨贵妃非常密切的人来办理此事。物色来，物色去，就通过富豪鲜于仲通找到了杨国忠。杨国忠一想自己也可借此机会升官发财，同时还可去会久在京城的老情人——听说如今已是虢国夫人，一举两得，何乐而不为呢？便慨然答应，带着章仇兼琼奉送的百万价值的四川特产入京行贿。

杨国忠入京后先上下打点，很快就进宫见到了杨贵妃与虢国夫人。杨贵妃也还罢了，不过是寒暄问暖，略表心意而已。可那虢国夫人见了杨国忠，恨不得立时就行那苟且之事，一双媚眼不时地向杨国忠瞟来瞟去，频送秋波。杨国忠是何等聪明之人，一切尽收眼底。心中暗道：看来，升任之事不可直求贵妃，倒是这虢国夫人说不定可以从中帮忙。当下打定主意，与杨贵妃稍坐片刻，便告退出宫。

那虢国夫人见杨国忠未曾表示什么，急得抓耳挠腮。不料，晚间便有一小宫监送进一封封好的信笺。打开一看，立时心花怒放，坐到梳妆台前精心打扮起来。原来，信是杨国忠派人送来的，约她今日晚间去一个隐密处私会。虢国

夫人如约而至，杨国忠早已等候多时。二人调笑了几句，杨国忠便迫不及待地为她宽衣解带，与她共度巫山云雨。虢国夫人真是久旱逢春雨，四肢百骸，无比畅通，两腮桃红，如沐春风。杨国忠一见时候到了，便在这床榻之上与她说了帮忙之事。虢国夫人一想，他若得了高官，更可随意出入皇宫与自己相会，焉有不帮的道理？遂满口答应。一回皇宫，便在玄宗皇帝耳边吹风，说自己有个堂兄如何如何能干，有治国之道，要皇上多加栽培，令其为国效力。玄宗皇帝一开始以一笑置之。但她并不死心，对玄宗曲意逢迎，使尽浑身解数，特别是在床上极力讨好他。玄宗皇帝龙颜大悦，也不好一再拂了这位美人之意，便召见杨国忠。一见之下，发现他果然仪表不俗，伶牙俐齿，当即便封其为御史。杨国忠善于察言观色，颇得玄宗欢心，很快又数次得到提升。后来，李林甫死了，杨国忠便被提升为当朝宰相。他就是这样沿着虢国夫人这条石榴裙铺就的道路成为玄宗身边的宠臣。

杨国忠成为当朝宰相之后，可谓祸国殃民，瞒上欺下，他对玄宗报喜不报忧。一次天降大雨，玄宗皇帝看着外面的大雨道："这下百姓们可要受苦了。"杨国忠闻听，当即命人搜寻到全国最好的庄稼给玄宗看。玄宗放了心，就不再惦记此事。庄稼减产，百姓生活困顿，有的官员便要上疏奏明皇上。杨国忠知道后，立即将那人惩罚一番，降官免职。如此一来，无人再敢向皇上奏报实情。在玄宗看来，国内形势一片大好。而实际上是朝中混乱，百姓生活困苦，大唐王朝快速走上了下坡路。

而作为杨国忠举荐人的虢国夫人，以及贵妃娘娘杨玉环对这位祸国殃民宰相的滔天大罪似乎全无察觉，依然与玄宗皇帝在后宫纵情歌舞，悠然自得地演《霓裳羽衣曲》。她们丝毫不知道，正是这位玩弄权术的杨国忠给她们带来了灾难。

天宝十四年，手握重兵的节度使安禄山起兵反唐。他令儿子安庆绪为先锋，进攻潼关。玄宗皇帝知道潼关失守，长安定然不保。但此时朝中无将，原来防守潼关的大将封常清和高仙芝又因遭到诬告被害。因此，他派重病在身的老将哥舒翰去据守潼关。

老将哥舒翰采取坚守不出的策略，使安庆绪屡攻不克，但是奸相杨国忠听说哥舒翰手下大将曾建议他回师杀杨家兄妹，以除安禄山兴兵讨杨清君侧的借口。而此时哥舒翰防守潼关有功，威望甚高。杨国忠便几进谗言，让皇上命令哥舒翰去攻打崔乾祐。哥舒翰知道，只要出击，潼关必失守，潼关一失守，大唐江山就完了。无奈，皇上有旨，只得大哭一场，冒险出击。果然，潼关失守，叛军直指长安。

消息传来，朝廷上下乱成一片。唐玄宗李隆基听从杨国忠的建议，仓皇出逃。几天之后，来到马嵬驿。一路上，将士们吃不好，睡不好，此时早已怨气冲天，他们认为这些祸事皆由奸臣杨国忠引起，便决心除掉他。当天晚上，玄宗住进驿馆之内，将士们只能露宿在野外。安顿停当之后，几个士兵忽见几个吐蕃使者围着杨国忠要吃的。悄悄一商议，便齐声大喊："杨国忠勾结胡虏，要造反啦……"杨国忠闻言大惊，知道有人要陷害自己，也顾不得细想，便往玄宗住的驿馆中跑。还没跑出几步，便被四下的士兵围住，一刀将他的头砍下来。士兵又将韩国夫人、杨国忠的大儿子杨暄也杀了。玄宗听到外面喊杀声大作，还以为追兵到了，哆哆嗦嗦出来察看，见状不禁大惊失色。护驾将军陈玄礼趁机道："杨国忠谋反，已被臣等斩首。贵妃已不宜留在宫中侍君，乞望陛下割爱。"

玄宗李隆基对杨贵妃爱得死去活来，怎忍心杀她呢？便极力替她辩解："贵妃深居后宫，怎知杨国忠所为？"

将士们闻听，群情激愤，都不肯离去，看样子非要看皇上降旨杀了杨贵妃才肯罢休。高力士明白其中缘故，便对玄宗道："贵妃当然无罪，但杨国忠已死，贵妃仍留在皇上身边，将士们怎能放心。皇上，只有将士安心，才能保证您此行的安全。您不为自己着想，也要为大唐社稷想想啊！"

这最后一句话正中玄宗皇帝的心坎上。一时之间，他不由得老泪纵横，深深责怪自己一没能保住大唐江山，二没有能力保护自己深爱着的杨贵妃。半晌，这位72岁的老皇帝方下定决心，用颤抖的声音对身旁的高力士道："这事由你去办吧，只是不要用刀、剑才好……"

高力士应声而去。他服侍了杨贵妃一辈子，倒也有几分情谊，只在杨贵妃面前放了一条丝带，也不逼迫，便起身离去。杨贵妃早已闻知外面所发生之事，一时之间吓得花容失色。但死到临头，她反而镇静下来，对身旁的宫女道："从前皇上赏我的金银珠宝，无奇不有。今日所赐之物，却也是我今生所罕见之物。"言罢，苦笑了一声，又道："只是今日我却不能收下皇上此物!"宫女闻听，以为贵妃拒死，高力士出门时已悄悄嘱咐她一定要看好贵妃，别让她逃走。一时之间，宫女竟有些不知所措。不料，贵妃却并不逃走，只是从头上拔下一支金钗，放入嘴中，痛苦地吞下肚去，不一会儿便气绝身亡。这位自古少有的美人就此结束了她传奇般的一生，是年 38 岁。

杨贵妃的三姐虢国夫人见势不妙，与嫂子——杨国忠之妻、儿子和小侄儿仓皇而逃，先躲入草丛，蒙混过众将士。后又逃往陈仓（今陕西省宝鸡市）境内。四人因实在饥饿，忍耐不住，便提心吊胆去城中小饭店购买吃食。不料被人发觉形迹可疑，密报县令薛景仙。薛景仙派人追上四人，盘问出身份，将其杀死。

马嵬驿事件后不久，玄宗让位给太子李亨，自己当上了太上皇。但他日夜思念杨贵妃，尤其是夜晚听到窗外梧桐细雨，身旁再也没有佳人相伴，更觉凄凉。公元 762 年，太上皇李隆基终因过于思念杨贵妃，久久不能释怀，抑郁而终，是年 78 岁。

马嵬驿兵变虽说因杨国忠而起，但民间大多数人仍愿意相信此事与杨贵妃无关，她只不过是一个无辜的受害者。而唐玄宗李隆基与杨贵妃铭心刻骨的爱情故事，也广为人们所传颂。唐代大诗人白居易据此吟成了缠绵悱恻、一咏三叹的千古名篇——《长恨歌》。

郭子仪单骑退回纥

安禄山率 20 万大军从范阳起兵反唐，一路而下，过关斩将，很快攻下京城长安。玄宗李隆基在亡命途中，将皇位传与太子李亨，世称唐肃宗。肃宗年轻

郭子仪

有为，顽强抵抗，誓死收复长安。怎奈朝中无将，正一筹莫展之时，出现了一位扭转乾坤的大将。他，就是为大唐王朝屡立战功的郭子仪。郭子仪很快得到肃宗的信任与重用，他也确实不负皇恩，顶住叛军，为风雨飘摇的大唐王朝收复了一片片沦落的失地。战斗很快就到了最后的时刻，长安收复战即将展开，郭子仪面对满含期待的肃宗道："陛下放心，臣若不能收复长安，誓死不还!"在这样的勇气与豪气之下，唐军奋起直冲，很快攻下长安，大唐江山又安稳如初了。

然而，郭子仪却没有受到应有的对待。肃宗宠信宦官鱼朝恩和程元振。二人进谗言，说郭子仪居功自傲，皇上万不可重用，否则还会出现第二次"安史之乱"。肃宗一听，心里就一哆嗦，认为他们说得不无道理。可是郭子仪确为有功之臣，又不能随便寻个理由治他的罪，只好先慢慢疏远他再做道理。郭子仪何等聪明，很快体会出肃宗的心思，便主动提出归隐，肃宗自然乐得答应，从此郭子仪回家过起了平静的生活。

公元762年，肃宗传位于太子李豫，是为代宗，定年号为宝应。

代宗广德元年（公元763年)，由吐蕃、吐谷浑、党项、氐、羌等族组成20万大军，进攻唐大震关（今陕西陇县以西)。当时大唐王朝人丁不旺，全国人口已由天宝年间的906万户锐减至290多万户，堪称兵不强、马不壮。又加之内监专权，握持朝政的太监程元振竟不向代宗禀报边关告急的信息，贻误战机，没有及时组军抵抗。

20万入侵大军很快攻破大震关，继续深入内地。泾州（今陕西泾州）刺史高晖见大军来犯，无力抵抗，便弃城投降，并一路做向导，引大军长驱直入长安。

代宗皇帝得到消息，大军已兵临城下。他急命各路节度使前来护驾。由于祸乱朝纲的太监程元振曾害死过淮西节度使，各路节度使均怕入京遭到同样的暗害，所以按兵不动。情况万分紧急，朝中大臣们便想起了因遭谗言解职在家的郭子仪，代宗忙拟诏任命郭子仪为大元帅负责组织抵抗。

而在此过程中，入侵联军也已攻破长安，代宗仓皇出逃。入侵联军便找了一个李姓之人立为名义上的皇帝，准备长期霸占中原。

天下兴亡，匹夫有责。老将郭子仪见国家有难，挺身而出，奉诏慷慨赴任。但是，此时朝中没有一兵一马，这其中的难处可以想见。但他并没有退缩，而是迎难而上。立刻召集自己从前旧部 20 余人，命他们到各地招兵买马。各府州县闻听是郭子仪将军复出带兵，纷纷响应支持。那些曾与入侵之军交过战的残兵败将也都自动结成组，投奔而来。大家觉得有郭子仪在，便有了主心骨。节度使白孝德也在殷秀实的说服下起兵抗敌。短短时间，郭子仪便组织起一支大军。

以吐蕃为首的各族入侵联军，久闻郭子仪大名，如雷贯耳。一听说是他率领唐兵作战，便有几族悄悄撤军了。其余各族见有人撤军，自觉更加不是郭子仪的对手，也吓得丢弃长安，退回青海去了。

郭子仪还未出兵，仅凭自己的声名威望便解了这次长安之危。因此代宗充分认识到了他的价值，不管郭子仪如何请求解官归隐，就是不放他走。命他率一万军兵去驻守泾阳（在长安以北），以防日后再遭不测。郭子仪只好答应。

广德三年（公元 764 年），大将仆固怀恩为泄私愤，纠集回纥、吐蕃 10 万联军，再次入侵大唐。

很快打到长安附近，吐蕃、回纥兵分两路，包围了泾阳城。

郭子仪深知，凭自己区区一万人马万万难以抵挡敌军 10 万之众，便想对其动之以情，晓之以理，劝其退兵。他先命人打探清楚吐蕃、回纥主帅，然后才派弓将李光瓒出城前往回纥大营中游说主帅药葛罗。原来，药葛罗与郭子仪曾共同作战，情非一般。故此，郭子仪才将李光瓒派往回纥大营。

李光瓒见到药葛罗对他说道："我家主帅郭令公派我来见大帅，让我告诉您请不要忘记当年并肩作战的情谊，还是早日退兵为好。”药葛罗闻言吃了一惊，道：“郭元帅早就逝去了，你休想骗我！”言罢眼中竟隐隐有两点泪水。

李光瓒见状知他必受人蛊惑，便道：“我指天发誓，郭令公仍健在。若是骗你，天打五雷轰！”药葛罗见他如此，忽然异常激动地说道：“如果郭元帅还在，可否让他与我相见一面？”“这个……”李光瓒一时也分不清他是真情还是耍什么阴谋诡计，便表示回去请示再予以答复。

李光瓒打马回城，见到郭子仪后将事情原原本本地诉说了一遍。郭子仪将众将召集到一起商议对策，说道：“现在敌众我寡，相差悬殊，如若硬拼，定会吃亏。我与药葛罗当年交情颇为深厚，现在去见见他也无大碍。如能说服他退兵，吐蕃也就不难对付了。”

诸将开始均强烈反对，说现在两军交战，这样做非常危险。但又确实想不出别的好办法，郭子仪又一再捻须微笑着连说“无妨”，便都建议，他若真去见药葛罗，就多带些亲兵。郭子仪摆手道：“哎——如果药葛罗存心杀我，纵然我带上全城守军，也丝毫没有用处，不如只带几个随从而去。”众将一听有理，也不再阻拦。

郭子仪出门上马，正要出城，他的儿子郭晞闻讯赶来，拽住马的缰绳死活不让郭子仪出城。郭子仪怒而斥道：“逆子，大丈夫以国家兴亡为己任，岂可如你这般做小儿女状？！”郭晞双目噙泪问道：“父亲大人，大丈夫是应以安天下为己任。正因如此，您才不可出城。回纥兵如狼似虎，您身为主帅，重任在肩，岂能冒生死之险深入虎狼之中？”

郭子仪长叹一声，缓声说道：“如果两军交战，你我父子俩都将战死。我们死不足惜，可身后就是长安城。城中兵少将寡，那时我大唐江山就危险了。我去见药葛罗，以理服他。如能说服他，也算是我大唐百姓之福。如若事败身死，你定誓死捍卫此城！”言罢，也不再看儿子一眼，策马扬鞭而去。只剩郭晞愣在原地，回味着父亲的一番话。

郭子仪大义凛然纵马而入回纥大营。回纥兵以为是一般送信使者，不以为意，忽听来人中一人高声喊“大唐元帅郭令公求见回纥统帅药葛罗”，吓得浑身一哆嗦，忙拼命奔入大营前去禀报主帅药葛罗。

药葛罗得到消息，率众出来迎接，见为首的是一员皓发银须，精神矍铄的老者。定睛细看，正是自己一生中最为敬佩的老将——郭子仪。他惊喜万状，声音颤抖地对身后众将道："果然是郭元帅！"言罢带头下马叩头行礼。

郭子仪也急忙下马相搀，二人寒暄了几句，便相携入帐。分宾主落了座，郭子仪复又起身问候了回纥可汗叶护。然后对药葛罗抱拳施礼正色道："回纥素与大唐交好，几次助军平复叛乱，大唐对回纥也有厚报。此次却为何助叛臣、违前盟入侵，惊扰天下百姓呢？依老朽之见，这实在是不明智之举。今我挺身而出，前来相劝。如若您认为我违拗了你之意愿，我也再无话说，听凭你处置便了……"

药葛罗是个红脸汉子，闻听郭子仪此言，知道他是在责怪自己不该不顾前情，背信弃义，与吐蕃联军入侵大唐，也忙起身解释道："郭令公一番话说得极是。怪只怪那仆固怀恩骗我说郭令公已被害死，就连皇上也已晏驾。此番我若前来，非但不是不义之师，讨伐了小人奸佞，倒还算得是大唐功臣。如今，我才知道上了当。仆固怀恩已死，我还哪能与令公交战呢……"

郭子仪闻听，才知药葛罗是受了仆固怀恩的迷惑，心中暗暗松了一口气。又见药葛罗情真意切，非常眷念前情，便趁机说道："吐蕃不顾前朝之亲（即文成公主嫁松赞干布，金城公主嫁尺带珠丹），屡犯大唐边境，烧杀抢掠无恶不作。现今，被他们抢走的金银成车，牛羊无数。大帅不如与我共同讨伐他们这不义之师。如若成功，所得财物、牛羊等物归你们所有。你看如何？"

药葛罗知道与郭子仪联军打吐蕃必胜，也不愿错过这个既得名又得利的好机会，便欣然应允。又让部下拿出酒来，与郭子仪开怀畅饮，众将也在一旁相陪。郭子仪恐他有变，酒酣耳热之际，当众发了个毒誓："……有负约者，身亡阵前，家族灭绝！"药葛罗知他心意，便也将誓言重复一遍。然后又道："我药葛罗受人之骗，已经对不住令公，明日我定鼎力助令公击退吐蕃以谢罪！"众人一听，也纷纷表示赞成。药葛罗还当即派酋长石野那等六人到长安朝见代宗皇帝，以示友好。

吐蕃军得到他们两军和好的消息，自知必不能敌，慌忙连夜撤军。

郭子仪见状，立刻派大将白元光率骑兵配合回纥药葛罗大军乘胜追击吐蕃军。追至灵台西原一带，两军展开激战，歼灭吐蕃军不计其数，夺回了全部被其掠走的女子。吐蕃残部拼命逃向境外。

仆固怀恩的部队也参与了此次吐蕃入侵，他本为郭子仪旧部，所以所率之兵也大多是从前跟随过老将郭子仪的。现在仆固怀恩死了，众兵士听说郭子仪又带兵当元帅了，便纷纷前来投奔。

就这样，郭子仪不仅凭自己的声威又一次将内外勾结的入侵平息下去，而且还壮大了队伍。

殷秀实不畏强暴

郭子仪（697 年－781 年），华州郑县（今陕西华县）人，祖籍山西太原，唐代政治家、军事家。郭子仪早年以武举高第入仕从军，积功至九原太守，一直未受重用。郭子仪被再度启用，任关内副元帅，再次收复长安。公元 765 年，吐蕃、回纥再度联兵内侵，郭子仪在泾阳单骑说退回纥，并击溃吐蕃，稳住关中。大历十四年（779 年），郭子仪被尊为“尚父”，进位太尉、中书令。建中二年（781 年），郭子仪去世，追赠太师，谥号忠武。

郭子仪身为大将，可以说为大唐江山立下了赫赫战功。代宗皇帝论功行赏，封他为汾阳王。但是，代宗对郭子仪这样德高望重、功高盖主的老臣，又是感激、尊重，又是害怕，总是担心他拥兵自重，再起兵乱，阴谋篡位。为了表示亲善与拉拢，代宗还把女儿升平公主下嫁郭子仪的六儿子郭暧。

郭子仪自然明白代宗皇帝的一番心思，所以处处小心谨慎，唯恐一步不慎，便招来杀身之祸。当代宗要封他为尚书令时，郭子仪坚辞不受，以向代宗明示自己的心迹。

尽管郭子仪处处小心，但有时仍会出一点小事情，这回的问题出在郭子仪的儿子身上。郭子仪有 6 个儿子，毕竟年轻阅历浅，对官场利害体会不深，认为自己的父亲身在朝中，位居高官，便有些倚仗权势，不拘小节。一日，负责军纪的都虞候到军营中视察，正好撞见一名军士违反军令，在营中打马奔驰，显然他在驯服一匹烈马。这匹马性情异常火爆，三下两下便将那军士颠下马来，而它仍继续在营中狂奔，将军营搞得一塌糊涂。都虞候见状大怒，吩咐人将那驯马的军士拉出营外，按军令给斩了。这下可惹恼了一人，他就是郭子仪的小儿子郭映。郭映和那名被斩的军士非常要好，也正是因为这样，那军士才敢无视军令，公然在营中打马扬鞭。郭映一听说自己的好朋友死了，又怒又伤心。他知道父亲做事，从不纵容自己兄弟几个，但自恃最小，平日深得父亲欢心，便斗胆跑到郭子仪面前哭诉，说都虞候瞧不起他，故意找碴儿杀了他的好朋友。郭子仪早就听说了事情的来龙去脉，不但不帮他处置都虞候，反将他痛斥一顿道："大丈夫行得正，做得端，明明是你的朋友公然违反军令，罪当斩首，你却诬告都虞候，这岂是大丈夫行径？为人要光明磊落，更不可仗势欺人。今后你若再胡作非为，为父不但不加袒护，反而要亲自将你送到官府治罪！"说完又命郭映回自己屋中反省三日，方可出来。从此，郭映再也不敢心有侥幸之念了。老老实实做人，亲君子，远小人，品行甚佳，得到众人交口赞誉。

一波未平，一波又起。不久，郭子仪家中又出了点事。事情说大也不大，但说小也不小，真要处理不当，就有满门抄斩的危险。原来，升平公主自从与郭暧结婚后，夫妻二人倒也和和美美。只是升平公主自幼受代宗宠爱，便有些骄纵之态，每每在郭暧面前使刁弄性。那郭暧虽不似升平公主那般金枝玉叶，但也是将门之后，自小娇贵，哪里受过这气呀？开始时还勉强忍耐，日子久了，升平公主再与之斗嘴时，他也不免要回几句。一日，升平公主又与他吵起来，郭暧忍无可忍，道："你不就仗着你父亲是皇上吗？我父亲还不稀罕当呢！"一句话，正中升平公主要害，她目瞪口呆，哑口无言，但又咽不下这口气，便不顾这其中的利害，跑到父亲面前告御状。

这样的话，无论是什么样的皇上都是不愿听到的，但代宗早已看出郭子仪忠心耿耿，并无二心。听了女儿的话，只是笑着对女儿说道："你那莽撞的小夫婿其实也没说错，如果他父亲想当皇帝，这天下早不是咱们李家的了！"然后又将女儿抚慰一番，又派人把她送回郭家。郭子仪这才知道此事，不由得大惊。心想，如果皇上因此而多心，我这一世的英明岂不都毁在这逆子手中，想到此，亲自将儿子郭暧捆绑起来，到代宗皇帝面前请罪。不仅当面严厉指责儿子过错，还连连自责，教子无方，请皇上重重责罚。代宗也不是心胸狭窄之人，当即拉着郭子仪的手笑道："俗话说得好，'不痴不聋，不做家翁'，小夫妻之间的话，何必认真呢？郭爱卿，你为本朝立下汗马功劳，并不居功自傲，朕深知你一片忠心，你也不必担心，朕不是糊涂之人，不会因此而对你产生嫌隙之情的。"

郭子仪这才将一颗悬着的心放下，带子回到家中，对儿子郭暧道："皇上虽宽宏大度，饶你不死。但家法难容，今日不教训你一番，日后你必闯出天大的祸事来！"言罢，命家人将郭暧重责 40 大板。这件事被后人编成戏剧《打金枝》，流传至今。

要说郭子仪最器重的儿子，还得说是三子郭晞。他曾随父南征北战，颇有乃父风度。但毕竟是年轻意气，在邠州（今陕西彬县）驻军时，对手下将士约束不严，经常出现他军中将士到街上骚扰百姓的事，而当地的节度使白寿德考虑到郭子仪的声望，也不好进行追究。这事儿很快被已升任泾州刺史的殷秀实知道了，便提出兼任节度使署都虞候，以解决此事。白孝德正为此事犯愁，见他主动提出出面调停，想必有锦囊妙计，便当即同意，让他尽快到邠州节度使衙上任。

殷秀实上任不久，便有郭晞部下 17 人到酒肆抢酒的事儿发生。卖酒的老汉被他们刺伤，酒肆中的设施也被破坏不少。殷秀实闻听大怒，立时差人将 17 人抓来，斩首示众。这下他可捅了马蜂窝，平日，郭晞营中的兵士都懒散惯了，今日忽听 17 个兄弟只因到酒肆抢了点儿酒喝便被处死，大惊之余又大怒，也不用商量，便顶盔挂甲，纷纷上马，要群起而攻打节度使署。白孝德闻听叫苦不迭，忙问殷秀实如何处置。殷秀实胸有成竹地说道："大人请放宽心，此事交由我一人处置便可。"

白孝德见殷秀实要一人独闯郭晞大营怕他吃亏，便道："那些将士都急红了眼，见到你非剐了你不可。你若一定要去，依我之见，还是多带些役吏，以防不测。”殷秀实闻此言一笑道：“大人，他们若真要杀我，就算带再多的兵，我恐也难活着回来。不过，我自有妙计，他们不会杀我，说不定还要谢我呢?”说完，自去马厩牵出一匹老马，自己骑上，又让一个瘸腿的老马夫牵着，向军营走去。

军营中的士兵正要冲出大营，看见殷秀实迎面而来，一时之间倒有些不知所措。倒是殷秀实捻须笑道：“怎么了？杀我这样一个糟老头子，还用着这么兴师动众吗?”众将士闻听，面面相觑，没想到殷秀实有如此胆量，明知是死，还敢独闯大营，说出这一番话更让人出乎意料。

正当众将士不知如何答对之时，殷秀实翻身下了马，忽又严厉地问道：“常侍（指郭晞）难道有亏待你们的地方吗？郭元帅也有对不住你们的地方吗?”

众将士闻听越发摸不着头脑，一时竟都愣在那里。殷秀实见状，又继续喝道：“你们要杀我必获杀官造反之罪，追查起来，必会株连郭家。如若不是你们与郭家有仇，怎会做出如此陷害郭家之事呢?!”众将听他这一番话，这才恍然大悟，不由得惊出一身冷汗。他们平素最佩服的人便是郭子仪，怎么会存心害他呢？只是没想到今日之事，其中有这等利害关系。这些兵将均是生性豪爽之人，知道错了，便纷纷向殷秀实赔罪，再三言明此事与郭元帅无关，请殷秀实不要追究此事。

此时，郭晞也闻讯赶来，见眼前情状，心中已然明了。向殷秀实抱拳拱手，正要开口，殷秀实却抢先厉声说：“郭元帅功高盖世，理应善始善终。不料有你这等逆子，先放纵属下侵扰百姓，如今又顶盔挂甲，要造反作乱。这些罪名要落到郭元帅身上，你郭家全家抄斩事小，只可惜，郭元帅一世的英名也毁了……”

郭晞站在一旁，额上早已渗出细密的汗珠，忙跪地叩头，道：“均怪我疏于管教，险些酿成大祸。今多亏殷公明示，此等大恩大德，自当铭记在心。”然后急命将士解下盔甲，各自回营。

就这样，一场将要发生的流血事件被殷秀实平息了。

大历十四年（公元 779 年），代宗李豫驾崩。太子李适继位，史称德宗皇帝，改元“建中”。

德宗久闻殷秀实才识过人，便提升他为掌管粮食仓储的司农卿。殷秀实奉诏入京。进京前，他对先他而去的家人再三叮嘱：“如过蕲州，节度使朱泚赠礼不要收。”但未说明原因。他们家属路过岐州，节度使朱泚果然命人送来 300 匹大绫。家人左右推辞不掉，又想这点小事儿，也无甚大碍，便收下带入京城。殷秀实知道后，非常恼火，因为他早就预料朱泚日后必会反唐，自己不愿与他一起背负叛名，才不肯收他礼物。但事已至此，也没有好的办法，他便命家人将这 300 匹大绫放在司农寺大堂的房梁上，从此从未动过，以示自己清白。

德宗建中四年，岐州节度使朱泚果真起兵造反。他到长安后，将一些大臣强行聚到一起，要他们拥立自己为皇帝，其中就有殷秀实。不料他的话还未说完，殷秀实就骂道：“你这个罪该万死的狂贼，休想让我和你一起造反！”同时将手中笏板向朱泚前额击去。朱泚血流满面，顿时恼羞成怒，令部下将殷秀实推出去残忍地杀害了。

张巡草人借箭

唐玄宗逃出长安后，安禄山叛军攻进长安。郭子仪、李光弼听到长安失守，不得不放弃河北，李光弼退守太原，郭子仪回到灵武。原来已经收复的河北郡县又重新陷落在叛军手里。

叛军进潼关之前，安禄山派唐朝的降将令狐潮去进攻雍丘（今河南杞县）。令狐潮本来是雍丘县令，安禄山占领洛阳的时候，令狐潮就已经投降。雍丘附近有个真源县，县令张巡不愿投降，招募了一千来个壮士，占领了雍丘。令狐潮带了四万叛军来进攻。张巡和雍丘将士坚守六十多天，将士们穿戴着盔甲吃饭，包扎好创口再战，打退了叛军三百多次进攻，杀伤大批叛军，使令狐潮不得不退兵。

第二次，令狐潮又集合人马来攻城。这时候，长安失守的消息已传到雍丘，令狐潮十分高兴，送了一封信给张巡，劝张巡投降。

唐玄宗

长安失守的消息在唐军将士中传开了。雍丘城里有六名将领，原来都是很有声望的人，看看这个形势，都动摇了。他们一起找张巡说："现在双方力量相差太大，再说，皇上是死是活也不知道，还不如投降吧。"

张巡一听，肺都气炸了。但是表面上装作若无其事，答应明天跟大伙一起商量。到了第二天，他召集了全县将士到厅堂，把六名将领喊到跟前，宣布他们犯了背叛国家、动摇军心的罪，当场把他们斩了。将士们看了，都很激动，表示坚决抵抗到底。

叛军不断攻城，张巡组织兵士在城头上射乱箭把叛军逼回去。但是，日子一长，城里的箭用完了。为了这件事，张巡怎么不心焦呢！

一天深夜，雍丘城头上黑魆魆一片，隐隐约约有成百上千个穿着黑衣服的兵士，沿着绳索爬下墙来。这件事被令狐潮的兵士发现了，赶快报告主将。令狐潮断定是张巡派兵偷袭，就命令兵士向城头放箭，一直放到天色发白，叛军再仔细一看，才看清楚城墙上挂的全是草人。

那边雍丘城头，张巡的兵士们高高兴兴地拉起草人。那千把个草人上，密密麻麻插满了箭。兵士们粗粗一点，竟有几十万支。这样一来，城里的箭就不用愁啦！

又过了几天，还是像那天夜里一样，城墙上又出现了"草人"。令狐潮的兵士见了又好气，又好笑，认为张巡又来骗他们的箭了大家谁也不去理它。

哪知道这一次城上吊下来的并不是草人，而是张巡派出的五百名勇士。这五百名勇士乘叛军不防备，向令狐潮的大营发起突然袭击。令狐潮要想组织抵抗已经来不及了。几万叛军失去指挥，四下里乱奔，一直逃到十几里外，才喘了口气停下来。

令狐潮一连中计，气得咬牙切齿，回去后又增加了兵力攻城。张巡派他的部将雷万春在城头上指挥守城。叛军看到城头出现了一个将领，就放起箭来。雷万春没防备，一下子脸上中了六箭。他为了安定军心，忍住了疼痛，动也不动地站立着。叛军将士认为张巡诡计多端，这一次一定又放了个什么木头人来骗他们。

后来，令狐潮从间谍那里得知，那个中箭后屹立不动的“木头人”就是将军雷万春，不禁大吃一惊。令狐潮在城下喊话，请张巡见面。张巡上了城头，令狐潮对他说：“我看到雷将军的勇敢，知道你们的军纪确实严明。但是可惜你们不识天命啊！”

张巡冷笑一声回答说：“你们连做人的道理都不懂，还谈什么天命！”说着，就命令将士出城猛冲过去。令狐潮吓得拨转马头没命地逃跑，他手下的十四个叛将，都被张巡将士活捉了。

打那以后，令狐潮屯兵在雍丘北面，不断骚扰张巡的粮道。叛军经常有几万人，张巡的兵不过一千多，但是张巡瞅准机会就出击，总是打胜仗。

过了一年，睢阳（今河南商丘）太守许远派人向张巡送来告急文书，说叛军大将尹子奇带领十三万大军要来进攻睢阳。

张巡接到告急文书，赶紧带兵到睢阳去。

南霁云借兵

睢阳太守许远地位比张巡高，但是他知道张巡善于用兵，智勇双全，就请张巡指挥守城。叛将尹子奇带了十三万人攻城，张巡、许远的兵力合起来才六千多人，双方兵力相差很大。张巡带兵坚守，和叛军激战十六天，俘获敌将六十多人，歼灭敌军二万多人，使尹子奇不得不退兵。

过了两个月，尹子奇得到了增援兵力，又把睢阳城紧紧围住，千方百计进攻。张巡虽然接连打了几次胜仗，但是叛军去了又来，形势越来越紧急。

一天夜里，张巡叫兵士敲起战鼓，号令整队。城外的叛军听到城里的鼓声，连忙摆开阵势，准备交锋。等到天亮，还没见唐军出城。尹子奇派人登上高处眺望，只见城里静悄悄的，一点动静都没有，就命令兵士卸了盔甲休息。叛军将士紧张了一夜，一倒在地上就呼呼地睡着了。

正在这时候，张巡和雷万春、南霁云等十几名将领，每人带领五十名骑兵，打开各城门杀出来，分路猛冲敌营。叛军没有防备，阵势大乱，又被唐军杀了五千多人。

张巡想在尹子奇出阵指挥的时候，射杀他。但是尹子奇是个狡猾的家伙，平时上阵，总让几个将领伴随着。他们穿着一色的战袍，骑着同样的战马，叫唐军没法辨认出哪个是主将。张巡想出了一个办法。有一次，在两军对阵的时候，张巡叫兵士把一支用野蒿削成的箭射到敌阵里，叛军兵士拾到这支箭，以为城里的箭已经使完了，高高兴兴地拿着箭报告尹子奇。

尹子奇刚刚把蒿箭接到手里，城头上的张巡看在眼里，立刻吩咐身边的南霁云对准尹子奇射箭。南霁云本来就是个好箭手，他一箭射去，不偏不倚，正射中尹子奇的左眼。尹子奇捂住脸，大叫一声，跌下马来。张巡下令出城冲杀，又打了一个大胜仗。

尹子奇攻城不成，反瞎了一只眼睛，哪里肯罢休。他回去养了一阵子伤，又带了几万大军，像箍铁桶一样把睢阳围住。城外的兵越聚越多，城里的兵越打越少。到后来，睢阳城里只剩下一千六百多人，又断了粮食，唐军兵士每天只分到一合（一升的十分之一）米，拿树皮、茶叶、纸张和着烧来吃。最后，连一粒米都没有了。兵士们熬不住，一个接一个饿倒了。

情况越来越危急。张巡没法，只好派南霁云带了三十名骑兵突出重重包围，到临淮（在今江苏盱眙西北）去借兵。

驻守临淮的大将贺兰进明（贺兰是姓）害怕叛军，不愿出兵救睢阳。他见南霁云是个勇将，想把南霁云留下来作自己的部下，特地为南霁云举行一次酒宴，请众将领作陪。

南霁云心里急得像火烧，哪里喝得下酒。他流着眼泪激动地说："睢阳的军民已经有一个多月没进一粒米了，我在这里怎能忍心吃饭；就是吃了，又怎么能咽得下呀？将军手下有的是兵，眼看睢阳城陷落，不肯分兵救援，难道是忠臣义士所该做的吗?”说着，他把自己的一个手指咬了下来，咬得满口鲜血淋漓，气愤地说：“霁云不能完成主将交给我的使命，只好留下这个手指作证，回去也好有个交代。”

参加宴会的官员看了大吃一惊，都用袖子掩住脸，有的忍不住哭了起来。

南霁云知道贺兰进明不肯出兵，只好离开临淮，从别处借了三千兵士回到睢阳。到了睢阳城边，被叛军发现，又把他们围了起来。南霁云带着人马，横冲直撞，在城下展开了一场血战。

张巡听到城外厮杀声，知道南将军回来，就打开城门，杀退敌人，把南霁云和一批兵士接应进城，只留下了一千人。南霁云把借救兵的情况向张巡、许远报告以后，城里的将士听到借兵没有希望，都痛哭起来。

张巡和许远反复商量，认为睢阳是江淮的屏障。为了保卫江淮，不让叛军南下，决心死守睢阳。城里粮食断了，他们就煮树皮吃；树皮吃完，就杀战马；战马杀光了，只好捉麻雀老鼠给战士充饥。

城里的将士、百姓被张巡誓死战斗的精神感动了，他们明明知道守下去没有希望，也没有一个叛逃。

到了最后，全城只剩下四百个人。尹子奇再次率领叛军用云梯爬上城头，城头上的守军饿得连使弓箭的力气都没有了。

公元757年十月，睢阳城终于陷落。张巡、许远、雷万春、南霁云等三十六名将领全部被俘。

叛军把他们一个个绑了起来，逼他们投降。他们把刀架在张巡脖子上，张巡冷笑一声，把叛将痛骂一顿。接下来轮到南霁云，南霁云没有作声。

张巡转过脸朝着南霁云高喊说：“南八（南霁云排行第八）！男子汉死就死，可不能在叛贼面前屈服啊！”

南霁云笑笑说：“张公放心吧。我心里在盘算用什么办法来收拾他们。哪会怕死?”

叛军知道他们都不肯屈服，最终把他们杀害了。

河南节度使张镐得到睢阳危急的消息，赶快发兵，急行军赶到睢阳，打退

尹子奇叛军，这时睢阳城已经陷落三天了。又过了七天，郭子仪带领唐军收复洛阳。

由于张巡他们的坚守，睢阳以南的江淮地区才没遭到叛军的破坏。

李泌归山

唐肃宗刚在灵武即位的时候，身边的文武官员不满三十人，那个临时建立的朝廷，什么都乱糟糟的。一些武将，也不大肯听指挥。肃宗要想平定叛乱，多么需要有个能人来帮助他啊。

这时候，他想起他当太子时的一个好朋友李泌，就派人把李泌从颍阳（在今河南省）接到灵武来。

李泌（722—789），字长源，京兆（今西安）人，唐朝大臣。天宝中，自嵩山上书论施政方略，深得玄宗赏识，令其待诏翰林，为东宫属言。为杨国忠所忌，归隐名山。安禄山叛乱，肃宗即位灵武，召他参谋军事，又为幸臣李辅国等诬陷，复隐衡岳。代宗即位，召为翰林学士，又屡为权相元载、常衮排斥，出为外官。李泌小时候很聪明，读了不少书。当时的宰相张九龄看到他写的诗文，十分器重他，称赞他是个“神童”。肃宗当太子的时候，李泌已经长大了，他向玄宗上了奏章，对国家大事提了一些意见。唐玄宗看了很欣赏，召见他，想给他一个官职。他推说自己年轻，不愿做官。玄宗就要他和太子交个朋友。以后，他经常到东宫去，太子也特别喜欢接近李泌，把他当作老师看待。

后来，李泌看不惯杨国忠掌权，曾经写诗讽刺杨国忠。为了这个，他被杨国忠排挤出长安。他看到政局混乱，不愿受这个气，索性跑到颍阳隐居起来了。

这一回，唐肃宗来请他，他想到朝廷正遭到困难，就到了灵武。唐肃宗看见李泌，真像得到宝贝一样高兴。那时候的临时朝廷，不那么讲究礼节。唐肃宗跟李泌就像年轻时候一样，进进出出，都在一起，大小事情，全都跟他商量。李泌有什么主意，唐肃宗没有不听从他的。

唐肃宗想封他当宰相，李泌不愿意。他说：“陛下待我像知心朋友一样，这就比当宰相的地位还贵了，何必非要我挂个名不可呢?”

肃宗见不能勉强他，也就算了。李泌在乡间隐居的时候穿的是布衣，到了灵武，还是那件旧的布褂子。

有一次，李泌陪唐肃宗一起骑着马巡视军队，兵士们在后面，指指点点说：“那个穿黄袍的是皇上，穿白褂子的是山里来的隐士。”

唐肃宗听到兵士们的议论，觉得这样太显眼了，就给李泌一件紫色的官服，硬要他穿上。李泌没办法，只好穿上。肃宗笑着说：“你既然穿上了官服，还能没有个官衔?”说着，从袖里拿出一份诏书，任命李泌为元帅府行军长史（相当军师）。

李泌还是不肯答应，唐肃宗说：“现在国家困难，只好暂时委屈你一下，等平定叛乱之后，还是听你自由。”

那时候，郭子仪也已经到了灵武。朝廷要指挥全国的战事，军务十分繁忙。四面八方送来的文书，从早到晚没有间歇的时刻。唐肃宗命令把收到的文书，一律先送给李泌拆看，有特别紧要的，才送给肃宗。宫门的钥匙，由太子李俶和李泌两人掌管。李泌忙得连饭也顾不上吃，觉也没能好好睡。

唐肃宗一心想回长安，问李泌：“敌人这样强大，我们怎么办?”

李泌说：“安禄山发动叛乱，真心帮他出力的是少数，其余都是被迫参加的。照我的估计，不出两年，就可以把他们消灭。”接着，他又给肃宗定了一个军事计划，暂缓收复长安，派郭子仪、李光弼分两路进军河北，攻打叛军老巢范阳，叫叛军进退两难，再发动各路官军围攻，把叛军消灭。

第二年春天，叛军发生内讧，安禄山的儿子安庆绪杀了安禄山，自己称帝。要消灭叛军，这本来是个好机会，但是肃宗急于回长安，不听李泌的计划，把郭子仪的人马从河东调回，强攻长安，结果打了一个败仗。后来，郭子仪借了回纥（我国古代北方民族之一）的精兵，集中了十五万人马，才把长安攻了下来。接着，又收复了洛阳，叛军头目安庆绪逃到河北，史思明也被迫投降。

唐军收复了长安和洛阳，唐肃宗觉得心满意足，用骏马把李泌接到长安。

唐肃宗的宠妃张良娣和宦官李辅国，嫌李泌权大，早就互相勾结，想把李

泌除掉。

太子李俶发现张良娣他们想害李泌，就告诉了李泌。李泌说："不打紧。我和皇上有约在先，等收复京城，我就归山，就没有事了。"

这回，李泌见唐军收复两京，算是了却一个心愿，决心离开朝廷。

有一天晚上，唐肃宗请李泌喝酒，并且留他一起睡。李泌趁机会就对肃宗说："我已经报答了陛下，请让我回家再做个闲人吧！"

唐肃宗说："我和先生共了几年患难，现在正想跟您一起享受安乐，怎么您倒要走了呢？"

李泌恳切地说："我和陛下结交太早；陛下太重用我，信任我。就是因为这些缘故，我不能不走。"

唐肃宗说："今天先睡吧，隔天再说。"

李泌说："今天我跟陛下坐在一个榻上谈话，你不答应我，将来到了公堂上面，就没有我说话的余地了。如果你不让走，那就等于杀我了。"

唐肃宗虽然不愿让李泌离开，但是经不住李泌一再请求，只好同意。

李泌到了衡山（在今湖南省），在山上造个屋子，重新过他的隐居生活。

李泌走了以后，唐肃宗身边少了一个正直的大臣，李辅国等一批宦官的权力就大起来了。

李光弼大破史思明

唐王朝收复两京以后，安庆绪逃到河北，占领六十座城，继续顽抗。唐肃宗决定派大军进剿安庆绪。这一次进军，唐军一共集中了九个节度使带领的六十万兵力。这九路大军归谁统率呢，论地位和威望，应该是郭子仪和李光弼，但是猜忌心很重的唐肃宗，怕郭、李两人权力太大，故意不设主帅，却派了一个完全不懂打仗的宦官鱼朝恩作观军容使（监视出征将帅的军事长官），九个节度使都得听他指挥。

唐军攻打邺城的时候，史思明又举兵反唐，从范阳带兵救援安庆绪。六十万唐军，准备跟叛军决战，还没来得及摆开阵势，忽然刮起一阵狂风，吹得沙尘弥漫，天昏地暗。九路大军没有统一指挥，就都像受惊的马群一样逃散了。

唐军打了败仗，鱼朝恩把失败的责任一股脑儿推给郭子仪。唐肃宗听信鱼朝恩的话，把郭子仪朔方节度使的职务撤了，让李光弼接替郭子仪的职务。

这时候，叛军又发生内讧。史思明在邺城杀了安庆绪，自立为大燕皇帝，整顿人马，向洛阳方面进攻。

李光弼到了洛阳。洛阳的官员听到史思明的兵势猛，有点害怕，有人主张退到潼关。李光弼说："现在双方势均力敌，我们退了，敌人更加猖獗，不如把我军转移到河阳（今河南孟州市），进可以攻，退可以守。"

李光弼下令把官员和老百姓全部撤出洛阳，带兵到了河阳，等史思明进洛阳的时候，洛阳已成了一座空城。史思明要人没人，要粮没粮，又怕李光弼偷袭，只好带兵出城，在河阳南面筑好阵地，和李光弼的唐军对峙。

李光弼是个久经沙场的老将。他知道眼前的兵力不如叛军，只能智取，不好力攻。他听说史思明从河北带来一千多匹战马，每天放在河边沙洲洗澡吃草，就命令部下把母马集中起来，又把小马拴在马厩里，等叛军的战马一到沙洲，就把母马放出来和敌人的战马混在一起。过了一会儿，母马想起小马，嘶叫着奔了回来，敌人的战马也跟着到唐军阵地来了。

史思明一下子丢了上千匹战马，气得要命，立刻命令部下集中几百条战船，从水路进攻。前面用一条火船开路，准备把唐军的浮桥烧掉。

李光弼探听到这个消息，准备好几百枝粗大的长竹竿，用铁甲裹扎竿头。等叛军火船驶来，几百名兵士站在浮桥上，用竹竿顶住火船。火船没法前进，被烧得樯倒舷裂，一下子就沉没了。唐军又在浮桥上发射石头炮向敌人的战船攻击，把船上的敌兵打得头破血流。有的连人带船都沉入水底；有的挣扎着爬上岸，没命地逃跑了。

史思明几次三番派部将进攻河阳，都被李光弼用计打退。

最后，史思明发了狠心，集中了强大兵力，派叛将周挚进攻河阳的北城，自己领了一支精兵攻打南城。

早上，李光弼带领部将一起登上北城，观察敌军军情，只见敌军黑压压的一大片，正一队一队向北城逼近。唐军将领嘴上不说，心里先慌了。李光弼看出大伙儿的心情，镇静地说："别怕，叛军虽然多，但是队伍不整齐，看得出他们有点骄傲。你们放心，不到中午，保管能击败他们！"

接着，李光弼就命令将士分头出击。将士们虽然打得勇猛，但是敌人退了一阵，又来了后续部队。太阳已经到了头顶上，双方还不分胜败。

李光弼又召集部将商量，说："你们观察敌军的阵势，哪个方向的战斗力最强？"

部将们回答说："西北角和东南角。"

李光弼点点头，马上拨出五百名骑兵，派两名将领率领，分路攻打西北角和东南角。

李光弼把留下的将士都集中起来，严肃地宣布军令，说："将士们看我的旗帜行动。我缓慢地挥旗，你们可以各自行动；如果急速挥旗着地，就是总攻的信号。将士们看到这个信号，必须奋勇向前，不准临阵退却。"说到这里，他拿了一把短刀插在靴子里，说："打仗本来就是拼死活的事儿。我是国家的大臣，决不死在敌人手里。你们如果战死在前线，我就在这儿自杀。"

将士们听了李光弼一番激励的话，都勇气百倍地杀上阵去。没有多久，部将郝廷玉从阵前转身奔回来，李光弼立刻派兵士带着他的剑迎上去，要把郝廷玉就地斩首。

郝廷玉见传令的兵士要杀他，大声叫嚷起来："我的马中了箭，并不是退却。"

传令的兵士报告李光弼，李光弼立刻命令给郝廷玉换上战马，重新上阵指挥作战。

李光弼看到唐军士气旺盛，就急速挥动旗帜着地，下令总攻，各路将士看到城头旗号，争先恐后地冲进敌阵，喊杀声震天动地。叛军受到猛烈地攻击，再也抵挡不住，纷纷溃退，被唐军杀死、俘虏了一千多，还有一千多兵士被挤到水里淹死，攻北城的叛将周挚逃走了。

史思明正在继续进攻南城。李光弼把北城俘虏来的叛军赶到河边，史思明知道周挚已经全军崩溃，不敢再战，连忙下令撤退，逃回洛阳。

李光弼连续打退史思明的进攻，双方相持了将近两年。唐肃宗听信鱼朝恩的话，命令李光弼攻打洛阳，李光弼认为敌人兵力还很强，不该轻易攻城。唐肃宗接二连三派了宦官逼他进攻，李光弼冒险进攻，果然打了个败仗，李光弼也被撤了主帅的职。

史思明去了一个强大对手，就乘胜进攻长安。幸亏在这个时候叛军发生了第三次内讧，史思明被他儿子史朝义杀死。

叛军内部四分五裂，公元763年，史朝义兵败自杀。

从安禄山发动叛乱，一直到史朝义失败。中原地区打了八年的内战，历史上把这件事称为“安史之乱”。

杜甫写“诗史”

安史之乱结束了。这对于饱受战乱痛苦、盼望安定的百姓来说，毕竟是一件值得高兴的事。当时在梓州（今四川三台）过流亡生活的诗人杜甫，听到这个消息，更是欣喜若狂，泪流满面。

杜甫（712–770），字子美，自号少陵野老，世称“杜工部”“杜少陵”等，汉族，河南府巩县（今河南省巩义市）人，唐代伟大的现实主义诗人，杜甫被世人尊为“诗圣”，其诗被称为“诗史”。杜甫与李白合称“李杜”，为了跟另外两位诗人李商隐与杜牧即“小李杜”区别开来，杜甫与李白又合称“大李杜”。他忧国忧民，人格高尚，生长在一个没落的官僚家庭，从小就下苦功读书，也游历了许多名山大川，写了不少优秀的诗歌。三十几岁的时候，他在洛阳遇见了李白。杜甫比李白小十一岁。两个人性格不一样，但是，共同的志趣和爱好使他们成为亲密的好友。

后来，他到长安参加进士考试，那时候正是奸相李林甫掌权的时候。李林甫最忌恨读书人，怕这些来自下层的读书人当了官，议论起朝政来，对他不利，于是勾结考官，欺骗玄宗说这次应考的人考得很糟，没有一个够格的。唐玄宗正在奇怪，李林甫又上了一道祝贺的奏章，说这件事正说明皇帝圣明，有才能的人都已经得到任用，民间再没有遗留的贤才了。

杜甫

那时候的读书人都把科举作为谋出路的途径，杜甫受到这样的挫折，懊丧的心情就不用说了。他在长安过着贫穷愁苦的生活，亲眼看到权贵的豪华奢侈和穷人受冻挨饿的凄惨情景，按捺不住心里的愤慨，就用诗歌控诉这种不平的现象。

“朱门酒肉臭，路有冻死骨”，就是他写下的不朽诗句。

杜甫在长安待了十年，唐玄宗刚刚封他一个官职，安史之乱爆发了。长安一带的百姓纷纷逃难。杜甫的一家，也挤在难民的行列里，吃尽了千辛万苦，好容易找到一个农村，把家安顿下来。正在这时候，他听到唐肃宗在灵武即位的消息，就离开家投奔肃宗，哪想到在半路上碰到叛军，被抓到长安。

长安已经陷落在叛军手里，叛军到处烧杀抢掠，宫殿和民房在大火中熊熊燃烧。唐王朝的官员，有的投降了，有的被叛军解送到洛阳去。杜甫被抓到长安以后，叛军的头目看他不像什么大官，就把他放了。

第二年，杜甫从长安逃了出来，打听到唐肃宗已经到凤翔（今陕西凤翔），就赶到凤翔去见肃宗。那个时候，杜甫已经穷得连一套像样的衣服都没有了，身上披的是一件露出手肘的破大褂，脚上穿的是一双旧麻鞋。唐肃宗对杜甫长途跋涉投奔朝廷，表示赞赏，派他一个左拾遗的官职。

左拾遗是个谏官。唐肃宗虽然给了杜甫这个官职，可并没重用他的意思。杜甫却认真地办起事来，过了不久，宰相房琯被唐肃宗撤了，杜甫认为房琯很有才能，不该把他罢免，就上了奏章向肃宗进谏。这一来，得罪了肃宗，亏得有人在唐肃宗面前说了好话，才把他放回家去。

唐军收复长安以后，杜甫也跟着许多官员一起回到长安。唐肃宗把他派到华州（今陕西华县）做个管理祭祀、学校工作的小官。杜甫带着失意的心情，来到华州。那时候，长安、洛阳虽然被官军收复了，但是安史叛军还没消灭，战争还很激烈。唐军到处拉壮丁补充兵力，把百姓折腾得没法过活。有一天，杜甫经过石壕村（在今河南陕县东南），时间已经很晚了。他到一家穷苦人家去借宿，接待他的是老农夫妻俩。半夜里，他正翻来覆去睡不着觉的时候，忽然响起一阵急促的敲门声。杜甫在房里静静听着，只听到隔壁那个老人翻过后墙逃了，老婆婆一面答应，一面去开门。

进屋的是官府派来抓壮丁的差役，他们厉声吆喝着，问老婆婆："你家男人到哪里去了?"

老婆婆带着哭声说："我的三个孩子都上邺城打仗去了，前两天刚接着一个儿子来信，说两个兄弟都已经死在战场上。家里只有一个儿媳和吃奶的孙儿。你们还要什么人?"

老婆婆讲了许多哀求的话，差役还是不肯罢休。老婆婆没有法子，只好自己被差役带走，到军营去给兵士做苦役。

天亮了，杜甫离开那家的时候，送别的只有老农一个人了。

杜甫亲眼看到这种凄惨情景，心里很不平静，就把这件事写成诗歌，叫《石壕吏》。他在华州的时候，前后一共写过六首这样的诗，合起来叫作"三吏三别"（《石壕吏》《潼关吏》《新安吏》《新婚别》《垂老别》《无家别》）。由于杜甫的诗歌大多是写安史之乱中人民的苦难，反映了唐王朝从兴盛到衰落的过程，所以，人们把他的诗篇称作"诗史"。

第二年，他辞去了华州的官职。接着，关中闹了一场大旱灾，杜甫在那里穷得过不下去，带着全家流亡到成都，依靠朋友的帮助，他在成都西郊的浣花溪边，造了一座草堂，在那里过了将近四年的隐居生活。后来，因为他的朋友死去，在成都没有依靠，又带着全家向东流亡。公元770年，因贫困和疾病，杜甫死在湘江的一条小船上。

他死后，人们为了纪念这位伟大诗人，把他在成都住过的地方保存起来，这就是有名的“杜甫草堂”。

偏见作崇，论恐热败走单骑

公元842年（唐朝会昌二年），吐蕃境内发生了内乱。洛门川（今甘肃陇西县东南）讨击使论恐热趁机起兵，名义上为复兴王室，实则阴谋篡权。公元843年6月，论恐热打败了许多部落之后，便决定向尚婢婢发起攻击，企图将尚婢婢一举歼灭。

尚婢婢是吐蕃鄯州（州治在今青海乐都区）节度使，一向喜好读书，有谋略，不乐做官，大家都很敬重他。论恐热率兵前来，尚婢婢并不惊慌，反倒严阵以待，随时迎敌。谁知论恐热的部队行至镇西时，突然间狂风怒吼，雷电大作，有十几名副将被雷电击死，各种牲畜也死了数百头。论恐热十分忌讳，左右徘徊，不敢贸然轻进。尚婢婢获悉此事，便对部下说道：“论恐热这次发兵来攻，把我们视作蝼蚁一般，以为不堪一击。如今遇到天灾，又犹豫不进，我们不如用卑辞厚礼去对付他，使其更加骄横而丧失警惕，然后伺机战胜他。”对此，他的部下都表示赞成。

于是，尚婢婢派人给论恐热送去大批的金钱、丝绸、牛羊和美酒，犒劳他的部队，并写信说：“您兴仁义之师挽救国难，全国上下谁不拥护？您有什么吩咐，只要派一个人送封信来，我们岂敢不从？哪里用得着您如此兴师动众，亲自前来呢？我性情愚蠢而且孤僻，只爱读书，已故君长任命我的官职，确实令我担当不起。我朝夕惶恐不安，只求退让隐居，若蒙您允许我告老还乡，我平生心愿便足矣！”

论恐热见信后十分高兴，得意地对众将领说：“尚婢婢这种人，成天只会啃书本，哪里懂得打仗！待我得到天下后，不妨让他做个挂名的宰相，叫他成天待在家里看书算了。”遂给尚婢婢写了封回信，殷勤关切地答应了他的请求，自已随即率大军返回。

尚婢婢得知论恐热已上圈套，便拍着大腿笑道："我们吐蕃要是没有君主，那就归顺唐朝，岂能俯首听命于论恐热这样的犬鼠之辈！"9月，论恐热驻军在大夏川，尚婢婢派厖结心和莽罗薛吕两将率5万精兵突然出击。他们到达河川以南，莽罗薛吕带4万精兵埋伏在险要地带，厖结心带1万人埋伏于柳树林中，令1000骑兵登上山头，将辱骂论恐热的信绑在箭上，用力向论恐热的阵地射去。

论恐热见信后暴跳如雷，亲率数万人出城追赶。厖结心佯装败退，论恐热紧紧追赶，不觉追了数十里。这时，莽罗薛吕的伏兵突然发起攻击，截断了他的后路，论恐热十分惊恐，此时庞结心也掉转锋头，夹击论恐热。当时恰遇大风，山谷被刮得天昏地暗，河水也瞬间猛涨，论恐热所部被打得溃不成军，遗弃的尸体遍布几十里，水中淹死的士兵不计其数，最后只剩下论恐热一人落荒而逃。

动之以情，巧计攻心

唐朝末年，镇守四川邛州（今四川邛崃市）的一名副将阡能（？—882）率兵叛乱。朝廷闻报后，委派高仁厚（？—886）领兵前去平叛。

唐军出发前，军营中忽然有人叫喊："卖面啦！"巡逻的士兵发现这个人神色慌张，行为异常，就把他抓起来。一审问，原来是叛军首领阡能派来的探子。高仁厚马上叫左右给卖面人松绑，和气地问："唐军与叛军相比，谁强大呢？"卖面人久久不语。高仁厚又问道："你为什么要冒险闯营？难道你不知道侦探军情是要杀头的吗？"卖面人说道："我只是村里的一名普通百姓。前几天，阡能把我的父母、妻子都抓起来关进了监狱。他要我收集你们的情况，详详细细地告诉他，否则，我们一家人都得被处死。我并不是甘心情愿做这种事的。"

高仁厚听了，颇为伤感地说道："如果真像你说的那样，我怎么忍心杀你呢？现在我就放你回去救你的父母和妻子。如果你愿意，你就当面对阡能说，唐朝平叛的军队明天就要出发了，只有500来人。你还可以告诉你们村子里的人，我高仁厚领兵是来拯救你们的，当唐军到达时，只要你们放下武器，归降唐军，我就会在你们的背上写下‘归顺’两个字，放你们回家，安居乐业。我率军队前来平定叛乱，一定不会让广大百姓受到牵连的。”

卖面人听了这话，扑通一声跪倒在地，连声说道：“你的话说到我们老百姓的心坎上了。你宽恕我，我岂能不欣然从命呢？”说完，千恩万谢地走了。

阡能得知高仁厚只带500来人，就派罗浑擎把守双流以西的5个寨，并在唐军经过的路上布下埋伏。可是，消息很快便被高仁厚知道了。高仁厚让士兵们换上老百姓的衣服，混进叛军之中，用对卖面人说的那些话去煽动叛军的士兵。叛军的士兵听了，个个拍手称快，有的当时就脱下军装，前来投降。高仁厚派人在降兵背上写了“归顺”两个字，并让他们回去告诉其他人。那些人听了，也争先恐后地赶来投降。罗浑擎见手下的人纷纷背叛了他，想趁机逃跑，可被自己的部下抓了起来，押送给高仁厚。叛军在双流以西的5个寨不攻自破。

第二天，高仁厚把投降的人集中起来，让这些人取出罗浑擎的旗帜，倒系在杆子上，三五人一组，边走边挥动旗子高喊：“罗浑擎已经被活捉了，大队官兵马上要到你们这里了。你们赶快投降吧，‘归顺’就可以安居乐业，太太平平地过日子了。”前面村寨中的人争相奔走，都来投降。叛军胡僧见下属纷纷投降，欲挥剑制止，也被投降的人捆绑起来，押送给高仁厚。这一天，胡僧部下的5000多人都投降了。

第三天，高仁厚又让投降的人举着旗帜来到新津。叛将韩求在新津设置了13座营寨，听说唐军到来，寨里的人纷纷出来投降，韩求被迫自杀。新投降的人要烧寨，高仁厚说道：“你们还没有吃饭吧？先把寨里的粮食取出来后再烧寨不迟。”大家争着去做饭，几批投降的人围在一起，共同进餐，欢歌笑语，彻夜不绝。天刚亮，高仁厚就让这些投降的人回家去了。

叛将阡能未与唐军交手，就已失去了大半人马，心中十分恼怒。他和罗夫子一起，把全部人马集中起来，准备与高仁厚决战。谁知命令传下后却毫无反应。原来，他身边的人也受到高仁厚宣传政策的影响，整夜不睡，等着唐朝的大军到来呢！高仁厚没费一兵一卒，只用几天时间就平息了叛乱。

颜真卿刚强不屈

经过安史之乱，唐王朝从强盛转向衰落。各地节度使乘机割据地盘，扩大兵力，造成了藩镇割据的局面。唐代宗死后，他的儿子李适即位，就是唐德宗。唐德宗想改变藩镇专权的局面，结果引起了藩镇叛乱。唐德宗派兵讨伐，结果叛乱不但没有平定，反而蔓延开来了。

颜真卿

公元 782 年，有五个藩镇叛乱，其中淮西节度使李希烈兵势最强。他自称天下都元帅，向唐境进攻。

五镇叛乱，使朝廷大为震惊。唐德宗找宰相卢杞商量，卢杞说："不要紧。只要派一位德高望重的大臣去劝导他们，用不到动一刀一枪，就能把叛乱平息下来。"

唐德宗问卢杞说："你看派谁去合适？"

卢杞推荐年老的太子太师颜真卿，唐德宗马上同意。

颜真卿是当时一个很有威望的老臣。安史之乱前，他担任平原太守。安禄山发动叛乱后，河北各郡大都被叛军占领，只有平原城因为颜真卿坚决抵抗，没有陷落。后来，他的堂兄颜杲卿在藁城起兵，河北十七郡响应，大家公推颜真卿做盟主。在抗击安史叛军中，颜真卿立了大功。唐代宗的时候，他被封为鲁郡公。所以，人们又称他颜鲁公。

颜真卿又是我国历史上著名的书法家。他写的字雄浑刚健，挺拔有力，表现了他的刚强性格。后来，人们把他的字体称为"颜体"。

颜真卿为人正直，常常被奸人诬陷排挤，只是因为他的威望高，一些奸人不得不表面上尊重他。宰相卢杞是个心狠手辣的人。他忌恨颜真卿，平时没法下手，这一回，趁藩镇叛乱的机会，派颜真卿去做劝导工作，是成心陷害他。

这时候，颜真卿已经是七十开外的老人了。许多文武官员听说朝廷派他到叛镇那里去，都为他的安全担心。但是，颜真卿却不在乎，带了几个随从就到淮西去了。

李希烈听到颜真卿来了，想给他一个下马威。在见面的时候，叫他的部将和养子一千多人都聚集在厅堂内外。颜真卿刚刚开始劝说李希烈停止叛乱，那些部将、养子就冲了上来，个个手里拿着明晃晃的尖刀，围住颜真卿又是谩骂，又是威胁，摆出要杀他的架势。颜真卿毫不畏惧，面不改色，朝着他们冷笑。

李希烈假惺惺站起来护住颜真卿，命令他的养子退出。接着，把颜真卿送到驿馆里，企图慢慢软化他。

过了几天，四个叛镇的头目都派使者来跟李希烈联络，劝李希烈即位称帝。李希烈大摆筵席招待他们，也请颜真卿参加。

叛镇派来的使者见到颜真卿来了，都向李希烈祝贺说："早就听说颜太师德高望重，现在元帅将要即位称帝，正好太师来到这里，不是有了现成的宰相吗？"

颜真卿扬起眉毛，朝着四个使者骂道："什么宰相不宰相！我年纪快八十了，要杀要剐都不怕，难道会受你们的诱惑，怕你们的威胁吗？"

四名使者被颜真卿凛然的神色吓住了，缩着脖子说不出话来。

李希烈拿他没办法，只好把颜真卿关起来，派兵士监视着。兵士们在院子里掘了一个一丈见方的土坑，扬言要把颜真卿活埋在坑里。第二天，李希烈来看他，颜真卿对李希烈说："我的死活已经定了，何必玩弄这些花招。你把我一刀砍了，岂不痛快！"

过了一年，李希烈自称楚帝，又派部将逼颜真卿投降。兵士们在关禁颜真卿的院子里，堆起柴火，浇足了油，威胁颜真卿说："再不投降，就把你放在火里烧！"

颜真卿二话没说，就纵身往柴火跳去，叛将们连忙把他拦住，向李希烈回报。

李希烈想尽办法，没有能使颜真卿屈服，就派人逼迫颜真卿自杀了。

浑瑊和李晟

李希烈发动叛乱以后，派兵围攻襄城（今河南襄城）。襄城危急，洛阳也吃紧了。公元783年，唐德宗从西北抽调泾原（治所在今甘肃泾川县北）的人马去增援襄城。泾原节度使姚令言接到命令，带了五千人马到了长安。

泾原兵士听说朝廷下令调动，认为一定有什么犒赏。到了长安，正碰上下雨，兵士们浑身透湿，冻得发抖。第二天，朝廷官员带着军粮去劳军。兵士们一看，都是些粗饭冷菜，十分失望，气得把饭罐子踢翻了，嚷嚷说："我们是冒着生命危险去打敌人的。连饭都不让吃饱，还打什么仗呀！"

有个兵士站了出来，说："他们当官的不给，咱们自己去拿！长安有的是钱和绸缎。听说皇宫两边有两座官库，里面的钱和帛多得放不下。大家去拿吧！"

经过这样一鼓动，兵士们更愤怒了。大家不管将领们的拦阻，乱哄哄地往城里拥去。

有人报告了唐德宗，德宗慌了神，赶快派宦官带着二十车钱帛，去慰劳兵士。被激怒的兵士根本不理，他们杀了宦官，一股劲儿往皇宫冲。

唐德宗听到乱兵快要进宫来，想召禁卫军抵抗。但是那些禁卫军腐败得很，听说泾原兵士闹起来，不敢出头。德宗没办法，只好带着妃子、王子和公主从后花园逃到奉天（今陕西乾县）去避难了。

兵士们进了宫，听说皇帝跑了，就打开官库，拿钱的拿钱，取绸缎的取绸缎，整整闹了一夜。最后，他们找到节度使姚令言，要他拿个主意。姚令言说，还不如请太尉朱泚来做个头吧。

朱泚原来也是泾原节度使。因为他弟弟朱滔反叛唐朝，牵连到他，被唐德宗解除了兵权，留在长安，挂个太尉的名。他本来就是个野心勃勃的人，现在泾原将士拥他做头领，怎么不愿意？

朱泚接管了长安兵权，就有一批失意政客和藩镇将领拥护他。朱泚有了兵力，就在长安立起新朝廷来，自称大秦皇帝，并且亲自带兵进攻奉天。

唐德宗逃到奉天，刚刚喘了口气，朱泚就打过来了，幸亏禁卫军将军浑瑊赶到。浑瑊本来是郭子仪手下大将，是个很有威望的将领，由他来统率将士抵抗朱泚，人心才安定下来。

朱泚督率叛军攻打奉天城。浑瑊带领将士日日夜夜血战。朱泚使尽力气攻了一个月，还没有攻下来。朱泚着急了，派人造了特别大的云梯攻城。浑瑊在城墙边掘通了地道，地道里堆满了干柴，还在城头准备好大批松脂火把。叛军兵士纷纷攀着云梯往上爬，城外的箭像雨点一样射到城里，眼看城快被攻破了。忽然云梯一架架都陷进地道，地道里烧着的干柴冒出烟火，城头上的唐军又往下扔火把，把云梯烧着了，大火熊熊燃烧，云梯上的叛军兵士被烧得焦头烂额，掉了下去。

浑瑊率领城里守军从各城门一齐杀出，把朱泚叛军杀得大败。

这时候，奉天外围又来了两支援军，一支是朔方节度使李怀光率领的，一支是神策军大将李晟率领的。朱泚一看形势不妙，赶快撤了对奉天的包围，退回长安。

唐德宗命令李怀光和李晟乘胜收复长安。哪料到李怀光到了咸阳，却和朱泚暗中勾结，一起反唐。李晟到了长安城外，前有朱泚，后有李怀光，内无粮草，外无救兵，处境极其危险。

李晟是个有勇有谋的人。他用自己的勇气和决心激励将士，使唐军将士士气始终很旺盛。长安附近的唐军都自愿接受李晟指挥。李怀光命令他部下将士袭击李晟，将士们都不答应。李怀光害怕起来，先逃到河中去了。

李怀光一逃，朱泚就孤立起来。

浑瑊守住了奉天，也跟李晟彼此呼应，进逼长安。唐军声势浩大，吓得朱泚龟缩在长安城里不敢出来。

李晟召集将领商量怎样攻城。将领们说："当然是先打下外城，占领街坊，再进攻皇宫。"

李晟说："街坊狭窄，如果我们跟敌人在街头作战，就要伤害百姓。听说敌人重兵在皇宫后面的御苑里，我们不如从北面打开城墙，集中兵力向御苑进攻。这样，宫室不会遭到破坏，百姓也不受惊扰。”

大家都佩服李晟想得周到。接着，李晟就分派部将出击，先消灭城外的敌军。最后，打开了城北城墙，大批步兵、骑兵一起猛攻御苑。朱泚没法抵抗，不得不丢了长安逃走。来不及逃走的士兵也都缴械投降了。

李晟进了长安，向全军将士下了命令，说：“长安居民受够了叛军的苦，不能再去惊扰他们。”唐军进城以后，果然纪律严明，秋毫无犯。

公元784年，李晟收复长安，朱泚被杀，唐德宗回到长安。过了一年，浑瑊又进攻河中，消灭了李怀光。那个自称楚帝的李希烈打了几次败仗，也被部将杀了。

李晟、浑瑊为维护唐王朝的统一，立了大功。吐蕃贵族害怕他们掌握兵权，对他们不利，就采用离间的计策。唐德宗本来猜忌功臣，又中了吐蕃贵族的计，把李晟的兵权撤了，神策军归宦官掌握。从此，藩镇割据没有解决，宦官的权力倒越来越大了。

东宫里的棋手

唐德宗宠信宦官。那些贪得无厌的宦官，想尽办法来欺压和剥削百姓，不择手段地掠夺财物。他们设立了“宫市”，让一批太监专门到宫外采购宫里需要的东西。这些太监见到老百姓在市上出卖货物，只要他们需要，就强行购买，只付十分之一的价钱。后来，索性派了几百个太监在街上瞭望，看中了什么，抢了就走，叫作“白望”。

还有一些宦官在长安开设“五坊”。五坊是专门替皇帝养雕、养鹘、养鹞、养鹰、养狗的地方。有一批太监在五坊里当差，叫作五坊小儿。这批人吃饱了饭不干正经事，到处向百姓敲诈勒索。他们要敲哪家的竹杠，就把鸟网张在人家的门口或者井架上。谁要是在家门口进出，或者到井里去打水的时候，碰到了鸟网，就说谁吓走了供奉皇帝的鸟雀，围住他痛打，直到这家人出钱赔礼，他们才扬长而去。

五坊小儿常常在酒店里要酒要菜，大吃大喝，喝得醉醺醺的，七歪八倒地扬长走了。酒店主人向他们要酒钱，不是挨骂，就是挨打。有一次，五坊小儿喝了酒不付钱，他们把捉来的一袋蛇交给店主说：“大爷没带钱，把它放在你这里做个抵押吧，过几天我拿钱来取。不过这些蛇都是宫里捉鸟雀用的，你得小心饲养，要是饿死了一条，小心你的脑袋。”

店主人吓得要命，苦苦哀求五坊小儿把蛇带走，至于酒钱，当然不敢再要了。

宫市和五坊小儿的胡作非为，引起了长安百姓的痛恨，但是在宦官掌权的日子里，有冤往哪儿去诉呢？

那时候，在太子李诵的东宫里，有两个陪伴太子读书的官员。一个叫王叔文，是个好棋手；另一个叫王伾，写得一手好字。李诵除了读书之外，喜欢下棋写字，王叔文、王伾就经常在东宫陪太子读书、下棋。

王叔文出身下级官员，多少懂得一些百姓疾苦。他利用跟太子一起下棋的机会，向太子反映外面的情形。太子听到宦官借宫市为名在外面为非作歹，很不满意。有一次，几个侍读的官员一起在东宫议论起这件事，太子气愤地说：“我见到父皇，一定要提出这件事。”

大家听了，都赞扬太子贤明，只有王叔文在一边一言不发。等别的官员走了，太子把王叔文单独留下来谈话，说：“你不是常谈起宫市的坏处吗？刚刚谈到宫市，你为什么不说话？”

王叔文说：“我看殿下眼下还是少管这些外事为好。如果坏人在皇上面前挑拨是非，说殿下想收买人心，皇上怀疑起来，殿下要辩白也难了。”

太子恍然大悟说：“不是先生提醒，我还想不到这一点。”

打那以后，太子更加信任王叔文。王叔文认为德宗老了，太子迟早要接替皇位，就暗地里替他物色朝廷中有才能的官员，跟他们结交。他私下对太子说，这个人将来可以当宰相，那个人将来可以担任将军。

不料过了一年，太子得了中风病，舌头不听使唤，讲不出话来。老年的唐德宗为了这件事，急出病来，先咽了气。公元805年，太子李诵带病即了位，这就是唐顺宗。

唐顺宗不能说话，只好靠原来在东宫伴他读书的官员王叔文、王伾来帮他处理朝政。王叔文知道自己声望不够，不便公开掌握朝政大权，另外请一个老资格的官员韦执谊出面做宰相，自己当一名翰林学士，帮助顺宗起草诏书。他和韦执谊、王伾里外配合，又起用了刘禹锡、柳宗元等一些有才能的官员，总算把朝政大权抓了过来。

王叔文掌权后，第一件要改革的就是整顿宦官欺压百姓的坏风气。他替唐顺宗下了一道诏书，免了一些苛捐杂税；把宫市、五坊小儿一类欺负百姓的事，统统取缔了。

这个措施一实行，长安百姓没有一个不拍手称快，一些作恶多端的宦官却气歪了脸。

王叔文又把财政权拿了过来，进行了改革。历史上把这件事叫作“永贞革新”（“永贞”是唐顺宗的年号）。

王叔文大刀阔斧进行改革，当然触犯了掌权的宦官。宦官头子俱文珍认为王叔文的权力太大了，用顺宗的名义解除了王叔文翰林学士的职务。

王叔文知道要想跟宦官斗争，还得把他们手里的兵权夺过来。他就派老将范希朝去接管宦官掌握的神策军，但是那些神策军将领大都是宦官的亲信。范希朝去接管人马，一些将领不理他，他只好空手回来了。

不到一个月，俱文珍勾结一批附和他们的老臣，宣布顺宗因为病重不能执政，由太子李纯监国。又隔了一个月，太子正式即位，这就是唐宪宗。

顺宗一下台，俱文珍等一批宦官立刻把王叔文、王伾革职，贬谪到外地去。第二年，又把王叔文处死。永贞革新不到一年就全盘失败，那些支持王叔文一起改革的官员也受到了株连。

刘禹锡游玄都观

王叔文实行改革的时候，不但一批宦官恨他，还有不少大臣嫌他地位低，办事专断，也对他不满，到了唐宪宗即位，大伙都纷纷攻击王叔文。原来支持王叔文改革的八个官员，都被看作是王叔文的同党。宪宗下了诏书，把韦执谊等八个人一律降职，派到边远地方当司马（官名），历史上把他们和王叔文、王伾合起来称作“二王八司马”。

刘禹锡塑像

“八司马”当中，有两个是有名的文学家，就是柳宗元和刘禹锡。柳宗元擅长散文，刘禹锡善于写诗，两个人又是很要好的朋友。这一回，柳宗元被派到永州（今湖南零陵），刘禹锡被派到朗州（今湖南常德）。永州和朗州都在南边，离长安很远，那时候还是荒僻落后的地区。要是换了一些想不开的人，心情是够难受的。幸好他们都是很有修养的人，他们相信自己的作为是正直的，失败了也不那么懊丧。到了那里，除了办公以外，常常游览山水，写写诗文。在他们的诗文中，常常抒发自己的政治抱负，也反映了一些人民的疾苦，像柳宗元的《捕蛇者说》就是在永州写的。

两个人在那里一住就是十年。日子一久，朝廷里有些大臣想起他们来，觉得这些都是有才干的人，放在边远地区太可惜了，就奏请宪宗，把刘禹锡、柳宗元调回长安，准备让他们留在京城做官。

刘禹锡回到长安，看到这里的情况，已经发生了很大变化，朝廷官员中，很多新提拔的都是他过去看不惯、合不来的人，心里很不舒坦。

京城里有一座有名的道观叫玄都观，里面有个道士，在观里种了一批桃树。那时候正是春暖季节，观里桃花盛开，招引了不少游客。有些老朋友约刘禹锡到玄都观去赏桃花。刘禹锡想，到那里去散散心也不错，就跟着朋友们一起去了。

刘禹锡过了十年的贬谪生活，回到长安，看到玄都观里新栽的桃花，很有感触，回来以后就写了一首诗：

紫陌红尘拂面来，无人不道看花回。

玄都观里桃千树，尽是刘郎去后栽。

刘禹锡的诗本来就挺出名，这篇新作品一出来，很快就在长安传开了。有一些大臣对召回刘禹锡，本来就不愿意，读了刘禹锡的诗，就细细琢磨起来，里面到底有什么含意。也不知道哪个说，刘禹锡这首诗表面是写桃花，实际是讽刺当时新提拔的权贵的。

这一下子可惹了麻烦，唐宪宗对他也很不满意。本来主张留他在京城的人也不便说话了。刘禹锡又被派到播州（今贵州遵义市）去做刺史。刺史比司马高一级，似乎是提升，但是播州比朗州更远更偏僻，那时候还是人烟稀少的地方呢。

刘禹锡家里有个老母亲，已经八十多岁了，需要人伺候；如果跟着刘禹锡一起到播州，上了年纪的老人受不了这个苦。

这可叫刘禹锡太为难啦！

这时候，柳宗元在长安也待不住了，朝廷把他改派为柳州刺史。柳宗元得知刘禹锡的困难情形，决心帮助好朋友。他连夜写了一道奏章，请求把派给他柳州的官职跟刘禹锡对调，让他到播州去。

柳宗元待朋友一番真诚，使许多人很受感动。后来，大臣裴度也在唐宪宗面前替刘禹锡说情，宪宗总算答应把刘禹锡改派为连州（今广东连州市）刺史。以后，刘禹锡又被调动了好几个地方。过了十四年，裴度当了宰相，才把他调回长安。

刘禹锡重新回到京城，又是暮春季节。他想起那个玄都观的桃花，有心旧地重游。到了那里，知道那个种桃的道士已经死去，观里的桃树没有人照料，有的被砍，有的枯死了，满地长着燕麦野葵，一片荒凉。他想起当年桃花盛开的情景，联想起一些过去打击他们的宦官权贵，一个个在政治争斗中下了台，而他自己倒是顽强地坚持自己的见解。想到这里，他就又写下了一首诗，抒发他心里的感慨，诗里说：

百亩中庭半是苔，桃花净尽菜花开。

种花道士归何处？前度刘郎今又来。

一些大臣听到刘禹锡写的新诗，认为他又在发牢骚，挺不高兴，在皇帝面前说了他不少坏话。过了三年，皇帝又把他派到外地当刺史去了。

白居易进长安

唐宪宗李纯即位以后，对政治进行了一些改革，任用了几个像李绛那样的正直的大臣当宰相。但是他仍旧宠信宦官。他想讨伐藩镇，用一个宦官头子做统帅。这件事引起一些大臣的反对。反对得最激烈的是左拾遗白居易。

白居易

白居易（772－846），字乐天，号香山居士，又号醉吟先生，祖籍太原，到其曾祖父时迁居下邽，生于河南新郑。是唐代伟大的现实主义诗人，唐代三大诗人之一。白居易与元稹共同倡导新乐府运动，世称“元白”，与刘禹锡并称“刘白”。白居易擅长作诗的名气，很早就传开了。白居易自小聪明，生下来刚六七个月，就能辨认“之”“无”两个字，五六岁就开始学写诗。在他十五六岁时，他父亲白季庚在徐州做官，让他到京城长安去见世面，结交名人。

那时候，正是朱泚叛乱之后，长安遭到很大的破坏。特别是连年战争，到处闹粮荒，长安米价飞涨，百姓的日子很不好过。

当时，长安有一个文学家顾况，很有点才气，但是脾性高傲，遇到后生晚辈，常常倚老卖老。白居易知晓顾况的名气，带了自己的诗稿，到顾况家去请教。

顾况听说白居易也是个官家子弟，不好不接待。白居易拜见了顾况，送上名帖和诗卷。

顾况瞅了瞅这个小伙子，又看了看名帖，看到“居易”两个字，皱起眉头打趣说："近来长安米价很贵，只怕居住很不容易呢！"

白居易被顾况莫名其妙地数落了几句，也不在意，恭恭敬敬地站在旁边请求指教。顾况拿起诗卷随手翻着翻着，他的手忽然停了下来，眼睛盯着诗卷，轻轻地吟诵起来：

离离原上草，一岁一枯荣；

野火烧不尽，春风吹又生……

顾况读到这里，脸上显露出兴奋的神色，马上站起来，紧紧拉住白居易的手，热情地说："啊！能够写出这样的好诗，住在长安也不难了。刚才跟你开个玩笑，你别见怪。"

打这次见面以后，顾况十分欣赏白居易的诗才，逢人就夸说白家的孩子怎么了不起。一传十，十传百，白居易也就在长安出了名。不到几年，他考取了进士。唐宪宗听说他的名气，马上提拔他做翰林学士，后来又派他担任左拾遗。

白居易可不是那种争名求利、向上级阿谀奉承的官僚。他一面不断地创作新的诗歌，揭露当时社会上的一些不良现象；一面在宪宗面前多次直谏，特别是反对让宦官掌握兵权。

这一回，白居易谏阻宪宗封宦官做统帅，惹得宪宗很气恼。他跟宰相李绛说："白居易这小子，是我把他提拔上来的，怎么对我这样不敬，我实在忍耐不住了！"

李绛说："白居易敢在陛下面前直谏，不怕杀头，正说明他对国家的忠心。如果办他的罪，只怕以后没人敢说真话了。"

唐宪宗勉强接受李绛的意见，暂时没有把白居易撤职。但是，过了没有多少天，终于把他左拾遗的职务撤掉，改派别的官职。

白居易写了许多诗，其中有不少是反映现实的，像《秦中吟》和《新乐府》。在这些诗篇中，有的揭露了宦官仗势欺压百姓的罪恶，有的讽刺官僚们穷奢极侈的豪华生活，有的反映了劳动人民的痛苦遭遇。他的诗歌通俗好懂，受到当时广大人民的欢迎，街头巷尾，到处都传诵着白居易的诗篇。据说，白居易写完一首诗，总先念给不识字的老婆婆听，如果有听不懂的地方，他就修改，

一直到能够使她听懂。这当然只是一种传说，但是说明他写的诗歌是比较接近群众的。

正因为他的诗反映现实，触犯了掌权的宦官和大官僚，也招来了一些人的咒骂和忌恨。有些人想诬陷白居易，只是一时找不到借口。

过了几年，白居易在太子的东宫里作大夫。有一次，宰相武元衡被人派刺客暗杀了。这次暗杀有复杂的政治背景，朝廷的官僚谁也不想开口。只有白居易站了出来，首先向宪宗上了奏章，要求通缉凶手。宦官和官僚抓住这个机会，说白居易不是谏官，不该对朝廷大事乱主张，狠狠地告了他一状。

接着，又有一批一向讨厌白居易的官员，乱哄哄造谣污蔑，向白居易泼污水。有人说白居易的母亲是看花掉到井里淹死的，白居易居然还写过《赏花》《新井》的诗，那不是大不孝吗？

经过这样罗织罪名，谁也没法给白居易辩护，白居易终于被降职到江州（今江西九江）去当司马了。

白居易无辜受到贬谪，到了江州之后，心情十分抑郁。有一天晚上，他在江州的湓浦口送客人，听到江上传来一阵哀怨的琵琶声，叫人一打听，原来是一个漂泊江湖的老年歌女弹的。白居易见了那歌女，又听她诉说她的可悲身世，十分同情；再联想到自己的遭遇，引起满腔心事。回来以后，写下了著名的叙事长诗《琵琶行》，诗中说：

我闻琵琶已叹息，又闻此语重唧唧。
同是天涯沦落人，相逢何必曾相识。

后来白居易又几次回到京城，做过几任朝廷大官。但是当时的朝政十分混乱，像白居易这样正直的人不可能有什么作为。他把他全部精力倾注到诗歌创作中去。他的一生一共写了二千八百多首诗，成为我国文学宝库里的一份十分珍贵的遗产。

李愬雪夜下蔡州

在各个藩镇中，淮西是个顽固的割据势力。公元814年，淮西节度使吴少阳死去，他的儿子吴元济自立。唐宪宗发兵征讨淮西，但是他派去的统帅，不是腐朽的官僚，就是自己另有企图。结果，花了整整三年工夫，费了大量财力，都失败了。朝廷官员都认为不能再打下去，大臣裴度却认为淮西好比身上长的毒疮，不可不除。唐宪宗拜裴度做宰相，决心继续征讨淮西。

公元817年，朝廷派李愬担任唐州（今河南唐河）等三州节度使，要他进剿吴元济的老巢蔡州（今河南汝南）。

唐州的将士打了几年仗，都不愿再打，听到李愬一来，有点担心。李愬到了唐州，就向官员宣布说："我是个懦弱无能的人，朝廷派我来，是为了安顿地方秩序。至于打吴元济，不干我的事。"

这个消息传到吴元济那里。吴元济打了几次胜仗，本来就有点骄傲，听到李愬不懂得打仗，更不把防备放在心上了。

以后，李愬一点不提打淮西的事。唐州城里有许多生病和受伤的兵士，李愬一家家上门慰问，一点官架子也没有。将士们都很感激他。

有一次，李愬的兵士在边界巡逻，碰到一小股淮西兵士，双方打了一阵，唐军把淮西兵士打跑了，还活捉了淮西军的一个小军官丁士良。

丁士良是吴元济手下的一名勇将，经常带人侵犯唐州一带，唐军中很多人都吃过他的亏，非常恨他。这一回活捉了他，大伙都请求李愬把他杀了，给死亡的唐军兵士报仇。

将士们把丁士良押到李愬跟前。李愬吩咐兵士松了他的绑，好言好语问他为什么要跟吴元济闹叛乱。丁士良本来不是淮西兵士，是被吴元济俘虏过去的，见李愬这样宽待他，就投降了。

李愬靠丁士良的帮助，打下了淮西的据点文城栅和兴桥栅，先后收服了两个降将，一个叫李祐，一个叫李忠义。李愬知道这两人都是有勇有谋的人，就推心置腹地信任他们，跟两人秘密讨论攻蔡州的计划，有时讨论到深更半夜。李愬手下的将领为了这件事都很不高兴，军营里沸沸扬扬，都说李祐是敌人派来做内应的。有的还有凭有据地说，捉到的敌人探子，也供认李愬是间谍。

李愬怕这些闲话传到朝廷，让唐宪宗听信了这些话，自己要保李祐也保不住了，就向大家宣布说："既然大家认为李祐不可靠，我就把他送到长安去，请皇上去发落吧。"

他吩咐兵士给李祐套上镣铐，押送到长安，一面秘密派人送了一道奏章给朝廷，说他已经跟李祐一起定好攻取蔡州的计划，如果杀了李祐，攻蔡州的计划也就吹了。

唐宪宗得到李祐的密奏，就下令释放李祐，并且叫他仍旧回到唐州协助李愬。

李祐回到唐州，李愬见了他，高兴极了，握着他的手说："你能安全回来，真是国家有福了。"说着，立刻派他担任军职，让他携带兵器进出大营。李祐知道李愬千方百计保护他，感动得偷偷地痛哭。

没多久，宰相裴度亲自到淮西督战。原来，各路唐军作战都有宦官监阵，将领没有指挥权。打胜仗是宦官的功劳，打败仗却轮到将领挨整。裴度到了淮西，发现这个情形，立刻奏请唐宪宗，把宦官监阵的权撤销了。将领们听到这个决定，都很兴奋。

李祐向李愬献计说："吴元济的精兵都驻扎在洄曲（今河南商水西南）和四面边境上，守蔡州的不过是一些老弱残兵。我们抓住他的空隙，直攻蔡州，活捉吴元济是没问题的。"

李愬把这个计划秘密派人告诉裴度。裴度也支持他，说："打仗就是要出奇制胜，你们看看办吧。"

李愬命令李祐、李忠义带领精兵三千充当先锋，自己亲率中军、后卫陆续出发。除了李愬、李祐几个人，谁也不知道到哪里去。有人偷偷问李愬，李愬说："只管朝东前进！"

赶了六十里地，到了张柴村。守在那儿的淮西兵毫无防备，被李祐带的先锋部队全部消灭。李愬占领了张柴村，命令将士休息一会儿，再留下一批兵士守住张柴村，截断通往洄曲的路。一切安排妥当，就下令连夜继续进发。

将领们又向李愬请示往哪里去，李愬这才宣布："到蔡州去，捉拿吴元济！"

将领中有一些是在吴元济手里吃过败仗的，一听到这个命令，吓得脸色都变了。监军的宦官特别胆小，急得哭了起来，说："我们果然中了李祐的奸计了。"

这个时候，天色黑洞洞的，北风越刮越紧，鹅毛般的大雪越下越密。从张柴村通往蔡州的路，是唐军从来没走过的小道。大家暗暗叫苦，但是，李愬平日治军很严，谁也不敢违抗军令。

半夜里，兵士们踏着厚厚的积雪，又赶了七十里，才到了蔡州城边。正好城边有一个养鹅、鸭的池塘，鹅鸭的叫声，把人马发出的响声掩盖过去了。

李祐、李忠义吩咐兵士在城墙上挖了一道道坎儿，他们带头踏着坎儿爬上城，兵士们也跟着爬上去。守城的淮西兵正在呼呼睡大觉，唐军把他们杀了，只留着一个打更的，叫他照样敲梆子打更。接着，打开城门，让李愬大军进城。

大军到了内城，也照这个办法顺利地打进了城，内城里的淮西军一点也没有发觉。

鸡叫头遍的时候，天蒙蒙亮了，雪也止了。唐军已经占领了吴元济的外院，吴元济还在里屋睡大觉呢。有个淮西兵士发现了唐军，急忙闯进里屋报告吴元济说："不好了，官军到了。"

吴元济懒洋洋躺在床上不想起来，笑着说："这一定是犯人们在闹事，等天亮了看我来收拾他们。"

刚说完，又有兵士惊慌失措地冲进来说："城门已经被官军打开了。"

吴元济奇怪起来，说："大概是洄曲那边派人来找我们讨寒衣的吧？"

吴元济起了床，只听见院子里一阵阵吆喝传令声："常侍传令啰……"（常侍是李愬的官衔）接着，又是成千上万的兵士的应声。吴元济这才害怕起来，说："这是什么常侍？怎么跑到这儿来传令？"说着，带了几个亲信兵士爬上院墙抵抗。

李愬对将士说："吴元济敢于顽抗，是因为他在洄曲还有一万精兵，等待那边来援救。"

驻洄曲的淮西将领董重质，家在蔡州。李愬派人慰抚董重质的家属，派董重质的儿子到洄曲劝降。董重质一看大势已去，就亲自赶到蔡州向李愬投降了。

李愬命令将士继续攻打院墙，砸烂了外门，占领了军械库。吴元济还想凭着院墙顽抗。第二天，李愬又放火烧了院墙的南门。蔡州的百姓们受够吴元济的苦，都扛着柴草来帮助唐军，唐军兵士射到内院里的箭，密集得像刺猬毛一样。

到太阳下山的时候，内院终于被攻破，吴元济没有办法，只好哀求投降。

李愬取得了全胜，一面用囚车把吴元济押送到长安去，一面派人向宰相裴度报告战果。

裴度、李愬平定淮西、活捉吴元济的消息传到河北，使河北藩镇大为震动，纷纷表示服从政府。唐代藩镇叛乱的局面总算暂时安定了下来。

韩愈反对迎佛骨

唐宪宗依靠裴度、李愬，平定了淮西叛乱，觉得脸上光彩。他决定立一个纪功碑，来纪念这一次大胜利。叫谁来写这个碑文呢？恰好裴度手下有个行军司马韩愈，擅长写文章，又跟随裴度到过淮西。唐宪宗就命令韩愈起草《平淮西碑》。

韩愈

韩愈（768—824）字退之，唐代文学家、哲学家、思想家，河阳（今河南省焦作孟州市）人，汉族。祖籍河北昌黎，世称韩昌黎。晚年任吏部侍郎，又称韩吏部。谥号“文”，又称韩文公。他与柳宗元同为唐代古文运动的倡导者，主张学习先秦两汉的散文语言，破骈为散，扩大文言文的表达功能。宋代苏轼称他“文起八代之衰”，明人推他为唐宋八大家之首，与柳宗元并称“韩柳”，有“文章巨公”和“百代文宗”之名。

自从魏晋南北朝以来，社会风气不好，

连文风也衰落了。许多文人写的文章，喜欢堆砌辞藻，讲求对偶，缺少真情实感。韩愈决心对这种文风进行改革，写了不少散文，在当时发生了很大的影响。他的主张和写作实践实际上是一种改革，但是也继承了古代散文的一些传统，所以被称作“古文运动”。后来，人们把他和柳宗元两人称为“古文运动”的倡导人。

韩愈不但善于写文章，还是个直言敢谏的大臣。在他写完《平淮西碑》之后，又发生了一件得罪朝廷的事儿。

原来唐宪宗到了晚年，迷信起佛法来。他打听到凤翔的法门寺里，有一座宝塔，叫护国真身塔。塔里供奉着一根骨头，据说是释迦牟尼佛留下来的一节指骨，每三十年开放一次，让人瞻仰礼拜。这样做，就能够求得风调雨顺，人人平安。

唐宪宗给人说得相信了，特地派了三十人的队伍，到法门寺把佛骨隆重地迎接到长安。他先把佛骨放在皇宫里供奉，再送到寺里，让大家瞻仰。下面的一班王公大臣，一看皇帝这样认真，不论信或是不信，都要凑个趣。许多人千方百计想弄到瞻仰佛骨的机会。有钱的，捐了香火钱；没钱的，就用香火在头顶、手臂上烫几个香疤，也算表示对佛的虔诚。

韩愈是向来不信佛的，更不要说瞻仰佛骨了。他对这样铺张浪费来迎接佛骨，很不满意，就给唐宪宗上了一道奏章，劝谏宪宗不要干这种迷信的事。他说，佛法的事，中国古代是没有的，只有在汉明帝以来，才从西域传了进来。他又说，历史上凡是信佛的王朝，寿命都不长，可见佛是不可信的。

唐宪宗收到这个奏章，大发脾气，立刻把宰相裴度叫了来，说韩愈诽谤朝廷，非把他处死不可。

裴度连忙替韩愈求情，唐宪宗气慢慢平了，说：“韩愈说我信佛过了头，我还可宽恕他；他竟说信佛的皇帝，寿命都短促，这不是在咒我吗？就凭这一点，我不能饶他。”

后来，替韩愈求情的人越来越多，唐宪宗没杀韩愈，就把他降职到潮州去当刺史。

从长安到潮州，路途迢迢，韩愈孤单一个人，被派到那么边远的地方去，一路上的辛酸心情，就别提了。

韩愈到了潮州，想到自己的不幸遭遇，也考虑到百姓的生活。他把潮州官府里的官员找了来，问当地老百姓有什么疾苦。

有人说："这儿出产少，老百姓日子过得很苦；还有城东恶溪（今广东韩江）里有条鳄鱼，经常上岸来伤害牲畜，百姓真被它害苦了。"

韩愈说："既是这样，我们就得想法把它除掉。"

话虽那样说，可韩愈是个文人，一不会动刀，二不会射箭，怎能除掉鳄鱼呢？后来，他写了一篇《祭鳄鱼文》，专门派人到江边去读这篇祭文，又叫人杀了一口猪一头羊，把它丢到江里去喂鳄鱼。在那篇祭文里，他限令鳄鱼在七天之内迁到大海里去，否则就用强弓毒箭，把鳄鱼全部射杀。

韩愈不信佛，怎么会信鳄鱼有灵呢？这当然只是他安定人心的一种手法罢了。

事有凑巧，据说打那以后，大江里的鳄鱼真的没有再出现过。当地的百姓认为朝廷派来的大官给鳄鱼下的驱逐令见了效，都安心生产了。

韩愈在外地做了一年官，才又回到长安，负责国子监（朝廷设立的最高教育机构）的工作。就在这一年（公元820年），唐宪宗被宦官所杀。他的儿子李恒即位，这就是唐穆宗。

甘露之变

长庆以后，唐朝的内部更加混乱了。宦官互相争权，刘克明杀害敬宗（穆宗子），拥立宪宗子李悟。王守澄等不肯相让，杀死李悟和刘克明等，立敬宗弟文宗。

文宗看清自己只是一个傀儡，为了保全性命，维护统治，急想铲除宦官势力。当时朝官分裂为牛、李两党。他们各树宗派，勾结宦官，互相排挤，不可能帮助皇帝做非常的举动。文宗要觅取助手，不能不擢用寒微之士。李训、郑注是其中的代表人物。他们的地位和顺宗时的王叔文相同，不同之处是宦官的势力比过去更加强大，寒士很难变成皇帝的亲信。

李训是世家子弟，精通经学，中过进士，曾因事流放。后来居住洛阳，结交贤豪，认识了郑注。郑注本姓鱼，精于医学，大和八年（834）由王守澄介绍，为文宗治病，渐被信用。李训也因而得王守澄推荐，见了文宗。

王守澄推荐李训、郑注，自有他的用意。当时神策军左右两军相争激烈，王守澄是右军中尉，他把夹袋中人物推荐给皇帝，目的在于对付左军。不料李、郑二人与文宗朝夕议论，献计先除宦官，其次收复吐蕃贵族占据的河湟地区，再其次消灭河北割据势力。这些都是当时的重大问题，文宗自然听得津津有味。

李训、郑注在朝廷大臣中，只找到了舒元舆、王涯、贾𫗧等几个合作者。多数大官僚对他们白眼相看。他们的处境很孤立，斗争的环境比王叔文时更加艰苦。

李训、郑注决定利用宦官内部的派别矛盾，展开斗争。开头几招很厉害，既有实效，又不动声色。他们先收拾与王守澄争权的宦官，把左神策中尉韦元素等贬逐处死，这使王守澄很满意。接着，他们推荐宦官仇士良做左神策中尉。仇士良原是王守澄一派，在立文宗时卖了点力气，埋怨王守澄不提拔他，心怀不满。李训、郑注了解这内幕，替王守澄制造了对立面，又叫他无话可说。再进一步，他们请文宗任王守澄为左右神策观军容使，解除中尉兼职，这是釜底抽薪之计，夺他的实权。然后，一名使者，一杯毒酒，轻轻巧巧地把他杀掉。在此之前，他们还追查宪宗被害的事件，杖杀了在外地当监军的陈弘志。

这几招都成功了。大和九年秋天，舒元舆和李训做了宰相，郑注做了凤翔节度使，准备内外合势，推翻以仇士良为首的宦官集团。然而这个题目非常难做，于是他们设计了一个戏剧性的场面。这便是著名的甘露之变。

大和九年十一月二十一日，文宗登紫宸殿。左金吾卫大将军韩约，按照李训等的布置，奏称：左金吾仗院里树上，天降甘露。左金吾仗院在含元殿旁，于是文宗带了百官移到含元殿，命宰相前往观看。李训等看了半晌，回奏说甘露未必是真，不可马上宣布，否则天下官吏都要称贺。文宗听了，便命左右中尉仇士良、鱼志弘带着众宦官再去验看。院里早已设下伏兵，只等宦官进去，便好动手。宦官刚走，李训便下令召集在丹凤门外的兵士进宫，以备接应。

仇士良刚进左仗，韩约紧张过度，面色发白，流汗不止。仇士良见了，已觉奇怪；恰巧一阵风吹动布幕，露出伏兵，仇士良等大惊，连忙退出，奔回殿上。守门人想要关门，被仇士良厉声一喝，吃了一惊，竟来不及把门关上。

李训见了，连忙喊卫士上殿保驾，却已被宦官抢先一着。他们七手八脚把皇帝抢上软轿，抬起来往殿后就走。李训没法，只得拉住轿子不放。这时，几百名卫士等人蜂拥上殿，顿时打死打伤了十几个宦官。李训被一个宦官劈胸一拳，打倒在地。仇士良等拥着文宗，逃进宣政殿，关上宫门。一场争夺皇帝的斗争结束了。宦官们高兴得高呼，百官们惊骇而散。

仇士良等抓着皇帝，可以发布诏令；手里有兵，可以杀人。他们立即派兵出宫，大肆屠杀。李训化装出走，在城外被人捉住杀害。舒元舆、王涯、贾𫗧等都被抓住，当着百官的面，腰斩而死。郑注率500亲兵进京，途中得到消息，退回凤翔，被监军宦官所杀。那些参与事变的卫士，也大半被杀。

从此以后，文宗号称皇帝，实际上过着囚徒的生活。开成五年（840），文宗去世，仇士良等废杀太子，立文宗的兄弟李炎为帝，是为武宗。

牛李党争

从唐宪宗元和三年（808）到唐宣宗大中初年，以牛僧孺、李宗闵为代表的官僚集团与李德裕为代表的官僚集团之间展开了尖锐的斗争，史称“牛李党争”。牛李党争是唐朝后期政治生活中的重大事件。唐文宗曾感叹地说：“去河北贼（指河朔三镇）易，去此朋党实难!”

牛李党争的源起是由于唐宪宗元和三年策试贤良方正科（对在职低级官员进行的考试，成绩优异，即被提升）时，伊阙县县尉牛僧孺、陆浑县县尉皇甫湜、华州参军李宗闵在时事对策的考试中指陈时政之失，无所避讳。主考官杨於陵、韦贯之、李益，复试官翰林学士裴垍、王涯对三人的对策极为赞赏。韦贯之将三人的成绩署为上等，奏报。唐宪宗亦欣赏，下诏优与处分。宰相李吉甫认为牛僧孺等的对策是攻击自己，因而向宪宗哭诉说：“皇甫湜是王涯的外甥，考官对皇甫湜等的评价，都是王涯的意愿。”宪宗不得已，免去裴垍、王涯的翰林学士职位；贬王涯、韦贯之、杨於陵至外州。考生牛僧孺等三人亦不予升迁。

13年后，即唐穆宗长庆元年（821），右补阙杨汝士与礼部侍郎钱徽主持进士录取事。当时科举考试，考生往往请托权势出面疏通，谓之“关节”。“每岁策名，无不先定”。西川节度使段文昌因得了刑部侍郎杨凭的书画，受托将杨凭之子杨浑之推荐于钱徽。翰林学士李绅也将考生周汉宾托付于钱徽。及榜出，段、李二人所托之考生没有录取；在录取的14名进士中，却有主考官杨汝士之弟杨殷士和中书舍人李宗闵之婿苏巢。这引起段文昌的极大不满，遂对穆宗说：“今岁礼部殊不公，所取进士皆公卿子弟，都无艺能，以关节得之。”穆宗问翰林学士李德裕、元稹、李绅，这三名翰林学士都说：“诚如文昌言。”他们所以这么说，都另有缘故。李绅是因请托的考生落选；元稹与李宗闵“争进取有隙”；而李德裕乃李吉甫之子，深恨李宗闵过去在对策时讥讽其父。穆宗命中书舍人王起、主客郎中知诰白居易复试，结果，仅以孔温业、赵存约、窦洵、裴譔四人进士及第，十人均落下。穆宗贬主考官钱徽为江州刺史、杨汝士为开江县令，贬李宗闵为剑州刺史。而钱徽手里有段文昌、李绅为请托写给钱徽的书信，有人劝他奏报穆宗，钱徽说，只要心中无愧，奈何奏人私书，岂君子所为邪！即将书信付之一炬。自此，李德裕、李宗闵各分朋党，更相倾轧，达40年。

牛、李二党的形成，与科举制度有关。考生录取为进士后，主考官与考生、考生与考生之间就形成了“座主”（主考官）、“门生”（录取的进士对主考官的自称）、“同年”（考生之间的称谓）的社会关系。而两党的上层人物的“故吏”亦在其中。牛党的主要成员有：牛僧孺、李宗闵、李逢吉、杨虞卿、杨汝士、李仲言、杨嗣复、李固言、杜综、李珏等；李党的主要成员有：李德裕、郑覃、李绅、陈夷行、元稹、薛元赏、薛元龟等。

牛、李党争在唐文宗大和年间最为尖锐。党争集中在地位和权力上。唐朝的皇帝有至高无上的权力，宰相是皇帝之下地位最高、权力最大的人，因此，两党竭力争夺宰相职位。唐文宗大和六年（832），西川节度使李德裕奉调至朝廷，文宗准备用为宰相。当时任宰相的李宗闵百般阻挠，没有奏效。京兆尹杜综（牛党成员）向李宗闵献计，他说，李德裕没有经过科举考试，而是经“门荫”做官，他为此深为遗憾。如果让他当进士的主考官，他一定很愿意。李宗闵不同意。杜综说：“不则用为御史大夫。”李宗闵同意。因为这样，李德裕就当不成宰相了。后来事与愿违，李宗闵被调出任江南西道节度使，而由李德裕任宰相。这件事说明控制中枢权力是牛、李党争的一个主要内容。

唐朝后期，翰林学士的地位日益重要。任翰林学士者，不仅接近皇帝的机会多，而且对朝廷的决策起着重要作用。因此，牛、李两党都力争己党成员进入翰林院，而力排异党进入。大和八年八月，文宗欲以李仲言为谏官，置之翰林。李仲言是牛党成员，过去因犯错误受过贬官的处罚，后离任。宰相李德裕对文宗说：“李仲言过去所为，陛下必尽知之。岂宜置之近侍？”文宗说：“然，岂不容其改过？”李德裕说：“仲言之恶，著于心本，怎么能改？”文宗又说：“李逢吉荐之，朕不欲食言。”由于李逢吉也是牛党成员，所以李德裕说：“逢吉身为宰相，乃荐奸邪以误国，亦罪人也！”文宗提出能否另任一官，李德裕回答：“不可！”由于李德裕过于意气用事，使文宗大为不快。九月，下诏将李德裕与山南西道节度使李宗闵对调，李宗闵回京任宰相。这说明皇帝的“近侍”翰林学士的职位也是两党争夺的焦点。

李德裕不愿外任，请求留在京师。文宗改任李德裕为兵部尚书。宰相李宗闵认为皇帝既下诏调李德裕外任，李德裕不应再提出请求。文宗只得下诏，以李德裕为镇海节度使。史称：“时德裕、宗闵各有朋党，互相（排）挤、（支）援，上患之。”

武宗在位（841—846）时，将宰相李珏、宰相杨嗣复（二人皆属牛党）罢免，将时任淮南节度使的李德裕调回京师任宰相。不久，牛僧孺一贬再贬为循州（广东惠州）司马；李宗闵一贬再贬以至流放封州（广西梧州之东）。唐宣宗在位（847—859）时，由于“素恶李德裕之专”，遂罢免李德裕宰相职位。同时贬工部尚书薛元赏、京兆尹薛元龟为远州刺史，因二人“皆德裕之党也”。任命“与李德裕不协”的崔铉为宰相。宰相白敏中，虽早年由李德裕推荐，在这种形势下，也见风使舵，使其党李咸讼李德裕罪。不久，将任过宰相的五个牛党成员从远州北迁。以循州司马牛僧孺为衡州（湖南衡阳）长史、封州流人李宗闵为郴州（湖南郴州）刺史。此外，崔珙、杨嗣复、李珏等远州刺史都分别北迁。不过，李宗闵于唐武宗会昌六年（846）八月受诏，未离封州即死。牛僧孺在大中初年卒。大中三年（849），李德裕死于崖州。

牛、李两党的政见有些不同。唐文宗大和七年（833）七月，当时李德裕执政，主张进士科考试内容应为儒家经典的“经义”和时务对策，反对考诗赋。唐文宗同意。不过，为时不长，至翌年十月李宗闵为宰相，李德裕外贬，贡院奏：“进士复试诗赋。”直到唐末，并未改变。这说明李党的这一主张已经过时。大和五年九月，吐蕃维州副使悉怛谋以维州降。时任西川节度使的李德裕主张受降。宰相牛僧孺担心开罪吐蕃赞普从而引起唐蕃不和，反对受降。唐文宗先同意牛僧孺意见决定不受降，后来又后悔。这件事牛僧孺判断失误，唐文宗也有责任。在对待河朔三镇问题上，牛、李二党的主张无大区别。大和五年幽州军乱，副兵马使杨志诚驱逐其帅李载义作乱。文宗问宰相牛僧孺，牛僧孺说：“范阳自安、史以来，非国所有。今日志诚得之，犹前日载义得之。因而抚之，使捍北狄，不必计其逆顺。”

唐武宗会昌三年（843），泽潞镇不听朝命，唐武宗以此事问宰相李德裕。李德裕主张对泽潞用兵，他说；“泽潞事体与河朔三镇不同。河朔习乱已久，人心难化，是故累朝以来，置之度外。”由于河朔三镇割据，由来已久，情况很难改变，因而牛、李二党都主张姑息。而在对泽潞用兵一事，牛党也不反对。由此可见，牛李党争与其说是政见之争，不如说是权力之争。

会昌削藩灭泽潞

开成五年（840 年）正月初四日，饱受宦官凌侮的唐文宗，在形同监禁中，苟活了四年后，终于忧愤成疾，一病不起，在大明宫太和殿带着他壮志难酬的遗憾，走完了他三十三岁短暂的坎坷人生。

此前，文宗已经下令立哥哥敬宗的幼子陈王李成美为太子。他在临终之际，密召宦官枢密使刘弘逸、薛季稜和宰相杨嗣复、李珏等到宫中，托付太子执政。但是，神策军左右护军中尉仇士良、鱼弘志为贪图拥立之功，借口太子年幼多病，难当重任，提出改立皇太子。宰相李珏虽然据理力争，却奈何不了手握禁军的仇士良、鱼弘志。他们假传圣旨，将文宗的五弟颍王李瀍（临死前改名为李炎）立为皇太弟，并亲自带兵将他从十六王宅迎入宫中。太子成美则被迫以陈王的爵位退居藩王府邸。文宗死后，李瀍即位，是为唐武宗。

武宗登基后，于次年下令改年号为会昌。武宗身材高大，性格沉稳果断而有主意，喜怒从不挂在脸上。他是唐后期较有作为的一代君主。他上台后，立即起用著名政治家李德裕为宰相，君臣同心协力，沉着应付，共渡难关，在晚唐内忧外患交织的情况下，取得了抑制宦官势力、会昌灭佛、击溃回鹘、翦平强藩泽潞等骄人政绩，为日益腐朽的唐王朝增添了一抹亮色。其中最值得称道的，是削平了泽潞节度使刘稹的叛乱。

泽潞镇，又称昭义镇，位于今山西东南部和河北西南部地区，治所为潞州（今山西长治），领有泽（今山西晋城）、潞、邢（今河北邢台）、洺（今河北邯郸东）、磁（今河北磁县）五州之地，地理位置非常重要。它从建置时起就具有控遏河北，屏障东都的特殊战略地位，因此备受唐王朝的高度重视。

泽潞与朝廷交恶始自刘稹的祖父刘悟。刘悟原来是淄青节度使李师道的部将。元和十四年（819 年），宪宗下令伐李师道，曾承诺："淄青部将有谁能杀李师道率众投降，就将李师道的官爵地盘全部授予他。"当时，刘悟因受到李师道的猜忌，就倒戈擒杀李师道归唐。不料朝廷食言，将淄青镇一分为三，而改任刘悟为义成（治滑州，今河南滑县）节度使。穆宗继位，刘悟调任昭义节度使。长庆元年（821 年），幽州发生军乱，大将朱克融囚禁节度使张弘靖，朝廷想调名将移镇幽州，制服兵变，就任命刘悟为卢龙节度使，刘悟借口幽州兵势太强，不愿进讨，仍旧镇守泽潞。刘悟因与朝廷派来的监军刘承偕不和，经常受到刘承偕的当众侮辱，结果发动兵变，囚禁刘承偕。朝廷不得已，下令贬黜刘承偕。从此以后，刘悟越来越骄横跋扈，也想效仿“河朔三镇”割据，不再听命于朝廷。一些逃亡罪犯及失意之徒纷纷投奔泽潞，刘悟向朝廷奏章论事，言词不逊，朝廷对他也无可奈何。

敬宗宝历元年（825 年），刘悟死，其子刘从谏上表请求继任。宰相李逢吉、权阉王守澄因为收受了他的贿赂，就千方百计地为他争取到了任命。当时，宦官专权，南衙北司矛盾异常尖锐。“甘露之变”时，宰相王涯等人被杀，刘从谏素来与王涯关系很好，又痛恨宦官当权，于是接连上奏章为他鸣冤。由于刘从谏手握重兵，又有威望，因此权阉仇士良等人对他也非常忌惮，宰相郑覃、李石等人才得以继续执政。此后，刘从谏与仇士良翻脸，多次上表指责仇士良的罪恶，而仇士良也声言刘从谏有窥伺朝廷的野心。武宗继位之后，刘从谏献上一匹良马，遭到朝廷拒绝，刘从谏认为是仇士良从中作梗，一怒之下就杀掉了这匹马，从此不再信任朝廷。为了对抗仇士良，刘从谏招纳亡命，修整兵械，又加重税收，积极备战。

会昌三年（843 年）四月，刘从谏病死，他的侄子刘稹听从部将郭谊的建议，秘不发丧，自领军务，请求朝廷任命，并上书指责仇士良的罪恶，拒绝服从朝廷调遣。宰相李德裕认为昭义邻近京城，不能任由其割据一方，所以不予批准。五月十三日，朝廷下令削夺刘从谏和刘稹的官爵。第二年，在李德裕的主持之下，调集成德、魏博、河中等镇兵力进攻昭义，命王元逵为泽潞北面招讨使，何弘敬为南面招讨使，与河中节度使陈夷行、河东节度使刘沔、河阳节度使王茂元合力出击。七月十八日，天德军防御使石雄率七千人从西面攻入潞州界，过乌岭（在今山西翼城），破昭义五寨。王元逵从东面发起进攻，在尧山（今河北顺平县西北）击败昭义军。由于昭义镇的实权控制在部将王协、李士贵等人手中，军心涣散，将士离心，大将高文瑞、邢州刺史崔嘏先后向唐军投降，洺州、磁州也相继倒戈。昭义部将董可武将刘稹骗到别院，连同其家族，全部杀死。石雄将刘稹的首级传送长安，向朝廷报捷，宣告泽潞扫平。

平定泽潞是唐王朝自元和中兴以来，对跋扈难制的强藩取得的唯一一次重大胜利。但是由于当时唐王朝已经积重难返，无力再与藩镇较量，致使割据局面一直持续下去，直到唐朝灭亡。

张议潮归唐复河陇

会昌六年（846）唐武宗病重，却不求医，在他身边的道士炼制丹药给他，也给他提了好意见，便是让他改名，改名能够治愈病情，而改名后的12天，宫中就传出了武宗驾崩的消息，唐武宗吞服仙丹而死。由于武宗生前没有对皇位继承人做出安排，在他弥留之际，左神策军护军中尉宦官马元贽假造圣旨，拥立宪宗第十二子光王李怡（后改名李忱）为皇太叔，因为从辈分上来说，他还是敬、文、武宗的皇叔。武宗一死，李忱即位，是为唐宣宗。次年（847年）正月，下令改年号为大中。

宣宗是晚唐皇帝中后人评价较高的一位，据说他明察果断，执法无私，从谏如流，从不滥授官职和赏赐，生活节俭，爱护百姓，甚至还赢得了“小太宗”的称号。但是，这些对他来说都是过分的吹捧之词。他刚登基，就立即将精明强干的宰相李德裕贬逐到外地，任用牛党首领白敏中、令狐绹为宰相，将李党集团全部清除出朝廷，君臣还“协力同心”，尽反会昌之政，兴复佛教，使得唐王朝的危机进一步加重。不过，大中年间，还有一件值得称道的事情，就是沙州张议（又作义）潮以河西、陇右地区重新归附唐朝廷。

张议潮，沙州敦煌（今甘肃敦煌）人，祖籍南阳（今河南南阳）。张家在当地是一个比较有名的大族，他的祖父张季曾任唐北都太原留守，父张谦逸为沙州信士，赠工部尚书。张议潮出生于唐德宗贞元十五年（799年），当时河西走廊正处在吐蕃人的控制之下。原来，安史之乱爆发后，唐王朝将大量兵力内调平叛，吐蕃趁防守空虚之机，大肆侵吞蚕食，河西、陇右及西域各地全部沦陷，唐都长安及其关中地区完全暴露在前沿战线。8世纪下半叶，吐蕃国力达到了鼎盛，甚至在广德元年（763年）一度攻入长安，唐代宗被迫流亡在外。此后，唐蕃关系时好时坏，战争不断，吐蕃成为唐王朝最大的边患。

张议潮亲身经历了吐蕃贵族的残暴统治，目睹了当地汉族人民所受到的种种欺负和蹂躏，从而萌发了强烈的反抗意识。他自幼就刻苦学习兵法和武艺，对爱国将领封常清十分崇拜，立志要驱逐入侵者，回归大唐故国。长大后，他成为吐蕃的沙州刺史。他拿出自己的家产为军资，秘密联络当地豪杰，招募和训练义军，不断地收纳反抗吐蕃统治的流亡分子，积蓄力量，伺机而动。终于机会来临了。

唐武宗会昌二年（842 年），吐蕃发生内乱，陷入分裂。唐政府决心借此机会，收复河湟地区。大中元年（847 年）五月，河东节度使王宰率代北诸军，于盐州（今陕西定边）大败吐蕃军队。大中二年（848 年）十二月，凤翔节度使崔珙又击破吐蕃，攻克清水（今甘肃清水）。大中三年（849 年）二月，河陇民众举秦（今甘肃秦安西北）、原（今宁夏固原）、安乐（改称威州，今宁夏中卫）三州及石门等七关降于唐廷。八月，宣宗下令山南、剑南等道沿边节镇，相机尽力收复被吐蕃占领的州县。十月，西川传来收复维州（今四川理县东北）的喜讯。十一月，山南西道又报捷收复扶州（今甘肃文县西）。唐王朝在军事上的节节胜利，极大地鼓舞了河陇地区的人民，张议潮正是利用这个大好机会毅然举起了反抗吐蕃占领复归唐朝故国的起义大旗。

大中二年（848 年），张议潮正式发动起义，当地各族民众群起响应，吐蕃守将惊慌逃窜，起义群众一举占领沙州。为了及时向唐王朝告捷，并确保表文安全送达长安，张议潮派遣了十批使者，分十路奔赴长安，其中还有由僧人组成的一支。最后，只有敦煌高僧悟真为首的一支使团，历经磨难，冲破吐蕃的重重阻隔，绕道天德军（今内蒙古乌拉特西北），于大中四年（850 年）二月抵京。唐宣宗接到这一喜讯，竟然情不自禁地赞叹：“自古关西出名将，真是毫不夸张啊！”

收复沙州后，张议潮一方面以此为根据地，整饬军队，发展生产，一方面又相继攻取了甘（今甘肃张掖）、肃（今甘肃酒泉）、伊（今新疆哈密）、瓜（今甘肃安西）、西（今新疆吐鲁番）、兰（今甘肃兰州）、鄯（今青海乐都）、河（今甘肃东乡）、岷（今青海岷县）、廓（今青海化隆）等十州。大中五年

（851年）八月，张议潮又派他的哥哥张议潭携带沙、瓜等十一州地图和户籍到长安，进献给朝廷，以表达归唐之心。同年十一月，唐政府在沙州设立归义军，任命张议潮为节度使。大中十二年（858年）八月，张议潮又率领各族军队七千人东征凉州（今甘肃武威），经过三年的努力，到唐懿宗咸通二年（861年），攻克凉州。至此，沦陷于吐蕃近百年之久的河西故地复归唐王朝所有，丝绸之路重新恢复畅通。

河西地区虽然重新回归祖国，但由于当时唐王朝的国力已经衰败，内忧外患相互交织，中央政府只能向河西地区提供极其有限的经济和军事上的支持，而张议潮领导下的这片残破山河，还要面对吐蕃势力的反扑以及周边其他少数民族的窥伺，于是在河西地区进行了大力改革。首先是恢复了唐朝先进的政治、经济、文化制度，奉行民族平等政策，充分尊重和保护宗教信仰和生活习俗，制定了严明的法规和军纪，约束军队和民众。其次，大力发展经济、科技和文化教育，从内地大量引进先进技术、文化产品，兴修水利设施，开垦荒地，发展农业和手工业生产，兴办学校，发展教育事业。在短短几年时间里，河西走廊地区就迅速恢复元气并且取得巨大发展。吐蕃近百年统治残留下来的种种积弊，尤其是在思想文化和政治方面的落后蒙昧全部被荡涤，重现先进的大唐文明风范。首府敦煌成为西域名城、中西文化汇聚和交流的中心。

咸通八年（867年），张议潮亲自入朝，并留居长安。唐王朝给予他很高的礼遇，授予右神武统军、南阳郡开国公，赐予良田府宅。咸通十三年（872年）八月，张议潮病逝于长安，享年七十四岁。张议潮不畏强暴，反抗异族统治，毅然回归唐朝的举动，不但维护了祖国的统一，也成为晚唐政治生活中的一起重大事件，值得后人永远称颂与纪念。

武宗灭佛

唐朝建国初期，以道教为国教，但因佛道之争一直没有间断过。唐武宗一直喜好道术，即位后更是崇尚道术，他将太上玄元皇帝老子的降诞日定为降圣节，全国休假一天；又在宫中设道场，在大明宫修筑望仙台，拜道士赵归真为师。

在尊奉道教的同时，唐武宗极其蔑视佛教，他非常讨厌和尚和尼姑，就像厌恶蠹虫一样，因为他们耗费天下财物，就想将他们罢废还俗。道士赵归真等人又竭力劝武宗废佛，于是在会昌五年（845），唐武宗下令先拆毁山野之间的寺庙，上都长安和东都洛阳的左、右两街各留佛寺两所，每个寺院留僧侣30人；天下各镇凡节度使、观察使的治所以及同州、华州、商州、汝州各留一所佛寺，将佛寺分为三等：上等可留僧侣20人，中等可留僧侣10人，下等可留僧侣5人。其余僧侣及尼姑以及大秦穆护、袄教僧人也一并勒令还俗。寺庙除应该留下的以外，立即命令所在官府拆毁，并且由朝廷派遣御史到各道去进行监督。佛寺的财产、田产全部没收入官府，寺庙的建筑材料用以修缮公家的官舍和驿站的房屋，佛教铜像、钟磬等器物熔化后用以铸造钱币。

七月初七，唐武宗下诏陈述佛教的种种危害弊端，并昭告朝廷内外。在全国范围内拆毁佛寺四千六百余所，勒令还俗的僧侣、尼姑有26万多人，大秦穆护、袄教僧人也有2000余人，又拆毁大小佛祠4万余所。武宗又同时没收其财产，从寺院收得良田数千万顷，收得寺院奴婢15万人。其余所留下的僧侣都隶属于尚书省礼部主客郎中管辖，而不再隶属于尚书省礼部祠部郎中。对于上述处置，朝廷百官都奉表称赞庆贺。不久，唐武宗又命令东都只留僧侣20人。诸道原留僧侣20人者减去一半，留十人者减去3人，留5人者全部减去，一个不留。

很多五台山的僧侣逃亡投奔幽州。李德裕召来幽州的进奏官，对他说："你回去告诉你的节度使，五台山的僧人充当将领必定不如幽州的将领，为士卒也必定不如幽州的士卒，为何要平白无故地得一个容纳僧侣的恶名，而成为人家的口实！你没有看见不久前刘从谏招纳收聚无数的闲人，最终有什么好处！"幽州节度使张仲武于是将两把刀封好送给居庸关的守将，宣称："若有游僧进入幽州之境，一概斩首。"

武宗重道灭佛，自己幻想成仙，就服用所谓的仙丹妙药，身体受到极大损伤，最后暴崩，成为太宗、宪宗、穆宗、敬宗之后，又一位因为服食仙丹妙药而死的皇帝。

桂林戍卒闹哗变

就在唐懿宗李漼抱着得过且过的执政理念，沉溺于穷奢极欲、醉生梦死的奢靡生活之时，他所任用的大臣也都和他一样碌碌无为，贪腐成风。像咸通初的宰相杜悰，并没有什么政治才干，但却靠着驸马的裙带关系得以出将入相，尸位素餐，人送外号“秃角犀”。咸通五年（864年）担任宰相的路岩更坏，他拉帮结派，招财纳贿，奢侈堕落，胡作非为，甚至还把政事委托给下边的亲信边咸。一个叫陈蟠的官员向懿宗报告说，如果抄了边咸的家，足够支撑两年的军费，懿宗不但没有查办边咸，反而把陈蟠狠狠地臭骂了一顿，流放到了极其边远蛮荒的爱州（今越南清化），从此再也没有人敢说话。路岩还和稍后任宰相的驸马韦保衡沆瀣一气，把持朝政，气焰极为嚣张，当时人称他们为“牛头阿旁”，意思是像厉鬼一样阴险恐怖。不仅路岩如此，同时担任宰相的曹确、杨收、徐商等人，也都是一路货色，有人将他们几个人的姓名串在一起，编了一首顺口溜说：

确确（指曹确）无余事，钱财总被收（指杨收）。商（指徐商）人都不管，货赂（指路岩）几时休。

在这些人的治理之下，晚唐政治极为腐败，社会愈加黑暗，人民生活越来越贫困。当时有人上书指出：富人拥有连片土地，穷人却无立锥之地。即使这样，苛捐杂税，日益加重。就连统治集团中的一些有识之士也尖锐指出：百姓有八种苦难而无丝毫快乐，国家有九种破败理由而无任何维持的道理，这说明广大人民群众已经无法再继续生活下去了，农民大起义的风暴呼之欲来。

懿宗即位当年，即大中十三年（859年）十二月，就爆发了浙东裘甫（一作仇甫）领导的农民起义。浙东是唐王朝的主要财赋供应地，也是统治比较薄弱的地区，起义军打败了浙东观察使郑祇德派来镇压的官兵，接连攻克了象山、剡县（今浙江嵊州）、上虞、余姚、慈溪、奉化、宁海等县，吓得明州（今浙江宁波）大白天紧闭城门。懿宗急忙调集大军，前往围剿。义军进行了顽强的抵抗，但终因力量悬殊，最终失败，裘甫被俘后押送到长安遭到杀害。裘甫起义历时半年多，对于刚刚即位的懿宗来说无疑是一声警钟。但是，浙东平定了，他也就忘记了当时的紧张局势。到咸通九年（868年）七月，又爆发了庞勋领导的桂林戍卒起义。

懿宗即位之初，就和南诏把关系闹翻。南诏王酋龙一怒之下自称皇帝，建国号“大礼（一作大理）”，改年号为“建极”，同时派兵向唐朝边境发起进攻，安南沦陷。为了戍守边境，唐王朝经常从内地抽调军队，定期换防。徐州节度使孟球，曾招募士兵二千人，分八百人戍防桂林，约定三年轮换。可是到咸通九年时已经六年，早已超期戍守，戍兵多次请求代还，而徐州这时的节度使崔彦曾认为库藏空虚，派兵代还戍兵，花费太大，就要求桂林戍卒再多留戍一年。戍卒家人将这一消息迅速告诉了在桂林戍防的战士。已经忍无可忍的戍卒非常愤怒，牙官许佶、赵可立、王幼诚、刘景、傅寂、张实、王弘立、孟敬文、姚周等九人，杀都将王仲甫，拥立粮料判官庞勋为首领，冲入监军院，夺取了兵器，在桂林发动暴动。然后，经湖南北上，沿途抢劫了衡山、湘潭两县，沿长江东下，转入淮南，一直打回老家徐州。

他们一路上吸收了许多穷苦农民参加，队伍迅速壮大。唐王朝假意下发了一道诏令，说赦免戍兵，允许他们返回家乡。但徐州节度使崔彦曾已经派兵前来镇压，结果被戍卒打得大败，起义军趁势攻取宿州、徐州，杀死节度使崔彦曾、尹戡等残暴的唐朝官吏。庞勋自称兵马留后，后又称天册将军，声势大振。接着，起义军又攻下濠州（今安徽凤阳）、滁州、和州等地，杀滁州刺史高锡望。南到寿州、庐州，北到沂州、海州、沭阳、下蔡、乌江、巢县等地，都被起义军相继攻占，泗州也被长期围困，起义军控制了江、淮运输线，切断了唐王朝从江南运输财赋的通道。前来救援的唐军，疲于奔命，屡战屡败。起义军则越战越勇，由于这一年江、淮大旱，发生蝗灾，老百姓纷纷参加庞勋起义军，使义军力量大增，发展到二十多万人。

在庞勋起义规模日益强盛的情况下，唐朝赶快派遣右金吾大将军康承训为义成节度使、徐州行营都招讨使，羽林将军戴可师、神武大将军王晏权分任徐州南、北面行营招讨使，调集各路大军，前来镇压；唐王朝还调来了沙陀三部落使朱邪赤心和吐谷浑、鞑靼、契苾等部族酋长，各率部众，帮助唐军镇压起义军。起义军英勇奋战，杀戴可师于都梁城（今江苏盱眙北），屡败王晏权军，逼得唐王朝以曹翔代替王晏权，撤换了淮南节度使令狐绹，以马举代替，又任命将军宋威为徐州西北面招讨使，加强唐军的镇压力量。

唐军集中兵力，四面包围了起义军，展开全面反攻。起义军攻克的地方，相继失守，唐军进逼徐州。在此危急时刻，庞勋接受了部下建议，引兵西攻宋州、亳州，想以此来牵掣唐军。但当庞勋西行后，他的部下张玄稔就投降了唐军，徐州陷落。庞勋西攻宋州不克，转攻亳州，预备折回徐州，但为沙陀骑兵追击，苦战不敌，于咸通十年（869 年）九月战死在蕲州境内。至此，庞勋领导的桂林戍卒起义历经一年多时间，归于失败。

裘甫和庞勋领导的这两次起义，虽然很快就都失败了，但由于起义发生在唐王朝赖以维持的主要财赋供应地，所以对唐王朝的打击很大。尤其是庞勋起义，转战南方六七个省份，威胁到唐王朝的漕运通道运河，极大地震撼了唐王朝在江、淮地区的统治。后人评价，唐朝虽然是灭亡于黄巢，而其祸根实际上早在桂林戍卒起义中就种下了。所以这两次起义等于是揭开了唐末农民大起义的序幕。

博大精深的唐文化

在我国漫长的封建社会发展史中，唐朝可谓处于鼎盛时期。这种繁荣昌盛不仅仅表现在政治、经济方面，还表现在文化、科技等方面。

唐朝自太宗始，就格外重视对外交流。到玄宗时期，唐代经济、文化的发展蔚为壮观，极度繁荣。盛唐文化驰名国外，“声教所及，唯唐为大”，“万国欢心，四夷钦化”。玄宗时期有许多朝鲜和日本的人前来求学，其中最有成就的就是日本学者晁衡。

晁衡原名阿倍仲麻吕，到唐后取汉名为晁衡，字仲满。他来到唐朝主要是学习汉学。而汉学在唐朝的发展主要表现在诗歌方面。

李白堪称当时中国诗歌发展史上最浪漫、最飘逸的一位诗人。他以其杰出的“诗文创作”名播海内，代表作有《古风》19 首、《梦游天姥吟留别》《将进酒》《行路难》，等等，一千多年来一直为后人所传颂。他本人也因其雄奇的想象、飘逸的诗风以及豪放不羁的性格被后人称为“谪仙”“诗仙”。而晁衡在长安时就结识了这位唐代最伟大的诗人，同时还与当时比较著名的诗人王维、赵晔、储光羲、包佶等人结下了深厚的友情。这几人都对晁衡的诗歌创作产生了积极的影响。晁衡之诗音律和谐，对仗工整，高度体现了中国文化修养。

而唐朝另外一位与李白齐名的大诗人就是现实主义诗人杜甫。杜甫一生流离坎坷，他的诗多为忧国忧民之作。比如“朱门酒肉臭，路有冻死骨”一句便深刻揭露了朝廷的腐败与百姓的疾苦。杜甫生活在唐王朝由盛转衰的时期，他亲身经历了安史之乱，据此吟下流传千古的现实主义佳作“三吏”“三别”。在他的《茅屋为秋风所破歌》中，通过“安得广厦千万间，大庇天下寒士俱欢颜”诗句，淋漓尽致地表现了自己渴望建功立业，解救天下百姓的强烈愿望。后来世人尊称这位怀才不遇的大诗人为“诗圣”。

而在李白、杜甫之后，还出现了白居易、李商隐、杜牧、李贺、孟浩然、王昌龄等许多著名诗人。其中李商隐、杜牧因诗才被称为“小李杜”。李贺因其才华横溢，作诗呕心沥血，不满 27 岁便与世长辞，被后人称为“诗鬼”。这些诗人又大都有佳作传世，特别是白居易的《长恨歌》描述了玄宗皇帝李隆基与杨贵妃缠绵悱恻的爱情故事，读起来令人一咏三叹，感人至深，辈辈传诵，流传至今。

唐文化的繁荣不仅体现在诗歌方面，在医药方面也很突出。而在医药方面的代表人物，就是被人称为药王的孙思邈。

孙思邈（581—682），京兆华原（今陕西铜川市耀州区）人，唐代医药学家，被后人称为“药王”。孙思邈在太白山研究道家经典，同时也博览众家医书，研究古人医疗方剂。他选择了“济世活人”作为他的终生事业，为了解中草药的特性，他走遍了深山老林。孙思邈还十分重视民间的医疗经验，不断积累走访，及时记录下来，终于完成了他的不朽著作《千金要方》。公元659年完成了世界上第一部国家药典《唐新本草》。公元682年孙思邈无疾而终。

孙思邈自幼体弱多病，为此耗尽家产，那时他便立志从医。青年时期的孙思邈便已因精湛的医术远近闻名。

传说他能起死回生。一天，孙思邈行医回来，路遇送殡队伍。他见棺材中有血流出，便上前追问哭得死去活来的一位老婆婆，棺中人因何而死，死去多长时间。老婆婆见他是医生，便告诉他，棺中是自己的女儿，因难产而死，已死去几个时辰。孙思邈忙命开棺，对产妇进行救治。没想到，经他扎过几针，推拿几下，那产妇不但醒转过来，还产下一个大胖小子。孙思邈又留下药，嘱咐服用方法，转身飘然而去。老婆婆一行人都喜得呆住了，半天才醒过味儿来。望着孙思邈远去的背影，连称神医下凡。

孙思邈不但医术高明，而且善于钻研。通过长期的观察实践，他发现，羊靥治甲状腺特别有效；动物肝脏能治夜盲症；多吃粗粮能治脚气病。而中华医学史上第一个发明导尿术的人也是他。

孙思邈可以说集唐代医学之大成，是我国唐代医药学家的卓越代表。他在自己70岁时，遍检历代医学典籍，并结合自己的行医经验，编撰成医学药典《千金要方》。这部医药奇书包括中医基础理论和临床各科的诊断、治疗、针灸、食治、预防、卫生等共30卷，编为232门。它以人体进行分类，已接近现代医学的分类方法。孙思邈活到101岁，在他100岁时，还写成了《千金要方》的补充书目《千金翼方》。此书偏重于记载本草、伤寒、杂病、中风、疮痈等病的疗法，收载当时所用药物873种，详细记述了233种药物的采集和炮制方法。

当时，日本遣唐使多次到唐朝，回国时就曾将《千金要方》带回日本。因此，可以说日本先进的现代医学技术的发展，与我国唐代先进的医学技术不无关联。

盛唐在艺术、绘画方面也在当时处于超前的位置。

大书法家颜真卿和柳公权，在当时被称为“颜筋柳骨”，他们的代表作分别为《多宝塔碑》《玄秘塔碑》。画家吴道子的画有“吴带当风”之称，与之齐名的画家还有顾恺之，他们的代表作品为《太宗步辇图》和《女史箴图》。

然而，这些艺术家们的作品不是早已失传，便是流传下来的为数甚少，颇让后人感到遗憾。但是，我们要想领略大唐文人雅士登峰造极的艺术作品也并非难事，只要我们去一个地方，便可一饱眼福。这个地方就是——敦煌。

敦煌市坐落在甘肃省的西北部，河西走廊的尽头，靠着沙漠的边缘。而名扬世界的文物宝库——千佛洞莫高窟便在这里。这里曾藏有古籍两三万卷以及佛画、佛幡、丝绣品等，洞窟中的塑像2400余个，堪称稀世珍藏。

莫高窟可以说是一个古画陈列馆。在现存的壁画雕塑的洞窟中，唐朝的约占40%。所以说唐代艺术是敦煌这座宝库中的主要部分。

我们谈唐代绘画，啧啧赞叹“吴带当风”。然而，吴道子的真迹已不可复见。但是，我们却可以从敦煌这座宝库的珍品中得到佐证。壁画中那些飞天，忽上忽下，左右盘旋。她们身上并没有翅膀，只消几条飘带，一转一倒，便简明地画出了飞腾自如的姿态。想来“吴带当风”也即如此吧！

壁画中的菩萨应当是世俗女子的摹本。她们并未缠足，面如满月，身材丰腴健美，这正符合唐朝时人的审美标准。

供养人（奉佛的信徒）像中，以张议潮夫妇出图最为辉煌。骑者前导，大旗飘扬；舞女四人，长袖翩跹，乐队紧随，吹奏着笛笙、箜篌、琵琶等乐器，鼓手还打着大鼓；其余卫士、车骑、百戏、肩舆马车、骆驼之类，杂然并陈，构成一幅复杂、豪华的场面，气魄甚为宏伟。唐无名画师把这一题材处理得井井有条，充分显示了高超的绘画创作才能。此画在敦煌156洞，具有极高的艺术价值。

敦煌宝库中还提供了大量的风俗画，宴会、生产、战争等场面应有尽有。而画中对西域、中亚，以及中原的帝王、贵族、大臣、侍从、贵妇、婢女等人神情态度的描绘，无不恰如其分。这些画也均为杰出的艺术品。

此外，莫高窟还存唐塑670个。无名的艺术大师，给一堆堆泥土茅草赋予了生命的气息。他们雕塑的佛像逼真，惟妙惟肖，庄严慈悲，兼而有之。衣服柔润圆和，使人一眼便能想到是绸缎做成。菩萨袒胸露臂，肌肤丰满，俨然是唐代美女的化身。天王力士，戴盔穿甲，刚猛威武，令人想象唐代武士跃马横戈的神情。这些作品无不优美动人，显示出唐代为我国雕塑艺术的高峰时期。

总而言之，大唐文化在当时是超前的，对我们后人也影响深远。

黄巢起义

黄巢是山东冤句（今山东菏泽西南）人，小时就读私塾，因山东多出武林中人，他更偏爱弄枪使棒、骑马射箭，练就一身好武艺。

有一年，他同众多的读书人一样，到长安去参加科举考试，没有考中。后来又参加武举考试，本来他可以拿头名，就因为他没有靠山，长得又黑，面貌丑陋，结果还是名落孙山。黄巢一气之下，回到旅店写了一首《咏菊》诗留在墙上，怀恨而去。这首诗是这样写的：

待得秋来九月八，我花开时百花杀，

冲天香阵透长安，满城尽带黄金甲。

在这首诗里，他用菊花比喻自己，想象总有一天，在百花凋谢的时节，他会像菊花那样，傲霜怒放，用冲天的香气，散遍长安，暗示了他要推翻黑暗腐朽的唐王朝统治，创建自己事业的决心和气概。

这时，唐王朝经过藩镇混战，已经百孔千疮。大官僚、大地主、大军阀加紧了对农民的剥削，赋税一年比一年沉重，加上连年水旱灾害不断，农民纷纷离家，到处逃亡。一些胆大的农民，被逼无奈，只好走上造反这条路。

黄巢起义

唐懿宗即位那年，浙东地区爆发了裘甫领导的农民起义，起义队伍从 100

多人很快发展到3万多人。他们打官府，除恶霸，替穷苦人出了憋在心中的一口恶气。唐朝派军队前去，经过八九个月才算镇压下去。

在这以后，全国各地不断爆发农民起义，唐朝尽管拼命镇压，但广大农民对唐朝的统治越来越憎恨，一场更大规模的农民大起义就要到来了。

僖宗即位不久，咸通十四年（873），河南、山东一带，水旱灾害严重，粮食颗粒无收，但官府仍然催逼租税，从而激起民变。乾符元年（874）年底，私盐贩濮州（今河南范县南）人王仙芝领导农民几千人，在长垣（今河南长垣）起义，自称“天补均平大将军兼海内诸豪都统”。公元875年6月，王仙芝率领起义军，攻下濮州、郓州（今山东东平西北）、曹州（今山东曹县北）等地。这时，黄巢聚众数千人，在家乡冤句（今山东菏泽市西南）起义，响应王仙芝。黄巢曾和王仙芝同贩私盐，目睹唐统治的腐败和百姓生活的痛苦，愤世不平，便带领兄弟子侄等人，走上了反抗唐王朝的道路。两军会集之后，队伍迅速发展到几万人。

王仙芝和黄巢带领起义大军转战山东、河南一带，接连攻占了许多州县。每到一处，起义军开仓放粮、严惩贪官污吏，得到广大穷苦百姓的热烈拥护。这样，起义队伍越来越壮大，引起了唐朝中央政府的极大恐慌，下令各地政府组织军队前去镇压。那些将领一个个胆小如鼠，害怕与起义军交锋，都采取互相观望态度。

唐朝中央政府见硬的一套不行，就采用软的手段。当起义军攻下蕲州的时候，他们派宦官去见王仙芝，封他为“左神策军押牙兼监察御史”的官衔。王仙芝听得有官做，贪图富贵，表示愿意接受朝廷任命，听从朝廷指挥。

黄巢得知这一消息，火冒三丈，连夜带上一支队伍，赶到王仙芝那里痛加责骂。王仙芝知道自己理亏，害怕黄巢杀了他，连忙向黄巢认了错，请求黄巢饶恕。在这种情况下，王仙芝派人把唐朝派来劝降的宦官赶跑了。

经过这次波折，两人无法再一起共同作战。黄巢决定与王仙芝分手，各自带领一部分义军，兵分两路进攻。王仙芝向西，黄巢向东。王仙芝还幻想弄个官当，哪有心思去打仗。他一面继续攻打州县，一面派人与唐王朝讨价还价。

由于王仙芝的叛变行为，引起起义军内部大多数人的不满，军心涣散。最后，他率领的这支起义军在黄梅（今湖北）被唐军打败，他本人也在这次战斗中被杀死了。

黄巢是个很有军事才能的农民起义军领袖，他看到唐朝在中原地区的军事力量比较强，决定避其精锐，选择唐军兵力薄弱的地区，带兵南下。他们顺利渡过长江，打进浙东。起义军一路势如破竹，接连打下越州、衢州；接着，又劈山开路，打通了从衢州到建州（今福建建瓯）的七百里山路。经过一年多的长征，一直打到广州。

起义军在广州休整以后，调头北上，直接进攻唐王朝的中心长安。唐王朝一下子慌了手脚，连忙调集荆南节度使王铎、淮南节度使高骈带领军队沿途拦截，被黄巢起义军一个个击破，起义军顺利地渡过长江，吓得淮南节度使高骈推说得了重病，躲在扬州城里不敢出来迎战。

起义军渡过淮河，继续向长安进发。一路上，起义军向唐朝将领发出檄文，告知他们：“我们进攻京城，只向皇帝问罪，不干众人的事。你们各守地界，不要触犯我们的锋芒！”

各地将领接到檄文，一个个都害怕起义军攻打他们，都想保存实力，不愿替唐王朝卖命。消息传到长安，唐僖宗吓得坐卧不安，只知道对着大臣哭天抹泪。

公元880年，黄巢带领60万起义大军，浩浩荡荡地开进潼关。潼关周围满山遍野飘扬起起义军洁白的大旗，一眼望不到尽头，就像盛开的莲花迎风飘曳。潼关唐军守将还想顽抗。黄巢亲自到阵前督战。将士们看到他们崇敬的黄王到来，齐声欢呼，声音响彻山谷，震天动地。守城的唐军将士听了，一个个吓得心惊肉跳，哪还敢抵抗，纷纷丢下武器，四下逃命。

起义军攻下潼关，唐王朝更加惊恐不安，唐僖宗和宦官田令孜带着几个妃子逃到成都去了。来不及逃跑的唐朝官员，全都出城投降。

这天下午，黄巢乘坐一顶轿子，在将士们的簇拥下和一片欢呼声中，威风八面地进入了长安城。长安城百姓扶老携幼，夹道欢迎。起义军大将尚让大声对全城百姓说：“黄王起兵，本来就是为了百姓，不会像姓李的那样虐待你们。乡亲们，你们只管安居乐业好了。”起义军打开仓库，把粮食和物品分给贫苦百姓，百姓奔走相告，到处传扬着起义军的恩德。

几天以后，黄巢在长安大明宫登上皇帝宝座，取国号叫“大齐”。黄巢经过7年的艰苦斗争，终于取得了胜利。

起义军建立大齐政权后，以黄巢为首的领导集团，满足于既得的胜利，既没有乘胜肃清唐朝残余势力，又没有集中兵力消灭关中唐朝禁军的主力和周围藩镇势力。因此，以僖宗为首的中央势力在四川站稳脚后，得以重新组织力量，向起义军反扑。由于起义军北上过江后，没有重视根据地的建设，一味流动作战，特别是渡淮之后，队伍已发展到60万人，一路势如破竹，直取两京，然所经之地，甚至包括洛阳这样的重要城市，都不派兵驻守。而攻入长安后，也没有利用唐军溃散的机会，巩固和扩大以长安为中心的根据地。这样，大齐政权势力范围只局限于东起华州，西至兴平，南抵商州的地区内，兵源、军资和粮食供应都很困难。

中和元年（881）三月，唐僖宗在四川发布命令，号召各藩镇进击起义军。唐朝的军队会集了沙陀贵族李克用的骑兵，从四面包围长安，双方展开殊死战斗，长安几度失而复得，战斗十分激烈。这时，被唐重兵围困在城内的起义军，粮食极为缺乏，只得以树皮等物充饥，处境日益困难。唐王朝为配合军事围剿，又加紧了对起义军的分化诱降活动。

这期间，起义军内部出现了大叛徒，这对于起义军是个沉重的打击。这个人就是黄巢手下的一员大将朱温。黄巢进了长安以后，派他带领一支军队驻守同州（今陕西大荔）。朱温经不住唐王朝的物质引诱，投降了。

唐王朝为了镇压黄巢起义，又召来了西北地区沙陀贵族、雁门节度使李克用，率领4万骑兵进攻长安。起义军当时有15万人，但因缺乏训练，抵挡不住这支训练有素的骑兵队伍，结果大败。黄巢没有办法，只好带领起义大军撤出长安。

当撤退到河南的时候，叛徒朱温会同李克用一齐围攻起义军。起义军虽然经过英勇顽强的战斗突破重围，但损失惨重。公元884年，黄巢带领起义军攻打陈州（今河南淮阳），久攻不下，又损失了不少人马。唐王朝政府军队在后面紧紧追赶，黄巢这时只有3万来人，退到泰山狼虎关时，被唐王朝大军重重包围，黄巢突围受阻，自刎而死。

黄巢起义虽然最后失败了，但是给唐王朝以沉重的打击。唐王朝从此一蹶不振，直至灭亡。

朱全忠诛杀宦官

文德元年（888年）三月六日，年纪轻轻的唐僖宗在经历了几度颠沛流离之后，忽然得暴病死亡。因为僖宗没有立太子，所以在他弥留之际，朝廷群臣看中了他的弟弟吉王李保，理由是吉王在诸王当中最有贤名，年龄又比较大。但是，大宦官观军容使杨复恭却支持僖宗的七弟寿王李杰，于是命右军中尉刘季述派兵将李杰从六王宅迎入宫中，立为皇太弟，执掌朝政。僖宗死后，李杰改名李敏，即位，又改名李晔，就是唐昭宗。

朱全忠

昭宗登基后，意气风发，神气雄俊，颇有重整河山，号令天下，恢复祖宗基业的雄心壮志。他喜欢读书，爱好文学，注重儒术，尊礼大臣，给人留下了很好的印象，人们称赞他“有会昌之遗风”。

昭宗要重振朝纲，首先想到的就是摆脱宦官的控制，当时朝中大臣也很痛恨宦官专权，于是他们之间展开了一场激烈的争斗。

僖宗朝大宦官田令孜这时虽然已经失势，在昭宗即位前就跑到成都投靠他的弟弟西川节度使陈敬瑄去了，但是他依然作威作福，在朝廷宦官中有很大的影响力。昭宗因在当年跟随僖宗逃难途中，受过田令孜的欺负，所以恨透了这个权阉，任命宰相韦昭度代替陈敬瑄的职位，借机除掉田令孜，陈敬瑄居然抗命不遵。后来，田令孜的养子四川军阀王建起兵，杀掉了田令孜和陈敬瑄。

拥立昭宗的大宦官杨复恭是田令孜推荐担任左神策军中尉、观军容使之职的。他恃功骄横，擅权弄政，根本不把昭宗放在眼里，他在给养子兴元节度使杨守亮的信中自称“定策国老”，骂昭宗是“负心门生天子”。他因与昭宗的舅舅王瓌有矛盾，就在王瓌出任黔南节度使的路上，派人将他悄悄淹死在江中。按照唐朝制度的规定，允许宦官收养一个儿子，但是对于那些有权有势的宦官来说，往往都是养子成群，而杨复恭养子竟然多达六百余人。他把养子派到地方上担任州刺史，称为“外宅郎君”，又派养子到各地藩镇担任监军。朝廷内外大权，都被他一人把持。

昭宗对这个权阉恨得咬牙切齿，千方百计想收拾他，就采取了收买办法，将他养子中最勇猛的天威军使杨守立（本名胡弘立），提拔为贴身护卫，赐姓名为李顺节，掌管六军。李顺节得宠后，果然与杨复恭展开争权，互相中伤，揭发了他干过的许多坏事。

昭宗看到时机成熟了，就在大顺二年（891 年），解除了杨复恭的兵权，强迫他退休。接着又指使人告发他和养子玉山军使杨守信谋反，命李顺节讨伐。第二年，杨守信等人兵败，与杨复恭一起被抓，押送京师，斩首于市。

杨复恭被杀后，李顺节越来越专横，两军中尉刘景宣、西门重（一作君）遂设计诱杀李顺节。不久，刘景宣、西门重遂和他的继任者骆全瓘都被凤翔军阀李茂贞所杀，由景务修、宋道弼取代，继续专权祸国，引起宰相崔胤的不满，设法将两人免职处死。枢密使刘季述、王仲（或作奉）先担任两军中尉。

崔胤是宣宗朝宰相崔慎由的儿子。崔慎由临死前，将宦官仇士良、鱼弘志如何在半夜里叫他起草诏书谋废文宗的事情告诉了崔胤，从此在崔胤心中就深埋下了对宦官的仇根。崔胤当政后，勾结宣武节度使朱全忠，一心想全部消灭宦官。

宦官们一看昭宗十分倚重崔胤，一下子就害怕了。刘季述、王仲先和枢密使王彦范、薛齐偓四个大宦官，暗地里商量要废掉昭宗。

光化三年（900 年）十一月五日，唐昭宗在禁苑打猎，大醉而归。当天夜里，杀了几个伺候他的小宦官和宫女。第二天，宫门还没有打开，刘季述、王仲先就带兵破门而入，用武力强迫宰相崔胤和百官签署了废掉昭宗的奏状。接着，闯进昭宗寝宫，逢人就杀。刚刚酒醒的唐昭宗，吓得跌到了床下，爬起来想跑，被刘季述、王仲先一把摁在座上。昭宗皇后何氏见状，赶紧央求说：“刘军容，不要吓着皇上，有什么事各位做主就是了。”刘季述拿出百官署名的奏折说：“陛下对皇位已经厌倦了，大臣们请求太子监国，现在就请陛下到东宫颐养天年去吧。”昭宗还辩解：“昨天与诸位喝得太高兴了，不觉有点过了，可也不至于这样对待我呀！”这时站在一旁的何皇后急忙说：“陛下就依刘军容的意思办吧！”说着，交出传国玉玺。然后，宦官们就把昭宗、皇后和十几个侍从赶到东宫。刘季述拿着一条银马鞭猖狂地数落昭宗说：“某年某月某日，你没听我的话，犯了一条罪；某年某月某日，你又没听我的话，犯了一条罪……”一边说，一边还用马鞭在地上划一道，一连划了几十道。数罢，他怒气冲冲地走出来，亲自锁上宫门，叫人用熔化了的铁水把锁禁锢住，布置禁军围住东宫，把昭宗囚禁了起来，有什么动静随时报告。昭宗等人被关在里面，和外边音讯断绝，想要些钱帛和纸笔都不给，吃饭喝水都是从临时凿的墙洞递进去。当时正是大寒时节，后妃公主们连御寒的衣服被褥都没有，冻得号啕大哭，声闻于外。

刘季述假传圣旨，迎太子入宫继位，尊昭宗为太上皇。把东宫改名为“问安院”。接着，刘季述把昭宗的弟弟睦王李倚以及平日受到昭宗宠信的一些宫人、随从、方士、和尚、道士们，都一股脑打死。他们晚上杀人，白天用车把尸体拉出来，足足拉了有十车。他们还想杀宰相崔胤，由于害怕朱全忠，才没有敢下手，但是却解除了他兼任的度支盐铁转运使的财政大权。

崔胤派人紧急向朱全忠求援，请他带兵前来营救昭宗。

朱全忠，原名朱温，宋州砀山（今安徽砀山）人。因在兄弟三人中排行最末，人称朱三。黄巢农民大起义爆发后，他参加了起义军，以战功升任大将。黄巢在长安建立大齐政权后，任命他为同州（今陕西大荔）防御使。后来，唐军包围了长安，在形势危急的紧要关头，他却投降了朝廷。唐僖宗喜出望外，任命他为宣武节度使，坐镇大梁（今河南开封），赐名朱全忠。他领兵参与镇压起义军，并借机扩充兵力、扩大地盘，成了当时举足轻重的军阀。他得到崔胤的求援密信后，并没有马上出兵，而是犹豫观望了一阵。

崔胤在长安，久等朱全忠的大军不到，听说有一个叫孙德昭的禁军将领对刘季述囚禁昭宗的做法非常愤恨不平，就派人将他策反，又联合了其他两位禁军将领，于光化四年（901 年）正月初一元旦这一天，利用宦官入朝之机，出其不意一举将刘季述、王仲先、王彦范和薛齐偓四个大宦官及其党羽二十多人全部诛杀，迎接唐昭宗"反正"。

崔胤建议昭宗不要再让宦官统领禁军，可是昭宗没有听从，还是任命宦官韩全诲、张彦弘为左、右神策军中尉。这样，崔胤就又写信给朱全忠，要他发兵来铲除宦官。这年十月，朱全忠亲率大军入关，韩全诲等人把昭宗劫持到了凤翔军阀李茂贞那里。李茂贞在与朱全忠争战一年多之后，被迫讲和。

天复三年（903 年）正月，韩全诲、张彦弘等宦官及其同党二十多人被杀，昭宗返回长安。朱全忠乘机将朝中所有宦官全部杀死，同时下令各地藩镇将担任监军的宦官也一律捕杀。这样，除了少数一些地方，宦官基本上被杀光，为害作恶长达一百多年的宦官专权局面宣告结束。但是，唐朝政治黑暗腐败的状况并没有因此得到扭转，而是更接近了灭亡的边缘。

"药王"孙思邈

孙思邈是我国古代杰出的医学家，他不但医术高超，而且人品也很高尚。在民间，流传着许多有关他救死扶伤的动人传说。

有一次，孙思邈在路上遇到几个送葬的人，抬着一口棺材，后面跟着一个伤心欲绝的老婆婆。在这些人过去以后，细心的孙思邈发现了地上有刚流淌下来的几滴鲜血，赶紧追上去，叫住他们，问明情况，得知棺材里装的是老婆婆的独生女儿，因为难产而刚刚死去不久。孙思邈判断这个产妇还有救活的可能，就赶快让他们停下开棺，进行急救。只见他拿出一根银针，在产妇身上找准一个穴位，一针扎下去，两指轻轻地捻提转动。不一会儿，产妇微微动了一下，慢慢苏醒过来，并顺利产下一名婴儿。看到这个情景，大家全都惊呆了，早就听说孙思邈有起死回生的本领，可谁都没想到他居然一针救了两条人命，果然是名不虚传的神医啊！

孙思邈

孙思邈之所以有这样高明的医术，和他的出身有很大的关系。原来，孙思邈出生在京兆华原（今陕西耀州）的一个普通农民家庭。他从小就体弱多病，父母亲带着他到处求医问药，几乎倾家荡产。他看到许多穷人，生了病没钱治，只好等死，心里非常难过。所以，他从少年时代起，就立志要学医，拯救千百万病人的生命。

孙思邈从七岁就开始发奋读书，每天都能背诵上千字的文章，尤其喜欢读医学著作，被人称为“圣童”。他非常善于博采众长，经常为了一个药方、一种治疗方法和采集一味中药，不远千里虚心向人请教。到了二十岁时，他已经精通儒、佛、道三教及百家学说，成为一位学识渊博的医生。

孙思邈的最大理想就是继承和发扬前辈学者所取得的医学成就，使家家户户都能掌握一些基本的医疗急救常识。他认为做臣子和做儿子的不能治疗君主和亲人的疾病，就不能算是一个好的忠臣孝子。但是，在中古社会，医生这一行，向来受到文人士大夫们的鄙视，人们大都崇尚走读书做官的道路。孙思邈却没有随波逐流，他非常看不起那些追名逐利，千方百计往上爬的人，多次谢绝了朝廷的任命。隋文帝召他入朝做国子博士，他称病不去；唐太宗想授予他爵位，也被他推辞，太宗称赞他是“各魁大医”“百代之师”；高宗让他做谏议大夫，他也坚决不肯答应。他愿意永远留在民间，为百姓治病。当时的一些名人学士宋令文、孟诜、卢照邻等人都十分崇拜他，对他恭敬地执弟子之礼。

一次，有个病人找上门来，两手捂着肚子，十分痛苦地说：“医生，快给我想想办法吧，我已经好几天没有撒尿了，肚子都快要胀破了。”孙思邈看到病人憋得难受的样子，心想：“这肯定是尿道出了毛病。吃药恐怕是来不及了，如果想办法用一个管子通到尿道里去，也许能将滞留在膀胱里的尿导流出来。”这时，他正好看见邻居家的小孩拿根葱吹着玩，葱尖细细的、软软的，他就决定用葱管来试一试。他先选了一根粗细适中又较为结实的葱，去掉葱尖，然后小心翼翼地插进病人的尿道里，再用嘴对着葱管轻轻一吹，过了一会儿，尿果然就缓缓流了出来，病人的小肚子也慢慢地瘪了下去。孙思邈的试验成功了，他成了世界上第一个发明导尿术的人。

孙思邈生活的地区大部分是山区。这里的水质不好，导致很多人因为缺碘而得了大脖子病（今天医学上叫甲状腺肿大）。那时候，医生大都用海藻、昆布、鹿靥（梅花鹿的甲状腺）等价格昂贵，又不容易买到的药物来治这种病，因为这些东西都是富含有碘的药物。他从用鹿靥受到启发，试着用羊靥代替来给病人治疗，同样取得了很好的疗效。羊是山区老百姓普遍饲养的一种家畜，羊靥不但比较容易得到，而且非常便宜，这样就解决了老百姓的很大困难。但他并没有就此满足，他还试着用柳须来治疗这种病，也取得了很好的疗效。这种治疗办法，直到现代才被人们所理解。通过化学实验，人们发现鲜柳叶中原来含有高于一般食物数千倍的碘。这是孙思邈经过长期的临床实践总结出来的宝贵经验。

孙思邈还用动物肝脏来治疗夜盲症，用米糠、麸子、杏仁、牛奶、白蜜、大枣、生姜、石膏、橘子皮、吴茱萸等药物来预防和治疗脚气病，都取得了很好的效果。现代医学证明，夜盲症是由于缺乏维生素 A 而导致的，动物肝脏富含有这种物质；脚气则是由于缺乏维生素 B_1 而引起的，孙思邈所用的这些药物也都含有丰富的此类物质，他对这种病的认识和论述比欧洲要早一千年。

孙思邈还主张人们要讲究卫生，参加劳动，预防疾病，注意养生。他提出不要随地吐痰，不要蒙头睡觉，不要暴饮暴食，不要吃腐败变质的食物，不要吃病死的动物，吃饭要细嚼慢咽，不要吃得太饱，不要饭后马上就睡觉，饭后要漱口刷牙等。这种以预防为主的医学观念，直到今天仍然具有重要的现实意义。

孙思邈的针灸技术也很高明。有个病人说他身上疼，但又说不好在什么位置。孙思邈仔细地给他做了检查，他一边用手在病人身上轻轻按掐，一边问："这儿疼不疼？"当他按到一个部位时，病人忽然大叫起来："啊……是，就是这儿！"孙思邈就在病人说疼的地方扎了一针，很快就好了。这个穴位在医书中没有记载，孙思邈据此把它定名为"阿是穴"。"阿是穴"没有固定位置，一般都是哪里疼痛，就针灸哪里。所以，后来人们就把作为针灸治疗的压痛点或病理反应点，都叫作"阿是穴"，也叫"不定穴"或"天应穴"。

孙思邈一边行医，一边总结治疗经验。他还经常亲自采药，加工药材。

孙思邈一生在医药学方面做出了许多卓越的贡献，后世的人们为了纪念他，尊称他为"药王"，并把他在家乡隐居和经常去采药的地方五台山叫作"药王山"。

天文学家僧一行

开元十七年（729年），唐玄宗正式下令在全国开始颁行一部新的历法——《大衍历》。这部历法是唐代著名天文学家僧一行编订而成的。

一行（683—727），佛僧法号名。本名张遂，魏州昌乐（今河南省南乐）人，中国唐代著名的天文学家和佛学家，主持修编新历、最主要的成就是编制《大衍历》。他在制造天文仪器、观测天象和主持天文大地测量方面有重大贡献。一行是他出家后的法号，人们习惯上称他为僧一行。他是唐初开国功臣张公谨的后代，他的父亲张擅曾经做过武功（今属陕西）县令。

一行从小就很聪明老成，读书过目不忘。他学习非常用功，博览经籍和历史文献，尤其精通天文历法、阴阳五行之学。他经常到长安城南的玄都观去看书，观主尹崇是个很博学的道长，精通儒、佛、道三教，特别喜欢收藏书籍，仅儒家经典就有上万卷，其他书籍也很多。一次，他向尹崇借来了西汉文学家扬雄撰写的一部哲学著作《太玄经》，没过几天就把书还给了尹崇。尹崇说：“这本书所谈的道理很深奥，我研究了多年，还不敢说真正弄通了，你应该好好钻研一下，为什么这么快就还给我呢？”一行说：“我已经弄明白它讲的道理了。”说完，拿出自己绘制的《大衍玄图》以及解释它的文章《义决》一卷给尹崇看。尹崇看完后，十分惊讶，便和他讨论起《太玄经》中的道理。一行谈得头头是道，令尹崇深感佩服。从此，尹崇逢人就说：“张遂真是当今颜子（即颜回，孔子最得意的学生）啊！”年轻的一行成了当时京城里的知名学者。

不久，武则天当了皇帝，她的侄子武三思受到重用，权力很大。武三思稍微学过点文史知识，喜欢附庸风雅，但为人阴险狡诈，是个善于谄媚奉承、玩弄手腕的人。他想借名流学者来抬高自己的身价，提出要和一行交朋友。一行不愿意和武三思这种声名狼藉的贵族同流合污，为了避免他的纠缠，就逃到河南嵩山的嵩阳寺，出家当了和尚。

当时，嵩山有一位学问很大的隐士卢鸿一，朝廷几次征召他入京做官，都被他谢绝了。一次，禅宗北宗的领袖神秀的弟子普寂举行大法会，吸引了从各地赶来的一千多名高僧大德。普寂请卢鸿一写了一篇几千字的开幕词，文中尽是一些生僻字，句子也很古怪难懂。普寂让一行来宣读，只见他看了一遍，就一字不落地高声背诵出来，卢鸿一都惊呆了，盯着一行看了很久，佩服得不得了。卢鸿一对普寂说：“这个年轻人真是个才子啊！就凭你的学识已经教不了他了，你就让他到各地游学去吧。”普寂也很赞成卢鸿一的看法，就同意让一行外出寻访名师高僧。

这时，睿宗已经重新登基，他也听说了一行的大名，就下令让东都留守韦安石赶快前往嵩山，留住一行，以礼征召他入朝做官。一行假托有病，坚决推辞。

他先徒步来到湖北荆州当阳山（在今湖北当阳东南），这里曾经是当年神秀大师传法的地方。他跟随悟真法师对印度佛学进行了深入的钻研，他还接触到了古印度的一些天文历法知识，这对他后来制定历法产生了影响。他最感兴趣的是阴阳谶纬、天文算术等科学领域，只要听说谁在这方面有很高的造诣，他都会不远千里去寻访讨教。最后，他长途跋涉来到了天台山（在今浙江天台）的国清寺，这里是佛教天台宗的创始人智颛大师传法创教的地方。寺中有一位老僧，学问非常高深。据说，当一行到达时，看见寺院门前流水潺潺，古松参天，风景特别优美。他正要进去时，听见院内有个老和尚正在推演算法，并对小和尚说："我算出今天有一个弟子，要从远道而来，跟我学习算法，现在应该已经快要到门前了。怎么没有人把他给我领进来呢?"接着，又继续推演，说："门前的溪水如果倒流，我的弟子就进来了。"一行一看，大吃一惊，只见溪水果然倒流起来。于是他赶快跑进去，倒头便拜，请求老僧传授算法。老僧把自己的全部知识都教给了这个好学的年轻人，从此一行更是名声大振。当然，这个传说有点神乎其神，但是却可以看出一行对求学的执着和不懈精神。

开元五年（717年），唐玄宗派遣一行的本家叔叔、当时担任礼部郎中的张洽带着诏书前去荆州，竭力邀请一行进京。一行到达后，玄宗把他迎入皇宫，安顿在东宫光太殿，多次前去慰问并向他请教治国安民之道。一行讲话恳切直率，从来不隐瞒自己的看法。开元十年（722年），玄宗的爱女永穆公主出嫁，下令让有关部门比照太平公主的先例举行隆重的婚礼。一行认为，高宗末年，只有太平公主一个女儿，所以特别宠爱，但是后来太平公主竟然因为骄奢淫逸而获罪，所以不应该以太平公主为榜样。玄宗接受了他的劝告，赶快收回命令，最后只是按照相关规定给公主举行了婚礼。

一次，玄宗开玩笑地问他有什么才能。一行谦虚地说："只有一点点记忆力而已，其他什么特长也没有。"玄宗随手拿出一本宫人花名册给他看，他翻了翻，就合上本子，按顺序说出人名来，不少一人，不错一字。玄宗佩服极了，不觉走下龙榻，向他合十施礼，赞叹说："禅师真是一位大圣人啊!"

一行一生最重要的科学成就是编制《大衍历》。当时，社会通行的是李淳风修订的《麟德历》，它是在高宗麟德二年（665年）开始使用的。这部历法只用了半个多世纪，误差就逐渐显现了出来。到开元九年（721年），几次预报日食不准。于是，玄宗下令让一行来主持编修新的历法。他接受了任务之后，立即全力以赴地投入这项艰巨的工作。

首先，他和机械制造专家梁令瓒共同制造了大型天文仪器黄道游仪和水运浑天仪。黄道游仪是用来观测日、月、星辰等天体的位置和运行情况的天文仪器，对精确制定历法具有决定性的作用。一行利用这个仪器重新测定了许多恒星的位置，发现和前代所测的位置有很大的不同，第一次发现了恒星移动的现象。这比欧洲整整早了一千年，英国的天文学家哈雷，直到1718年才提出恒星有空间运动的观点。

水运浑天仪是一种用水力驱动模仿天体运动的天文演示仪器，它是一行和梁令瓒在汉代科学家张衡设计的浑天仪的基础上加以改进制成的。它的上面标有日、月、星宿、赤道，运用古代滴漏的原理，在仪器上安装了一个齿轮。利用水力驱动，带动仪器转动，每昼夜自转一周，和天象相符合。仪器中还装有自动报时系统，为两个小木人，一个每刻钟击鼓一次，一个每个时辰（两小时）敲钟一次。整个装置都由各种巧妙的轮轴结构组成。在一千多年前就制造出这么精巧、复杂的天文仪器，说明我国的天文学在当时世界上是最先进的。

仪器制成后，一行还发起和组织了一次大规模的天文测量活动——实测子午线。从开元十二年（724年）起，唐政府派遣南宫说等人，用了一年的时间，从北起铁勒（今俄罗斯贝加尔湖附近，约北纬51°）南至林邑（今越南中部，约北纬18°）的十三个地点，测量北极距地高度（即地理纬度）和冬至、夏至、春分、秋分那天中午的日影长度，以及冬至、夏至昼夜漏刻长度等数据。一行从各地实测的数据中计算出北极高度相差一度，南北距离就相差三百五十一里八十步（唐代量度），换算成现代量度约为129.22公里。虽然它的误差很大，并不精确（现代测量的数据是111.2公里），但这却是世界上第一次实测子午线的壮举，在天文学史上具有十分重要的意义。

经过这一系列的观测和研究，一行用了三年的时间，于开元十五年（727年）编制成了一部新历法，因为修订新历的依据是《易》象大衍之数，因此命名为《大衍历》。这部历法是当时世界上最精密、最先进的历法，它吸收了此前各代历法的成就，又参考了当时印度的历法，大胆创新，比较准确地反映了太阳运行的规律，对我国古代天文学的影响很大，直到明朝末年西方历法传入我国以前，后代历法家们一直都采用一行的计算方法来修订历法。

《大衍历》还传入日本，产生了很大影响。日本曾派留学生吉备真备来唐朝学习天文学，回国时带走了《大衍历经》一卷、《大衍历立成》十二卷，使这部历法在日本也广泛流传起来。

就在刚刚完成《大衍历》之后不久，一行就因为劳累过度，一病不起，很快就与世长辞了，终年四十五岁。虽然他并没有看到自己亲手制定的这部历法开始颁行全国，但是他的发明创造，在我国天文学史上占有重要的地位，他也是世界上最著名的天文学家之一。

“画圣”吴道子

盛唐时期河南画家吴道子，在中国古代绘画史上与东晋顾恺之、刘宋陆探微、萧梁张僧舞并称“顾陆张吴”四大名家. 自从《名画记》称他“古今独步”“宜为画圣”之后，吴道子便被公认为出类拔萃、超乎常人的“画圣”了。

吴道子，又名吴道玄，河南阳翟（今河南禹州）人，出生在一个贫苦人家，从小就成了孤儿。他很早就跟人学习绘画，成为一名民间画匠。由于他天资聪颖，刻苦用功，年轻的时候，已经小有名气。他曾经给逍遥公韦嗣立当过幕僚，又担任过瑕丘（今山东兖州）县尉。不久，他去职以后，浪迹东都洛阳，据说他曾经向大书法家张旭和贺知章（著名诗人、书法家）学习过书法，后来专攻绘画。他的名气越来越大，就连唐玄宗也听说了他的大名，把他召到皇宫里当了宫廷画师，给他改名为“道玄”，先后担任过内供奉、内教博士、宁王友等职务。

吴道子活跃于盛唐时期，他在绘画上远师张僧繇（六朝画家），近学张孝师（唐初著名画家），又得张旭亲授笔法，这就为他在艺术上取得极高的成就奠定了良好的基础。他一生画了很多画，尤其擅长佛道、人物，并长期为寺观创作壁画。单是在长安、洛阳一带的佛寺、道观里，他所绘制的壁画就不下三百多堵。画中的人物千姿百态，没有任何一处有雷同的现象。

有一次，他在内殿墙壁上画了五条龙，每当天色阴沉，快要下雨的时候，壁上的龙就像活了一样，张牙舞爪，鳞甲飞动。

还有一次，长安市民听说他在大兴善寺作画，扶老携幼，蜂拥而至，围得水泄不通。他作画的速度很快，就像一阵旋风，一气呵成。无论是画屋宇梁栋，还是画弯刀挺刃，他从来不用矩尺圆规，只需用手一画，就完全符合比例尺寸。他在描绘佛头顶上的圆光时，一挥而就。他给菩提寺画的佛像，好像能转目视人，无论从哪个角度看似乎都盯着人；在赵景公寺画的天女，看上去要和人窃窃私语；他在景云寺画的《地狱变相》，最为震撼，当时京城的屠夫、商贩、渔民之类人，看了之后，因为害怕死后堕入地狱，受到惩罚，往往吓得改换职业，全都纷纷积善行德。

吴道子

吴道子曾经在洛阳玄元皇帝庙里，依照真人大小画了一组《五圣千官图》，场面宏大，人物众多，栩栩如生。“五圣”是指唐高祖、太宗、高宗、中宗、睿宗。他先将五位先皇帝的真容画在大殿正壁上，又将文武百官分列左右，再以锦绣山河、宫殿楼阁作为背景衬托，把每个人的表情和动作都画得非常逼真。整幅画面流光溢彩，神气活现，技法特别高超。画成之后，每天来观赏的人络绎不绝，赞不绝口，被称为自古以来“第一画”。大诗人杜甫看过后，诗兴大发，当即赋诗一首《冬日洛城北谒玄元皇帝庙》，诗中有：“画手看前辈，吴生远擅场。森罗移地轴，妙绝动宫墙。五圣联龙衮，千官列雁行。冕旒俱秀发，旌旆尽飞扬。”他画的人物神采灵动，好像使整个墙壁都动了起来，具有强烈的艺术感染力。

吴道子当上宫廷画师后，经常随玄宗外出巡游。一次，他随驾来到东都，遇见了以剑法闻名的将军裴旻和大书法家张旭。他们三人各自表演了自己的绝技：裴旻舞剑一曲，收放有序；张旭挥毫草书，写满一堵墙壁；吴道子奋笔作画，满壁生辉。洛阳市民，一时大饱眼福，高兴地说：“一天之内，看到了‘三绝’，真是千载难逢的美事啊！”吴道子特别欣赏裴旻的剑法，非常善于从中寻找并激发自己的艺术灵感。裴旻的母亲去世，他想请吴道子在洛阳天宫寺画几堵佛教壁画，为母亲超度亡灵。吴道子没有马上答应，而是说：“我已经很久没有作画了，如果将军真有诚意，就为我舞剑一曲，我或许会受到您凌厉剑法的启发，获得灵感，才能画好。”裴旻听了，二话没说，立即脱去孝服，换上平时装束，佩剑上马，走马如飞，然后拔剑挥舞起来。剑舞得十分凶险，左右翻飞，呼呼生风。突然，剑脱手抛向空中，有几十丈高，垂直落下，就像一道闪电在空中划过，直冲裴旻而来，看上去非常吓人。但是他不慌不忙，举起剑鞘，不偏不倚，正好让剑落入鞘中。舞剑戛然而止。当时围观的有好几千人，都被裴旻的精彩表演惊呆了，稍后才一齐爆发出喝彩声。吴道子受到裴旻神奇剑法的感染，立即饱蘸浓墨，挥笔作画，仅一会儿功夫，就在墙壁上幻化出许多妖魔鬼怪，围观的人顿时觉得凉风飒飒。吴道子画出了他平生最得意的一幅壁画。

开元十三年（725 年），吴道子跟随唐玄宗东封泰山，返回途中，绕行上党（今山西长治）。唐玄宗当年做藩王时，曾经在这里担任过潞州别驾。这次以皇帝的身份，故地重游，引起很大轰动。当地的父老乡亲们，携带酒食，纷纷赶来迎接拜见。玄宗亲自出面进行了慰问，接受了乡亲们进献的各种礼物，并给予了数额不等的赏赐。原来就和皇上认识的人，还受到玄宗的设宴款待，一起叙旧。当皇帝一行路过潞州的金桥时，玄宗立马桥上，看见仪仗、卫队绵延几十里，队伍整齐，旌旗招展，十分得意，于是诏令吴道子、韦无忝、陈闳一起创作了一幅《金桥图》，以纪念他这次巡视上党的盛事。这是一幅写实画作，描绘了唐玄宗骑着骏马“照夜白”，在百官卫士的簇拥下，经过金桥一带时的壮观场面。三位画家对于这次现场作画，做了全盘构思与详细分工：陈闳主画骑着白马的玄宗肖像；韦无忝画车队中的驴马、牛羊等动物；吴道子画桥梁、山水、车驾、人物、草树、鹰鸟、器杖、帷幕等主题部分，涉及面广，难度较大，要求画家的画功非常全面，既能画人物，又能画山水和花鸟，还能画建筑物。三人同时下笔，最后合成一幅天衣无缝的画，竟像是出自一个人之手，浑然天成，当时称之为“三绝”。

到了天宝年间（742—756年），唐玄宗又忽发奇想，对嘉陵江山水产生了兴趣。于是，派吴道子前往巴蜀去写生。吴道子乘船在江上漫游了一趟，什么也没画，就两手空空地回到了长安。玄宗一见到他，就迫不及待地询问创作情况，他老实回答：“臣连一张画也没有作，但嘉陵江山水的全部景色早已都熟记在心中。”玄宗命他在兴庆宫大同殿墙壁上把所见到的蜀江山水全部画下来。他大笔一挥，只用了不到一天的时间，就将嘉陵江三百里山水的景色，全部画好。当时还有一位大画家李思训，也擅长画山水画，他同时也在大同殿的另一面墙壁上创作一幅山水画，他虽然画得也很好，但却画了好几个月才全部画完。唐玄宗看了这两幅巨型画作之后，连连称赞说：“李思训几个月的功夫，吴道子一天就完成了。但是他们的画作都非常绝妙啊！”从此，吴道子“日画嘉陵江三百里山水”的故事广为流传。这其实是他长期积累，在艺术创作上已经达到了出神入化境界的缘故。

吴道子的绘画具有独特的艺术风格。他的画线条遒劲，用形状就像兰叶或莼菜条的笔法表现人物衣褶，人称“莼菜条描”。他画的人物，衣带飘飘欲飞，就像迎面吹来了一阵和风，人称“吴带当风”。他所创造的绘画样式，被称为“吴家样”。他开创了山水画的新画法，他用焦墨勾线，薄施淡彩，微分深浅，使画面更具有立体感，被叫作“吴装”。吴道子传世画作的真迹很少见到，宋人摹本《天王送子图》和《八十七神仙图》卷，据说是代表了他的画风。这种画风对后世影响很大，他因此也被民间尊奉为绘画行业的祖师。宋代大诗人苏轼曾高度评价说：吴道子的画和杜甫的诗、韩愈的文章、颜真卿的字，互相媲美，都达到了古代文学艺术的顶峰。

“颠张狂素”写草书

唐太宗李世民酷爱书法，尤爱王羲之之书，虽已收集甚富，仍然思念《兰亭序》真本，经常叫人明察暗访。有一次，他听说王羲之的书法珍品《兰亭序》在越州（今浙江绍兴）永欣寺辨才和尚的手里，便多次向他索取，可辨才始终推说不知真迹下落。太宗一看硬要不成，便改为智取。他派监察御史萧翼装扮成书生模样，去与辨才接近。萧翼对书法也很有研究，和辨才谈得十分投机。等两人关系密切之后，萧翼故意拿出几件王羲之的书法作品给辨才欣赏。辨才看后，不以为然地说："真倒是真的，但都不算是好的。我有一本真迹倒是不差。"萧翼追问是什么帖子，辨才神秘地告诉他是《兰亭序》真迹。萧翼故作不信，说这个书帖早就已经失踪了。辨才从屋梁上取下真迹给萧翼观看。第二天，萧翼乘辨才不在的时候，偷偷拿走了这本书帖，并会同当地官员，宣诏辨才。辨才这才知道上当。萧翼取得了真迹后，赶快回京交差。唐太宗得到了王羲之《兰亭序》真迹，高兴得不得了，立即命令当时的几位书法家冯承素、虞世南、褚遂良等人临摹了几本。据说唐太宗在临死前，还特意立下遗嘱，要求将《兰亭序》真迹殉葬。所以流传到今天的《兰亭序》，最早的就是这几种唐摹本。这就是历史上著名的"萧翼计赚《兰亭序》"的故事。

从这个故事可以看出唐太宗对书法艺术极为痴迷。太宗本人也写得一笔好字，他曾经将手书飞白体赏赐给大臣。正是由于统治者的提倡和社会上的重视，唐代的书法艺术取得了很高的成就，形成了我国书法艺术发展史上的一个高峰，涌现出来许多杰出的书法家。其中在草书方面成就最突出的是张旭和怀素。

张旭，字伯高，苏州吴县（今江苏苏州）人。因为曾经做过金吾卫长史，所以人称"张长史"。他非常重视从民间书法艺术中吸收营养。刚入仕时，他担任过常熟（今属江苏）县尉。上任才十几天，就有一位老人来打官司，张旭一看事情不大，就给他写了几句判词，把他打发走了。不料过了几天，老人又来告状，请他判决。张旭一看，还是些鸡毛蒜皮的小事，就有点生气，批评他说："你怎敢老用一些无关紧要的闲事来扰乱公务？"老人的回答颇为令人意外："我其实不是来诉讼的，只因看见大人写的字笔法奇妙，就想请大人多给我写几幅，好拿回家去珍藏起来。"原来如此！张旭就问："你为什么这样爱好书法？"老人回答："先父在世时，非常喜欢写字，留下了大量作品！"张旭请老人把家里的

藏品拿来一看，果然是天下难得的书法珍品啊！他非常高兴，就请求老人家把这些书帖借给他临摹，很快他就把这些神奇的笔法全都学到手了，从而使自己的书法艺术达到了炉火纯青的地步。

张旭写字，不但善于学习前人的长处，而且特别善于观察生活和从别的艺术中学习。有一次，他在路上看见公主与挑夫为争道吵了起来，双方吵得不可开交，最后干脆扭住对方不放，互相厮打起来。张旭从中受到启发，把这个情景融入草书字体的结构中去。又有一次，他观看了艺术家公孙大娘的剑舞，被她那雄壮神奇的优美舞姿和惊心动魄的气势所陶醉，于是把她舞蹈的神韵，吸收到了书法当中。

张旭很喜欢喝酒，经常喝得大醉，然后呼叫狂走，挥笔疾书，甚至用头发蘸着墨汁写字。酒醒之后，看到自己写的字，连自己都觉得不可思议，所以人们称他为“张颠”。杜甫曾经写过一首《饮中八仙歌》，其中有三句描写了张旭狂放不羁、挥毫落笔的气势：“张旭三杯草圣传，脱帽露顶王公前，挥毫落纸如云烟。”他写字的时候，经常用书法来表达自己的思想感情。大文豪韩愈曾经在一篇文章里说：张旭善草书，他的喜怒、穷窘、忧伤、悲痛、愉快、怨恨、思慕、无聊、不平等等，几乎内心所有的感受，都会在书法中抒发出来。他观察世界，山水、悬崖、丘谷、鸟兽、虫鱼、草木花卉、日月星辰、风雨雷电、歌舞战斗等等天地间万事万物的变化，都会给他带来巨大的惊喜和激动，从而化作艺术灵感融入自己的书法之中。所以张旭的狂草，就像鬼神一样变幻莫测，不可思议。后来，唐文宗曾经钦定李白的诗、裴旻的剑舞、张旭的草书为“三绝”。张旭也被后世尊称为“草圣”。他的传世书迹有《肚痛帖》《古诗四帖》等。

怀素是张旭的晚辈，俗姓钱，字藏真，湖南长沙（一说零陵）人。怀素是他出家后的法号。怀素也非常喜欢书法，因为穷，买不起纸，就在院子里种了一万多株芭蕉树。芭蕉长大了，采下那又长又宽的芭蕉叶，当纸练习写字。芭蕉叶用完了，就做了一个木盘和一块木板，刷上漆，在上面练字。时间一长，竟然把木盘和木板都写穿了。他写字用坏的毛笔，积攒了一大堆，后来他把这些废笔都埋在山下，戏称为“笔冢”。这就是“秃笔成冢”典故的由来。

怀素也喜欢喝酒。酒醉之后，写兴大发，拿起笔来，遇见可以写字的地方，就奋笔疾书。因此，在他住的寺庙的墙壁上、用的器具上、自己穿的衣服上，到处都写满了字。有人做过一首诗，描写他写字时的情景说：“大叫一声起攘臂，挥毫倏忽千万字。回环缭绕相拘连，千变万化在眼前。”

怀素年轻的时候，跟一个叫邬彤的书法家学习，邬彤曾经向张旭学过书法。怀素向邬彤学了一年多时间，书法有了很大的长进，只是草书的竖划总是写不理想。后来，他要辞别老师到别处去。临别时，邬彤对他说：“万里之行，无以为赠，我有一件宝贝，愿意割爱送给你。”怀素早就听说邬彤珍藏了王羲之的三份书法真迹，是稀世之宝。怀素以为邬彤要把这件宝贝送给他，心中万分高兴。没想到上路时，邬彤只送了他一句话：“草书的竖划，要写得像‘古钗脚’。”钗是古代妇女头上戴的首饰。怀素仔细琢磨这句话，豁然开窍，一下子就解决了竖划写不好的问题。他这才体会到老师的这件礼物，并不亚于王羲之的真迹。

怀素晚年，曾经到东都洛阳向大书法家颜真卿求教。颜真卿对他说：“学习书法，除老师传授外，还应该有自己的独创。你的老师邬彤可有什么独到之处？”怀素回答：“邬彤老师教我，草书的竖划要写得像‘古钗脚’。”颜真卿听了微微一笑，没说什么。过了几个月，怀素向颜真卿告辞回乡的时候，颜真卿才对他说：“你说竖划写得要像‘古钗脚’，哪里比得上‘屋漏痕’呢？”意思是说，写竖划不能一泻直下，运笔要灵活自如，顿挫有致，就像屋顶漏雨，雨水顺着墙壁往下流所形成的一些水痕一样。怀素听了，高兴得一时不知说什么才好，只是不住地发出啧啧称奇的声音。颜真卿又问他：“你自己有什么心得吗？”怀素回答说：“我写草书，就像夏天的云彩，奇峰异嶂，没有一定的态势；等风一吹来，那云彩就变化无穷，形成各种自然的姿态。”颜真卿听了，十分欣赏，高兴地赞叹说：“噫！草书的渊源奇妙，一代一代都有人传下来了。你刚才说的话，真是从来没有听说过的要领啊！”

正是由于怀素能够虚心向别人学习，所以他的书法艺术才能达到很高的境

界。大诗人李白比怀素年长三十六岁，他曾经写诗赞扬怀素“草书天下称独步”；晚唐诗人裴说更是将他和李白、杜甫相提并论，称为“文星、酒星、草书星”。他的传世真迹有《自叙帖》《食鱼帖》《论书帖》等。

五代十国

五代十国帝系表

后梁	907—923 年	太祖朱温（全忠、晃）—郢王朱友珪—末帝朱友贞
后唐	923—936 年	庄宗李存勖—明宗李嗣源—闵帝李从厚—末帝李从珂
后晋	936—947 年	高祖石敬瑭—出帝石重贵
后汉	947—950 年	高祖刘知远—隐帝刘承祐
后周	951—960 年	太祖郭威—世宗柴荣—恭帝柴宗训
吴	907—937 年	太祖杨行密—烈祖宗杨渥—高祖杨隆演—睿帝杨溥
南唐	937—975 年	烈祖李昪—元宗李璟—后主李煜
吴越	907—978 年	武肃王钱镠—文穆王钱元瓘—忠献王钱佐—忠逊王钱倧—忠懿王钱俶

王建建前蜀

唐代末期，藩镇割据，军阀混战，给人民带来了深重的灾难。在这一系列的混战中，有的军阀一败涂地，丢了性命，有的站稳脚跟，成为强大的割据势力。朱全忠建立后梁以后，割据一方的军阀纷纷称王称帝，国家进入五代十国大分裂的历史时期。

十国之一的前蜀建立者是原唐西川节度使王建。大顺二年（891 年），王建打败了其他几个军阀以后，将四川大部攫为己有。开平二年（907 年），王建在成都自立为帝，国号为蜀。

前蜀领有剑南、山南五十四州之地，物产丰富，地势险要，具有得天独厚的割据自然条件。

王建，字光图，舞阳人，先世为饼师。王建少年无赖，曾以屠牛、盗驴、贩私盐为事，排行第八，因此乡亲们称他“贼王八”。

唐末，王建从军，被忠武节度使杜审权提拔为军校。僖宗避居成都的时候，忠武军将鹿晏弘率八千人随监军杨复光与黄巢作战。黄巢失败后，杨复光将这八千人分为八都，王建、鹿晏弘等为其中的都头。

光启元年（885 年），河中节度使王重荣争两池盐利，与田令孜开战，僖宗再次出逃兴元。田令孜知祸由己出，自己已成众矢之的，就推荐枢密使杨复恭为左神策中尉、观军容使，自己去做西川监军。杨复恭掌权后，排斥田令孜的人，放逐王建为利州刺史。

王建骁勇，不为山南西道节度使杨守亮所容。光启三年（887 年）他见阆州（四川阆中）地僻人富，可为根据，就招合洞溪彝落，得八千人，沿嘉陵江而下，袭取阆州，自称防御使。杨守亮对他无可奈何。

王建与东川节度使顾彦朗曾在神策军共事，关系不错。顾彦朗常派使者问存，馈送军食。

田令孜的哥哥、西川节度使陈敬瑄见王建与顾彦朗相互友善，怕他们合兵对付西川，就和田令孜商量对策。田令孜说："王建是我养子，他是让杨守亮逼的，才出此下策。今天我写一封信把他叫来，就是我们的人。"

王建得信大喜，到梓州来见顾彦朗，说："阿父田令孜让我去成都。我如见到陈敬瑄，求他给个大州刺史，也就心满意足了。"就把家属托付给顾彦朗，自选精兵两千人，与侄子王宗锬，假子王宗瑶、王宗弼、王宗侃、王宗弁驰奔成都。

西川参谋李乂对陈敬瑄说："王建是只老虎，说什么也不能引到家里来。"一语点醒了陈敬瑄。他急忙派人阻止王建来成都，沿途增加了守备，可是王建已到了鹿头关，见守关人不放行，大怒，破关而进，攻占汉州。顾彦朗闻讯，列军相助，王建又攻占德阳。陈敬瑄派使者责问王建，王建说："阿父田令孜让我来，到了家门口，又不让进；要是顾彦朗也对我采取同样的办法，我连退路都没有了，只好破关而前。"田令孜在城楼上说好话。王建在清远桥上答礼，说："我既没有退路，只好做贼了。"顾彦朗的弟弟顾彦晖是汉州刺史，派兵助王建攻成都，打了三天，退回汉州。陈敬瑄把这事报告给朝廷，朝廷派中使和解，双方都不听。

文德元年（888 年），王建进攻彭州（四川灌县），无功而返，大掠西川十二州。

昭宗即位，王建、陈敬瑄还在交战，朝廷的贡赋因此断绝。王建给昭宗上表，要求作邛州刺史，并请自讨陈敬瑄以赎罪。顾彦朗也上表请朝廷赦免王建，把陈敬瑄调走，以使两川保持和平。

这时王建在新都驻军。绵竹土豪何义阳、安仁、费思惑等在当地拥兵自保，多的有一万人，少的也有几千人。王建派王宗瑶招降了他们。这些人向王建提供资粮，使王建的势力得以发展。

七月，韦昭度来到成都，在城下亮出了西川节度使的旗帜。但是陈敬瑄不认账。韦昭度说："新节度使来了，你们为什么不开门？"陈敬瑄让手下的人答道："我们有先王的铁券，你们难道要违抗先王的遗命吗？"韦昭度进不了城，只好在城东设置行府。

大顺二年（891年），韦昭度率各道兵马十余万人讨伐陈敬瑄已有一年多，饷运难以为继，朝议打算休兵。三月，朝廷下制书恢复陈敬瑄官爵，令顾彦朗、王建各率所部回镇所。

成都被围，城中粮食匮乏，满街都是被遗弃的儿童。百姓中有人偷偷跑到韦昭度的军营买米带回城里，被巡逻的士兵发现，韦昭度并不深究。陈敬瑄当然也欢迎。这样贩米的人愈来愈多，但贩卖的数量很小，不过斗升之间。他们把竹筒截成直径一寸半、深五分的卖米量具，每筒米可卖一百多钱。因为无钱买粮饿死了很多人，抢劫现象也时有发生。军民各自以强凌弱，然而将领和官吏杀了好多人也禁止不住。于是采用更残酷的刑法，抓住以后，有的腰斩，有的斜劈，不断有人被刑杀，可还是看不到以强凌弱的现象绝迹。人们见到的死人太多了，什么也不怕。吏民百姓日子一天比一天艰难，很多人想出城投降。陈敬瑄把这些人的族党抓起来全都杀掉，气氛十分恐怖。

停战的诏书传到了成都，王建说："大功即将告成，不能停战。"就上表表示："陈敬瑄、田令孜抗拒朝命，罪不可恕。我愿尽全力把他们讨平。"韦昭度因王建不撤，也不好回长安。王建希望韦昭度快走，由自己独攻成都，以便据而有之，就对韦昭度说："现在关东藩镇互相吞并，您应该早点回朝，与天子商议如何解决好这件事。陈敬瑄不过是疥癣小患，交给我办就行了。"韦昭度仍不能决定去留。四月二十一日，王建暗令东川将领唐友通等在行府门前把韦昭度的亲吏骆保抓走，凌迟处死，说他盗窃军粮，韦昭度知道这件事的含义，便称病把印节交给王建，书具文牒委任王建为三使留后兼行营招讨使，交权当天就启程返回长安。王建把他送到新都，跪在马前献酒，泪拜而别。韦昭度刚出剑门关，王建立刻派兵守住，不让离去的军队再回来。韦昭度回到长安后，授职东都留守。

韦昭度离去后，王建加紧进攻成都，环绕成都城设置烽火沟堑绵延五十里。有个叫王鹞的杀狗屠夫假装获罪，混入成都城。王鹞拜见陈敬瑄、田令孜说："城外师老无功，兵疲食尽，已是强弩之末，不久就会撤军。"他用这番话麻痹陈敬瑄等，在坊市里卖茶的时候又盛赞王建英武兵强，制造紧张空气，动摇人心。王建又派京兆人郑渥假投降，以侦伺敌情。陈敬瑄命他为将，让他登城巡视。郑渥了解了城中的部署，回去报告给王建，这使王建在军事上更加主动。陈敬瑄出战即败，成都附近的州县大都为王建所占有。只有彭州还在陈敬瑄的势力控制之下，威戎节度使杨晟不时从彭州向陈敬瑄运送粮食。王建派兵占据新都，断绝了成都与彭州的通路，于是成都成了无援的孤城。

八月，穷途末路的田令孜登上城楼向王建喊话："老夫以前对你甚为厚待，你为什么这么和我们为难？"王建说："养父之恩怎敢忘！但朝廷命我讨伐不受朝命的人，我不能违抗朝命。假如太师您改变态度，我怎么会和您过不去呢？"田令孜得到保证安全的暗示后，当天晚上亲自带着西川印节到城外的军营交给王建。军中将士为结束战争而高呼万岁。王建流泪感谢，表示还和以前一样，敬奉田令孜。

王建对手下的人各有封赏；对陈敬瑄的部下，只要有才干，也都以礼相待，加以重用。

十月，朝廷任命永平节度使王建为西川节度使。与此同时又宣布取消永平军的建制。

东川节度使顾彦朗死后，军中推顾彦朗的弟弟顾彦晖为留后。十二月，朝廷正式任命顾颜晖为东川节度使，派中使宋道弼送来节度使的仪仗。山南西道节度使杨守亮令绵州刺史杨守厚扣押宋道弼，夺了东川节度仪仗，发兵攻东川。十二月二十七日，顾彦晖向王建求援。王建派部将华洪、李简、王宗侃、王宗弼等率兵救东川。王建对这几个人暗授机宜，说："你们打败了杨守厚，顾彦晖一定会来慰劳，你们在行营设宴答谢，宴席上把他抓起来，省得以后费事。"王宗弼杀败杨守厚，顾彦晖果然来慰劳，诸军要设答谢宴，王宗弼把机密泄露给顾彦晖，所以顾彦晖称病不赴宴。王建虽未能得计，而图东川之心却更加执着。

景福元年（892 年），威戎节度使杨晟与杨守亮相约攻打王建。二月二日，杨晟出兵攻略新繁，并派部将吕荛率两千人会同杨守厚打梓州，吕荛兵败被斩。

乾宁元年（894 年）五月，被围困中的彭州生活极端困难，城中人吃人，彭州内外都指挥使赵章出城投降。王先成献攻城之计：沿着城上的短墙修建龙尾形磴道。五月十五日，西川兵沿龙尾形磴道登城。杨晟仍率众拼死抵抗，被刀子都虞候王茂权斩杀。

七月，绵州刺史杨守厚死，绵州将常再荣举城向王建投降。

乾宁二年（895年）五月，王行瑜、韩建、李茂贞各率精兵入朝，逼昭宗将河中节度使授予王珙。

昭宗出避南山。九月，王建派简州刺史王宗瑶等率兵赴难。九月下旬，王宗瑶部在绵州停驻，其实王建是以赴难为名，借机扩张势力。

十一月，雅州刺史王宗侃攻下利州（四川广元）。

十二月二日，凤翔将领阆州防御使李继雍、蓬州刺史费存、渠州刺史陈璠各率所部投奔王建。

王建消灭了杨晟，又得到了利州和阆州，便专注于对东川用兵。王建借口顾彦晖不派兵赴难，却掠取他的辎重，还派泸州刺史马敬儒切断峡路，要求朝廷同意兴兵讨伐东川。六日，华洪在楸林大捷，斩俘东川军数万人。

十四日，王建别将王宗弼在进攻东川的战斗中被俘，顾彦晖将他收为养子。十六日，通州刺史李彦昭率所部两千人向王建投降。

乾宁三年（896年）正月，王宗夔攻陷龙州。闰正月五日，果州刺史张雄向王建投降。

五月六日，昭宗派宦官到梓州要王建与顾彦晖和解。王建虽遵照诏命回到成都，但仍不停止军事行动。荆南节度使成汭与其部将许存沿长江溯流攻略，把长江沿岸的州县全都夺去。泰武节度使王建肇放弃黔州，退守丰都。许存又率军西取渝州（四川重庆）、涪州（四川涪陵）。成汭安排部将赵武为黔州留后，许存为万州刺史。赵武连续攻打丰都，王建肇支撑不住，与许存一同向王建投降。王建知许存有勇有谋，担心将来为患，想杀掉他。掌书记高烛说："您现在必须延揽人才，方能成就霸业。许存走投无路前来归附，可不能杀了他呀！"王建把许存派去戍守蜀州，让主持蜀州事务的王宗绾监视他。王宗绾为人宽厚谨慎，他向王建讲了不少好话，说许存忠勇廉谨，有良将之才，王建才放弃加害许存的念头。他把许存认为养子，为他改名王宗播。

八月，朝廷任命王建为凤翔西面行营招讨使，攻打李茂贞。

光化三年（897年）二月，王建兼任中书令。七月，朝廷命西川节度使王建兼东川、信武军两道都指挥制置等使。

天复二年（902年），岐、汴兵争不息，王建趁机出兵。二月，昭武节度使李继忠放弃利州，逃往凤翔。王建任命剑州刺史王宗伟为利州制置使。

八月，西川军队请求从兴元（今陕西汉中）通过，出师勤王。山南西道节度使李继密在三泉（今利州东北）设军防守。八月，西川军主动出击，西川前锋将王宗播攻三原，未克，退保山寨。王宗播作为降将，知道不拼死效力就自身难保，所以特别奋勇，殊死击战，连克金牛、黑水、西县、褒城四处军寨。军校秦承厚攻打西县的时候，矢贯左目，王建亲自为他舐创放脓。王宗播又攻马盘寨，李继密战败，逃回汉中，西川军乘胜追至城下，王宗播不敢抢头功，由王宗涤率先登城。李继密投降，被安置到成都，恢复了王万弘的本名。诸将凌辱他，连戏子都讽刺他，王万弘受不了环境变化给他的刺激，借酒排忧，醉投池水而死。

王宗涤有军功，得人心，入屯汉中后，朝廷任命王宗涤为山南西道节度使。

成都兴修节度使府，大门都用朱丹涂成红色，蜀人把使府称为“画红楼”。王建心忌王宗涤，故意说：“是华洪楼。”华洪是王宗涤的旧名。善揣人意的王宗佶乘机谗言相谤。王建把王宗涤找来，要他解释外间的流言。王宗涤知难逃一死，便说：“三蜀大体已经平定了，大王听信流言，诛杀功臣，是时候了。”王建令亲随马军都指挥使唐道袭当晚给王宗涤送来一餐酒席，酒后将他勒死。消息传出，成都为之罢市，连营涕泣，如丧亲人。

四月，朱全忠将昭宗劫迁洛阳。闰四月，昭宗赦天下，改年号为天祐。王建与朝廷断绝了音讯，所以仍称天复年号，以这一年为天复四年（904年）。

六月，王建与李茂贞、李继徽合兵攻讨朱全忠。诸将中有很多人劝王建攻取凤翔。但王建认为李茂贞虽不具备与朱全忠争霸的实力，守地一方还是不成问题的，可以作为三川的屏障，所以决意与李茂贞结好。后来，王建与李茂贞结成儿女亲家，王建的女儿嫁给了李茂贞的儿子天雄节度使李继崇。

八月，朱全忠指使枢密使蒋玄晖等在椒殿夜杀昭宗。

天祐二年（905 年）十一月，朝廷派告哀使司马卿向王建通报昭宗的死讯。至此三川才与朝廷接上联系。王建要武定节度使王宗绾对司马卿说：“蜀中将士世受唐恩，去年听说昭宗被朱全忠劫迁洛阳，前后上表二十次，都没有回音。不久有从汴州方面逃出来的人说，先帝已被朱全忠杀害。蜀中将士日夕枕戈，准备为先帝报仇。不知你来成都有什么事要讲？希望你懂得去留。”司马卿听了这话，马上返回洛阳。

天祐三年（906 年）十月六日，王建在成都设立行台，并用榜贴通告所属藩镇州县，在朝廷诏命难以通达的情况下，用李晟、郑畋的旧例，根据诏制在行台拜封官员。

开平元年（907 年），昭宣帝禅位于梁。

九月，王建与将佐谋议称帝。二十七日，王建即皇帝位，国号大蜀。二十九日，任命前东川节度使王宗佶为中书令，西川掌书记韦庄为左散骑常侍、判中书门下事，阆州防御史唐道袭为内枢密使。

前蜀国主王建虽起于军伍，目不知书，但好与书生谈论经典，粗知书中的道理。当时，唐朝的好多衣冠大族在蜀中避乱，王建都能礼而用之，让他们整理历代的治国成例，以资推行国政的参考，所以前蜀的法令制度很有唐朝的遗风。王建死后，传位王衍，王衍素不成才，只知奢侈荒淫，以残酷刻剥民众出名。925 年，前蜀为后唐所灭，共传二主，历时三十五年。

朱温称帝李唐亡

朱温（852—912），出身贫寒，后掌握唐朝兵权，废照唐宣帝而自立。在位 6 年，为其子所杀，终年 61 岁。葬于宣陵（今河南省洛阳市东南范村保，一说在今河南省伊川县西南）。朱温原为黄巢手下一员大将。唐军反扑围剿长安之时，采取分兵诱降政策。朱温禁不住物质利诱，背叛义军，投降朝廷，严重影响义军力量。黄巢不得已退出长安，开往蓝田。而朱温却颇受僖宗礼遇，不仅封他为汴州（今河南开封）节度使，而且赐名“全忠”。

朱温

这一日，朱全忠正在府中闭目养神，做着他的升官发财梦。忽有军兵来报：雁门节度使李克用在城外要见将军。朱全忠闻听，慌忙起身，亲自出城迎接。

提起李克用，不可不提他的夫人刘氏。这刘氏有勇有谋，比骁勇善战的李克用还更胜一筹。而且，刘氏与其尖酸刻薄、心狠手辣的丈夫不同，她还有一颗贤善之心。这次与丈夫一起追剿农民军，到黄巢的家乡冤句时，截获了一万多名老百姓。依李克用之见，这些人在叛匪老窝，均与叛匪黄巢有关联，说不定还有其子女兄弟在内，不如一齐都杀了。刘氏低头不语，时值天降大雨，百姓们均淋在雨中。刘氏不经意间一抬头，看见最前面的一个小男孩，全身湿淋淋的，不知是冷的还是吓的，双唇乌紫，脸色苍白，全身还在瑟瑟发抖。刘氏一见，不由得想起了自己的小儿子。她走上前，解下自己的斗篷，裹在小男孩身上，回头对李克用道：“将军，叛匪虽然可恶，这些百姓都是无辜的。我看还是将他们放了吧，我们也算积些阴德。”李克用平日最听刘氏的，略一思忖，便点头答应，将所有老百姓都放了。

李克用率大军继续前行。走了几日，天气放晴。监粮官前来禀报：军中粮草不多，望将军早做定夺。刘氏一见，大军恰行至朱全忠驻守的汴州城外，便向李克用建议道：“将军，不必作难。如今我们已在汴州城外，不愁无粮。想那朱全忠本为叛军降将，将军前去筹借粮草，他必然不敢不给！”李克用一听有理，这才带亲兵“义儿军”来到汴州城外要见朱全忠。

朱全忠果被刘氏说中，他自认为降将之身万不可得罪朝中大臣，将李克用奉为上宾，设酒宴款待。李克用也不客气，放开肚量，大吃大喝。他本就有些瞧不起朱全忠，又加上性格使然，几杯酒下肚，口上便没了把门的，对朱全忠道："世事真是难料啊！一年前，尊兄还在黄巢手下当差，你我在战场上兵戎相见。不想今日，我们又这样亲热地在一起饮酒。谁能想得到呢？"

俗话说，打人不打脸，骂人不揭短。李克用如今变相说朱全忠是一位投降者，正戳中他的痛处，怎不叫他变脸变色呢？可李克用似乎丝毫没有注意到朱全忠的脸色，借着酒劲又故意问道："朱公不是名'温'吗？如今怎么又忽然改了名字呢？"朱全忠听了此言，才慢慢散去脸上的愠色，得意地说道："蒙皇上厚爱，特赐在下'全忠'之名。"

朱全忠本以为这下李克用必会高看他一眼，不料，李克用丝毫不以为意地说道："'全忠'，'全忠'，好名字，实在是个好名字。只是不知那黄巢听了，会有什么想法……"

朱全忠一听李克用如此挖苦自己，气得脸色紫如猪肝，一拍桌子，噌地站了起来。在场的监军陈景思见状不妙，忙打圆场。道："李将军醉了，李将军醉了……"然后，不待朱全忠说话，便将李克用拉到住处休息。

李克用一走，朱全忠在屋中踱来踱去，总觉胸中这口气难以下咽，"哗啦"一下将桌子掀翻在地，从墙上摘下宝剑，出屋要去找李克用拼命。正在此时，从外面奔入一人，正与他撞在一起。抬头一看，原来是手下大将杨彦洪。原来，杨彦洪听说李克用在酒席宴上对朱全忠极尽挖苦之能事，心中愤恨，便跑来与朱全忠商议给他点厉害，两人一拍即合，杨彦洪提议用火烧李克用所下榻的驿馆。这样，万一上边追查，还可逃脱罪责。朱全忠立即同意。

半夜时分，驿馆内火光一片。李克用的侍卫郭景心道"不好"，忙起身奔入李克用屋中，只见他四脚八叉地仰躺在床上。郭景上前呼唤："大帅，大帅……"无奈李克用喝酒太多，怎么招呼都毫无知觉。郭景看到外面火光冲天，把窗户都映红了，急中生智，端来一盆凉水，兜头盖脸地浇在李克用头上。李克用激灵灵打个冷战，从睡梦中惊醒。一睁眼，看见侍卫郭景拎着个盆子站在床前，刚要发作，郭景抢上前说道："大帅，快走！那贼人朱全忠火烧驿馆，要害死大帅。"李克用闻听，大惊失色，又见窗外火光冲天，慌忙爬起身，想拿武器，无奈心有余而力不足，脚下无跟，走路直打晃。郭景对李克用真是赤胆忠心，二话不说，背起他就向外跑。此时，李克用的亲兵李嗣源、薛志勒等人也纷纷赶来，两下合在一起，保护李克用，向外冲杀。正在这时，天气骤变，惊雷暴雨，浇灭了大火。火灭后，冒出浓烟，又形成了掩护李克用逃走的烟幕，而不时亮起的闪电，又给他们照清了道路。

此时，驿馆内的杨彦洪仍骑马跑来跑去指挥众军兵，搜捕李克用。朱全忠率另一队军兵找了半天没找着。正自沮丧间，忽见黑暗中有一个人骑着马乱窜。他想起刚才杨彦洪说过这样的话，“李克用等人善骑马，如要突围，必会骑马而逃。将军只要见骑马者便命放箭，保证万无一失”，不由得心中大喜，料定必是李克用，亲自拉弓搭箭，向那人射去。在义军时，朱全忠便有神箭将军之称。这一箭射出，正中那人后胸。朱全忠跑过去一看，大惊失色，原来射死的不是别人，正是给他出主意，让他“见骑马者就射”的杨彦洪！朱全忠后悔不迭，但人死不能复生，也只得将其厚葬了事。他在驿馆折腾了一宿，不见李克用踪迹，料定他已逃走，只好垂头丧气地收兵回府。

再说李克用绝路逢生，幸遇大雨，被手下亲兵义儿军平安护送回大营。事后更加佩服夫人刘氏。他认为，皆因刘氏有好生之德，建议他放掉那一万百姓，感动苍天，才在自己遭遇火光之灾时，天降大雨，保下自己一条性命。从此，他越发对刘氏言听计从，而且也对烧杀抢掠之事大大收敛，同时严格约束手下军兵，不可胡作非为，骚扰百姓。对朱全忠，他怨恨至极，二人也就此结下梁子。两人日后还有一战，这是后话，暂且不提。

再说大唐王朝，每况愈下。黄巢起义虽未颠覆其统治，但也动摇了它的根基。此时它已是千疮百孔，岌岌可危了。

文德元年（公元888年）春，僖宗驾崩。他的弟弟李晔继位，即昭宗，改元龙纪。这一时期，军阀混战，互相争夺歼灭。最后，只剩三支力量较强的队伍：一个是陕西李茂贞；一个是山西李克用；另一个就是河南朱全忠。三方势均力敌，谁都不敢轻举妄动，形成鼎足割据之势。这样一直相持了十几年的时间。

天复元年（公元 901 年），宦官给昭宗出主意，封李茂贞为岐王，进京辅佐，然后逐步铲除军阀势力。昭宗闻之有理，依计而行。因宰相崔胤依附于朱全忠，遂被昭宗贬谪出京。

李茂贞乐得将皇帝控制在自己手中，以更好保护昭宗为由，让昭宗起驾去他的大本营凤翔。昭宗不肯，李茂贞便勾结宦官韩全海逼迫其就范。昭宗这才明白，中了他们的圈套，但悔之晚矣。只得忍气吞声，待在凤翔。

而宰相崔胤被谪出京都后，立即去见朱全忠，怂恿他发兵将皇帝从李茂贞手中夺过来，先控制在自己手中，然后伺机除掉，自己当皇帝。朱全忠闻听，正中下怀。天复二年（公元 902 年），朱全忠率 7 万大军攻打凤翔。因城中断粮，无法再支持，李茂贞只得打开城门，将皇帝交给朱全忠。

朱全忠劫持昭宗回到长安。他采纳了崔胤的建议，为防止宦官与别的军阀勾结，控制昭宗，一次将宦官杀了 800 余人。此举虽从客观上结束了唐王朝的宦官之祸，但同时也枉杀了许多无辜的人。其残暴程度，令人发指。

元祐元年（公元 904 年），野心勃勃的朱全忠基本上统一了黄河流域，他为实现不可告人的目的，逼迫昭宗迁都洛阳。昭宗此时只是一个傀儡，手中无权，任人摆布，虽然心中不愿意，也只得在朱全忠的控制和监视之下来到洛阳。不久就遭到杀害，他九岁儿子李柷继位，年仅 13 岁，即哀帝。

完成了这一步，朱全忠开始大肆屠杀李氏宗亲和唐朝官员，并将他们的尸体丢入黄河。

公元 907 年 3 月，朱全忠逼迫小皇帝禅让，自己如愿以偿，当上了皇帝。国号为梁，史称后梁，年号为开平。

不久，朱全忠又将唐朝最后一位小皇帝杀害。至此，唐王朝从公元 618 年李渊开国，到公元 907 年李柷禅位，共经历了 23 位皇帝，历时整整 290 年。

从此以后，中国开始了五代十国纷争的复杂局面。

梁晋交兵

唐朝末年，经过藩镇混战、宦官专权和朝廷官员中的朋党之争，朝政混乱不堪，中央政权名存实亡。在各派军阀中，占据汴州一带的宣武节度使朱温越战越强，初步统一了黄河流域，成为当时最强大的军阀。天佑四年（907 年），唐昭宣帝下诏禅位。朱温遂在汴州（今河南开封）称帝，建元开平，国号大梁，朱温就是历史上的梁太祖。

朱温登上了皇帝宝座，未给天下带来太平，相反，唐末长期存在的军阀混战更加激烈。当时，割据一方的藩镇如河东节度使晋王李克用、西川节度使蜀王王建、凤翔节度使岐王李茂贞、淮南节度使弘农王杨渥等都不承认朱梁政权。特别是李克用，同朱温的矛盾由来已久，唐僖宗中和四年（884 年），李克用因追击黄巢，途经汴州，在城外安营。朱温再三请李克用进城，把他安排在城内的上源驿居住，盛宴款待。不料，李克用在宴席上意气凌人，侮辱朱温。当晚，朱温用车辆阻塞道口，发兵围攻上源驿，企图袭杀李克用。李克用突围，随从数百人全被杀死。从此以后，两家势成水火，展开了长达四十年的斗争。

梁晋相争初期，由于李克用战略失误，御下无方，晋接连失利，特别是在唐昭宗末年，梁军竟两次兵临李克用的统治中心晋阳（今山西太原南）城下。光化四年（901 年），朱温发兵六路大举攻晋，连下沁、泽、潞、辽等州，直逼晋阳，使城中军民人人惊恐，幸亏连日大雨，加上朱温粮草缺乏，不久梁军撤围而去。次年正月，李克用伐梁复仇，又被朱温击败，晋军死伤万余人，梁军乘胜追击，包围晋阳。李克用亲自登上城头督战，还一度打算弃城逃走，被诸将劝止，后来梁军虽解围而去，但李克用多年不敢再与朱温争锋。

朱温称帝后，李克用当然不肯向梁称臣，却也不敢出兵相攻。开平元年（907 年）六月，梁军八万人在保平节度使康怀贞的率领下攻打潞州（今山西长治），晋将李嗣昭闭城拒守。康怀贞率兵昼夜攻打，半月不克，便筑垒围城。李克用派大将周德威率军救援，梁晋遂在潞州展开大战。八月，梁太祖朱温以亳州刺史李思安代康怀贞为潞州行营都统。李思安接任后立即率兵西上，到达潞州城下，在这里修了一道城墙，意在防止潞州城内的晋军突围，又可以防御城外的援军，称为"夹寨"。周德威常派兵骚扰梁军，使梁军疲于应付，李思安只得闭垒不出。

次年二月，李克用病重，立其子李存勖为嗣，临终前以三箭赐之，嘱咐他说：“梁国与我有不共戴天之仇；燕王刘仁恭是我所立，契丹耶律阿保机曾与我结为兄弟，可二人都背晋归梁，忘恩负义。不能报此三仇，是我终生遗憾。给你这三支箭，你千万别忘了父亲的心愿！”李克用还一直挂念着远在潞州城内的李嗣昭，要李存勖办完丧事后，倾全力火速前往援救，说：“若潞围不解，我死不瞑目。”随即病卒，李存勖袭位为河东节度使、晋王。

李存勖继承晋王王位时，才二十三岁，地位很不牢固。李克用生前为了笼络部下，曾经挑选勇敢善战的将校作为养子，对于其中的几个人像亲生儿子一样对待。他们都比李存勖年长，拥有自己的军队，对李存勖继承王位心怀不满，企图通过李克用的弟弟，当时担任内外蕃汉都知兵马使、振武节度使的李克宁发动政变，逮捕李存勖，然后归附后梁。李存勖得知后，当机立断，在监军张承业等人的支持下，逮捕并处死了李克宁等人。其后，李存勖大力整顿军队，严明军纪，令州县举荐贤才，宽刑薄赋，抚慰孤寡，境内大治，李存勖本人也胆识过人，善于骑射，敢打敢拼，使晋军很快扭转了战局，成为梁的劲敌。

晋王李存勖对诸将说：“潞州是河东的屏障，丢失潞州，就难保河东，再说朱温所怕者只有先王一人，今听说先王已死，我刚即位，认为小孩子不懂军事，必有骄怠之心，如果我们挑选精兵昼夜兼程赶往前线，出其不意，肯定能打败梁军。取威定霸，在此一举，不能丧失这个机会！”遂检阅军队，任命丁会为都招讨使，然后率周德威等人从晋阳出发。

五月初一，晋王李存勖率军到了三垂冈下，距潞州还有十多里，天色已晚，命将士们稍做休息，隐蔽待命。次日清晨，直逼潞州。恰好大雾迷漫，咫尺之外不见人影，晋军立即叫喊着攻向夹寨。梁军毫无戒备，士兵尚未起床，在晋军的砍杀下，乱作一团，仓皇南逃，梁招讨使符遗昭马倒，立时被晋兵砍杀，士卒死伤一万多人，丢弃军用物资如山。梁太祖闻讯，大惊失色，感叹说：“生子当如李亚子（李存勖小名），克用为不亡矣！至于我的儿子们，不过像猪狗一样！”他对晋人不能不刮目相看了。

开平三年（909年），梁迁都洛阳。

开平四年（910年），梁太祖怀疑成德节度使赵王王镕通晋，派供奉官杜廷隐率兵三千人至深（今河北深州市）、冀（今河北冀州区），名义上帮助赵王防守，实际上却想趁机消灭他。杜廷隐到深州不久，便尽杀赵王戍兵。赵王派使者到晋阳，与义武节度使王处直（治定州，今河北定县）一起共推晋王李存勖为盟主，要求合兵攻梁。李存勖召集部下商议，大家都说："王镕长期以来一直臣服于朱温，每年都要送给梁人大量财物，两家还有姻亲关系，交情极深。这肯定是个骗局，应当先看看再说。"李存勖说："他王镕也不过是根据利害关系而决定自己的立场罢了。王氏先人在唐朝时尚且时服时叛，王镕怎会死心塌地地做朱氏的臣子呢！朱温的女儿怎能比得上唐朝的寿安公主！现在王镕连命都顾不上，哪里还顾得了姻亲关系！我们要是怀疑他而不出兵相救，正好中了朱温的诡计，应该赶快发兵。晋赵合力，就一定可以打败梁人。"遂下令立即出兵，派周德威率领经井陉前往赵州（今河北赵县）。

十二月初三，梁太祖得知赵晋合兵，晋兵已进屯赵州，遂派名将王景仁率兵四万攻伐。出发前，梁太祖对王景仁说："王镕反复无常，必为子孙后患，我现在把精兵都交给你，王镕的镇州城（成德节度使治所）即使是用铁打成的，也得给我攻下来。"王景仁很快便攻到柏乡，王镕再次向晋告急。

晋王李存勖接到王镕急报，亲自率兵东下参战。十二月二十五日，晋王到达赵州，与周德威合兵一处，然后前进到距柏乡三十里的地方停下来，李存勖派周德威到梁军营前挑战，梁兵不出。二十七日，晋军继续前进，直到离柏乡五里的地方，在野河北安营。晋军派人到梁营前挑战，并肆意辱骂，梁军大怒，大将韩勍率步兵、骑兵三万人分三路追击挑战的晋军。梁军将士的铠甲与头盔上都披着缯绮，雕着金银，光彩耀目，晋兵看到后都很丧气。周德威对李存勖说："梁人的目的不在战斗，只是想炫耀一下兵威。不挫败他们的锐气，我军便不能振奋起来。"于是遍告全军说："他们都是汴州天武军，是一群乌合之众，衣甲虽然鲜明，但是十个人不能打败你们一个人，大家如果能捉住一个梁兵，就足以发大财，这可是难得的收入，机不可失啊！"周德威亲自带着一千多名精锐骑兵攻击梁军阵势的两端，在梁军中来回冲杀，俘获了百余人，边战边退，一直退到野河边上，梁兵才退走了。

周德威对晋王李存勖说："敌人兵势正盛，应按兵不动以待其衰。"晋王说："我们孤军远来，救人之难，三镇既已合兵，利于速战，您竟想按兵不动，为什么呢？"周德威说："镇州、定州之兵长于守城，短于野战，而我们依仗着骑兵的优势，最适合在平原旷野上冲杀。现在逼近敌人的营门，骑兵难以发挥特长，且敌众我寡，一旦使敌人知我虚实，就很危险了。"晋王不高兴，退卧帐中，诸将都不敢再说什么。周德威又去找张承业，说："大王因夹寨之胜而轻敌，不估计自己的实力却想速战速决。现在我们离敌人很近，仅隔着一条野河，如果他们渡河来攻，我们很快便会被全歼。不如退到高邑，诱敌离营，他们出战，我们便回营坚守；他们回营，我们就在后面追击，再派轻装骑兵夺取敌人的粮草，不过一个月，肯定能打败他们。"张承业十分赞同，立即掀帐而入，抚摸着晋王说："现在是大王睡安稳觉的时候吗！周德威是一员老将，熟悉军事，他的话不可不在意。"晋王猛然坐起，说："我正在考虑这件事。"此时梁兵闭垒不出，有投降来的人，果然说："王景仁正在赶造大量浮桥。"晋王对周德威说："正和您说的一样。"晋军立时拔营，退保高邑。

柏乡近来不储存草料，梁军只得靠割草自给，晋军每天派小股骑兵抄掠割草的梁军，梁军不再出营。周德威派胡骑围着梁军军营一边射箭一边辱骂，梁军怀疑晋兵有埋伏，更不敢出来，只好把屋顶上的茅草和座席铡碎来喂马，马死掉很多。到了第二年的正月初二，周德威与别将史建瑭、李嗣源等率精锐骑兵三千人又到梁营门前谩骂，王景仁、韩勍大怒，立时带着所有梁军出战。周德威等转战到高邑南，晋将李存璋用步兵在野河边列阵，梁军绵延数里，争着向前夺桥，负责阻击的镇州、定州兵眼看力不能支。晋王对匡卫都指挥使李建及说："敌人一旦过了桥就不好办了。"李建及立即挑选了二百步兵端着长枪叫喊着冲上去，杀退梁军。晋王登上一座土山观战，说："梁兵虽然争着向前可太杂乱，我军严整而沉着，我军一定可以取胜。"两军从上午打到中午，不分胜负。晋王对周德威说："两军既已交战便不易罢手，我之兴亡在此一举。我替您先冲上前去，您可以随后跟上。"周德威拉马劝道："我观察了梁兵的情况，认为可以用以逸待劳的办法制服他们，不易凭勇力取胜。他们离开营地三十余里，即使带着干粮也顾不上吃，日落之后，必然又渴又饿，疲惫不堪，不想再打下去，到那时候，我们再派精锐骑兵冲杀，肯定大胜，现在还不到时候。”晋王这才作罢。

当时梁军在东边列阵的是魏州、滑州兵，在西边列阵的是宋州、汴州兵，到日落的时候，将士们因一天水米未沾，渐无斗志，王景仁见状，便率兵想退。周德威趁机大喊：“梁兵逃走了。”晋兵立即叫喊着往前冲，东边阵地上梁军率先退走，李嗣源又在西边对梁军喊话：“东阵已走，你们还待在这里干什么！”梁兵十分惊恐，立时溃散。李存勖率领步兵在后边追赶，大声喊着：“梁人也是我们的人，父兄子弟运送军粮的不杀。”于是梁军竞相脱掉铠甲，扔下兵器，响声惊天动地。赵人痛恨梁军屠杀深州、冀州戍卒，顾不上抢夺财物，只是一心追杀溃兵。梁龙骧、神捷精兵几乎被杀尽，自野河至柏乡，僵尸遍地。此战梁军被杀二万余人。王景仁、韩勍等率几十个骑兵逃走，使梁朝野上下，大为震惊。更为重要的是，高邑之战后，梁军将士对晋军产生一种畏惧心理，梁晋相争的局势进一步朝着有利于晋的方面转化。

乾化二年（912 年），晋大举攻燕，燕主刘守光向梁求救，梁太祖认为有机可乘，决定亲自率兵攻晋。二月，梁太祖从洛阳出发，文武百官因太祖日益烦闷暴躁，任意杀人，多数都害怕随行，梁太祖听说后，更加愤怒。这一天，大军到达白马顿，赏赐随从的官员吃饭，可很多人没有赶到。梁太祖派骑兵在路上催促，左散骑常侍孙骘、右谏议大夫张衍、兵部郎中张俊最后来到，梁太祖下令把他们处死。

梁太祖率军日夜兼程，三月初二，到达下博南，登上观津冢。赵将符习带领数百名骑兵巡逻到这里，不知道是梁太祖，立即逼上前来。有人报告梁太祖：“有大批晋兵来攻。”梁太祖惊慌失措，顾不上带走账幕，连忙率兵奔赴枣强，与大将杨师厚的军队会合。

当初，梁太祖率兵渡过黄河后，扬言有大军五十万，晋忻州刺史李存审驻扎在赵州，担心寡不敌众，裨将赵行实建议入土门关（即井陉关）躲避，李存审不答应，及梁将贺德伦攻打蓨县（今河北景县），李存审对史建瑭、李嗣肱说：“我们晋王正在用兵于幽蓟，没有军队派到这里来，南方的战事就靠我们自己了。现在蓨县吃紧，我们怎能坐视不救！假如梁贼攻占蓨县，必定会西侵深、冀，危害就更大了。我们应当用奇计打败他们。”李存审率军把守下博桥，派史建瑭、李嗣肱兵分几路去捕捉梁散兵，史建瑭把部下分为五队，每队一百人，一队往衡水，一队往南宫，一队往信都，一队往阜城，自己率一队深入敌后，与李嗣肱一块儿专门捕捉打柴割草的梁兵，共捉住几百人。第二天他们在下博桥会合，把俘获的梁军全部杀死，只留下几个人把胳膊砍掉后放走，说：“替我告诉朱公：‘晋王的大军来了。’”此时蓨县还未攻下，梁太祖带着杨师厚的五万大军前来，会同贺德伦一起攻城。梁军刚到县城西边，还没有来得及安营，史建瑭、李嗣肱便各带三百名骑兵打着梁军的旗帜穿着梁军的衣服混进了打柴割草的梁军中间。天色将要黑下来时，他们来到贺德伦营门前，杀死守门卫兵后，放火呐喊，乱发弓箭，到处冲杀；天黑以后，才割掉被杀梁军的左耳，押着俘虏离开。梁军营中大乱，不知道发生了什么事。这时被砍掉胳膊的那几个梁兵又来报告：“晋军大队人马来了。”梁太祖大惊，马上烧掉营垒，连夜逃走。因迷路，在路上折腾整整一夜，狼狈不堪，蓨县的农民痛恨梁军残暴，纷纷拿起锄头、棍棒追赶，梁军抛弃的军用物资不可胜数。不久，梁太祖又派骑兵前去侦察晋军的动静，回来报告说：“晋军其实并没来，只不过是史先锋的流动骑兵。”梁太祖不胜惭愤，病情随之加重，只好回师南下，五月到达洛阳。

梁太祖看着晋一天天强大，可他自己病情又一天天加重，十分忧虑，对近臣说：“我经营天下三十年，想不到太原余孽竟能如此猖狂！我看他的志向不小，老天又不肯让我多活几年，我死以后，我的几个儿子都不是他的对手，我将死无葬身之地了！”一边说一边哽咽，以至晕厥，片刻之后才苏醒过来。

正当梁晋相争，梁已处于劣势之时，梁室内部又发生了一系列动乱，更加削弱了梁朝的统治，梁的灭亡已是不可避免了。

李茂贞建岐

唐朝末年，朝政日益腐败黑暗，宦官专权，朋党相争，使唐朝中央政府内部一片混乱，而地方上又是藩镇割据，民不聊生，终于激发了黄巢农民大起义。起义失败后，藩镇之间的斗争更加激烈，唐朝政府软弱无力，早已控制不住局势，唐朝廷几成虚设。公元907年，朱温灭唐自立，其后即历史上的五代十国时期。在一般人的心目中，五代十国时期就只有先后称雄于黄河流域的梁、唐、晋、汉、周五个中原王朝和割据于南方的前蜀、吴、闽、吴越、楚、南汉、南平、后蜀、南唐及太原一带的北汉十个割据政权，而实际上，当时的独立王国不止于此，有的势力还很强大，只是没有被列入“十国”之中。在没有被列入“十国”的割据势力中，占据陕西凤翔一带的岐王李茂贞是最强大的一支。

李茂贞本来姓宋，名文通，深州博野人。他年轻时即投身军旅，后因随从凤翔节度使郑畋镇压黄巢起义，升任军校。光启元年（885年），唐僖宗为躲避战乱，被迫再次逃出长安，次年到达兴元（今陕西汉中）。李茂贞以击退叛军追击，护驾有功，被授以武定军节度使，赐姓名为“李茂贞”。唐僖宗回长安，他又率兵护卫。车驾至凤翔，凤翔节度使李昌符放火焚烧行宫，发动叛乱，兵败逃走，他奉诏讨伐，杀李昌符，唐僖宗大喜，拜李茂贞为同平章事、凤翔节度使。唐昭宗即位后，又封陇西郡王。李茂贞一旦有了自己的地盘和军队，也像其他藩镇一样，拼命扩展自己的势力，对朝廷的号令阳奉阴违，甚至公然对抗。

大顺二年（891年），宦官杨复恭因得罪唐昭宗，逃奔兴元，投靠其养子山南西道节度使杨守亮，然后举兵叛乱。李茂贞想趁机攻占山南西道，遂上表朝廷，要求出师讨伐，希望再授给自己一个山南西道招讨使的官职。朝廷唯恐李茂贞得到山南西道后难以控制，没有答应。李茂贞不听诏命，擅自兴兵讨伐。次年二月，唐昭宗为安抚李茂贞，只好任命他为山南西道招讨使。七月，李茂贞连克凤、兴、洋三州，八月攻克兴元，杨复恭、杨守亮逃走。李茂贞在这些新占领的地区，都安排自己的子弟镇守，然后上表朝廷，要求亲自镇守兴元。

唐昭宗任命他为山南西道兼武定节度使，同时令宰相徐彦若为凤翔节度使。李茂贞上表的目的在于兼有三镇，岂肯放弃凤翔！遂不奉诏，在给昭宗的表奏中还十分骄横。昭宗大怒，准备讨伐他。李茂贞根本不把朝廷放在眼里，再次上表，羞辱昭宗，昭宗更加恼怒，下决心出师讨伐。景福二年（893 年）九月，唐昭宗令嗣覃王李嗣周为京西招讨使，率禁军三万讨伐李茂贞。李茂贞与邠宁节度使王行瑜合兵近六万相拒。李茂贞的军队都是些边兵，身经百战，而禁军乃新募之市井少年，一触即溃。李茂贞遂乘胜逼近长安。唐昭宗无奈，只得答应李茂贞的条件，杀宰相杜让能等人，并让李茂贞兼任凤翔节度使。李茂贞从此尽占凤翔、兴元等十五州之地，成为唐末的又一强藩。

光化二年（899 年），李茂贞兼任彰义节度使。

天复元年（901 年），李茂贞晋爵岐王。

随着势力的增强，李茂贞日益骄横，动辄干预朝政，稍不如意，便兵临阙下，而当时的强藩尤其是宣武节度使朱温偏不相让，两镇之间遂爆发一场大战。天复二年（902 年），朱温率兵包围凤翔，李茂贞每战必败，闭城不敢出，关中城镇一时丧尽，西川节度使王建趁机派兵攻取兴元，尽占山南西道。李茂贞坐守孤城，粮草俱竭，只好请和，把被宦官劫持来的唐昭宗交出。经过这场战争，李茂贞元气大伤，再也难以与朱梁争锋。

开平元年（907 年），朱温迫使唐昭宣帝禅位，自称皇帝，国号大梁。当时只有河东、凤翔、淮南、西川四镇不服，依旧用唐朝年号。不久，西川节度使王建也于成都称帝，国号大蜀。李茂贞因兵弱地小，不敢称帝，只是扩建岐王府，设置文武百官，把自己住的地方称作宫殿，妻子称皇后，令部下上书称笺表，其他方面也多仿照帝王的形式。

李茂贞待人宽厚，对将士们也很随和。有人告发部将符昭造反，他便亲自去符昭家，把随从们支走后，安然大睡，就这样一连好几夜，大家无不悦服。可他的部队纪律性太差，这也是他势力日渐衰弱的一个原因。

刘知俊作为梁之忠武节度使（开平二年，梁改同州匡国军为忠武军）因屡立战功，威名很盛，他看到朱温称帝后猜忌心越来越重，动辄杀害功臣，十分不安。这年五月，朱温准备伐晋，急征刘知俊入朝，想任命他为河东西面行营都统，加上刘知俊有攻占丹、延之功，也可趁机厚加赏赐。刘知俊的弟弟刘知浣此时随从朱温在洛阳，暗中派人对刘知俊说："回来必死。"同时又向朱温请求自己率弟、侄前去迎接刘知俊，朱温答应了。六月初一，刘知俊上奏，声称"被军民留住，难以脱身"，便以同州（今陕西大荔，忠武节度使治所）依附李茂贞，把监军及不听从命令的将校一并逮捕，械送凤翔，又派兵袭击华州（今陕西华县），驱逐梁刺史蔡敬思，防守潼关，同时暗中派人贿赂梁长安守将，请他们逮捕佑国留后刘捍。长安诸将痛恨刘捍陷害死佑国节度使王重师，遂把他逮捕交给刘知俊，刘知俊把刘捍押送到凤翔处死。刘知俊派使者向岐王李茂贞请求发兵支援，也要求晋王出兵攻梁，在给晋王的信中说："不过十天，可以收复两京，恢复唐之社稷。"

朱温派近臣问刘知俊："我对您一向优厚，为什么突然造反呢?"刘知俊回答："我怎敢造反，只是怕像王重师一样遭灭族之祸。"朱温又派人说："刘捍说王重师暗中勾结邠、岐二镇，我现在后悔莫及，刘捍死有余辜。"刘知俊不再回话。不久，朱温下诏削夺刘知俊的官爵，以山南东道节度使杨师厚为西路行营招讨使，率侍卫马步军都指挥使刘鄩等讨伐。朱温也随后赶赴前线。

刘鄩等率兵到潼关东，捕获刘知俊在关外安置的侦察兵蔺如海等三十人，既而把他们释放作为向导。刘知浣因在途中迷路，耽误了好几天才来到关下，守关的将士把他迎进关内。蔺如海等人随后赶到，也得以入关。刘鄩的部队乘关门大开之际乘虚而入，攻克潼关，并追上刘知浣，把他逮捕。

朱温派刘知俊的侄儿刘嗣业带着诏书到同州招谕刘知俊，刘知俊想向朱温请罪，被其弟刘知偃劝止。杨师厚等攻至华州，刘知俊的部将开门投降。刘知俊听说潼关失守，梁军将到，惊慌失措，立即率领全族人逃奔凤翔，杨师厚率兵赶到长安时，岐兵已抢先占领了城池，杨师厚派奇兵从南山急进，进入西门，一举攻克长安。朱温下令，让刘鄩暂时担任佑国留后。

刘知俊来到凤翔，岐王李茂贞对他十分优待，拜为中书令。可李茂贞的地盘毕竟太小，没有藩镇可以安置他，只好多给俸禄而已。

李茂贞与蜀帝王建关系密切，常常向蜀索要财物，王建有求必应。李茂贞又要巴、剑二州，王建说："我对李茂贞，也够优厚了。如果割让给他土地，那是弃民，宁可多给他点东西。"于是又送给李茂贞丝、茶、布、帛七万斤（匹）。

王建的女儿普慈公主嫁给李茂贞的侄儿秦州节度使李继崇。公主派宦官宋光嗣带着绢书来见王建，说李继崇骄横嗜酒，很难再与他一块生活，要求回成都。乾化元年（911 年）正月，王建召公主回蜀。公主到成都后，便被王建留下，不再回去。李茂贞大怒，岐蜀断交。

三月，岐王李茂贞在靠近蜀国东部的地方聚集军队，蜀帝王建对群臣说："自从李茂贞被朱温打败以来，我常在他危难时帮助他，现在竟然忘恩负义，入侵我国，谁替我攻打他？"兼中书令王宗侃请战。王建命王宗侃为北路行营都统，王宗佑、王宗贺、唐道袭三人为招讨使，发兵十二万，三路并进，讨伐李茂贞，声势十分浩大。李茂贞在对蜀用兵的同时，又以温韬为养子，授以义胜节度使之职，让他率兵攻打长安，但很快便被梁军击退。

贞明元年（915 年）八月，蜀帝王建看到岐王李茂贞国力日衰，乃下诏大举伐岐，以王宗绾为北路行营都制置使，王宗播为招讨使，攻打秦州（今甘肃秦安西北）；以王宗瑶为东北面招讨使，王宗翰为副使，攻打凤州（今陕西凤县东北）。十一月十三日，王宗翰率兵出青泥岭，一举攻克固镇。然后与岐秦州守将郭守谦战于泥阳川，蜀兵战败，只得退保鹿台山。十五日，王宗绾等人在金沙谷击破秦州兵，乘胜指向秦州。兴州刺史王宗铎攻克阶州，阶州刺史李彦安投降。十八日，王宗绾攻克成州，活捉刺史李彦德。蜀军到达上染坊，秦州节度使李继崇迎降，王宗绾遂入秦州。此时岐大将刘知俊正在围攻梁之邠州，半年未克，听说秦州已经降蜀，妻子儿女都被蜀军迁往成都，马上解邠州之围回凤翔，可又怕遭祸，夜里便率亲兵七十人，斩关而出，投奔蜀军。不久，王宗绾攻下凤州。在短短一个月的时间内，蜀兵连占阶、成、秦、凤等州，李茂贞的领地多没于蜀，势力更弱。

龙德三年（923 年）十月，唐庄宗李存勖灭梁，进入大梁。岐王李茂贞自以为与李克用义犹兄弟，遣使致书于李存勖，祝贺他灭梁。李茂贞以季父自居，辞礼十分傲慢。不久，李存勖迁都到洛阳，岐王李茂贞听说后，唯恐唐兵西伐，立即派儿子李继曮到洛阳进贡，上表称臣。李存勖认为岐王乃唐朝遗老，与父亲李克用平起平坐，故对他特加优礼，在给他的诏书中只称岐王而不称名。李继曮看到唐甲兵甚盛，回凤翔后做了汇报，李茂贞更加恐惧，再次上表要求把自己作为藩臣对待。李存勖仍优诏不许，并进李茂贞爵为秦王。

同光二年（924年），秦王李茂贞死，遗奏以其子李继曮权知凤翔军府事，不久，唐正式任命李继曮为凤翔节度使。但李继曮再也不能像他父亲那样割据一方了。到了长兴元年（930年），唐明宗借李继曮入朝陪祀的时机，把他调职为宣武节度使，而以宣徽使朱弘昭为凤翔节度使。这样，就结束了凤翔李氏父子长达四十四年的统治。

刘守光的下场

五代十国时期，卢龙节度使刘仁恭自昭宗乾宁二年（895年）割据幽州（今北京城区西南）以来，在两面都是强敌的环境中总算维持了十几年的统治，可他晚年过于骄侈贪暴，因担心幽州城不牢固，便在城西的大安山上建筑新宅居住，说："此山四面都是悬崖，可以以少制众。"房屋建得十分壮丽，可以与皇宫相媲美，并挑选大批美女充于其中。又与方士炼丹药，以寻求不死之术。刘仁恭还大肆搜刮钱财，搞得民间怨声载道。他把境内流通的铜钱都搜刮来埋在大安山的山顶，下令民间改用黏土铸钱使用；禁止江南茶商入境，自采境内草叶制茶，并售给百姓以牟取暴利。

刘仁恭有爱妾罗氏，长得十分漂亮。儿子刘守光也十分喜爱她，便与罗氏通奸。刘仁恭知道后，大怒，杖责了刘守光，并把他赶出家门，父子结怨。

开平元年（907年），朱温派亳州刺史李思安为北路行军都统，率兵攻打幽州。梁军所到之处，大肆烧杀，直抵幽州城下。此时刘仁恭还在大安山，幽州城中没有防备，几至失守。刘守光闻讯，马上带兵入幽州，上城坚守，打退了李思安的进攻。刘守光遂自称节度使，令部将李小喜、元行钦率兵攻打大安山，刘仁恭派兵抵抗，被李小喜战败。不久，刘仁恭本人也被俘获，被带回幽州城中关押起来。其亲信将领，凡平时为刘守光厌恶的，全部被杀。大将王思同、李承约逃奔晋王李克用，刘守光的弟弟刘守奇先逃往契丹，既而也投奔李克用。

朱温称帝建梁后，刘守光慑于梁朝的声威，立时派使者向梁请命。朱温顺水推舟，便任命刘守光为卢龙节度使、同平章事。

刘守光的哥哥义昌节度使刘守文听说弟弟刘守光囚禁了父亲，召集部下开会大哭，说："想不到我家竟生出这样的不孝之子！与其苟且偷生，不如战死沙场，我发誓要与大家一起讨伐他。"乃出兵攻打刘守光，互有胜负。

刘守光命令僚属们草拟尚父、采访使受册封的礼仪。六月初三，僚属拿来唐代册封太尉的礼仪呈给他，说尚父受封，用册封太尉的礼仪。刘守光看了看，问道："怎么没有郊外祭天、改元的事宜呢？"僚属回答说："尚父虽然高贵，毕竟还是臣子，怎么能够祭天、改元呢。"刘守光大怒，将册子扔在地上，说："我拥有的土地方圆两千里，精兵三十万，就做河北天子，难道还有谁能阻挡我！尚父有什么值得做的！"命令部下赶快准备即皇帝位的仪式，把王瞳、史彦群以及各道的使者都带上枷锁，投入监狱，但不久他们又被释放出来。

燕王刘守光就要登基称帝了，他的将士与僚属们私下议论纷纷，都认为不可以。刘守光便在大厅中放了斧头和砧板，怒气冲冲地说："敢谏者斩！"孙鹤从容不迫地说道："大王您攻破沧州时，按道理我就该被处死，但您宽宏大量，赦免了我，我才能够有今天，我怎么敢怜惜自己的生命而忘记您的大恩大德呢？我认为您现在不能称帝！"刘守光大怒，命武士们把他按倒在砧板上，割他的肉吃。孙鹤大声呼喊道："不出一百天，一定会有讨伐你的大军来到。"刘守光命人用土堵住他的嘴，一寸寸地把他割死。刘守光如此凶残，使得他人心丧尽。

八月十三日，刘守光即皇帝位，国号大燕，改元应天，封梁朝使者王瞳为左相，卢龙判官齐涉为右相，史彦群为御史大夫，即位的当天，契丹攻陷平州（今河北卢龙），燕国人都很惊恐。

晋王听到刘守光称帝的消息，放声大笑，说："等他占卜在位年数的时候，我便要取而代之了。"张承业请晋王派使者去幽州，向刘守光祝贺，以便使他更加骄横，于是晋王派太原少尹李承勋前往。李承勋到幽州后，用邻藩通使之礼拜见，燕国负责接待的官员说："我们大王称帝了，你应当称臣并在朝廷上觐见。"李承勋说："我受命于唐朝，官居太原少尹，燕王尽可在他自己管辖的范围内称帝，怎么能让别国的使者称臣呢！"刘守光很生气，就把他关进监狱，几天后又放出来，问道："向我称臣吗？"李承勋说："燕王若能使我们大王称臣，那么我就称臣，不然，唯有一死而已。"刘守光到底没能使他屈服。

十一月，刘守光召集将吏商讨攻取易、定之事，幽州参军冯道认为不可，刘守光大怒，把他投进监狱，后经人救助，才被释放出来。冯道不久便逃往晋地。刘守光决心已定，遂率将两万人向易、定进犯，攻打容城。义武节度使王处直向晋告急，晋王派蕃汉马步总管周德威率兵三万攻燕，以救援易、定。

乾化二年（912年）正月，周德威东出飞狐（今河北蔚县东南），与赵王部将王德明、义武将领程岩在易水会师。三镇的军队攻下了燕国的祁沟关，接着便包围了涿州。涿州刺史刘知温据城防守。刘守奇的门客刘去非在城下大声呼喊，对刘知温说："河东小刘郎来为父讨贼，与你何干！你替谁坚守呢！"刘守奇脱下头盔向刘知温问候，刘知温在城头上叩拜刘守奇，随即投降。周德威嫉妒刘守奇的功劳，便派人到晋王面前诬陷他，晋王召见刘守奇，刘守奇担心被治罪，就与刘去非及进士赵凤一起投奔梁朝。在此之前，刘守光将境内的壮丁登记入册，一律在脸上刺字为兵，连读书人也难以幸免。赵凤扮成和尚逃奔晋地，被刘守奇收留为门客。

梁太祖任命刘守奇为亳州刺史。后刘守奇与梁大将杨师厚率兵逼近沧州，迫命沧州守将让出城池。在杨师厚的推荐下，刘守奇担任了顺化节度使，镇守沧州。

周德威率兵来到幽州城下，因兵少不能攻城。晋王就派李存审带领吐谷浑、契苾骑兵前去增援。同时，晋将李存晖、李嗣源分别率兵攻打瓦桥关、瀛洲，很快便攻下来。

五月，刘守光派大将单廷珪率精兵一万人出战，在龙头冈与周德威的军队遭遇。单廷珪说："今天一定要活捉周杨五（周德威的小名）献给皇上！"开战后，他看到周德威正在阵中，立即持枪单骑冲上前去，枪尖一直刺到周德威的背部。周德威侧身避开，奋力挥杖向单廷珪打去，单廷珪躲闪不及，立时掉下马来，被周德威活捉，放在军营门外。燕兵见状，都慌忙退走。周德威率轻骑乘胜追击，燕兵大败，死者三千人。单廷珪是燕国的一员猛将，他被俘后，燕人士气大伤。

乾化三年（913年）正月，周德威攻克燕顺州，既而又克安远军。不久，李存晖等率兵攻下檀州，檀州刺史陈确投降。三月，周德威夺取燕芦台军，刘光濬攻取古北口，燕居庸关使胡令圭等人前来投降。

刘守光见局势危急，一面命令大将元行钦率七千骑兵，在山北牧马，并招募山北兵来接应契丹；一面任命骑兵将领高行珪为武州刺史，作为外援。晋将李嗣源分兵征讨山后八军，全部攻克。晋王命他的弟弟李存矩做新州刺史，总领山后八军。李嗣源进攻武州，高行珪献城投降，元行钦听说后，率兵攻打高行珪，高行珪派他的弟弟高行周作为人质，向晋军求救。李嗣源率兵赴援，元行钦只得解围而去，李嗣源与高行周在后边紧追不舍，一直追到广边军，双方共打了八次仗，元行钦力尽投降。李嗣源见元行钦十分骁勇，很喜欢他，收为养子。

卢龙镇下属各州县都被晋军攻占后，刘守光困守幽州城中，惶惶不可终日，只好向契丹求救。然而契丹认为他反复无常，不讲信义，拒绝出兵。刘守光又多次向晋求降，晋以为这不过是他惯用的一种欺骗手段罢了，也置之不理。刘守光走投无路，就登上城头对周德威说："晋王来了，我就大开城门，伏道请罪，听从晋王之命。"周德威让人将这些话报告给晋王。十一月初六，晋王让监军张承业留守晋阳，暂时负责军府事务，自己率兵赶往幽州。二十三日，晋王单人匹马来到城下，对刘守光说道："朱温篡逆，我本想与你一道联合河朔五镇之兵共同兴复唐朝。然而你考虑不周，竟然也效法他僭越帝位。镇、定二帅都俯首帖耳听你发号施令，你却不体恤他们，因此才有现在这场战争。大丈夫在成败兴亡关头必须决定何去何从，那么你打算怎么办？"刘守光说："我现在是俎上之肉，听凭大王处置。"晋王顿生怜悯之心，当场折箭为誓："你只管出来见我，保你不发生意外。”刘守光推辞说过几天再投降。

在此之前，刘守光的爱将李小喜给刘守光出了许多坏主意，刘守光对他言听计从，故李小喜在燕境内权势极大。现在刘守光准备降晋。李小喜竭力劝阻。当天晚上，李小喜却一个人爬出城墙向晋军投降，并说城中守兵已粮尽力竭。二十四日，晋王亲自督率各军从四面攻城，一举拔之，捉住了被软禁多年的刘仁恭及其妻妾，刘守光带着妻子儿女逃走。二十五日，晋王进入幽州。

刘守光携家眷一路行色匆匆，直向沧州投奔刘守奇。十二月的北国，天寒地冻，刘守光的脚都冻肿了，又迷了路，竟来到燕乐县境内，他们白天不敢露面，只好藏在坑谷里，几天没有吃上饭了。刘守光实在饥饿难忍，就让妻子祝氏出去要饭。祝氏来到农民张师造家，张师造看到这女人举止不同寻常，顿生疑窦，一问，祝氏便实说了。于是，刘守光及其三子全被抓获。

十二月初六，晋王正大宴宾客，将吏押着刘守光来到。晋王对刘守光说：“你作为主人，怎么可以这样躲避我这个客人呢！”遂把刘守光和刘仁恭一起安置在馆舍里，并送给他们衣食用具。晋王命令掌书记王缄起草称作露布的晓示天下的捷报文书。

晋王灭燕，暂时减轻了南下攻梁的后顾之忧，但是，他却消除了一道横在自己和北方契丹之间的屏障，从总体上来看得不偿失。其后，只要契丹南下，晋就不得不派兵抵御，以至疲于奔命，边境始终不得安宁，这不能不说是一个失策。倒不如先稳住刘氏，让他们去抵挡契丹的侵扰，待灭梁之后再予以解决。

后梁内乱

当梁晋相争的战局出现逆转、梁军连战皆败的时候，梁室内部又出现了一系列的动乱，从而加速了朱梁政权的垮台。

梁太祖朱温为人嗜杀成性，心狠手辣，猜忌心强，他自己是凭武力夺取帝位的，自然要严防部下也这样做。即位之后，一些手握重兵、立下汗马功劳的元老重臣多被他杀掉，使得文武百官人人自危。官员们每天上朝之前，都要与家人诀别，回府之后就庆贺一番，真是过着朝不保夕的生活。朱温生性荒淫好色，晚年尤甚。原配夫人张氏（后追封为元贞皇后）在世时，他慑于张氏的威严，尚不敢任意妄为。张氏为人聪明贤惠，足智多谋，朱温对她甚是敬畏，但她不幸早逝。张氏死后，朱温不立继室，一味纵情声色，以至像禽兽一样淫乱。他不但任意奸污大臣的妻女，对自己的儿媳也不放过。他把儿子们派到外地镇守，让儿媳们轮流进宫侍寝，完全丧失了礼义廉耻。朱温有八个儿子，长子彬王朱友裕早死，其次便是养子博王朱友文。朱友文本姓康名勤，虽为养子，却很受朱温喜爱。开平三年（909年）正月，梁迁都洛阳后，朱温让他留守东都大梁，并兼任建昌宫使。再其次是郢王朱友珪，因生母是亳州营妓，颇为兄弟们鄙视，也不受朱温宠爱，任左右控鹤都指挥使。第四子是均王朱友贞，生母乃元贞张皇后，任东都马步都指挥使。朱友文作为养子，名位在朱温诸子之上，这就引起诸子尤其是朱友珪的不满。而朱友文的妻子王氏长得漂亮，在几个儿媳中又最受朱温宠爱，王氏恃宠，难免要给朱温吹些枕边风，要求立朱友文为太子。朱温虽没有正式立朱友文为太子，但心中常有这个想法，朱友珪得知后，更加不满。朱友珪曾犯小错，受到朱温责打，内心十分不安。朱温晚年长期有病在身，朱友文妻王氏与朱友珪妻张氏日夜在身边侍候。乾化二年（912年）五月，朱温病重。他自知生命垂危，对王氏说："我快要不行了。你赶快去东都大梁叫来朱友文，我要与他告别。"张氏得知后，密告给丈夫朱友珪，说："皇上把传国宝交给了王氏带往东都，我们活不了几天啦。"夫妇二人相对而泣。身边的人劝道："急中生智，何不趁早想个办法。机不可失，时不再来。"

六月初一，朱温命宣政使敬翔贬朱友珪为莱州刺史，勒令他立即离开洛阳，圣旨已下，而正式公文还没有发出。朱温为人刚强暴躁，晚年更是喜怒无常，当时凡被贬官者，肯定会有后命，往往要赐死。朱友珪大为恐慌。

六月初二，朱友珪偷偷来到左龙虎军，找到统军韩勍，把情况告诉给他，请他与自己一起发动政变。韩勍看到朱温即位以来功臣宿将多以小错被杀，担心自己性命难保，立即与朱友珪合谋。朱友珪长期以来任左右控鹤都指挥使（梁以侍卫亲军为控鹤军），调动起皇帝亲军来得心应手，于是，朱友珪联合了

一部分控鹤军，韩勍调来五百牙兵，汇合到一处，埋伏在宫中。

到了半夜，朱友珪带兵斩关而入，闯进朱温寝殿，侍疾者见状都慌忙逃走，朱温惊起，喝问："是谁胆敢造反？"朱友珪回答："不是别人！"朱温骂道："我本来就怀疑你这贼子，真恨自己不早把你杀掉。你干这种悖逆之事，天地会容你吗！"朱友珪也骂道："老贼，我先把你碎尸万段！"朱友珪仆夫冯廷谔立即上前去杀朱温，朱温只好绕着柱子逃跑。冯廷谔连砍几剑，都砍在柱子上。而朱温毕竟年纪大了，又有病在身，终于支撑不住，倒在床上。冯廷谔一剑刺进朱温腹中，剑尖从朱温背上穿出，肠胃流了一床，立时毙命。朱友珪拿了个破毡子包上朱温的尸体，就在寝殿中挖了个坑草草埋起来，秘不发丧。又派供奉官丁昭溥迅速赶往东都，命均王朱友贞杀掉朱友文。

六月初三，朱友珪假造朱温诏书，声称："博王朱友文谋反，派兵闯进殿中，幸亏郢王朱友珪忠孝，及时率兵入宫，诛杀友文，保全朕躬。可由于朕受此刺激，病情加重，宜令朱友珪暂管军国之事。"韩勍为朱友珪出了个主意，从府库中取出大量金钱布帛赏赐将士及文武百官，以收买人心。

六月初五，丁昭溥从大梁回来，说朱友文已被杀死，朱友珪放心了，乃为朱温发丧，宣布遗诏，即皇帝位。

时朝廷新有内难，人心不稳，许州军中议论纷纷，可匡国节度使韩建既不追查，也不防备。不久，马步都指挥使张厚发动叛乱，杀死韩建。朱友珪因统治不稳固，不敢讨伐，反而任命张厚为陈州刺史。

天雄节度使罗周翰幼弱，大权掌握在牙内都指挥使潘晏手中。北面都招讨使、宣义节度使杨师厚正屯兵于魏州，早就想取罗周翰而代之，可慑于朱温的威严，一直不敢轻举妄动。及朱友珪弑帝，杨师厚认为时机已到，立即捕杀潘晏，率兵占据牙城，以天雄节度使的名义发号施令。朱友珪不敢得罪杨师厚，遂任命他为天雄节度使，徙罗周翰为宣义节度使。

朱友珪的软弱无能，更增加了人们对他篡位的痛恨，地方上叛乱更多。八月，戍守怀州的三千龙骧军溃乱，向东逃走，一路上到处抢劫。朱友珪派兵镇压，擒杀其首领，但并没能从根本上解决问题。

至于朱温的一些老部下，看到朱友珪弑父篡位，都很愤怒，虽然朱友珪多方笼络，可他们终究不高兴。当告哀使到达河中的时候，护国节度使冀王朱友谦作为朱温的养子，闻知噩耗，极为悲愤，哭着说："先帝开创基业数十年，竟不幸死于贼子之手，祸起萧墙，实在悲惨。我作为朝廷藩镇，不能讨贼，十分耻辱。"朱友珪乃给朱友谦加官侍中、中书令，下诏书自我辩解，并征他入朝。朱友谦对使者说："是谁立他当的皇帝？先帝去世，丧事还未办好。我将要到洛阳问罪，还要他征召吗？"朱友珪大怒，命令大将康怀贞、韩勍率军讨伐，朱友谦便投靠了晋王，并向晋求救。晋王李存勖派部将李存审等人率兵来救，在胡壁击败梁军，但并没有从根本上解除梁军对朱友谦的威胁。河中城在梁军的攻打下，十分危急，朱友谦再次向晋求援，晋王遂亲自率军来救，大破康怀贞，斩首千级。梁军解除对河中的包围，退保陕州。朱友谦亲往晋王营中拜谢，为表示对晋王的忠诚，他只带几十名随从，没有任何防备措施，又认晋王为舅。晋王晚上大摆宴席招待朱友谦，朱友谦喝得大醉，留宿晋王帐中，一夜安寝，宛如自己家中。梁遂失去河中之地。

再说梁大将杨师厚既夺得魏博之兵，又兼任北面都招讨使，不但部下多为精兵良将，诸镇兵也有权调发，威势日重。他打心眼里看不起朱友珪，遇事往往专断，并不上报。朱友珪很担忧，下诏书要他回朝，说："有北方的军机大事，想同您面商。"杨师厚将要动身进京，心腹将领都不让他去，说："入朝必有不测之祸。"杨师厚说："我了解他的为人，即使去了，他也不敢对我怎么样！"遂率精兵万余人，渡过黄河直趋洛阳。朱友珪十分恐慌。不过，杨师厚率兵来到洛阳城门外，却把大军留下，仅率随从十几人入宫觐见。朱友珪大喜，对杨师厚甜言蜜语地抚慰一番。千方百计地讨好他，并赏赐大量财物，然后打发他回镇。

乾化三年（913 年）正月，朱友珪下令大赦，改元凤历。

朱友珪一旦得志，马上变得荒淫无度，朝廷内外无不愤怒，虽赏赐大量金钱布帛，人心不附。驸马都尉赵岩，是朱温的女婿；左龙虎统军、侍卫亲军都指挥使袁象先，是朱温的外甥。赵岩奉命到大梁，均王朱友贞私下同他商议杀朱友珪之事，赵岩说："此事成败，在于招讨使杨师厚一人，有他一句话来晓谕禁军，我们的事情立时可以办成。"朱友贞便派心腹马慎交到魏州劝说杨师厚。马慎交对杨师厚说："郢王篡弑，人心归于均王，您若按照民心所向拥立均王，乃不世之功。"又许下诺言，事成之后，赐犒军钱五十万缗。杨师厚与部下将领商量该怎么办，说："当初郢王弑君，我不能立即讨伐，现在君臣名分已定，又无故改变主意，可以吗？"部下有人说："郢王亲弑君父，就是贼寇，均王举兵复仇，就是仁义，奉义讨贼，还管什么君臣名分！他们如果一旦破贼，您无一寸讨贼之功，将何以自立？"杨师厚说："你说得很对，我几乎要误事。"便派部下王舜贤去洛阳，暗中与袁象先谋划，又遣招讨马步都虞候朱汉宾率兵屯驻滑州，作为外应。赵岩回到洛阳，也与袁象先私下定计。

自从前一年怀州龙骧军溃乱后，朱友珪一直搜捕其余党，抓到后一律灭族，至此仍不停止。当时龙骧军有驻守大梁的，朱友珪下令把他们调到洛阳，均王朱友贞趁机派人激怒他们："去年怀州戍兵叛乱，可到现在天子还要追捕你们这些无辜的人，竟要把你们押送到洛阳全部活埋。"大家都很恐慌，不知道该怎么办。朱友贞便上奏朱友珪说龙骧军疑惧，不肯前往。两天后，龙骧军将领拜见朱友贞，哭着请求指出一条活命之路，朱友贞说："先帝与你们一起征战三十余年，才建成帝王之业。现在先帝尚且被人杀死，你们又能到哪里逃命呢！"于是拿出梁太祖朱温的画像给他们看，并且哭着说："你们能去洛阳为先帝报仇雪耻，就可以转祸为福了。"大家都高兴得直喊万岁，请求发给兵器，朱友贞满足了他们的要求。

汴兵还未到达洛阳，城中禁军已进行暴动。乾化三年（913 年）二月十七日早晨，袁象先等率禁兵数千人冲进皇宫。朱友珪听说禁军叛变，立即与妻子张氏和冯廷谔跑到皇宫北部的城楼下，本打算越墙逃走，后想到难免一死，便命令冯廷谔先杀张氏，后杀死自己，冯廷谔随后也自杀。洛阳城中随即大乱，诸军十余万人在都市中大肆抢劫，文武百官纷纷逃走。中书侍郎、同平章事杜晓及侍讲学士李珽都被乱兵杀死，门下侍郎、同平章事于兢和宣政使李振受伤。直到傍晚，城内才安定下来。

袁象先、赵岩带着传国宝到大梁迎接均王朱友贞，朱友贞说：“大梁乃先帝创业之地，何必要去洛阳！”遂于大梁即皇帝位，复称乾化三年，追废朱友珪为庶人，恢复博王朱友文的官爵。朱友贞即为历史上的梁末帝。三月，梁末帝改名为朱锽，后又改名为朱瑱。梁末帝给杨师厚加官为兼中书令，并赐爵邺王，十分优待，事无大小都要向杨师厚请教然后施行；又遣使招抚朱友谦，朱友谦复向梁称藩，奉梁年号。

一场内乱总算平息，但梁晋相争的局面并未改变。摆在梁末帝面前的是更加恶劣的局势，朱梁政权已是江河日下、难以挽救了。

李存勖为父报仇

公元907年，朱全忠灭唐建梁。从此，中国历史进入五代十国的时期。即梁、唐、晋、汉、周五代，因前朝年号有与此相同的，后人在此五代前加一个“后”字以示区分。同时并存的十国分别为：前蜀、吴、闽、吴越、楚、南汉、南平、后蜀、南唐和北汉。五代十国时期，军阀割据混战，朝代更替频繁。朱全忠建立后梁之后，首先进行讨伐的，就是坐镇山西的李克用。

李克用带兵追剿农民义军路过朱全忠驻守的汴州时，粮草不足，前去相借。不料，言语冲犯了朱全忠，险些被他用大火烧死，从此二人结下了冤仇。李克用听说朱全忠当了皇帝，还因“全忠”之名为已故唐朝皇帝所赐，现在备感耻辱，而原名“朱温”与“猪瘟”谐音不吉利，将名字改成朱晃，心中又急、又气、又恨，便决定出兵讨伐，但又怕兵力不够，反弄巧成拙被朱晃吞掉。想来想去，就想到了北方契丹族首领耶律阿保机。契丹族属游牧民族，善骑射，骁勇善战。李克用觉得如与之联合，必能打败朱晃，灭了后梁，忙派人前去说服耶律阿保机。当时契丹族已经统一，耶律阿保机早有南犯之心。一听李克用要与自己联手攻打后梁，满心欢喜，当即表示同意，还亲自前往李克用处与之商谈此事。二人一见，甚为投机，结为兄弟，不久，约好一起进攻梁朝时间，各自回营准备。

令李克用意想不到的是，耶律阿保机回营后，朱晃便派人对其进行利诱。耶律阿保机一则被朱晃所送礼物引诱，二则细想之下觉得朱晃势力强大，即使自己与李克用联手也未必能胜，竟然背弃前盟，反与朱晃结成联盟。李克用得到消息后，急火攻心，卧床不起。

不久，李克用就觉得自己大限已到，不由得悲愤不已。李克用有一个儿子名叫李存勖。此子骁勇无比，又很有军事头脑。这一天，他来探望病中的父亲。李克用一看到威武强健的儿子，眼中闪了闪，心中升起一股希望，他拉住儿子的手，语重心长地说道："孩子，为父之所以如此，全为三人所致。一个是朱晃，其中原因，我不讲你也清楚；一个是现在朱晃手下的刘仁恭；还有一个就是契丹首领耶律阿保机。刘仁恭我对他有恩，曾保举他做官，谁知这个狼心狗肺之辈居然投靠了朱晃，公然与我为敌；耶律阿保机曾与我结为兄弟，誓杀朱晃，不想此人也是见利忘义的小人，被朱晃所诱，投他而去。为父自知大限已到，不过，胸中这三口恶气不出，我死不瞑目啊！"

说到这，他停下来，喘了口粗气，命人取来三支利箭，亲手交给儿子。这才继续说道："儿啊！为父知你英勇善战，一定会给为父报仇。今日，为父给你这三支利箭，你一定牢牢记住那三个人便是你杀父的仇人，有朝一日，用这三支箭亲手射杀此三人！"

李存勖见父亲说完这几句话，眼神都已散乱，早已泪流满面。他扑通一声跪倒床边，双手恭恭敬敬接过三支箭，哽咽着说道："父王，您放心，孩儿一定手诛此三人。不报此仇，誓不为人！"李克用闻听，嘴角露出一丝微笑，慢慢闭上了眼睛。

李存勖见父亲死了，悲痛欲绝。身旁一个老家人流着泪劝道："少爷节哀，保重身体要紧。哭坏了身子，如何给老爷报仇啊！"李存勖闻听，心里一惊，想道：是啊，哭有什么用？又不能将父王哭转回来，他想起父亲临终遗言，忙擦干眼泪，暗下决心，一定要在最短的时间内除掉李家这三个不共戴天的大仇人，以慰父亲在天之灵。

料理完丧事，李存勖继承了父亲李克用的晋王位。为报父仇，他开始加紧操练人马。李克用本就很有指挥才能，给他打下了良好的基础。再加之李存勖青出于蓝而胜于蓝，既有家父之风，又有自己领兵作战的一套，很快就把自己手下这支沙陀族骑兵训练得纪律严明，英勇无敌。

不久，李存勖便决定出兵。他第一个攻击的目标就是朱晃。出征前，李存勖前往家庙里祭拜，祈祷父亲在天之灵保佑自己。同时他将供奉在家庙里父亲所赠的三支利箭恭恭敬敬地取出来，装进随身而带的丝套里，这才向朱晃的老巢进发。

朱晃率50万大军迎击，两军展开了惨烈无比的战斗，直杀得风云变色、天昏地暗。李存勖虽受伤不敌朱晃，但他的骑兵将士个个骁勇善战，以一顶十。又加上每次作战，李存勖都身先士卒，冲杀在前，这极大地鼓舞了士气。因此，朱晃军兵虽众，却屡战屡败，狼狈不堪。李存勖每次取胜，都刻意将朱晃羞辱一番。特别是揭穿他曾为农民军、出身低贱，且做过背叛投降、寡廉鲜耻之事。朱晃羞愧气恨交并，竟一病不起，呜呼哀哉了。

李存勖气死朱晃，又一鼓作气，攻破幽州杀死了刘仁恭父子，报了第二个仇。之后回师休整。

李存勖知道，要杀耶律阿保机，与杀刘仁恭不一样，不能仅凭一时之气，要有足够的实力。他养精蓄锐，卧薪尝胆，九年之后，兵力大增。李存勖率军出击，大败南下的契丹兵，把耶律阿保机赶回老家。从此之后，李存勖雄霸中原。

但是，他还有一个心腹之患，那就是朱晃儿子朱瑱。朱瑱继位后，还想为父报仇，统一北方，李存勖成为他的劲敌。两人兵戎相见十年。到公元923年，朱瑱终因不敌李存勖，宣告失败。后梁从朱晃建国到朱瑱亡国，不足17年，在历史的长河中如昙花一现，流星一闪。

李存勖灭了梁朝之后，又率军统一了北方。自己登基称帝，国号为唐，史称后唐。李存勖则为庄宗皇帝。

李存勖命丧优伶手

李存勖征战沙场十余年，终于报了父仇。在沙场上，他不愧为一个顶天立地的男子汉。但是当他统一北方，做了皇帝之后，却失去了奋斗的目标，没能成为一个好皇帝。

做了皇帝的李存勖，见到自己大功告成，敌人死的死、逃的逃，已构不成威胁，便以为中原从此平安无事，他自己也应该享乐几天了。

第一件事应该干什么呢？他在后宫自己一人想了一整天，最后决定，组织一支全国最好的戏班子。原来，李存勖是个戏迷，他从小就特别喜欢看戏，也愿意演戏。他们晋王府，当时就有一个戏班子，专门给晋王府演戏。李存勖那时就经常与那些优伶混在一起，还时常混充其中，跑个龙套啥的。由于他看戏太入迷，经常忘记练武习武，对他管教颇严的父亲李克用为此还对他施用过家法。以后，他就只好专门练武习文，较少去看戏了。即使去，也要悄悄的，背着李克用。长大后，李克用不再管他，但他又忙于征战没有时间看戏，李存勖一直将此事引以为憾。现在自己当了皇帝，想干什么就干什么，第一件事当然是组织一个戏班子。

李存勖

朝中大臣闻说此事，有那贤良之臣便出来反对，对李存勖进言道："国家初建，百废待兴，还望陛下以国事为重。"李存勖听了很不高兴。有那善于察言观色、阿谀逢迎的见状忙趋前上奏："陛下为万圣之尊，这点小乐子也不能找吗？况且陛下南征北战十余年，现在也该歇歇，享乐一下了。"李存勖闻听非常高兴，立即派此人去办此事。

不久，戏班子就组建好了。李存勖把国家大事丢在一边，一心和戏班子混在一起，到后来甚至连早朝都不上了，整天涂脂抹粉，身着戏服，上台演出，与一帮优伶不分你我，称兄道弟，还给自己起了个艺名，叫“李天下”。这些优伶见李存勖迷戏若此，索性在他面前也无所顾忌，日渐放肆起来。

一日，众人在台上演戏。庄宗李存勖连喊两声艺名“李天下”，不料，一个优伶忽然走上前去，扇了他两个耳刮子，李存勖一时愣住了。旁边的人见状大惊失色，唯恐皇上怪罪。一个稍微灵活点儿地上前揪住那个优伶质问。那优伶不慌不忙，笑道：“治理天下者，唯有皇上一人，你连喊两声‘李天下’，那个人是谁呀？”

众人闻听，这才舒了一口气。庄宗李存勖也知那人是与自己闹笑话，并不追究，继续演戏，但是这无异于纵容了这些优伶。他们在宫中受到庄宗李存勖的宠幸，在一起平等相处，便日益狂傲起来。他们不仅自由出入皇宫，甚至还控制朝中大事，欺侮重臣。许多官员对此敢怒不敢言。

在众多的优伶中，有一个人最善机巧，他叫景进。景进经常在庄宗李存勖面前耍乖弄巧，逐渐成为庄宗最宠信的人，将他当成心腹。景进颇有心机，经常去外边了解情况，然后根据自己的评判标准，在庄宗面前数说朝臣是非，以达到不可告人的目的。庄宗很听他的，他说谁好，谁就升官；他说谁不好，谁就遭贬、获罪。朝中大臣不敢惹景进，只好处处讨好景进。一个优伶使用这么简单的手腕，竟然达到了祸乱朝政的地步，真是让人感到荒唐可笑。

庄宗李存勖渐渐不满于与众伶人在后宫演戏了，他甚至要让这些伶人做官。不久，他就决定封两个优伶为刺史。消息传出，朝中重臣纷纷进谏相劝，都认为新朝刚刚建立，许多跟随李存勖南征北战、出生入死打下江山的有功之臣尚未封赏，如今却让优伶出任刺史，未免让众将心寒。

庄宗李存勖却颇不以为然。他心中道，就算他们不服，又能怎样呢？最终坚持让那两个伶人做了官。这下可给他带来了杀身大祸。

这两个伶人本就是无才无德之辈，一朝掌权，便作威作福，祸乱朝纲。他们自认为有皇上在后撑腰，有恃无恐。许多当年跟随李存勖征战的将士心中不平，觉得皇上不公。仅仅几年，后唐朝廷内乱频仍，大将郭崇韬被杀，李嗣源也险些被害。

李嗣源可不是一般人物。他武艺高强，胆识过人。当年，朱全忠火烧驿馆，谋害李克用，李嗣源正在李克用身边。那时，他只有17岁，却临危不惧，挥舞一只长枪，左拼右杀，以一当十，最终保护李克用冲出重围，立下大功，被李克用收为养子。

李嗣源对李家可谓忠心耿耿，战功赫赫，就是李存勖连报三仇，直至统一北方，也多亏有他从旁辅佐。可是这样的有功之臣，并且也算是与皇上兄弟相称，非但得不到重用，反遭猜忌迫害，让将士们的心都凉透了。他们纷纷跑到李嗣源府中，要求他起兵反唐。李嗣源也忍无可忍，又见有众将热烈拥护，便决定发兵，讨伐戏迷皇帝李存勖。他选择进攻的第一目标便是汴京。

庄宗皇帝在洛阳正排演新戏，闻听李嗣源起兵反叛，不由得大吃一惊。他深知李嗣源厉害无比，绝非等闲人物，便立即动身亲自赶往汴京督战，行至途中，又得到消息，李嗣源已攻下汴京，而且各地将领纷起响应支持李嗣源。李存勖一屁股坐在地上，喃喃说道："朕此时处于孤立无援之境，除了我的戏班子，我是一无所有了……"

庄宗李存勖虽明知自己已经完蛋了，但还要负隅顽抗到底。他赶回洛阳，命令亲军指挥郭从谦组织兵力抵抗。

郭从谦原来也是个优伶，但此人与景进等人并非一流。他为人正直，好求上进，曾认大将郭崇韬为叔叔。郭崇韬被景进一伙进谗言，蒙冤而死。郭从谦恨透了这帮人，同时他觉得庄宗也是个昏庸之辈，早就有心除之，无奈兵力不足，只得忍耐一时，相机而动。此时见李嗣源率大军讨伐庄宗，便觉机会来了。他发动亲军造反，冲入皇宫。庄宗李存勖始料不及，他万万没想到自己连宫中优伶也没有完全笼络住。他纵有一身武艺，也抵挡不住强健勇猛的亲军一起围攻。而他身边那些伶人，特别是景进之流，早已各自逃命去了。只做了4年皇帝的李存勖最终死于非命。不知他到了阴间，还想不想唱戏。

庄宗死后，李嗣源继位做了后唐的第二位皇帝，即唐明宗，时值公元926年。

钱镠睡警枕

钱镠是五代十国期间一个小国吴越国的国王。

他本是一个靠打鱼种庄稼为生的农民，生活异常贫困，后来为生活所迫当了盐贩子。但是贩私盐弄不好是要掉脑袋的，他不愿再过这种提心吊胆的生活，一狠心，投到浙西镇将黄昌部下当了兵。由于他冲锋陷阵，屡立战功，而且为人又机巧灵活，很快就提升为军中将领。不久，黄巢起义，率大军攻打临安(今杭州)，当时正值钱镠在临安驻守。他手下军兵虽然不多，却被他训练得个个如下山猛虎，以一顶十。在敌众我寡的情况下，他率军顽强抵抗，保住临安城。唐王朝统治者因他守卫临安有功，遂封他为都指挥使，不久又提拔他为镇海节度使。

唐王朝节度使的权力非常大，钱镠可谓一步登天。这时他作为农民的小家子气也便显露出来。平日出行，卫士前呼后拥，趾高气扬，将一切人都不放在眼中。特别是他的脾气也随着他的升迁而长了起来。一日，有人为他献诗一首，诗中有一句为“一条江水槛前流”。其中“前流”与“钱镠”同音，钱镠听文书给他念完诗后大发雷霆，认为写诗人是有意讽刺他，竟然下令将那人给斩了。

从此，钱镠失去了民心，许多人见了他都绕着走。初时，他不觉得什么，依然在自己新建的豪宅中饮酒作乐，肆意胡为。时间久了，他逐渐觉出味道不对来了。因为他当节度使后，请父亲进城，他父亲以“一辈子当农民，习惯了与土地为伴”为由执意推托。钱镠便依从了老父，只是经常回家看看父亲，送些金银钱帛。开始几次，父亲还满心欢喜。但到后来，钱镠回家探父的排场越来越大，他的老父却对他越来越冷淡。及至后来，竟避而不见了。钱镠是个孝子，见父亲如此，心中难过。左思右想，知道其中必有缘故，决心探个究竟。

这一日，钱镠独自一人抄小路步行回家，手中只拎了一只烧鸡和一壶清酒。

到了家门口，略微踌躇了一下，但还是推门进去。柴堂之中，只见老父正坐在藤椅上，忙上前恭恭敬敬喊了一声“父亲，儿回来看您了！”他父亲见他一人如此打扮回来，竟然非常高兴，起身将他让到屋中，还拿出家中的大枣、花生等乡间土产让儿子吃。钱镠看见父亲高兴，心里也踏实了些。父子俩闲聊了一会儿，钱镠忽然问父亲道：“父亲，为什么儿子前几次回家，您却避而不见呢？”

他父亲见他有此一问，脸色忽然严肃起来，郑重说道：“孩子，我们家世世代代穷苦百姓出身，如今你却做了大官，这样一来，就一定会遭那些小人嫉恨。偏偏你又锋芒毕露，无所顾忌。长此下去，为父只怕咱们钱家要遭殃啊！”钱镠一听老父之言，激灵灵打个冷战，心道：我这节度使可真是白当了，尚不如乡下老父有见识。成由勤俭，败由奢。我如今奢华无度，肆意玩乐，逞强示威，谁能保证会有什么好下场呢？从此之后，钱镠再也不似先时那般骄纵，而是牢记老父之言，处处小心，时时留意。口碑也逐渐好起来，慢慢又成了百姓爱戴之人。

朱温灭唐建梁之后，钱镠为了保存实力，牵制吴国，主动向朱温表示祝贺，甘愿称臣。朱温高兴之余封他为吴越王。

当了国王的钱镠丝毫没有改变自己以前的作风，依然爱民如子，做事小心认真。

他为了使自己能做到时时具有一颗警惕之心，特意让人做了一个圆木枕头，睡觉时不睡布枕头，而是枕着一段圆木头。人枕着圆木头睡觉，肯定睡不踏实，有点声响就会惊醒。他多年坚持睡圆木头，保持了极高的警惕。人们将这段圆木枕头称为“警枕”。

他不仅自己警惕性高，对自己手下的军士也要求如此。一天夜里，钱镠半夜起来到军中巡营，发现一个士兵过于困倦，靠在墙角睡着了。钱镠便找了一颗铜弹子，从墙内丢到墙外。那个士兵听到声响，立刻惊醒，四下察看了一回，虽没发现可疑处，却也不敢掉以轻心再打瞌睡了。事后，听说铜弹子是国王扔的，值班士兵们没有一个再敢有丝毫的马虎了。

钱镠治兵，纪律也非常严明。下达的命令，一定要严格遵守，不允许有丝毫的违背。手下的将士都谨遵国王的这条规定，没有一个敢有丝毫的疏忽。有一回，钱镠身着便服出城回家探望老父亲。父子俩聊得高兴，一直谈到半夜。钱镠忽然想起还有一件要紧的事未办，便不顾父亲再三挽留，执意回城。走到北城门口，守城军兵说城门已关，不放他进城。钱镠急了，冲上边喊道："我是大王派出城的，现在有急事要进去。"守城军兵不理他，但又禁不住他在下边不停地喊，最后说："国王有规定，夜深了不能开城门。别说你是大王派的，就是大王本人来了，现在也不能开城门。"

钱镠无论如何叫门，守城门士兵都不给他开。最后，他只好走了半宿，绕到南门。南门守将是钱镠手下亲信，见国王来了忙开门让他进去。

第二天，钱镠把负责北门的士兵找来。士兵们一见此人正是昨日叫城之人，不由得大惊。不料，钱镠却笑道："你昨日严守城门，未将我放进来，这说明你恪尽职守，无论战时还是太平之时都没有一点儿疏忽，所以理应封赏于你！"言罢，命人端出50两黄金送给那个士兵，并当众封他为守城大将军。消息传出，将士们对国王的指示、法令都不敢怠慢敷衍，致使政令畅通，上下军民团结一心，经济逐步繁荣发展起来。

钱镠还曾带领本国军民共同修建了钱镠塘江堤和海塘，有效地防止了水旱灾害的发生，并使几千顷良田得到灌溉，农业生产得到大发展。由于庄稼连年获得大丰收，米价便宜到每石只售50文钱。民间因此称钱镠为"海龙王"，称赞其兴修水利的功绩。

钱镠虽然是一个小国的君主，但是他谦虚谨慎，知错必改；睡警枕，严治军；发展农业，兴修水利；身为国王，事必躬亲。由一个农家子弟经过不懈努力成为一个历史上留名百世的贤明君主，他的许多故事为后人所称道传颂，他的某些精神值得后人学习借鉴。

石敬瑭献辽燕云地

大概没有几个人不知道我国历史上发生过这么一件事：为了做皇帝，后晋开国皇帝石敬瑭向契丹王耶律德光称臣称儿，出卖燕云十六州国土。然而，关于事情的来龙去脉，恐怕就没有多少人清楚地知道了。

石敬瑭

石敬瑭，西突厥后裔沙陀部人。其父臬捩鸡于后梁时依附晋王李克用，随从征伐有功，官至洺州刺史。臬捩鸡生有一子，这就是臭名昭著的石敬瑭。石敬瑭为何姓石，史书上没有记载，我们不必考究。石敬瑭生活的时代是一个动荡不安的时代，军阀混战，弱肉强食，是个造就草莽英雄的时代。石敬瑭沉稳寡言，作战勇敢。李存勖（后来做了后唐开国皇帝，即后唐庄宗）起兵反梁时，曾在清平（今山东临清）被梁将刘鄩包围，情势危急，石敬瑭率十余骑兵奋勇突围，击杀刘鄩，救出李存勖，由此名冠三军。天祐十五年（918年），在胡柳（今山东鄄城西南）之役中，又随从李嗣源（后来即位，即后唐明宗）于危急中击败梁兵，为李嗣源解了围。李嗣源是李存勖父亲的养子，他喜欢石敬瑭，就把后来是永宁公主的女儿嫁给他。大概石敬瑭当时并没有料到自己有朝一日会成为国婿，反正，自从娶了永宁公主，石敬瑭跟随岳父大人，混得不错，带领了一支军队——左射军。

同光四年（926年）二月，后唐邺都军将赵在礼在贝州（今河北南宫）起兵反叛。成德军节度使李嗣源受庄宗命前往讨伐，至魏（今河北大名）时，士兵哗变，劫持李嗣源，逼他造反。李嗣源犹豫不决，甚至想回朝面见庄宗，以表白自己之忠诚。石敬瑭说："军队发生兵变，岳泰身为主帅，回去会有好下场吗？当断不断，反受其乱。优柔寡断乃兵家之大忌。事已至此，不如起而反之。愚婿愿率三百骑兵为先锋，攻取汴州，则大业可成了。"李嗣源听从他的建议，与赵在礼达成默契，倒戈南下，以石敬瑭率三百精骑为前锋，一举攻下汴州。四月，挥师入洛。二十日，李嗣源于洛阳即位，是为后唐明宗，改元天成，拜石敬瑭为保义军节度使，赐号为“竭忠建策兴复功臣”，兼六军诸卫副使。

明宗虽然也是靠兵变夺取皇位的，然而，他似乎懂得一些“马上得天下而马下治天下”的道理，在位七年期间，勤于政事，不溺声色，不乐游猎，爱人恤物，兵革粗息，这于五代之君中是少有的。在这位并不昏聩的老岳父面前，就算石敬瑭有多大的野心，有多狠的阴谋，他还得表现得规规矩矩。据史书记载，石敬瑭在陕州（今河南陕县）做保义军节度使时，为政清廉，享有盛誉。当时，各地军政长官多不奉法，邓州的陶圮、亳州的李邺等人因贪污被处死，明宗下诏褒奖几位廉吏，如普州的安崇阮、洺州的张万进、耀州的孙岳等人，这其中就以石敬瑭为廉吏之首。天成二年（927 年）十月，拜为宣武军节度使、侍卫亲军马步军都指挥使，统帅禁卫军，改赐为“耀忠匡定保节功臣”。天成三年（928 年）四月，拜同中书门下平章事、兴唐尹，位登丞相。五月，拜驸马都尉，还兼六军诸卫副使。当时，六军诸卫使是秦王李从荣，李从荣是明宗第二子，手握兵权，桀骜不驯。石敬瑭预料他迟早会引祸上身，担心殃及自己，所以，不愿意任他的副职。正好，契丹、吐谷浑、突厥入寇中原，石敬瑭趁机请缨杀敌。明宗任命石敬瑭为河东节度使，大同、彰国、振武、威塞等军蕃汉马步军总管，镇守太原。太原是后唐的北面陪都，原叫晋阳，自北朝以来，历来是中原之朝的战略要地。石敬瑭担任河东节度使，又担负起后唐西北部边防统帅的重任，这是他日后发迹的关键一步。正是在这里，石敬瑭一方面养精蓄锐，一方面与契丹国勾勾搭搭，上演了一幕献燕云十六州的丑剧。天成四年（929 年）十一月，李从荣为了同宋王李从厚争夺皇位，趁父皇明宗病危之际，发动政变，企图逼明宗让位给他，不料事泄被杀。石敬瑭的顾虑得到应验。

长兴四年（933 年）十一月二十六日，明宗经不住疾病的折磨和爱子李从荣兵变之打击，终于一命归天。此后争夺皇位的斗争更加激烈。事先在宫的明宗第五子、宋王李从厚联络宦官，先发制人，取得皇位，是为后唐愍帝。愍帝大概不是做皇帝的料，他无力控制动乱的局势，做了不到四个月的皇帝，应顺元年（934 年）二月，明宗养子、凤翔节度使、潞王李从珂就起兵造反。四月，挥师入京，废杀愍帝，是为后唐废帝。

石敬瑭上表废帝，指责他作为养子，不能继位，请立许王李从益为帝。李从益是明宗第四子。废帝当然不肯，下诏削夺石敬瑭官爵，并调兵遣将，讨伐石敬瑭，任命张敬达为太原四面兵马都部署，义武节度使杨光远为副都署，前任彰武节度使高行周为太原四面招抚排阵使，统兵三万驻扎晋安乡（在今太原南）。七日，各地政府军云集太原周围，石敬瑭急忙密派使者向契丹求援，让桑维翰起草议和书，表示向契丹王称臣，并以父礼相待，称契丹王为父皇帝，并约好事成之后，割让卢龙一道及雁门关（在今山西代县雁门关西雁门山）以北诸州土地给契丹。刘知远觉得称父割地太过分，说："称臣可矣，认父事之太过。厚以金帛赂之，自足致其兵，不必许以土田，恐异日大为中国之患，悔之无及。"然而，石敬瑭一心想着做皇帝，哪里听得进！据载，石敬瑭当时四十五岁，契丹国王耶律德光三十四岁。老子比儿子小十一岁，真是闻所未闻！耶律德光接书一看，大喜过望，立即复书石敬瑭，许诺到八月时倾国赴援。

八月三日，张敬达开始向太原发起攻击，筑长围困城。石敬瑭命刘知远为马步军指挥使，负责守城重任。刘知远严明军纪，身先士卒，因而兵无二心，奋勇杀敌。石敬瑭也亲临城上，指挥作战。刘知远说："我看张敬达高垒深堑，欲为长久之计，这种消极围困的办法，没有什么害怕的。守城一事，有我刘知远一人就可。愿明公派间谍去加强外事，联络契丹，巩固外援，瓦解敌军。"石敬瑭拉着刘知远的手，赞叹不已。废帝听说契丹要派兵支援石敬瑭，就一再催促张敬达猛攻太原。张敬达不得不三番五次地发起攻击，可连连受挫，唐军开始泄气。刘知远虽然暂时守住了太原，可一座孤城毕竟难守。不仅将士们体力日衰，而且城中储粮匮乏，因而，城中的境况也一天天窘迫起来，现在的希望是契丹援兵快些来，可这胡人会不会不讲信用呢？石敬瑭、刘知远等人开始焦急起来。按理说，唐如能抓住时机，一鼓作气地继续攻城，攻陷太原应该不成问题。可是，为人猜忌、不讲信用的废帝早已失去人心，文武大臣庸庸碌碌，对于石敬瑭造反大都采取隔岸观火的态度，尤其是那些骄兵悍将，各怀鬼胎，企图篡权夺位者大有人在，有几个愿意拼死拼活地为废帝卖命？自五月至八月，马军都指挥使安审信、雄义都指挥使安元信、振武戍将安重荣、彰圣指挥使张万迪等将领相继叛降石敬瑭。后唐政府对契丹毫无戒备，在雁门关诸路险要处竟无一兵一卒把守，再加上统帅张敬达采取消极围城的保守战略，所以，强大的唐军在太原城下，拖延时日，贻误了战机。

九月，契丹国王耶律德光终于率五万骑兵，号称三十万，从杨武谷（在今山西原平西北）向南进发，旌旗绵延五十余里，一路并无伏兵堵击。后唐代州刺史张朗、忻州刺史丁审琦望风自守。十五日，耶律德光兵临太原，于汾水北岸的虎北口（在今太原北）安营扎寨。耶律德光派人对石敬瑭说：“我想今日就去破敌，可以吗?”石敬瑭急忙派人去告诉他：“敌军兵强，不可轻敌，等明天议战也不为晚。”石敬瑭的使者还没有到达，耶律德光就已经与唐将高行周、苻彦卿交兵，石敬瑭派刘知远带兵助战。张敬达、杨光远、安审琦率步兵部署在太原西北山下，耶律光派轻骑三千直犯其阵，又佯装败退，唐兵见其老弱疲惫，就争着追赶。至汾水，契丹兵渡水北去，唐兵沿河两岸继续深入，忽然，契丹伏兵自东北面杀过来，把唐兵截断为二，北岸的步兵多被斩杀，南岸的骑兵慌忙退回晋安寨。契丹乘胜追杀，唐兵大败，死亡步兵近万人，幸亏骑兵生还。张敬达收拾残兵败将退保晋安，契丹兵也暂时退回虎北口。这天晚上，石敬瑭出城北门，拜见耶律德光。耶律德光拉着石敬瑭的手，大有相见恨晚之叹。石敬瑭问耶律德光：“皇帝远来，士马疲惫，却马不停蹄地与敌军交战，大获全胜，这是为什么?”耶律德光回答说：“我启程南来之时，认为唐兵一定在雁门关诸险要处埋有伏兵，以阻止我军南下。我派人侦察，并未发现有埋伏，就认定大事必成，因而长驱直入，两军遭遇，我军气盛，敌军气馁，如不乘机狠狠打击，旷日持久，胜负就难说了。这就是我一战而胜的道理，不可以兵家劳逸常理论之。”石敬瑭听他一席话，叹服不已。

十六日，石敬瑭引兵与耶律德光包围晋安寨，在晋安南面安营扎寨，长一百余里，宽五十里，用绳索系铃，饲养军犬，一旦晋安寨中有人外出去联络，则铃响犬吠，根本无法通过。当时，张敬达麾下尚有五万人，马万匹，竟然不知所措，困守孤城，与外界完全断了音讯。废帝大惧，慌忙调兵遣将，派彰圣都指挥使苻彦饶率洛阳步骑屯驻河阳（今河南孟州市），天雄节度使、兼中书令范延光率魏州兵两万进军榆次，卢龙节度使、东北面招讨使、兼中书令、北平王赵德钧率幽州兵出击契丹兵后，耀州防御使潘环糺率兵出慈州、隰州，共救晋安张敬达主力。二十一日，废帝下诏亲征。二十四日，废帝派枢密使、忠武节度使、随驾诸军都部署、兼侍中赵延寿率兵二万出潞州（今山西长治），前往督战。二十五日，废帝到达怀州（今河南沁阳），一筹莫展，仍无解围之策，整天借酒浇愁，有人劝他继续北行，他哭丧着脸说："卿勿言石郎，使我心胆坠地！"

十月，两军相持，无甚战事。

十一月十二日，耶律德光于柳林（今太原附近）扶立石敬瑭为"大晋皇帝"，亲手脱下自己的袍帽，替石敬瑭穿上。石敬瑭正式割让幽州（今北京）、蓟州（今天津蓟州区）、瀛洲（今河北河间）、莫州（今河北任丘）、涿州（今河北涿州市）、檀州（今北京密云）、顺州（今北京顺义）、新州（今河北涿鹿）、妫州（今河北怀来）、儒州（今北京延庆）、武州（今河北宣化）、蔚州（今河北蔚县）、云州（今山西大同市）、寰州（今山西朔州东北）、朔州（今山西朔州）、应州（今山西应县）十六州土地给契丹，并答应每年向契丹纳帛三十万匹。十四日，石敬瑭改元天福，任命桑维翰为翰林学士、礼部侍郎、权知枢密使事，刘知远为侍卫马军都指挥使，等等，立晋国公主为皇后。这样，石敬瑭算是当上了后晋王朝的皇帝，不过是个傀儡皇帝。

当时，后唐诸道行营都统赵德钧驻扎在团柏谷（在今山西祁县东），时已逾月，距晋安寨才百里之地，可就是按兵不动，坐视张敬达被困。赵德钧是后唐军队中实力派人物之一，领重兵驻防幽州，负责后唐东北面防御契丹的重任，可他同西北面防务主帅石敬瑭一样，素有阴谋，欲趁乱篡权夺位。西进途中，他一路并吞兵马，并趁机要挟废帝，要求将其养子赵延寿调任为成德节度使，驻防镇州，以便接应自己。赵延寿也是明宗的女婿，拥有重兵。废帝不允，赵德钧仍一再强求，惹得废帝大怒："赵氏父子执意要镇州居心何在？如能击退胡寇，欲代我位，我也甘心。若勾结胡寇，欺君瞒上，恐怕要犬兔俱毙。"赵德钧听说，更是怀恨在心。

闰十一月，赵德钧密派使者谒见耶律德光，以重金贿赂，请求他立己为帝，联合出兵平洛阳，两国结为兄弟之国，并表示愿意让石敬瑭仍做河东节度使。耶律德光也感到自己孤军深入敌境，晋安并未即刻攻下，赵德钧兵力强大，唐军另一大将范延光在己东面，各路援军正云集而来，所以，他想答应赵德钧的要求。

消息传到石敬瑭耳中，差点把他吓死！在目前战事胶着状态，哪一方得到契丹的援助，哪一方就准能赢。石敬瑭火速派桑维翰去拜见耶律德光。桑维翰说："大国举义兵来救孤危，一战而使唐兵大败，退守弹丸之地，粮尽力竭。赵德钧父子不忠不信，素怀异志，又畏大国之强，他静观其变，见危不救，非以死殉国之人，何足敬畏！大王怎能信其虚妄之辞，贪毫末小利，而弃垂成之功！我大晋王朝欲得天下，将尽我国之财以奉大国，非其小利可比。"耶律德光说："我非背信弃义，但兵家权谋千变万化，我不得不防着点。"桑维翰说："大王以信义救人之急，世人瞩目。今为何出尔反尔，使大义不终？臣认为不该如此。"说完，跪于帐前，自旦达夕，涕泣号哭，如丧爹娘。耶律德光终于答应了桑维翰，手指帐前石头，对赵德钧的使者说："我已许石郎，除非石烂，否则，永不悔改！"

再说废帝北上亲征，停驾怀州，未能扭转局势。晋安失陷后，他吓得魂飞天外，匆忙南撤。十八日，至河阳，试图垂死挣扎，无奈大势已去。二十三日，至洛阳，仍是四面楚歌，惶惶终日。二十七日，带着曹太后、刘皇后、雍王李重美，以及宋审虔等将领登玄武楼自焚身亡。这日晚上，石敬瑭杀入洛阳，正式做了后晋王朝的皇帝。

这就是石敬瑭献幽云十六州的前前后后。这十六州以幽州、云州为中心，大体上相当于现在河北、山西两省的北部。幽州在辽时也叫燕京，北宋末还建立过燕山府，因此幽云十六州又叫燕云十六州。

辽晋翻脸为仇

耶律德光得知自己的臣儿石敬瑭攻下洛阳，正式做了大晋王朝的皇帝，也就从上党暂时回国去了。这是后晋天福元年（936 年）年底的事情。

耶律德光得到幽云十六州的土地和每年三十万匹帛的岁献，以及对后唐作战中缴获的大量战利品，使契丹国的疆域扩大，国力大大增强。后晋天福三年（938 年），耶律德光建契丹国号为辽，升幽州（今北京）为南京，并实行政治、军事、经济诸方面的改革。辽逐渐成为 10 世纪我国东北至北部的一个最强大的王朝。

耶律德光的臣儿石敬瑭攻下洛阳后，见洛阳宫室残破，迁都汴梁（今河南开封）。石敬瑭当然想安安稳稳地坐天下，可他办不到。他这个大晋的皇帝是靠耶律德光扶立起来的，还不得受耶律德光的摆布吗？石敬瑭也知道自己的处境，所以，从不亏待耶律德光。入洛之后，石敬瑭派大臣赵莹向耶律德光致谢。天福三年，又派宰臣冯道、左仆射刘昫等人持节册立耶律德光及其母氏族徽号。使节携带卤簿、仪仗、法服、车辂等物，在契丹国内为耶律德光举行册立大礼。耶律德光大喜，遣使奉石敬瑭为“英武明义皇帝”，又让石敬瑭不必上表称臣，来往书札用家人礼即可，可以只称“儿皇帝”。石敬瑭认为这是主子对自己的莫大恩赐，自然感到无比荣幸，又送重金厚帛表示感谢。契丹国一有喜庆、吊唁之事以及岁时节日，石敬瑭从不怠慢。然而，耶律德光还是要百般挑剔，一有不尽如人意之处，就遣使来把石敬瑭训斥一番，而石敬瑭还是屈己侍奉。总之，石敬瑭是个实实在在的傀儡。

石敬瑭上有主子的压力，下有藩将的离心，真不知如何是好，忧郁寡欢，五月，染疾上身；六月十三日，驾崩，享年五十一岁。

石敬瑭死时，一子尚幼，宰臣冯道和天平节度使、侍卫马步都虞候景延广拥立石敬瑭侄子石重贵为帝，是为晋少帝，史称出帝，少帝这年二十九岁。晋少帝比起石敬瑭来更加昏庸无能，朝廷更为腐朽脆弱。将相大臣尸位素餐，方镇诸将横征暴敛。老天也不争气，旱灾、蝗灾双管齐下，赤地千里，哀鸿遍野。天福八年（943 年）灾情特别严重，单在这年九月，就有二十七郡发生蝗灾，饿死几十万人。

契丹眼看着后晋国内沸沸扬扬，就想趁火打劫。卢龙节度使、燕王赵延寿企图做中原的皇帝，一个劲儿地催促耶律德光赶快南侵。赵延寿这个人就是后唐大将赵德钧的养子。赵德钧曾想联络耶律德光反唐，曾遭拒绝。后唐亡后，父子两人被押送至契丹。赵德钧被述律太后奚落嘲笑一通，不久郁郁死去，而赵延寿却心安理得地做了契丹的大官。

开运元年（944 年）正月初一，契丹前锋赵延寿寇沧州；初二，逼向贝州（今河北南宫）。贝州是水陆要冲，为后晋军粮储备重地。当时贝州守将永清节度使王令温回朝，前任复州防御使吴峦担负起守城重任。吴峦体恤士卒，指挥军民顽强抵抗，打退了辽兵的进攻。可是，吴峦系一介书生，又单马赴任，手下无可用之将。下级军官邵珂骗取吴峦的信任后，叛国投敌，引辽兵由南门入城。吴峦苦战力尽，投井死，城中军民万人死难。

辽军由后晋降将、亳州刺史周儒为向导，从马家口渡过黄河，攻郓州（今山东东平），试图与后晋平卢节度使杨光远会合。杨光远已在青州起兵反晋。晋廷急派侍卫马军都指挥使李守贞、神武统军皇甫遇、陈州防御使梁汉璋、怀州刺史薛让怀率兵一万阻击，沿河水陆俱进。当时，高行周部在戚城（在今河南濮阳北）被辽兵围困，景延广却命令各将分地守御，不去援救，高行周部几乎全军覆灭。李守贞部抵达马家口时，辽兵营垒未完，主力留守河西，数千艘船正运来兵粮。李守贞趁机发起攻击，辽兵大败，溺死者数千人，俘斩数千人，西岸辽兵恸哭撤走。三月一日，耶律德光率兵十多万屯于澶州城北，准备与晋军决战。高行周部前军在戚城南面与辽兵激战一下午，互有胜负。耶律德光率精兵向晋军中军杀来，晋少帝也出阵迎战。耶律德光见晋军人多势众，好生奇怪："杨光远说晋兵半数已饿死，哪来这么多兵？"耶律德光以精骑冲击晋军两翼，只见晋军万弩齐发，飞矢蔽地，辽兵不得不退却。耶律德光又攻晋军东翼，仍未能成功。苦战至黄昏，两军死伤不可胜数。黄昏后，耶律德光终于引兵退去，在三十里外安营扎寨。三日，撤兵北去，兵分两路，一路出沧州（今河北冀州市），退往辽境。景延广疑其有诈，不敢乘胜追击。晋军也鸣金收兵。历时两个多月的契丹第一次南侵被击退了。

十二月，契丹发动了第二次南犯。这次仍以赵延寿为前锋，耶律德光率大军殿后。他们包围恒州，分兵陷鼓城、元氏、栾城、柏乡等县，直抵邢州。河北诸州纷纷告急。晋廷惧辽兵之盛，下令前线诸军稍稍南撤，不料造成极大恐慌，晋军弃甲丢兵，狼狈逃窜，一路焚掠，至相州（今河南安阳），仍溃不成军。开运二年（945年）正月，辽兵陷邢州、洺州、磁州，沿途杀掠殆尽，逼近邺都境内。十五日，晋将张从恩、马全节、安审琦率大军屯于相州安阳水南面。义成节度使皇甫遇与濮州刺史慕容彦超率数千骑兵前往侦探，至邺县，准备渡漳水而进，不料与数万辽兵遭遇。两将且战且退，至榆林店，辽兵铺天盖地而来，晋军驻足布阵苦战，双方伤亡惨重。面对十倍于己的辽兵，二将毫不畏惧，奋勇冲杀，相约以死报国。眼看夜幕降临，安阳诸将仍不见皇甫遇回来，非常着急。安审琦请求去支援，身为北面行营马步军都监的张从恩畏敌不许。安审琦率所部骑兵径往救援。辽兵见尘烟大起，以为晋军主力赶到，解围而去。正在邯郸的耶律德光闻讯，逃往鼓城。张从恩不准追击，反而主张退兵黎阳仓，倚河而守。不待诸将商议好，张从恩就部署行动，造成混乱。幸亏相州守将符彦伦当机立断，设疑兵迷惑辽兵，赵延寿才引兵北退。

耶律德光逃回幽州，才算立稳脚跟。耶律德光差点做了俘虏，大发雷霆，对各级将领各杖打数百，只有赵延寿一人幸免。二十九日，辽兵从定州境内全部退回辽境。四月十六日，晋少帝也从澶州返京。三天后，返回汴梁。经过四个月的交战，契丹的第二次南侵好歹还是被击退了。

后晋接连两次打退契丹的侵掠，尤其是阳城之捷给契丹以沉痛打击，晋少帝由此滋生骄志，以为天下无事了。他扩建宫室，搜罗四方珍奇玩物，过着醉生梦死的生活，又格外宠赏优伶。皇帝宠爱伶官和伶官干政是五代史上的突出现象，欧阳修曾专门写过《伶官传序》，痛斥伶官。桑维翰对少帝宠信伶官不满，上谏说："陛下亲征胡寇时，前线战士受了重伤，赏赐也不过帛数端，而在谈笑间往往赐给伶官束帛、万钱、锦袍、银带，如令战场将士见了，能不感到失望吗？他们会说：'我们冒枪林矢雨，冲锋陷阵，折筋断骨，难道不如一谈一笑之功！'这样，士卒解体，军心溃散，谁来保家卫国？"桑维翰这一席话句句在理，少帝却不听。少帝这时候宠信的大臣是冯玉，冯玉是个阿谀逢迎的家伙，原为户部尚书、枢密使，这年八月被任命为中书侍郎、同平章事。他乘势弄权，贿赂公行，因而朝政更坏。桑维翰受到冯玉、李守贞和宣徽北院使李彦韬的排挤，被少帝罢黜枢密使、中书令的职务，降为开封尹。桑维翰遂称足疾，杜绝宾客，不问朝事。

后晋这一批君臣正在夺利争权，境外的契丹却正在积极准备发动第三次侵掠。本来，契丹连年入寇，接连失败，辽国也充满反战情绪。有一次，述律太后问儿子耶律德光："如果汉人为我主，行不？"耶律德光说："不行。"述律太后又问："那你为何想当汉主？"耶律德光说："石氏忘恩负义，不能容忍。"述律太后说："你即使得了汉地，也不能住在那里。万一有个三长两短，后悔也来不及啊！"述律太后又对文武大臣说："汉儿怎么会一直睡眠不醒呢？自古以来，只闻汉人与胡人讲和，不闻胡人与汉人议和。石氏汉儿如能回心转意，我愿意同他媾和。"耶律德光听不进母亲的忠告，仍然决定对晋用兵。

这次南犯，耶律德光接受前两次失败的教训，变得狡猾起来。他指使赵延寿伪降后晋，并送假情报引诱晋廷。开运三年（946 年）七月，一个从幽州来的人在汴梁传言赵延寿有意归国。枢密使李崧、冯玉信以为真，赶紧命天雄节度使杜重威致书赵延寿，相约议和。九月，耶律德光又让其瀛洲刺史刘延祚致书后晋乐寿监军王峦，谎称举城投降。刘延祚信中说："瀛洲（今河北河间）城契丹守兵不满千人，请晋廷派兵袭击，我为内应。又今秋多雨，自瓦桥（即瓦桥关，在今河北雄县西南）以北积水无际，耶律德光即使闻关南有变，而被潦水阻隔，也不能及时赶来相救。"王峦与杜重威屡奏朝廷可乘机偷袭契丹瀛洲、莫州（今河北任丘），深州慕容迁又献上《瀛莫图》。冯玉、李崧又信以为然，欲发大军接应赵延寿、刘延祚两人。十月十四日，任命杜重威为北面行营都招讨使，李守贞为兵马都监，统率大军北上。晋少帝下诏虚壮军威说："此行先收瀛、莫，安定关南，次复幽、燕，荡平塞北。"由于自六月以来，一直下着大雨，给行军及运送后勤给养带来许多困难。

晋军粮道和归路俱被截断，困守中度，一筹莫展。奉国都指挥使王清向杜重威建议："我军距恒州五里，却死守此地，难有作为，营孤粮尽，必定不战自溃。卑将愿率步卒二千为前锋，夺桥开道，令公率诸军随后推进，到了恒州，就有救了。”杜重威同意了，派王清与步军左厢都指挥使宋彦筠在前突围。王清率众奋战、夺桥而进，辽兵抵挡不住，开始退却。不料杜重威拥兵不进。宋彦筠被辽兵击败，凫水抵岸，捡回一条命。王清率部在河北岸力战，双方互有杀伤。王清屡请增援，杜重威始终不派一兵一卒去救他。王清愤怒地对部下说："主帅手握重兵，却见死不救，肯定有野心。我们弟兄要以死报国！”部卒感奋，个个奋勇杀敌。直至黄昏时分，双方仍在厮杀。契丹援兵赶到，王清与部卒全部壮烈牺牲。

八日，耶律德光派兵团团包围晋营，晋军内外断绝，军粮也快完了。杜重威、李守贞、宋彦筠密谋投降契丹，先派亲信去辽营试探，耶律德光谎称："赵延寿威望素浅，恐怕做不了中原的皇帝。杜重威如能降，就立他为帝。”杜重威喜不自禁，遂决定投降。十日，杜重威伏兵营中，召集诸将，向他们出示降表，逼他们签名。诸将惊骇，然莫敢言，只好俯首听命。杜重威立即集合全军，士兵们以为要出战，都十分踊跃，哪知杜重威宣布要解除他们的武装，投降契丹，士兵们恸哭不已，声震原野。耶律德光要赵延寿穿红袍至晋营抚慰士卒，对他说："这些都是你的人马了。”晋军诸将跑到杜重威马前去问候，也让他穿上红袍在晋军面前示众，杜重威不知大家在戏弄他，还自鸣得意。赵延寿、杜重威这两个活宝，被耶律德光当猴耍，还以为是莫大的荣耀。

晋军主帅既降，恒州、代州、易州、定州、邢州相继望风而降。耶律德光派降将张彦泽率二千骑兵为前锋，直扑汴梁，一路并无阻挡。十七日，自封丘门斩关而入，京城宿卫空虚，如履无人之境。少帝急得要投火自焚，被亲军将薛超拦阻，只好召翰林学士范质起草降表，向耶律德光称臣孙请罪。张彦泽纵兵大掠，流氓地痞也趁机烧杀抢劫，折腾了整整两日，都城为之一空。张彦泽所居之处，堆满金银财宝，日夜寻欢作乐，出入随从数百人，旗帜上写着“赤心为主”四个大字，见者无不耻笑。军士抓到人，他常常不问青红皂白，只瞋目竖三指，军士们立刻会意是要将人斩为三截，就拉出去断其腰、颈。张彦泽素与阁门使高勋不和，乘醉至高勋家，杀其叔父及弟，横尸门首，士民不寒而粟。又杀桑维翰，并把少帝赶到开封府囚禁起来。少帝与太后李氏所上耶律德光表章，须经张彦泽首先过目。少帝派人到内库去取几段帛，主管人员不给，说："这不是皇上的东西。"少帝向李崧讨酒喝，李崧推辞不给；派人召见李彦韬，李彦韬也找借口不见。落魄的主子，丧家的狗，还不知新主子怎么个发落旧主子哩，谁人愿意去管少帝？不过，还是有一个人出来说话了，这就是新主子耶律德光。他派人对少帝说："孙勿忧，我一定使你有饭吃、有衣穿。"少帝这才开心起来，上表连连感谢皇帝爷爷的大恩大德。

天福十二年（947 年）正月初一，耶律德光自赤冈引兵入宫，向晋群臣夸下海口说："自今不修甲兵，不市战马，轻赋省役，天下太平矣。"当下宣布废东京，降开封府为汴州。初九，耶律德光改穿汉人服装；又分遣使者，赐诏给后晋藩镇将领。这一帮社稷的保卫者，都纷纷上表称臣，被召者莫不奔驰而来投效。耶律德光召集后晋百官，假惺惺地说："我辽国，幅员数万里，设酋长二十七人治理。今中国之俗异于我国，吾欲择一人君之，如何？"大家明知其意，都说："天无二日，地无二主，夷夏同心，我们都愿拥戴您为皇帝。"耶律德光故意推辞再三，最后还是答应下来。二月一日，耶律德光戴通天冠，着绛纱袍，登崇元殿，即皇帝位，下诏改后晋国号为大辽国，改辽会同十年为大同元年，大赦天下。耶律德光终于灭亡后晋，当上中原的皇帝。

再说晋少帝被张彦泽赶出宫外，先囚禁在开封府，接着转移到封禅寺，然后，被押送到契丹。至中度桥，见杜重威营寨，少帝惋哀不已，说："我家何负苍天，而为杜贼所破！"至契丹，被迁到建州（在今辽宁朝阳境内）居住。北宋初年死去。

刘知远建后汉

契丹灭亡后晋后，一面烧杀抢掠，蹂躏中原人民，一面又发布文告，安抚人心。尤其是对于那些手握重兵的藩镇将领，耶律德光是一万个放心不下。进据汴梁（今河南开封）没几天，他就分头派遣使者到全国各地招抚藩将。这一批社稷的保卫者，争着上表称臣，只要耶律德光一声召唤，莫不奔驰而至，只有彰义节度使史匡威据泾州拒命，雄威节度使何重建斩契丹使者，以秦州（今甘肃秦安北）、成州（今甘肃成县）、阶州（今甘肃武都东）投降后蜀。后蜀是当时的割据政权之一，辖境相当于今四川省大部、陕南、甘南一小部分。在这诸多藩镇将领中，有一个人很特别，他既不对契丹过于俯首帖耳，也不公然抗拒契丹，而采取一种不冷不热、若即若离的态度，守御本境，静观局势的发展。这个人就是河东节度使、太原王刘知远。

刘知远，也是西突厥沙陀部人，不知何时其祖先迁居太原，改姓刘氏。史书上说他“弱不好弄，严重寡言，面紫色，目多白睛”。后唐时，与石敬瑭俱事李嗣源。梁、晋争战于德胜时，刘知远舍身救护石敬瑭。李嗣源即位（即后唐明宗）后，石敬瑭把刘知远招在自己麾下，任为牙门都校。石敬瑭任河东节度使时，以刘知远为都押牙，视为心腹。石敬瑭在太原策划造反，刘知远和桑维翰是他的左右臂。后唐张敬达大军进攻太原，刘知远以五千之众抵抗住了十倍于己的敌兵。石敬瑭攻占汴梁，当上后晋的皇帝，以刘知远为侍卫马步军都指挥使，统率禁军。天福三年（938 年），刘知远与石敬瑭的妹夫杜重威同加同平章事，他因有佐命大功，耻与庸劣无功的外戚杜重威同列，故愤然不乐，拒不受命。石敬瑭大怒，欲罢其兵权，后经群臣劝说，石、刘二人达成妥协，但从此刘知远与石敬瑭离心离德。天福五年（940 年），石敬瑭任刘知远为邺都留守，把他调出朝廷，但仍让他兼任侍卫亲军马步军都指挥使。天福六年（941 年），又改任为北京留守、河东节度使，完全免除其统率禁军的权力。

刘知远是个有心计，也很手辣的武将。当初，桑维翰向石敬瑭献计，提出向契丹王耶律德光称儿称臣，割让土地，刘知远说：“称臣可矣，以父事之太过；厚以金帛贿之，自足致其兵，不必许以土田，恐异日大为中国之患，悔之无及。”从后来历史的发展看．反对割让幽云十六州土地确实是刘知远远见卓识之处。

开运三年（946 年）十二月，契丹攻陷后晋都城汴梁。刘知远分兵河东四境，防备契丹。天福十二年（947 年）正月，刘知远派客将王峻奉三表拜见耶律德光，一祝贺耶律德光攻占汴梁；二说明自己不来朝见的理由：太原夷夏杂居，几万大军驻守在境，因而不敢离镇，以免发生意外；三说明自己没有向耶律德光进贡的原因：本来应该进贡，但契丹将刘九一自土门（即井陉口，在今河北获鹿西南）西入境，现正驻扎在南川，对太原造成威胁，等这股军队被召还之后，道路畅通了，必定进贡。刘知远的做法显然与众不同，既上表称臣，又保持自己的独立性。上述后两条理由虽然不过是借口，但也合情合理。所以，耶律德光不仅没有生他的气，反而赐诏褒美，称呼刘知远为“儿”，赐给他木拐一根。赐木拐是契丹的习俗，以示优礼大臣，如同汉族皇帝赐给大臣手杖一样。在契丹，只有伟王一人因叔父之尊才得到过木拐，可见刘知远是荣耀至极。本来，耶律德光早就青睐刘知远，当年耶律德光护送石敬瑭南下时，曾指着刘知远对石敬瑭说：“这位将军非常勇猛，无大故不要舍弃他。”刘知远不仅勇猛，而且很有谋略，他的做法既未得罪耶律德光，又争取了人心，人们可以这样认为：刘知远同那帮对耶律德光俯首帖耳的文武百官、藩镇将领不一样，是一位能忍辱负重的大丈夫。不久，刘知远又派北都副留守白文珂向耶律德光贡献奇缯、名马，而他自己仍不去朝见耶律德光。耶律德光当然明白刘知远在徘徊观望，就让白文珂转问刘知远：“你不事南朝，又不事北朝，在等什么呢？”蕃汉孔目官郭威说：“胡人很怨恨我们。”王峻认为契丹贪婪、残暴，会丧失人心，肯定不能在中原长期待下去。有人劝刘知远立即发兵夺取中原，刘知远胸有成竹地说：“用兵有缓有急，当随时制宜。今契丹新降晋军十万，虎踞京邑，未有他变，岂可轻动哉！观其所利止于货财，货财既足，必将北去。况冰雪已消，势难久留，宜待其去，然后取之，可以万全。”

以后形势的发展正如刘知远所言。耶律德光灭亡了后晋，当上了中原的皇帝，十分得意扬扬，广受四方贡献，纵酒作乐，对后晋文武大臣说：“你们国家的事情，我都知道。我国的事情，你们就不知道了。”赵延寿请耶律德光发放粮饷，耶律德光说：“我国没有这种做法。”于是，纵胡骑四出，以牧马为名，分番剽掠，谓之“打草谷”。因此，自汴梁、洛阳及郑州、滑州、曹州、濮州数百里之内，财畜殆尽。又搜刮汴梁士民钱帛，自将相以下皆不免，还分遣使者数十人到各州搜刮钱财，蓄之内库，准备运送国内。契丹的残暴与贪婪终于激起中原军民的愤慨。农民起义风起云涌，先前是反抗后晋暴政，随着形势的变化，又奋起抗击契丹兵，多者数万人，少者不下千百人。

眼看契丹在中原大地上声名狼藉，行将崩溃，刘知远就盘算着怎样实现其称帝中原的计划。当初雄武节度使何重建斩契丹使者，以秦州、成州、阶州投降后蜀的时候，刘知远就故作姿态地叹息说："胡虏践踏中原，中原无主，藩镇将领叛降别国，我身为一方诸侯，不能拯民于水火，感到惭愧呀！"刘知远手下的将佐、幕僚深知他的弦外之音，都劝他称帝建国，以号令四方。刘知远认为时机未到，没有答应。耶律德光派兵押送晋少帝北上去契丹国内，刘知远又假惺惺地击腕表示愤慨，声言要出兵井陉（即井陉关，在今河北井陉县西北井陉山上，为太行山区进入华北平原的要隘），迎归少帝。二月十一日，刘知远下令武节都指挥使史弘肇集合各军，通告将士们出师迎帝的日期。士兵们都说："今契丹陷京城，执天子，天下无主。主天下者，非我王而谁？宜先正位号，然后出师。"于是，高呼"万岁"。刘知远说："虏势尚强，吾军威未振，当且建功业，士卒何知！"下令诸将加以制止。五代时期，士兵哗变，拥立将帅称帝的事情司空见惯。士兵们谁不梦想着跟随自己的主将享受荣华富贵呢？十三日，行军司马张彦威等部属三次上笺劝说刘知远建号称帝，刘知远还是迟疑不决。心腹郭威与都押牙杨邠说："今远近之心不谋而合，此乃天意。王不乘此机会而取天下，一再谦让，恐怕反而会失去人心。当断不断，反受其乱。"刘知远听罢，下定了决心。十五日，刘知远于太原称帝，为遮人耳目，收买人心，仍沿用后晋高祖石敬瑭年号"天福"，这一年为天福十二年。

三月三日，耶律德光召集后晋百官，说："天气就要热起来了，我不能久留此地，想暂时回国省视太后。"百官提议把太后接来，耶律德光说："太后族大，如古柏根，迁移不便。"十五日，耶律德光从汴梁启程回国，随从者有后晋百官几千人，诸军吏卒几千人，宫女、宦官几千人，尽载府库珍宝。十九日，自白马（即白马口，在今河南滑县东北）渡过黄河，耶律德光对宣徽使高勋说："我在国内，以射猎为乐，到这里却闷得慌。如能回到国内，我死也无憾。"契丹败退之际，更加残暴嗜杀。四月四日，契丹攻陷相州，兽性大发，见男子即杀，见妇女即抢，又掷婴孩于空中，举刀接之以为乐。高唐英留守相州，搜寻城中，得城中残活居民才七百余人，后来，节度使王继弘收集城中尸骨埋葬，统计有十万余具。

耶律德光得知武行德发动河阳兵变，更加恐惧，哀叹说："我有三失，宜天下之叛我也。诸道括钱，一失也；令上国人打草谷，二失也；不早遣诸节度使还镇，三失也。"当初，耶律德光为防范后晋藩镇将领起兵反抗，就将他们征调到汴梁，留而不遣；又下令"自今节度使、刺史毋得置牙兵、市战马"。可他哪里料到社会下层很快掀起一场汹涌澎湃的反抗斗争，他不得不急急忙忙把藩将派回各镇，可为时已晚。惊悸忧郁的耶律德光至临城，生了病；至栾城，病情恶化，高烧不止，聚冰于胸腹四肢，又嚼食冰块，体温还是降不下来，二十一日，死去。契丹人剖其腹，倒进几斗食盐，以防腐烂，载之北去。

耶律德光

耶律德光死后，契丹诸将拥立永康王兀欲为帝，而赵延寿不知。他自称受耶律德光遗诏，代理南朝军国事，并布告天下，又仍然给予兀欲与其他将领一样的待遇，于是，兀欲对他怀恨在心。赵延寿这个后唐的降将拼命为耶律德光出力，就指望当中原的皇帝，不料耶律德光自食其言，把他当猴耍，赵延寿自然怏怏不乐。现在，耶律德光死了，他想大干一场，可是，契丹人并不信任他这个汉人。五月一日，兀欲设宴招待赵延寿、张砺、段凝、李崧、冯道等人。兀欲妻素以兄待赵延寿，兀欲不动声色地对赵延寿说："妹从国内来了，你想见她吗?"赵延寿毫无戒意地与兀欲离座入室，过了好一会儿，兀欲出来了，对大家说："燕王谋反，我把他抓起来了。"又说："先帝在汴梁时，送我一筹码，许我代理南朝军国事。驾崩前夕，不再有遗诏，而燕王擅自宣布代理南朝军国事，岂有此理?"几天过后，兀欲召集契丹、后晋两国大臣，宣告所谓的遗诏："永康王兀欲，大圣皇帝之嫡孙，人皇王之长子，太后钟爱，群情允归，可于中京即皇帝位。”

契丹节节败退，又遇国丧，刘知远决定用兵进取中原。关于从何处出兵，将佐、幕僚与刘知远意见各一。将领们主张出师井陉，奔袭镇州（今河北正定）、魏州（今河北大名）。他们认为先定河北，河南则拱手自服。刘知远本人主张自石会出师，经上党（今山西长治）而南下。蕃汉兵马孔目官、副枢密使郭威认为：“契丹主虽死，然其兵力仍然强盛，各据城而守。我军兵出河北，兵少路远，又无接应。如敌兵联合行动，我军必定进退两难。一旦粮尽路绝，后果不堪设想，所以，兵出井陉一线是危险的。师出上党一线，山路险峻，沿途粮少民凶，后勤给养无法跟上，这条路线也不可取。近邻陕州、晋州两镇相继归附，师出两镇，万无一失，不出两旬，洛阳、汴梁可定。”刘知远说：“爱卿说得好！”可中书侍郎、同平章事苏逢吉等人说：“史弘肇大军已屯上党，胡虏继续北逃，不如出师天井（即天井关，在今山西晋城南太行山上），奔孟津为好。”司天官奏：“太岁星在午座，不利南行，宜由晋州、绛州（今山西新绛）抵陕州。”刘知远终于决定走晋州、陕州一线。

十一日，刘知远从太原举兵南下。十三日，史弘肇上奏说已攻克泽州（治今山西晋城市）。

十七日，刘知远抵达霍邑（今山西霍县）。二十日，至晋州。二十四日，绛州刺史李从朗举城投降。二十七日，至陕州，保义节度使赵晖亲自为刘知远牵马入城。六月二日，至新安，留守西京洛阳的后晋各官前来迎接。三日，至洛阳，汴州后晋百官奉表来迎，刘知远命郑州防御使郭从义先入汴梁清宫，密令杀李从益和王淑妃。五日，刘知远从洛阳启程。十一日，入汴梁，后晋藩镇诸将相继来降。十五日，下诏大赦，契丹任命的各级官职，上至节度使，下到将吏，各安其职，不再变更，复以汴州为东京，改国号为汉，年号仍用天福。这样，刘知远正式当上了后汉朝的皇帝。

郭威建后周

刘知远建立的后汉王朝是一个极其短命的王朝，只维持了近四年的时间，就被郭威建立的后周王朝取而代之。

郭威（904—954年），邢州尧山（今河北隆尧）人，少孤，依潞州（今山西长治）人常氏。潞州留后李继韬招募勇士为军卒，郭威恃勇力应募，时年十八岁。郭威为人负气，好喝酒。潞州城中有一屠夫总爱欺负人，有一天，郭威喝醉了酒，吆喝着屠夫给他砍肉，故意刁难，稍不如意，就破口大骂，屠夫也不示弱，撩开衣服，拍拍胸膛，冲着郭威说："你有胆量，敢把我杀了？"郭威仗着酒意，二话没说，取刀把他杀了，市民惊呼，而他自己却怡然自得，仿佛什么事也没发生。李继韬看重郭威的侠胆，故意让他逃跑，风声一过，又把他召回去。后唐庄宗灭梁，李继韬遇难，郭威因通晓书算而被补为军吏。他爱读《阃外春秋》，略知兵法，后为侍卫军吏。刘知远为侍卫亲军都虞候时，十分赏识郭威。刘知远为后晋河东节度使时，郭威随从侍奉，为其心腹。刘知远篡晋建汉，拜郭威为枢密副使。

刘知远这样做，不外乎是为了做太平天子，可是，他命薄，做皇帝不到一年就病死了。如从天福十二年（947年）六月十一日进驻汴京时算起，到乾祐元年（948年）正月二十七日病死时止，就只有七个多月的时间，皇帝的宝座还没有坐热哩。刘知远儿子刘承祐继位，史称隐帝。隐帝即位时只有十八岁，年轻轻佻，狎于近习，专事荒淫，根本比不上老子刘知远。他在位三年期间，外有三镇叛乱，内有大臣钩心斗角，终于身败国亡，政权被郭威夺去。

何谓三镇叛乱？三镇叛乱是指晋昌镇（今陕西西安）赵思绾、凤翔镇（今陕西凤翔）王景崇和护国镇（今山西永济蒲州）李守贞的联合叛乱，史称三叛连兵。赵思绾原是晋昌节度使赵匡赞手下的一名军校。刘知远在世时，赵匡赞就起兵叛乱。赵匡赞是赵延寿之子，受辽官职为护国节度使。刘知远篡晋建汉后，仍命赵匡赞为晋昌节度使，镇守长安（今陕西西安）。赵匡赞恐终不为朝廷所容，就起兵降蜀，后被刘知远招抚入朝。隐帝继位后，征调赵匡赞所部牙兵入京，下级军官赵思绾联合王景崇发动兵变。王景崇原是后晋将领，后投奔刘知远，被任为右卫大将军。赵匡赞反叛，王景崇受命率禁军讨伐，以战功得兼凤翔节度使。隐帝继位后，任王景崇为邠州留后，赵晖为凤翔节度使。王景崇不满，举兵反叛。原与杜重威同时降辽的后晋宿将、后汉护国节度使李守贞联合赵思绾、王景崇两人，密通辽朝，自称秦王，据河中府（今山西永济蒲州）叛。赵思绾、王景崇两人受李守贞官爵，又联合后蜀为援。此为后汉西部三镇叛乱。

隐帝不得不任命郭威为西面军前招慰安抚使，节制西征诸军。

郭威到了前方，注意收聚人心。交接宾客，或与大将宴语，则褒衣博带；巡视城垒，身临阵前，则幅巾短衣，与众无异。临矢石，冒锋刃，身先士卒，与士卒同甘共苦；对立功者，厚加赏赐，对受伤者，则亲加抚慰。还广开言路，不论来人贤与不肖，只要有所建议，就和颜悦色地接待，让对方畅所欲言；人有过失，也从不介意。所以，无论君子还是小人，都愿意为他出力卖命。在战略上，郭威奉行“擒贼先擒王”的策略，把主要力量用来攻击声望最高、兵力最强的李守贞。李守贞久掌禁军，素有威望，因而，自恃功高，以为禁军一到城下，只需他三言两语，就会倒戈投降。不料，后汉官兵一到城下，扬旗击鼓，指名大骂李守贞，李守贞大惊失色。为了防止叛军西逃后蜀，郭威亲率牙兵阻击后蜀兵，后蜀兵不战而退。叛军失援，陷于孤立。为了严肃军纪，郭威斩杀了违禁饮酒的爱将李审，又撤换无将才的常思。乾祐二年（949 年）七月，郭威攻克河中府，李守贞自焚死。长安的赵思绾被迫投降，被处决。十月，赵晖攻克凤翔，王景崇也自焚死。至此，三镇叛乱终于被平定，郭威凯旋回朝。

三叛既平，朝廷内部大臣间的倾轧、隐帝及其左右佞幸与大臣间的争斗尖锐起来。

隐帝即位时只有十八岁，父皇刘知远临终托孤给苏逢吉、杨邠、史弘肇、郭威四位佐命大臣，让他们辅佐隐帝。李太后也对隐帝严加管教。然而，隐帝并不想做木偶，尤其是平定三镇之后，隐帝力图摆脱约束的心态逐渐强化，常与左右佞幸鬼混取乐。枢密承旨聂文进、飞龙使后匡赞、茶酒使郭允明因谄媚而获宠，隐帝喜欢同他们说隐语、讲脏话，受到太后多次训诫，太常卿张昭远上谏，要他“亲近儒臣，讲习经训”。不仅隐帝左右佞幸日渐用事，太后家人亲戚也干预朝政，杨邠、史弘肇等大臣屡屡对他们加以抑制。太后有一故旧的儿子求补军职，史弘肇怒而斩之。太后弟、武德使李业想做宣徽使，隐帝和太后授意大臣们予以方便。杨邠、史弘肇认为内使官调任有序，不能从外戚超任。隐帝亲信聂文进、后匡赞、郭允明久不升官，都怨恨杨邠等人。隐帝服完了三年丧，就听乐观舞，并赐给伶人锦袍、玉带。伶人穿着锦袍，系着玉带，去拜见史弘肇，史弘肇见状勃然大怒，痛斥说：“士卒守卫疆场，浴血奋战，还没得过如此贵重的赏赐，你们这些人有何功劳而受赐！”于是，没收归官。隐帝想立自己宠爱的耿夫人为皇后，杨邠反对。耿夫人不幸去世，隐帝很想按皇后礼来安葬，杨邠又不同意。隐帝已二十岁，正是血气方刚的时候，又是一国之主，自然十分怨恨这些大臣对他左一个不是，右一个反对。有一次，杨邠、史弘肇同隐帝议事，隐帝提醒他们说：“慎重点吧，不要让人说闲话！”杨邠公然说：“皇上只管闭口，有我们臣子在，怕什么？”如此目无天子，冒犯龙颜，这还了得！隐帝愤愤不平，左右佞幸乘机进谗说：“杨邠、史弘肇等人专权放肆，迟早会作乱。”隐帝哪能不信？一天夜里，隐帝听到作坊里传来铁器的敲打声，疑心有人阴谋作乱，通宵未能入眠。苏逢吉本与史弘肇不和，见聂文进、后匡赞、郭允明等人恨史弘肇，就向他们煽风点火，说史弘肇的坏话。于是，隐帝与李业、聂文进、后匡赞、郭允明等密谋铲除杨邠、史弘肇等。商量好了，便去禀告太后，太后说：“如此大事，岂可轻举妄动？与宰相商议再说吧=”李业说：“先帝曾说：‘朝廷大事不可同书生商量，他们怯懦误事。’”太后还是劝他们谨慎从事。隐帝终于火了，气冲冲地说：“国家要事，娘们哪里知道！”说完，拂袖而出。

十一月十三日早晨，大臣陆续来上朝，忽然，从广政殿冲出几十名士兵，杀死杨邠、史弘肇、王章三人。聂文进急召文武大臣到崇元殿，宣旨说：“逆臣杨邠、史弘肇、王章三人谋反，现已伏诛。朕与爱卿们同喜同庆！”又召诸军将校到万岁殿前，隐帝抚慰说："杨邠、史弘肇把朕当小孩耍，朕把他们杀了。从今，朕就是你们的统帅，你们不会再担忧了。"又召前节度使和前刺史升殿，加以安抚。接着分遣使者领兵捕杀三人的亲戚和同党。遣供奉官孟业携密诏去澶州（今河南濮阳南）和邺都，令镇宁节度使李洪义杀侍卫步军都指挥使王殷，令邺都行营马军都指挥使郭崇威、步军都指挥使曹威杀郭威和监军、宣徽使王峻。隐帝急诏天平节度使高行周、平卢节度使符彦卿、永兴节度使郭从义、泰宁节度使慕容彦超、匡国节度使薛怀让、郑州防御使吴虔裕、陈州刺史李谷回朝。

杨邠、史弘肇、王章三人被杀之后，朝中就剩下苏逢吉一个资格最老了，再加上他凭着阿谀逢迎的本事讨取了隐帝的宠爱，隐帝自然重用苏逢吉，让他主持枢密院。这样，苏逢吉掌管行政，又执掌军事。隐帝又任命原平卢节度使刘铢代理开封府尹，侍卫马军都指挥使李洪建权判侍卫司事，内侍省使阎晋卿权侍卫马军都指挥使。李洪建的弟弟李业等人又命刘铢杀郭威、王峻家属。刘铢这个人极其狠毒，两家婴儿无一幸免。

十四日，孟业到达澶州，李洪义胆小怕事，不敢去杀王殷，反而引孟业谒见王殷。王殷拘禁孟业，派副使陈光穗送隐帝密诏给郭威。郭威马上召见枢密使吏魏仁浦，给他看密诏，问："怎么办？"魏仁浦回答说："公是国家大臣，今被小人诬陷，祸出意外，即使有理也辩不明，有冤也洗不白。现握强兵，据重镇，不可坐以待毙。"于是，郭威召集郭崇威、曹威和其他将领，告诉他们事变的经过，矫诏说："皇上要杀我们邺都将士。"又说："我与遇难诸公披荆斩棘，随先帝夺取天下；又受托孤之任，竭诚以卫国家。今诸公已死，我怎能忍心独生？你们取我首级去朝见天子吧，我不连累你们。"将领们既愤怒，又感动。郭崇威说："天子年轻，这次事变一定是他身边小人所致。如让这些人得志，国家还能安宁？我郭崇威愿随您入朝上诉，扫荡鼠辈，清净朝廷。您不可蒙冤而死，负千古罪名！"翰林天文赵修己也说："无辜而死，有什么用？不如顺从人心，拥兵南下，这才符合天意。"于是，郭威留养子郭荣镇守邺都，命郭崇威率骑兵为前锋。郭荣，即柴荣，也就是后来大名鼎鼎的周世宗，他本是郭威内侄，后被收为养子。十五日，郭威亲率主力南下。

十九日，郭威部队抵达封丘（今属河南），逼近汴京。惊慌恐惧的气氛笼罩着京城，到处呈现一派末日来临的景象。李太后哭哭啼啼地说："不听李涛的话，要家破国亡了。"慕容彦超自恃其骁勇，向隐帝吹牛说："臣看北军像蠛蠓一样，不足害怕，臣为皇上生擒其首。"蠛蠓是一种很小的昆虫，又叫醯鸡。慕容彦超退朝后，遇见聂文进，向他打听北军实力和将校姓名，一听，马上畏惧起来，说："这也是强盗嘛，不能掉以轻心。"隐帝又派左神武统军袁巇、原威胜节度使刘重进等人率禁军与侯益诸军会师，屯于赤冈（在今河南开封东北）。慕容彦超率大军屯七里店（今河南新乡七里营）。

二十日，南北两军于刘子陂（在今河南封丘南）遭遇。隐帝想出城慰劳军队，李太后阻止说："郭威是我家勋旧，如果不是大祸临头，怎么会拥兵到此？不要出去，只管按兵守城，并立即下诏劝慰郭威。我观其志趣，他肯定会好言答复，那么，君臣之礼尚能保全。"官兵骄悍无比，太后派人劝诫聂文进："千万不可大意！"聂文进说："有臣在，就是有一百个郭威，也能把他们擒住。臣不需同他们交战，只需一声吆喝，就能把他们吓回去。"

这天晚上，隐帝与苏逢吉、苏禹珪、窦贞固三相及侍从官数十人宿于七里寨（今河南新乡南七里营），其他人都逃散了。二十二日早晨，郭威望见高坡上有天子旌旗，就下马免胄去见他，走到那里，隐帝已经离去。

隐帝策马回宫，至玄化门，刘铢在城门上问帝左右："兵马呢？"说完，射杀隐帝身边人。隐帝不得不回马逃走，至城西北的赵村，追兵赶上来了。隐帝下马躲入百姓家，被乱兵杀死。苏逢吉、阎晋卿、郭允明都自杀而死。聂文进逃跑，被追兵杀了。李业逃往陕州，后匡赞逃往兖州。郭威听说隐帝遇难，号啕恸哭，说："老夫之罪呀！"王殷、郭崇威对郭威说："不停止剽掠，恐怕到今天晚上京师就成一座空城。"于是，郭威下令各将禁止部下烧杀抢掠，违令则斩杀。到第二天下午四时左右，骚乱才平息下来。

二十四日，郭威率百官到明德门去问候太后，请求："军国纷乱多变，请早立嗣君。"太后说："河东节度使刘崇、忠武节度使刘信两人是高祖之弟，武宁节度使刘赟、开封尹刘勋两人是高祖之子，可让百官从中选择一位。”此后，郭威、王峻又到万岁宫拜见太后，请立刘勋为帝。太后说：“刘勋一直患病，虚弱得不能起床。”郭威与王峻就商量着拥立刘赟为帝。刘赟本是刘崇子，刘知远疼爱他，就收为养子。二十六日，郭威率百官上表请立刘赟继位。太后通告有关部门择吉日，备法驾，准备迎刘赟继位。郭威奏请派太师冯道、枢密直学士王度、秘书监赵上交赴徐州奉迎刘赟。

十八日，朝廷遣苏禹珪到宋州（今河南商丘南）迎接刘赟。

十九日，郭威过黄河，歇于澶州城内。二十日清晨，郭威正准备启程继续北进，忽然，屋外有数千将士喧闹起来。郭威立即叫人关上房门。将士们翻墙越屋，闯入室内，说：“天子必须让您来做，我们已与刘氏结仇，不能再立刘氏为帝。”说话时，就有人撕下黄色军旗，披在郭威身上。霎时间，将士们一拥而上，把郭威捧起来，高呼“万岁”，如雷贯耳，地动山摇。接着，将士们簇拥着郭威转身南下。郭威上书太后，请求奉行刘汉宗庙，并事太后为母。二十三日，至韦城（今河南滑县东南），下书抚慰汴京士民，大意说：我郭威渡河南下，沿途秋毫无犯，希望大家不要有所顾虑。二十五日，至七里店，窦贞固率百官出城来迎接，并劝他即位。郭威不敢贸然而进，暂屯皋门村。这时，刘赟已到宋州。

郭威致书刘赟，说自己受诸军逼迫而被迫南下，并召冯道先回朝去，留赵上交、王度侍奉刘赟。冯道辞行，刘赟说：“寡人这次之所以西来，就是为公是三十年旧相，又亲自来迎，因而，我不猜疑。现在郭崇威夺我卫兵，局势危急，公有何计谋?”冯道默然不语。客将贾贞几次示意刘赟杀掉冯道，刘赟说：“你们不要鲁莽行事，此事与冯道无关。”冯道，瀛洲景城（今河北河间）人，通文墨。后唐明宗时，做了宰相，以后又历仕后晋、后汉、后周，长达三十年，共侍四朝十君，都是宰相之职，是个地地道道的不倒翁。他精通为官之术，这就是临难不赴，遇事模棱两可，唯以圆滑应付为能事。冯道为人能节制，因而又博得宽厚长者的美名。郭威攻入汴京时，身为太师的冯道又同往常一样，率百官谒见郭威，郭威也不敢怠慢这位元老，恭恭敬敬地向他行礼，冯道仍同往常一样，受礼之后，慢慢吞吞地说：“郭侍中此行不易！”现在，对待刘赟，他又采取临难不赴的态度。郭崇威把刘赟迁到别处，杀其心腹董裔、贾贞等数人。二十六日，太后宣告，废刘赟为湘阴公。二十七日，太后又宣告：以侍中郭威监国。百官、藩镇将领相继上表劝郭威即位。

广顺元年（951年）正月初五，李太后再次宣告：授监国郭威玉玺，让他即皇帝位。郭威从皋门入宫，于崇元殿即位，下诏说：“朕是周朝虢叔的后裔，国号应该叫‘周’。”史称后周。改元为广顺，大赦天下。这样，后汉王朝终于被郭威建立的后周王朝取代了。

后周世宗柴荣

后周世宗柴荣，可以说是后周一朝最伟大的皇帝。在他的治理下，后周国政治清明，百姓们安乐富庶，中原呈现复兴之态。与此同时他还厉兵秣马，率军四处征战，将后周国的政治版图扩大许多。

柴荣（922—959），邢州龙冈（今河北邢台西南）人，本是后周太祖郭威的内侄，后来被收为养子。郭威的亲生儿子都被后汉隐帝杀光，柴荣就成为他唯一的继承人。由于柴荣的忠诚坚毅、非凡的军政才能和在吏民中的良好口碑，使他成了郭威最为信任和倚重的心腹。郭威死前，以柴荣为晋王、开封府尹兼功德使，加开府仪同三司、检校太尉，兼侍中，判内外兵马事，柴荣控制了最高军事指挥权。公元954年正月，柴荣即帝位，是为后周世宗。

柴荣即位之初，就立下了30年的规划：“以十年开拓天下，十年养百姓，十年致太平。”柴荣在位虽然只有5年，但他的成绩已经相当可观了。为了进行统一战争，他在政治、经济、军事诸方面进行了一系列的改革。

在经济方面，柴荣关心民间疾苦，采取许多恢复和发展经济的措施。后周鼓励开荒，将中原无主荒地分配给逃亡人户耕种，优待从契丹返回的逃户，有利于农村经济的恢复和发展。柴荣还豁免了人民以前所欠的两税，并取消了两税外的苛捐杂税和徭役。为了保证军民交通，恢复了以开封为中心的水路交通网，先后疏浚了胡卢河、汴河、五丈河等，促进了开封的繁荣。为了增加劳动力和兵源，后周采取了抑制佛教、打击寺院经济的措施。

沧州铁狮子（五代）

在军事方面，柴荣整顿军队纪律，治理骄兵悍将，坚决处斩了临阵脱逃的大将樊爱能、何徽等70余人，严肃了军纪。柴荣还提出“兵务精不务多”的原则，整顿禁军，淘汰弱羸，革除了唐朝后期以来豢养冗兵之弊。

政治方面，柴荣继承了郭威节约简朴的作风，率先垂范。柴荣打破常规，破格任用有才干的人，充实政府主要部门。柴荣又命人整顿了弊病较多的科举制度，以使有真才实学的人能进入政府机构发挥作用。他注重法制建设，对五代时期以严酷出名的法律，进行了彻底修订。他废除了随意处死的条款，废除一些凌迟之类的酷刑，制定了较为完善的《大周刑统》。柴荣的改革使后周国力强盛，为统一事业奠定了基础。

柴荣登基后不久，北汉主刘崇效仿石敬瑭，乞师契丹联合灭周。辽穆宗派大将杨衮与刘崇合兵10万，南下进攻后周。契丹与北汉联军进至太平驿（今山西屯留东北），突破后周昭义节度使李筠部阻截，乘胜进逼潞州（今山西长治）。柴荣不畏强敌，亲自领兵出征。两军相遇，对阵于巴公原（今山西晋城东北）。双方刚一交锋，后周将樊爱能、何徽引骑先遁，后周右军阵溃，步卒千余人解甲降北汉。柴荣力挽危局，亲冒矢石率兵陷阵，大将张永德、赵匡胤、白重赞等亦率部奋击，诸将合力拼杀，斩杀北汉骁将张元徽。辽军溃散，北汉军也随之奔逃，刘崇仅率百余骑逃归晋阳。

随后，柴荣采纳部郎中王朴“先易后难、先南后北、各个击破”的献策，确定先攻后蜀，再征南唐，最后灭亡北汉的统一方略。公元955年，后周西征后蜀。在黄花谷（今陕西凤县西北）之役，后周军大败为北路行营都统李廷所率后蜀军主力，收复了秦（今甘肃天水）、成（今属甘肃）、阶（今甘肃武都）、凤（今陕西凤县）四州。此役大大震慑了后蜀，为后周世宗再征南唐解除了翼侧威胁。

在公元955年至公元958年之间，柴荣3次亲征南唐，以围点打援之策，疲惫、消耗南唐军；继而新建水军，水陆并进，尽歼南唐淮上水军，直捣长江，夺取了长江以北淮南14州、60县，逼迫南唐中主划江为境。此役不但使南唐俯首就范，而且震慑了南方各割据势力，为北伐契丹扫除了后顾之忧。

随着对后汉、后蜀和南唐战争的胜利，后周王朝的版图日益扩大，经济也日益繁荣。而契丹正值昏庸无能的辽穆宗耶律璟执政。此人号称“睡王”，其昏聩可见一斑。柴荣在看准了契丹的弱点后，决心提前进行北伐。

公元959年二月，柴荣正式率军北伐。辽穆宗耶律璟听到后周北伐的消息，急忙派南京（今北京）留守萧思温为兵马都总管，率军阻截后周军，结果被杀得大败。从此，辽军畏战避战，任由后周扫荡燕南州县。接着，后周军经独流口（今天津静海北），转兵逆流西进，至益津关（今河北霸州），守将终廷辉投降。不久，辽莫州刺史刘楚信、瀛洲刺史高彦晖也先后望风归降。42天之间，兵不血刃，后周尽复关南（今河北白洋淀以东大清河流域以南至河间一带）3州3关17县故地。就在柴荣准备乘势直取幽州（今北京）之时，突然身染重病，只得匆匆南归。

同年六月十八日，后周世宗柴荣带着他的抱负，带着他的遗憾，在开封去世，享年只有39岁。

世宗遗命他的儿子、梁王柴宗训即皇帝之位，柴宗训年仅7岁。第二年，殿前都点检赵匡胤在陈桥发动兵变，黄袍加身，自己登上皇帝宝座，建立宋朝。

官场“不倒翁”

冯道（882—954），字可道，号长乐老，瀛州景城（今河北沧州）人，五代宰相。冯道早年曾效力于燕王刘守光，历仕后唐、后晋、后汉、后周四朝，先后效力于后唐庄宗、后唐明宗、后唐闵帝、后唐末帝、后晋高祖、后晋出帝、后汉高祖、后汉隐帝、后周太祖、后周世宗十位皇帝，期间还向辽太宗称臣，始终担任将相、三公、三师之位。后周显德元年（954年）四月，冯道病逝，追封瀛王，谥号文懿。

冯道生活于五代乱世之时。他的出身很低微，从小就表现得敦厚朴实，但他喜欢读书，文章写得也不错，还很有志向。相传他未成名时，就曾赋诗一首以表心志：

莫为危时便怆神，前程往往有期因。
须知海岳归明主，未必乾坤陷吉人。
道德几时曾去世，舟车何处不通津。
但教方寸无诸恶，虎狼丛中也立身。

而五代这样的乱世确实给他提供了施展才能的舞台，让他在这样的舞台上站立几十年而不倒。

冯道从政，是在唐末时，最初做幽州军阀刘守光的参军幕僚。刘守光是个凶狠残暴的家伙，下属谁对他稍有冒犯，立即诛杀。有时还吃被杀者的肉。后来，刘守光要发兵攻打易、定二州，冯道劝他不要轻易去攻打，刘守光不但不听，反把他关进监狱。后来，刘守光失败了，冯道跑了出来，投奔大宦官、监河东军张承业。张承业任用他为巡官，又把他推荐给晋王李存勖。此后，他跟着李存勖南征北战，为后唐灭后梁立了不少功。

李存勖是个只知道冒险猛攻的军事将领，不懂得治国，所以对冯道也不怎么重视。在庄宗时代，冯道默默无闻。

公元926年，庄宗死，李嗣源即位，是为明宗。明宗比较有文化，对有文化的人也很重视。据说，有一次，明宗问中书令安重诲："先帝时的冯道何在？"安重诲答："在当学士。"明宗说："我知道，这是真正的宰相。"冯道就这么当上了宰相。这是他第一次出任宰相。

冯道当上了宰相，但并没有那种盛气凌人、不可一世的架势，相反却是一个节俭、刻苦、自励的忠厚长者和谦谦君子。当后晋后梁隔河而战时，冯道在军中，住在一茅庵之中，不设床席，就卧于一束枯草之上。有一位将士从别人那里抢来一个美女送给冯道为妾，冯道推辞不过，便将她安置在别的房间里，慢慢访求她的主人，最后将她送还。冯道也为此一时美名远扬。

在政治上，冯道也是有一番建树的。明宗当了 8 年皇帝，冯道做 7 年宰相。这个时期，中原的经济有所恢复和发展，在乱世之中出现了一个短时期的小康局面。这和冯道的辅佐是分不开的。治国要靠人才，冯道为朝廷选拔了一些有才能的人士。这些人士大多出身孤寒，而对那些出身高门却没什么能力的人，则极力抑制。这种人才观与自魏晋南北朝以来只看门第品评人才的观念相比，无疑是一种进步。

为了让明宗把政事处理得好，他常向明宗进谏，使其居安思危。后唐天成、长兴年间（926—933），由于自然状况比较好，土地连年丰收。明宗很得意，一天，他问冯道年景如何，冯道趁机劝谏明宗：“臣做河东掌书记的时候，有一次奉使去中山，途经井陉，地势险峻，臣害怕马失前蹄，紧握衔辔，不敢稍有怠慢。及至过了井陉来到平地，臣以为前面即是坦途，哪知思想一放松，反倒跌伤皮肉。大凡身蹈危地时思虑周到反获保全，而居安忘危却反遭不测，仁主应引以为戒。”还有一次，冯道把一首《伤田家》读给明宗：

二月卖新丝，五月粜秋谷。
医得眼前疮，剜却心头肉。
我愿帝王心，化作光明烛。
不照绮罗筵，只照逃亡屋。

明宗听了，立即让侍臣抄下来，常常诵读，以使自己不忘百姓疾苦。

冯道还在文化上做出了一件有意义的事，长兴二年（953），在征得明宗同意后，主持刻印了儒家经典“九经”。这套书历时 22 年才刻成，成为中国文化史，也是世界文化史上的一件大事。

长兴四年（933），明宗死，愍帝李从厚即位，冯道继续为相。

不久，潞王李从珂在凤翔反叛，愍帝领兵奔卫州。愍帝前脚一走，冯道就率百官将潞王迎入。中书舍人卢导看不惯冯道这种做派，说：“哪有天子在外，大臣就劝别人当皇帝的？”另一个宰相李愚也说：“舍人说得对呀。”冯道却说：

"别管那些了，还是面对现实吧！"李从珂继续用冯道为相。

公元936年，石敬瑭借助契丹的力量，灭了后唐，建立后晋。冯道毫不犹豫就投奔了后晋，一顿巧言游说，石敬瑭又任用他为宰相，委以重任，让他出使契丹。石敬瑭是"儿皇帝"，"儿皇帝"到"父皇帝"那里出使，可不是什么好差事。石敬瑭怕冯道不愿意去，说："此行非卿不可。"冯道马上回答："陛下受北朝之恩，臣受陛下之恩，有何不可。"当即欣然前往。

冯道出使契丹，卑躬屈膝，挨骂受气，被契丹扣了两个多月，才好不容易被放回来。

冯道一回后晋，石敬瑭马上给他加官晋爵。后晋政权对外屈膝投靠，对内残暴无比，冯道作为重要臣僚是有责任的。

公元942年，石敬瑭死后，出帝石重贵继位。冯道仍然贵为宰相。

公元946年，契丹犯境而来，耶律德光率领30万大军南下，攻入汴梁，擒了出帝。大臣们要么死节，要么出逃，冯道依然方寸不乱，他从从容容地到京师朝拜契丹主耶律德光。他满以为和耶律德光是老相识，会欢迎他主动投靠，不料耶律德光见面就斥责冯道："你在唐曾事四帝，可谓开国守业之臣。唐亡则事晋，也历二帝。如今又要改换门庭，如此不忠不义，本王怎么信你？"冯道并不羞愧，心平气和地立在一边听耶律德光责骂。许久，耶律德光骂完了，又问冯道："你为什么来朝？"冯道大言不惭地说："无城无兵，安敢不来？"耶律德光又讽刺他："你是何等的老儿？"冯道装疯卖傻地说："我是无才无德的又痴又傻的老儿。"耶律德光听罢哈哈大笑："倒也乖巧。我再问你，天下百姓这样苦，如何救得？"冯道用俳语答道："此时佛出救不得，唯皇帝救得。"耶律德光大喜，遂封冯道为辽王朝的太傅。

公元947年，刘知远建立后汉，冯道又归附了汉，被封为太师兼中书令。

4年以后，即公元951年，郭威灭了后汉建立后周，冯道依然脸不变色心不跳地站到郭威的麾下，凭其三寸不烂之舌、两行伶牙俐齿、一张厚脸皮求得太师兼中书令之职。

公元954年，后周世宗柴荣即位。柴荣是郭威的养子，文治武功，很有作为。他初即位便赶上刘崇大举入寇。消息传到汴京，周世宗立刻召集大臣商量。他提出要亲自出征。大臣们说：“陛下刚刚即位，人心容易动摇，不宜亲自出征，还是派个将军去吧！”周世宗说：“刘崇趁我刚遭到丧事，又欺侮我年纪轻、新即位，想吞并中原。这次他亲自来，我就必须自己去对付他。”

大臣们看周世宗的态度挺坚决，也就不作声了。只有一个老臣站出来反对，这就是太师冯道。他以老资格的身份来劝阻周世宗亲征。周世宗对冯道说：“过去唐太宗平定天下，未尝不是自己亲自带兵，我怎么能苟且偷安呢？”冯道冷冷地笑了一声说：“不知陛下能否和唐太宗相比？”

周世宗看出冯道瞧不起他，激动地说：“我有强大的兵力，要消灭刘崇，还不是像大山压卵一样容易！”冯道很不知趣地说：“不知道陛下能像一座山吗？”

周世宗听了十分气愤，一甩袖子，起身离开朝堂。亲征的事究竟还是决定下来。

为了这件事，周世宗对冯道十分不满。不久，派他去监管修造周太祖坟墓。冯道闷闷不乐，不久死去。时年 73 岁。

北宋司马光说冯道：“朝为仇敌，暮为君臣，易面变辞，曾无愧怍。”他自己说自己是：“孝于家、忠于国，为子、为弟、为人臣、为师长、为夫、为父，有子、有孙，时开一卷，时饮一杯，食味、别声、被色，老安于当代，老而自乐，何乐如之？”因自号“长乐公”。

南唐二主与“花间词”

在五代十国时期，西蜀词风最盛，因此产生的词人词作也最多。如后蜀赵崇祚选编词集《花间集》，共收录了十八位词人的五百首词作，其中除温庭筠、皇甫松、和凝与蜀地无关外，其余十五人（韦庄、牛峤、薛昭蕴、孙光宪、李珣、牛希济、鹿虔扆、欧阳炯、顾敻、张泌、毛文锡、毛熙震、尹鹗、阎选、魏承班）大多是蜀地人，有的流亡蜀中，有的在蜀地做官，都和西蜀有着这样那样的关系。因此人们常把花间词人称为“西蜀词人”，花间派也称西蜀派。其中，韦庄成就最大。

花间词人大多生活于环境安定、生活优裕的西蜀。在这个倚恃山川险固、不受战祸干扰的小天地里，上层贵族以及依附于他们的士大夫，弦歌饮宴，昼夜不休，纵情声色，乐而忘返，“自南朝之宫体，扇北里之娼风”。“秀丽不实”的花间词就在这样的社会风气中应运而生。

“花间词”红香翠软，绝大多数只是堆砌华艳的辞藻以形容妇女的体态服饰，有的甚至堕落到连“才子”跟在佳人风车之后盯梢的流氓行径也作为描写对象。那种软绵绵的情调和令人发腻的脂粉气息，华丽的辞藻、华美的色彩追求，使得花间词派的创作题材狭窄，内容空虚，缺乏意境。比起他们的鼻祖温庭筠，艺术成就相差甚远。

南唐建立在富庶的长江中下游地带，地理条件优越，社会比较安定，不少文人聚集到这里，过着安定风雅的生活。与西蜀词人相比，南唐词人多是帝王、宰相，政治地位和文化素养都比较高，他们的创作也呈现出不同的特点：一是逐渐摆脱了花间词专事描绘妇女容貌、服饰的局限，而着力抒写人物内心无可排遣的哀愁，其语言也比较清新、流转、天然，不像花间词那样堆砌、雕琢。二是基调的感伤。后期的南唐，面临周、宋的强大威胁，只靠岁贡称臣委曲求全。君臣们深知江山不稳，又无力挽回颓局，只好苟且偷生，醉生梦死。这就决定了南唐词必然要带上对未来、对前途毫无信心的颓靡感伤色彩。

另一方面，五代词绮丽如花，浩繁如烟，完成了由唐诗之雄丽，到宋词之清新的一个承接。这是五代词对词的发展所做出的贡献。

南唐词的重要作家是冯延巳、中主李璟和后主李煜。

冯延巳（903—960）又名延嗣，字正中，五代广陵（今江苏省扬州市）人。在南唐做过宰相，生活过得很优裕、舒适。他的词多写闲情逸致辞，文人的气息很浓，对北宋初期的词人有比较大的影响。宋初《钓矶立谈》评其“学问渊博，文章颖发，辩说纵横”，其词集名《阳春集》。

冯延巳的词虽受花间词影响，多写男女离别相思之情，但词风不像花间词那样浓艳雕琢，而以清丽多彩和委婉情深为其特色，有时感伤气息较浓，形成一种哀伤美。其词集名《阳春集》。其〔采桑子〕十四首，大多表现感时、伤事的情绪。如第十三首：

花前失却游春侣，独自寻芳。满目悲凉，纵有笙歌亦断肠。

林间戏蝶帘间燕，各自双双。忍更思量，绿树青苔半夕阳。

人生易逝，好景不长，触目皆是愁、恨、悲凉、断肠等字眼，落日、夕阳的景象，更加重了一腔愁怀，其中又隐含着对国事、家事的深深忧虑与哀伤。

李璟（916—961）字伯玉，徐州人，南唐中主。他好读书，多才艺，具有较高的文学艺术修养。经常与其宠臣如韩熙载、冯延巳等饮宴赋诗，于是，适用于歌筵舞榭的词，便在南唐获得了发展的机会。现仅存李璟词四首，内容多为怀人惜别、感时伤秋，词调低沉哀怨，在叹惋衰败中潜含着无限哀痛，出入风骚，庄严肃穆，意境清幽。

〔浣溪沙〕第二首是李璟的代表作：

菡萏香销翠叶残，西风愁起绿波间。还与韶光共憔悴，不堪看。　细雨梦回鸡塞远，小楼吹彻玉笙寒，多少泪珠无限恨，倚阑干。

虽是悲秋念远，离情别恨，但境界阔大。王国维说南唐中主词，“菡萏香销翠叶残，西风愁起绿波间，大有众芳芜秽，美人迟暮之感”。

李煜（937—978）字重光，南唐中主李璟第六子，在位十五年，南唐亡国之君，世称李后主。宋开宝八年（975）被俘到汴京，封违命侯。太宗即位，进封陇西郡公。太平兴国三年（978）七夕是他42岁生日，宋太宗恨他有“故国不堪回首月明中”之词，命人在宴会上下牵机药将他毒死。

李煜是一位多才多艺的杰出文学家、艺术家，他工书善画，精通音律，诗词文赋无所不能，词的成就尤为突出。他的词在题材上突破了词为“艳科”的传统范围，发展和扩大了词的表现手段和抒情能力，高出于浓艳涂抹的“花间派”词，在词的发展史上占有一定地位。今传李煜的词共四十七首。

他的创作明显地划分为两个时期。前期主要描写豪华的宫廷生活，夜以继日的酣歌醉舞，月昏雾重的夜晚与小周后的幽会，等等。

但是，当这位浪漫君主从狂欢中冷静下来的时候，似乎也感觉到前途的渺茫，于是，一种难以排遣的哀愁，禁不住从创作中流露出来。如〔相见欢〕表现了在宋朝的强大压力下感受到无力摆脱命运时所流露的沉重哀愁：

无言独上西楼，月如钩，寂寞梧桐深院锁清秋。　剪不断，理还乱，是离愁，别有一番滋味在心头。

又如〔清平乐〕，据说后主乾德四年（966），其弟从善入宋朝拜宋太祖，被留在京师。李煜手疏请求从善归国，太祖不许。李煜挂念弟弟，常常登高北望，泪沾衣襟。因思念深苦，遂做此作。词中深刻地表现出一种普遍而抽象的离愁别恨的伤感，撼人心魄。

别来春半，触目愁肠断。砌下落梅如雪乱，拂了一身还满。

雁来音信无凭，路遥归梦难成。离恨恰如春草，更行更远还生。

后期的李煜由万乘之尊一变而为任强者凌辱的亡国之君，开始面对另一个痛苦的世界。他终日悲苦忧伤，以泪洗面，把心中所有的感伤都灌注到他所作的词中。李煜这一时期的作品，写的是对于江南故国和已逝幸福岁月的苦苦思念，是深感昔日一切确已无可挽回的绝望和悲哀，是“日夕以泪水洗面”的眼前凄凉、屈辱、孤独的处境。如下面几首：

林花谢了春红，太匆匆，无奈朝来寒雨，晚来风。　胭脂泪，相留醉，几时重？自是人生长恨，水长东。

——〔相见欢〕

春花秋月何时了，往事知多少？小楼昨夜又东风，故国不堪回首月明中。

雕栏玉砌应犹在，只是朱颜改。问君能有几多愁，恰似一江春水向东流。

——〔虞美人〕

帘外雨潺潺，春意阑珊？罗衾不耐五更寒。梦里不知身是客，一晌贪欢。

独自莫凭栏，无限江山，别时容易见时难。流水落花春去也，天上人间。

——〔浪淘沙〕

四十年来家国，三千里地山河。凤阁龙楼连霄汉，玉树琼枝作烟萝。几曾识干戈？　一旦归为臣虏，沈腰潘鬓销磨。最是仓皇辞庙日，教坊犹奏别离歌。垂泪对宫娥。

——〔破阵子〕

王国维的《人间词话》，曾将温庭筠、韦庄和李煜三家词作比较，评温庭筠的词是“句秀”，韦庄的词是“骨秀”，而李煜的词是“神秀”。他认为“词至李后主而眼界始大，感慨遂深，遂变伶工之词而为士大夫之词”。

“花间”诗人韦庄

韦庄（约836—910），字端己，杜陵（今中国陕西省西安市附近）人，诗人韦应物的四代孙，唐朝花间派词人，词风清丽，有《浣花词》流传。曾任前蜀宰相，谥文靖。

韦庄出身于贵族家庭，他的先祖在武则天时期做过宰相，他还是诗人韦应物的四世孙。至韦庄时，其族已衰，父母早亡，家境寒微。但他聪颖好学，才识过人，很早就以诗词闻名于世。

未能脱走，而且还得了一场大病。中和二年（882）春，韦庄逃往洛阳，他写了一首长诗《秦妇吟》。诗中假托一个被起义军俘虏的妇女之口，既嘲笑那些进入长安的起义军，也对起义军所诛杀的公卿贵族表示同情，同时更对官军的腐败和残暴深表愤慨。

韦庄是拥护唐室的，他期待大唐能恢复往日的威严。因此，在洛阳逗留一段时间以后，他又去了润州，在镇海军节度使周宝幕中任职。中和元年三月，唐僖宗在四川发布命令，讨伐黄巢起义军，沙陀贵族李克用率骑兵参战，结果黄巢起义军兵败。光启元年（885），唐僖宗还京后，又因李克用逼迫，出奔凤翔、兴元。韦庄出于对唐室的忠心，离江南北上迎驾，中途因道路阻塞不得不返回，后在婺州一带客居。

景福二年（893），韦庄入京应试，不第。乾宁元年（894），再试及第，任校书郎，这时他已年近60岁。后来，唐昭宗受李茂贞逼迫，不得不逃到华州，韦庄也随驾任职。乾宁四年，奉诏随谏议大夫李询入蜀宣谕，这时他认识了王建，后又在小朝廷里任左、右补阙等职。

天复元年（901），韦庄应聘为西蜀掌书记，自此在蜀达10年。天祐四年（907），朱全忠废唐哀帝，自立为帝，建梁。历史进入五代时期。同时，韦庄在西蜀劝王建称帝，他对王建说：“大王您虽忠于唐，可唐已经灭亡了，这是老天不给我们留啊!”于是，率蜀地军民哭了三天三夜，然后，拥王建即皇帝位。蜀国建立，史称前蜀。

前蜀建立后，韦庄被王建引为心腹，朝廷大事都与韦庄商议，进韦庄为左散骑侍，判中书门下事。凡开国制度、号令、刑政、礼乐，都由韦庄所定。累官至门下侍郎、吏部尚书、同平章事，位在宰相之列。他曾于成都浣花溪畔杜甫旧居重建草堂作为住所。

武成三年（910），韦庄卒于成都花林坊，年 75 岁。

如果说，韦庄是一个政治家，毋宁说他是一个文学家。因为他是以文学上的卓越成就名垂后世的。后人提到韦庄，往往首先想起他的诗词，然而，他毕竟在政治上也曾有过一番抱负，可惜那个时代没有给他机会。他留恋于唐朝盛世，可是盛世已不再，他只有用诗歌来表达对那个时代的怀念。

江雨霏霏江草齐，六朝如梦鸟空啼。

无情最是台城柳，依旧烟笼十里堤。

江雨霏霏，满堤烟柳的景色和“六朝如梦”的怅惘心情交融在一起，流露出浓密的凄婉感伤的末世情调。

因此，韦庄与温庭筠成为“花间派”的重要词人，并有《浣花集》流传于世。韦庄作词虽然也还是“秀而不实”那套风格，但表现范围比温庭筠略见宽广，除写“闺情”之外，还写了一些个人的乡愁旅思；形式上以白描见长，甚少雕琢之迹；语言浅白清丽，亦有别于温词之华艳。正如周济所说：“飞卿，严妆也；端己，淡妆也。”王国维在《人间词话》中评价，温词是造境，韦词是抒怀。温词浓艳，韦词清简的特点在他们的作品中反映特别突出。他的诗作多为伤时、怀乡、感旧的内容，一些小诗抒情写景，清丽深婉。长篇叙事诗《秦妇吟》叙述了黄巢农民军攻占长安以及战争所带来的苦难，颇具史料价值。他的词多抒个人之情，真实、坦率，语言质朴新鲜，风格清丽疏雅。

北宋

北宋帝系表

960—1127

太祖（赵匡胤）	建隆（4）	960	仁宗（赵祯）	庆历（8）	1041
	乾德（6）	963		皇祐（6）	1049
	开宝（9）	968		至和（3）	1054
太宗（赵光义）	太平兴国（9）	976		嘉祐（8）	1056
	雍熙（4）	984	英宗（赵曙）	治平（4）	1064
	端拱（2）	988	神宗（赵顼）	熙宁（10）	1068
	淳化（5）	990		元丰（8）	1078
	至道（3）	995	哲宗（赵煦）	元祐（9）	1086
真宗（赵恒）	咸平（6）	998		绍圣（5）	1094
	景德（4）	1004		元符（3）	1098
	大中祥符（9）	1008	徽宗（赵佶）	建中靖国（1）	1101
	天禧（5）	1017		崇宁（5）	1102
	乾兴（1）	1022		大观（4）	1107
仁宗（赵祯）	天圣（10）	1023		政和（8）	1111
	明道（2）	1032		重和（2）	1118
	景祐（5）	1034		宣和（7）	1119
	宝元（3）	1038	钦宗（赵桓）	靖康（2）	1126
	康定（2）	1040			

陈桥驿兵变

赵匡胤（927—976），北宋王朝的开国皇帝，庙号宋太祖。出生于洛阳夹马营，祖籍河北涿州。年轻时曾经在少林寺学习武术。948 年，投后汉枢密使郭威幕下，屡立战功。951 年，郭威称帝，建立后周，赵匡胤任禁军军官，周世宗时官至殿前都点检。960 年，发动陈桥兵变，黄袍加身，代周称帝，建立宋朝，定都开封，在位 16 年。在位期间，加强中央集权，提倡文人政治，开创了中国的文治盛世，死后葬于郑州巩义宋陵之永昌陵。

陈桥驿兵变遗址

赵匡胤小的时候就受到母亲杜氏的严格教育，熟读诗书，从小练就十八般武艺。长大后，身材魁梧、器宇轩昂的赵匡胤称得上是文武双全，识见非凡。

赵匡胤的一生充满了传奇色彩，许多故事脍炙人口。

传说他少年时期，一位朋友给他父亲送来一匹烈马。这马可真是好马，一身枣红，只有四个蹄子是白的。赵匡胤第一眼见到就喜欢上了。又听朋友说此马因日行千里、跑动如飞而被称之为“踏雪无痕”，素善骑射的他一下就动心了，立即央求父亲将马赠给他。他父亲因是朋友刚送来的，颇有些为难。一旁的朋友见状道：“既是少公子喜欢，我自是愿意转赠于他。不过这马的性子烈，许多人都未曾驯服得了，反而因此受伤，可千万别伤着少公子。”赵匡胤父亲赵弘殷闻听，便道：“不妨，此子倒是有些制服烈马的蛮力。”赵弘殷平素极喜爱赵匡胤，对他又非常了解，故有此言。他说完看了看一旁的赵匡胤，笑道：“胤儿，如今你若驯服了这匹烈马，它就是你的啦!”

赵匡胤闻言大喜，也是少年意气，不等配上马鞍、缰绳，便翻身上马。这马的性情果然暴烈异常，见有人骑上，立刻又蹦又跳，想把赵匡胤摔下来。可赵匡胤紧紧攥住马鬃，贴在马背上，纹丝不动。那马见不能将赵匡胤摔下，便狂奔而去。不一会儿，竟奔上了城墙斜道。赵匡胤一抬头，额头撞到城楼门楣上，把持不住，摔了下来。观看的人都心里一惊，认为他不死即伤。想不到，他一个鹞子翻身，跳起来，安然无恙，众人无不欢声喝彩。后来，他与那匹“踏雪无痕”几度交锋，终于将之驯服。他父亲也果不食言，将马送他。在以后的沙场征战中，这匹马随他出生入死，也算立下了大功。

后汉初，赵匡胤到凤翔寻找已在后汉隐帝朝中升任都指挥使的父亲，中途走错了方向，天机巧合，竟走入大将郭威大营。

郭威见赵匡胤身材魁梧，阔脸大耳，印象非常好。又经盘问得知他居然是赵都指挥使的公子，心中更是喜欢，将他留在军中。从此，赵匡胤跟随郭威南征北讨，立下赫赫战功，因此被升为禁军头领。

郭威登基三年病故，周世宗柴荣继位，赵匡胤又在柴荣帐下听令。高平一战，赵匡胤杀了北汉大将张无徽，转败为胜。世宗提升他为殿前都虞候，领严州刺史。从此，赵匡胤随周世宗鞍前马后，在以后的历次战斗中，更加英勇无畏，总是冲锋在前，屡立功勋，逐渐升至忠义军节度使。

正当世宗想要大展宏图，一鼓作气，统一中原之际，忽然一病不起，他只好回返京都。在返京途中，他有一天深夜阅读四方文书，发现一个皮口袋里有一根长三尺有余的木片，上面写有“点检做天子”五个字。世宗大惊，料定其中定有阴谋。回到京都，便将现任点检张永德撤了，任命他的亲信大将赵匡胤为检校太尉、殿前都点检，掌握了精锐的中央部队——禁军的指挥大权。

不久，周世宗驾崩，他的儿子柴宗训继位。北汉刘崇见柴宗训年纪幼小，无力治理国家，便乘虚而入，勾结辽兵来犯。符太后接受宰相范质的建议，让赵匡胤率兵北征。

赵匡胤手下的将领，早就有心拥立他为皇帝，只因赵匡胤觉得世宗柴荣对自己不薄，不忍反叛周廷。非但不允，反而对手下将士千般叮嘱：万不可有此念头。将士们素来尊敬他，见他如此，不敢再加勉强。但是暗中却不肯放弃，积极筹划此事。

且说赵匡胤这一日率领大军走到陈桥驿（今河南开封东北陈桥镇）。一路劳乏，扎下大营。时至晚间，一个军中小校忽跑至主帅大帐前，对门吏楚昭辅说："今天中午，我看见太阳下边还有一个太阳，而且有一道黑光来回荡漾了好长时间，这是天意，要出现真命天子啊！"

楚昭辅闻言大喜，忙跑向偏帐见赵匡胤的弟弟赵匡义和归德军掌书记赵普。二人听了相视而笑，原来此事就是他二人与一些军中将领策划好的。

这赵普可不是简单人物。显德三年（公元956年）春，赵匡胤随周世宗柴荣亲征淮南，不久，占领了南唐的滁州。在滁州，赵匡胤的部下捉到100多名老百姓。依赵匡胤之见，就将他们指认为盗匪杀了。但新来上任的滁州军事判定赵普却不同意此事。他说："得民心者方能得天下。如今若肆意杀戮，我们岂不成了不义之师？况且，就算这其中有盗匪，也要审问清楚再杀呀！"赵匡胤无言争辩，只好说："你若不怕辛苦，就烦你审理这些人吧！"

赵普果真将这100多个百姓一一审了，有罪的加以惩戒，无罪的全部释放。当地百姓非常高兴，都认为周朝统治比南唐要好，君主是非分明，不滥伤无辜，跟着这样的君主一定会过上好日子，便打消了先时对周军的敌对情绪，甚至还纷纷来到赵匡胤军中，要求参军。赵匡胤这才觉得赵普见识非凡，从此对他倍加信任，有什么大事均和他商量。

而赵普自世宗之子柴宗训继位之后，就忧心忡忡。他看出，幼主难以控制朝廷。如不推选明主，周朝就有亡国之乱。与其败在别国之手，不如拥立贤德英武的赵匡胤，还可免百姓离乱涂炭之苦。思谋日久，他便与赵匡胤之弟赵匡义以及众将士商议拥立赵匡胤为帝。但每次在赵匡胤面前提起此事，都遭到他严厉斥责。众人无法，只好暗设一计，迫赵匡胤即位。

当晚夜间，陈桥驿赵匡胤所率大军营中，士兵们骚动不安。将领们到处煽动，对军士们说："如今，主上幼弱，我们在外拼死打仗，也不一定能保得住大周江山。不如先拥立点检为天子，再出征，也不迟。"军士们一听有理，纷纷聚集在驿门前，不停地高喊："点检做天子！"赵匡义和赵普见时机已成熟，忙派人骑快马连夜去京城，将殿前都指挥石守信和都虞候王审琦这两个赵匡胤的心腹叫来，商量下一步计划。计议妥当，各自散去。

第二天早晨，赵匡义和赵普走入赵匡胤大帐，将他死拖活拽拉出大帐。早已等候在帐外的军士们不待赵匡胤开口说话，一下子围上去，将已准备好的一件皇帝所穿的龙袍披在他身上。并且同时跪在地上，向他行三拜九叩之大礼，口呼：“万岁，万岁，万万岁！”然后将他拥上马背，要他回汴京，荣登皇帝宝座。

赵匡胤无奈，只能接受。一行队伍三日后回到汴京。朝中文武百官闻听此事面面相觑，朝中并无可以与赵匡胤匹敌的大将，无力征讨，大家一时都没了主意。侍卫亲军副都指挥使韩通闻听赵匡胤在陈桥驿黄袍加身，要背叛周廷，自己当皇帝，不由得火冒三丈。从朝中急返自己的府衙，要召集人马抵抗。消息传出，赵匡胤手下将士一拥而入韩通府第，将他和他的全家尽数杀死。

朝中大臣得知此事，越发地不敢反对赵匡胤。于是让范质、王博等朝中大官为代表去见赵匡胤。赵匡胤一见二人，羞得无地自容，流着泪道：“先帝对我恩重如山，今日我为六军所逼如此，真是天地难容，这可叫我怎么办啊！”范质、王博均没想到他会如此，一时竟不知如何是好。还是范质反应得快，忙退后几步，跪倒叩头道：“此乃天意，赵将军被拥立为帝，也是我朝百姓之福，还请赵将军不必再行推托！”言罢，口呼“万岁，万岁，万万岁”。众官员见状，纷纷效仿。

如此一来，赵匡胤更不好再说别的，只好听从众人安排，到崇元殿接受封禅大典。不料，左等右等，不见小皇帝柴宗训出来。赵匡胤坐立不安，心中又欲打退堂鼓之时，翰林学士陶谷忽从袖中抽出一卷黄册，高喊道：“禅位诏书在此！”言罢，朗声宣读。宣徽使引领赵匡胤来到龙墀南面，朝北跪拜，接受了禅位诏书，然后登上崇元殿，坐上龙椅，这就算正式登基当了皇帝。

赵匡胤即皇帝位后，正式定国号为大宋，年号为建隆。从他登基之日起即为建隆元年。

新皇帝即位，向天下发送诏书，实行大赦。从此之后中国历史开始了新的纪元。

赵匡胤的白纸文书

曹彬奉宋太祖命统军讨伐南唐，朝廷派潘美为副将。出发前，宋太祖在讲武殿赐宴饯行。酒过三巡，曹彬、潘美站起来，走到赵匡胤的坐榻前跪下，请求当面授予处事机宜，交代方针策略。

赵匡胤

赵匡胤从怀中掏出一件封得严实的文书，交给曹彬说："处事机宜全在其中，自副将潘美以下校尉，不管是谁，凡违犯军令军纪的，只要打开这个文书，便可以直接处斩，不须禀报请示。"

这一番话，吓得他们两个两腿战栗，心绪紧张，不知道那个信封里写了什么，闷葫芦里卖的是什么药？

第二年，他们以势如破竹之势，很快攻下了金陵（今江苏南京）。作为主将副将，曹彬、潘美团结合作，亲密无间；又严禁士卒杀掠，因而颇有德声。直到江南平定，战争结束，整个军队中没有一个犯了军法的。

回到京都（今河南开封）后，赵匡胤又在讲武殿赐宴。酒过二巡，曹彬、潘美站起来，走到赵匡胤的坐榻前跪下，说："臣等听从皇命，侥幸没有出现差错，上次出发时授予的文书也就未曾拆开。我们不敢私自藏在家里，现在带来了奉呈皇上。"说完即将文书双手呈了上去。

赵匡胤接过文书，慢慢地亲自撕开封签，抽出文书。他将这张"文书"展示给曹彬、潘美看，原来却是一张白纸。

赵匡胤就是这样玩弄机变权术的。

当初，他用这种方式下达命令，表面看来，十分严厉。而闷葫芦里装的什么药，大家都不知道，也无从猜测。假如真出现违犯军纪的大事需要处置，在外征战的将领就要拆开封签，抽出文书，而看到是一张白纸时，必定要入朝禀奏，问个究竟。假如没有出现事故，就像如今回朝面见的情景，当面拆开封签，让大家看到竟是一张白纸，说明皇上并无让作为主将的曹彬任意处置大事的想法，就如当初所说，什么自副将潘美以下可以直接处斩云云，那不过只是吓人的话而已。

赵匡胤的这一套，叫作“恩威并施”，或叫“宽猛兼济”。

白马岭之战

宋太祖赵匡胤发起陈桥驿兵变篡取后周政权，在不到20年的时间内平定了荆湖、吴越，消灭了后蜀、南汉、南唐后，只剩下盘据在太原的北汉和北方的辽国。

北汉当时军队才有3万人，而宋军总数将近40万。国主刘继元一边动员军民备战以御强敌，一边派人赶往辽国，向耶律贤报告宋军备战情况，请求战时派辽兵相助。

辽国与北汉唇齿相依。北汉处在辽国和宋朝的中间地区。若北汉为宋灭亡，辽国的门户也就向宋军敞开了。这样，宋军就可以直取辽国了。辽景帝耶律贤深知这一利害关系，接到刘继元的信后，立即派遣使者前往东京。

赵光义想起多次讨伐北汉，都是因为辽国派兵援救而功亏一篑，怒火填胸，转而对辽国使者道：“你回去告诉你们国主，宋伐北汉，若辽不出兵干涉，宋辽可以友好相待，否则，只能兵戎相见。”

经过3年的充分准备，宋太宗认为攻打北汉的时机已经成熟，便大会文臣武将，商讨进兵事宜。宋太宗问：“太祖多次亲征北汉。皆无功而返，是何原因?”

枢密使曹彬道：“太祖第一次亲征北汉，因史超败于石岭关，人心惊恐而回师；第二次因屯兵甘草地中，将士多患腹痛之病而中止，并非太原城坚不可摧。今陛下有3年准备，兵精粮足，如欲亲征北汉，定如摧枯拉朽。”

宋太宗大喜，于是命潘美为北路都招讨制置使，统率崔彦进、李汉琼、曹

翰等部攻打太原；郭进率部占据石岭关，阻击辽国援兵。自己率领主力出镇州，以牵制辽兵大规模西援或南下。

再说辽国使者从东京回到辽国，立即将宋太宗的话转告耶律贤。耶律贤不愿本国的门户直接向宋敞开，对赵光义的警告不加理会，立即调兵遣将，积极准备援救北汉。当宋太祖于宋太平兴国四年（979 年）二月率领宋军从东京出发，一路浩浩荡荡奔赴太原之时，耶律贤立即命南府宰相耶律沙为都统，冀王耶律塔尔为监军，率兵为先锋；南院大王耶律斜轸、枢密副使穆济率领所部为后继，从东路前进；大将军韩倖、大同军节度使率领所部从大同南下，从北面增援北汉。

三月十六日，耶律沙率大军进至白马岭（在今山西盂县），迎面碰上郭进率领的宋军阻援部队。于是，两军隔着大涧摆下阵势，相互对峙。

此时，辽军后续部队还没有赶到，耶律沙见宋军人多势众，战阵齐整，士气高昂，便和耶律塔尔商量说："宋军有备而来，我军势寡，不如等后军到来后伺机进攻。"

耶律塔尔不以为然，说："宋军新来，立阵未稳，攻之可胜。若等后军到来，宋军营垒已固，就难以攻取了。"

于是，耶律塔尔率领辽军一部冲出营栅，抢渡涧水。郭进见辽军大部进至涧中间，立即率骑兵发起冲锋。辽军还没有登岸，宋军已冲至跟前。辽军在水中接战，行走不便，便失其利。宋军乘势掩杀，辽军奋起反击，但宋军锐不可当，双方混战之中，耶律塔尔被乱箭射死。辽军士卒见主将已死，纷纷溃退。郭进令旗一挥，宋军全线出击，冲向辽兵。耶律沙见辽军前锋败退，即催本部人马前往援助，但亦随即被宋军冲垮。

郭进指挥宋军全线进逼，辽兵形势万分危急。恰在这时，耶律斜轸率辽军后续部队赶到，向宋军发起猛烈的攻击，宋军稍稍后退，耶律沙才得以率领残兵撤出战斗。

白马岭一战，辽军损失人马十之二三。耶律沙不敢再战，只得向后撤退。北路辽军自大同南下，途中听说耶律沙失利，也自动撤走。

就在郭进向石岭关前进的同时，宋太宗也率部经澶州（在今河南濮阳）、邢州进至镇州，然后分兵进取隆州、沁州等地；因隆州地势十分险要，北汉军凭险固守，未能立即攻下。而其他各部因无辽兵阻挡，一路势如破竹，不久便攻陷盂县、沁州、岚州等地，十数万大军直指太原。

刘继元听说宋军已连克太原周围州县，日夜惊恐不安。辽兵已被宋兵击败后撤，刘继元顿时六神无主，只得再次派出使者向耶律贤求救；同时部署城中军民加固城防，准备再次坚守；希望有个赵匡胤第二次兵围太原的结果。

宋开宝二年（969年）二月，赵匡胤曾亲自率领宋军主力围攻太原，辽军也曾派出两路人马援救北汉，但均被宋军击败。赵匡胤进至太原后，见城坚难下，便征集当地民工数万人，围绕太原修筑起一道长墙，又在城东南筑起一道长堤，决开汾水灌入太原城里。当时，城里城外，一片汪洋，宋军乘着小船攻打城墙，北汉军民则站在齐腰深的水中坚持抵抗。一连几月，宋军攻城不下。辽国再派大将乌珍率劲骑驰援北汉，夜抵太原城西。赵匡胤见太原难以在短期内攻下，又赶上将士患有腹病；终于撤兵，解除了对太原的包围。

“要是能再次这样该有多好！”刘继元心想。但是，这次耶律贤却没有再次派来援兵。耶律贤见宋军大举出动，志在必得，料自己难与争锋，便转而着手加强幽蓟一带的防御，以保本国安全。

四月下旬，宋军数十万军队会攻太原。宋太宗为减少将士伤亡，亲自写了信札，派人送至城下，劝刘继元早日投降。但北汉守军拒绝接受，刘继元仍盼望着辽国能出兵相救，率领城中军民负隅顽抗。

宋太宗见此，下令决开汾水，再次灌城。一夜之间，太原城内外又是一片汪洋。宋太宗乘着水势，发起对太原的总攻。他亲自至城西督战。天武军校荆嗣见太宗坐阵，自告奋勇率领所部先登上城墙，挥刀斩杀守军数人。守军奋起反击，万箭齐发，荆嗣身中数箭，身负重伤。

宋太宗见战士个个奋勇争先，冒死拼杀，不少人中箭而毙，立即令数万弓箭手一字排开，朝城墙上猛烈放箭，以掩护宋军登城，北汉军民亦顽强抵抗。

宋军攻城多日，城中守兵越来越少，粮草不继。北汉宣徽使范超、马步军都指挥使郭万超，见宋军愈战愈勇，料定太原难以守住，相继出城投降。

宋太宗见太原指日可下，料定刘继元再无顽抗之理，再次写好信札送给刘继元，劝其早早投降，以免军民遭受涂炭；又答应降后不杀，给予高官厚禄。刘继元阅罢，不想投降，但见大势已去，心中左右为难。北汉左仆射马峰带病拜见刘继元，也力劝投降。

刘继元知天命已尽，若再顽抗，只有死路一条。于是，写了降表，派人送给赵光义，宣布投降。至此，北汉建立26年后被宋灭亡，五代十国以来的分裂局面结束，天下归于宋朝一统。

削藩镇平偏国

宋朝是在军阀林立中建立起来的，赵匡胤建国时，外有十国割据政权，内有虎视眈眈的各路军阀，哪一个是好惹的？新皇朝最终选择了赵匡胤，完全是因为他在后周皇朝里主持军政长达五六年之久，再加上他为人仁恕．胸怀阔大，所以他在位期间，团结和拉拢了一大批年轻有为的将校，逐渐形成了自己的势力范围。但也有坚决不愿与他合作的旧军阀，赵匡胤在多次劝说不果的情况下，对举兵反叛的两个李姓军阀进行了征剿。内部威胁得到缓解后，他开始一个个解决“十国”问题，使分裂的华夏版图逐步归于统一。

宋朝建国后，绝大部分地方军阀陆续归服，也有个别实力雄厚或与赵匡胤有世仇的人负隅顽抗，最有代表性的两个军阀便是南北二李——李筠和李重进。对这两个人，赵匡胤可以说做到了仁至义尽，为了表示诚意，宋朝刚刚建立，赵匡胤便派特使加给拥兵潞州（今山西长治）的李筠中书令之官（最高一级的加官）。李筠很不给面子，竟然当着宋朝特使的面在宴会厅里挂起周世宗柴荣的画像，然后号啕大哭。他儿子李守节苦苦规劝他万不可以卵击石，固执已见的李筠还是迫不及待地举兵反叛。他先命幕僚书写文书，列举赵匡胤不义大罪，请求北汉主刘钧发兵共同对抗宋朝。刘钧本来就和后周有不共戴天之仇，立刻答应出兵。赵匡胤在万般无奈的情况下，为了稳定新政权，也为了给其他不愿归服的军阀一个教训，果断决定御驾亲征，这是在建国才四个月的时候。

后周世宗柴荣

李筠有个军师叫闾丘仲卿，非常厉害，他给李筠出主意说："凭着潞州和北汉的力量，想和宋朝几十万大军抗衡，是很难取胜的。不如直下太行山，先占领怀州和孟州（今河南沁阳和孟州），推进到虎牢关和洛阳，背靠大西北，进退裕如，方可长久。"可惜李筠昏了头，没能认真考虑这个良策，过分相信刘钧的许诺，硬是跟赵匡胤叫起板来。赵匡胤派大将石守信、高怀德、慕容延钊、王全斌等分道征讨。六月，大驾由太行山小路向潞州进发，在泽州（今山西晋城）把李筠一部几乎全歼。李筠受到重创，北汉军队一看势头不对又缩了回去，出师不利的李筠只得躲进泽州城。赵匡胤命众将把泽州围了个里三层外三层，迫使李筠连困兽犹斗的力量都没有了。绝望的李筠点燃了泽州城自焚而死。

七月炎夏，赵匡胤刚从潞州返回汴京，盘踞在淮南的李重进又宣告起兵。其实李重进早就有不臣之心，听到李筠反叛的消息，他很想来个南北呼应，让赵匡胤首尾难顾，并派了最可靠的亲信翟守珣火速赶到潞州和李筠密约。谁承想翟守珣没往潞州走，反倒一头扎进了汴京，把李重进要谋反的事一五一十地告诉了赵匡胤。赵匡胤对李重进了解得很透，他厚赏了翟守珣，命他返回扬州，力劝李重进不可轻动。又派特使陈思诲赶往扬州，给李重进送去誓书铁券。赵匡胤这样做的本意是尽量拖延李重进起兵的时间，没想到还真起到了作用。正当李重进打算跟着陈思诲到汴京认输归服的当口儿，一个部将提醒他说："李大帅是后周太祖皇帝郭威的外甥，太祖皇帝死后，李大帅又和赵匡胤同在世宗柴荣帐下为将，大帅就不担心赵匡胤容不下贤才?”这瓢冷水真是太要命了，它让李重进产生了如梦初醒的感觉，这才决意和赵匡胤对抗到底。面对汹汹而来的淮南叛军，赵匡胤立即命石守信、王审琦、李处耘、宋偓四路大军迎头而上。赵普又献策说：“李重进比李筠难对付得多，陛下必须亲征，以壮军威。”赵匡胤采纳了这个建议，再次披挂，前往淮南。结果当然没有悬念，大军抵达扬州仅一天，城池便被宋军攻破了。城池将陷之时，李重进放火自焚而死。

这两场大战不但震惊了其他藩镇，也使赵匡胤大大增强了扫平天下、四海归一的决心。乾德元年（963）正月，他借着湖南周保权内部发生兵变、荆南高继冲担心殃及自己向宋朝求援的机会，命老将慕容延钊挂帅、心腹兄弟李处耘为监军使，率领襄州（今湖北襄樊）等十州兵马假道荆南（今湖北江陵，占有湖北三州之地)，讨伐湖南叛将张文表。宋朝大军走到荆南北境时，意外发生了：湖南的问题自行消化，不再需要宋军的援助了。此时被“假道”的荆南主高继冲请求宋军退兵，理由是既然湖南已经归于平静，也就不再形成对荆南的威胁。在这种有利的形势下，宋朝怎么可能被这两个小国所左右？可巧荆南臣僚孙光宪规劝高继冲说：“中原自打柴荣在位时，就有了混一天下的大志，如今赵匡胤更是气象不凡。为万全计，不如尽早归降纳土，可以不受屠城之祸，高公到了宋朝，照旧会得到大王之封，不会失去富贵。”与此同时，宋朝监军使李处耘与前来犒军的荆南大臣高保寅故作亲热，以此麻痹对方，等到高保寅欢天喜地回到荆南时，李处耘大军紧随其后从天而降，围住了荆南都城，高继冲在孙光宪等人的撺掇下，只得投降。荆南是赵匡胤拿下的第一个割据政权，而且没费一枪一弹。

上面提到的慕容延钊、李处耘两员大将虽然同在一军，其实是面和心不和。慕容延钊是后周的老将，也是柴荣的铁哥们；李处耘则是赵匡胤的铁哥们，是陈桥兵变的主谋之一。想当年陈桥兵变前一天，赵匡胤对汴京将帅最不放心的就是慕容延钊，所以派他率领前军先发，实际上是调虎离山之计——慕容延钊走了，能跟赵匡胤抗衡的老将就不多了，兵变就可以顺利实施了。只不过慕容延钊属于识时务者，没像李筠、李重进那样一条道儿走到黑罢了。李处耘就完全不同了，先前与赵匡胤的交情不必饶舌，单说此次出征两湖，临走之前，赵匡胤已经给李处耘“亲授方略”，所以这一次出征，李处耘是憋着劲儿要建立奇功的。拿下荆南这一仗，李处耘用了暗度陈仓之计，把头功的风光让给了慕容延钊，可慕容延钊心里很清楚：计策是人家李处耘出的，虽然身为主帅，心里还是觉得闷气。更让他气闷的还有一件说大不大说小不小的事儿：有人向李处耘报告，军中有人私闯民宅打人行凶。李处耘派人抓捕，本打算处死他，仔细一看，此人乃是慕容延钊的马夫，李处耘忍了忍，抽了他几鞭子，把他交给慕容延钊处置。俗话说打狗还要看主人，尽管李处耘是在履行职责（他本来就是监军使），还是刺激了慕容延钊的神经，再加上这马夫在慕容延钊面前说了李处耘一箩筐坏话，慕容延钊的气就更大了。紧接着李处耘率军继续南下，像一把尖刀刺向湖南，这大概就是人们常说的“一不做二不休”，主帅慕容延钊反倒被他甩在了后头，慕容延钊当然是越发地不高兴，但军情紧急，他只能跟在李处耘屁股后头往朗州（今湖南常德）开进。长话短说，两部分军队历尽艰难，终于把湖南节度使周保权拿下，将所属十五州、六十六县之地归入了大宋版图。仗打完，慕容延钊就不依不饶了，他连连上奏，把李处耘说得上下里外不是人，要求朝廷严惩。迫于大批后周老臣的压力，赵匡胤只得把李处耘贬到淄州（今山东淄博）去当刺史，不久慕容延钊也病死了。

宋朝接连收复两湖，盘踞在两川的后蜀孟昶坐不安稳了，派特使赵彦韬带上蜡丸密信到太原，约北汉刘钧结成军事联盟，封住西北一线，阻止宋军向两国发动进攻。谁承想赵彦韬走到开封，竟然把蜡丸密信交到了赵匡胤手里。赵匡胤看罢大笑一声，说道：“吾西讨有名矣！”（《长编》卷5）这一年是乾德二年（964），也就是宋朝建国的第五个年头。十一月，赵匡胤把大将王全斌、曹彬、崔彦进、沈伦、曹翰等人召到崇德大殿，命王全斌为凤州路总帅，从西北越过剑门关进入成都；曹彬为夔州路总帅，溯江从三峡进入成都。部署已定，问道：“西川可取否？”一个叫史延德的将军抢先答道：“西川若在天上，固不可到；在地上，到即平矣！”赵匡胤非常高兴，接着嘱咐他们：“行营所至，毋得焚荡庐舍．殴掠吏民，开发丘垅，剪伐桑柘，违者以军法从事。……吾所欲得

者，其土地耳。”（《长编》卷5）

两路大军要想分别突破剑门关和三峡天险，难度可想而知。王全斌、崔彦进大军在接连攻破后蜀北方重镇兴州（今陕西略阳）、三泉（今陕西宁强西北）、利州（今四川广元）之后，直趋剑门关。此时从北方退下的蜀军几乎全部集结在剑门关死守，宋军要想强攻，几乎是不可能的。可巧此时有个叫牟进的降卒透露了一个秘密：从剑门关北绕道而东，有一条小径可以抵达嘉陵江边，只需强渡嘉陵江，就可以避开剑门天险——当然，道路是相当难走。王全斌经过仔细分析，决定冒险一试（如果这个降卒所说是个陷阱，便会进入蜀军包围圈全军覆没）。也是天从人愿，宋军经过几天几夜艰苦跋涉，奇迹般地绕开了剑门关，强渡嘉陵江，以后的战事，就完全可以用“势如破竹”来形容了。

东路的水道上，蜀军早已用铁索横截了江面，铁索桥上面密密麻麻布满了敌楼，蜀人称之为“锁江”，想从江上挺进，无异于以卵击石。曹彬暗地考察了地形，最后决定沿着白帝城下一条羊肠小道向前开进，用调虎离山之计将后蜀守军主力吸引到一个叫猪头铺的地方，主力部队则在大将张廷翰率领下乘虚攻破白帝城，蜀军守将高彦俦兵败自杀，一条血路就这样被曹彬杀开。其后长驱直入，很快也攻到了成都孤城之下，后主孟昶这才如梦方醒，与爱妃花蕊夫人相对而泣之后，命平章事李昊草拟降表。从王全斌出发到攻破成都，共计六十六天。然而后蜀毕竟是个大国，都城虽被攻破，城里还有蜀军两万多人。王全斌担心发生兵变，竟自作主张将两万多降卒诱骗到夹城之内全部坑杀。这一举动使他犯下了致命的错误，赵匡胤听到后大为震怒，立即召他回京，贬到湖北随州。几个月后，王全斌死在那里。

还回到湖南来说：李处耘、慕容延钊收复其地后，赵匡胤派正在扬州收拾残局的大将潘美到湖南安抚。由于此地与南方另一个大国南汉接壤，故而边境地区经常发生小规模的战斗。赵匡胤收复了后蜀，本不想劳师袭远，可南汉主刘𬬮不识时务，不断挑衅，甚至将南唐派去劝降的特使都扣押起来，完全没有归降之心。开宝三年（970），刘𬬮又派兵攻打已经归宋的道州（今湖南道县），道州刺史王继勋给赵匡胤打了个报告，称两广百姓已经被刘𬬮残害得无法生存，请求出兵南伐。赵匡胤很快任命潘美为总帅、尹崇珂为副帅大举南进，连破英、韶、雄、贺（今广东英德、韶关、南雄、广西贺州市），将广州围得铁桶一般。刘鋹是个缺心眼的家伙，眼见大势已去，忙命宦官收拾金银珠宝和嫔妃美女，打算逃到海上。临行前一把火将带不走的宝物付之一炬。也是该他倒霉，大船装好之后，宦官乐进居然甩下刘鋹，私自带领船队跑了。南汉是个很畸形的国家，国内宦者人数极多，潘美打进广州后，大开杀戒，不知道杀了多少宦官。不过这次他没有受到赵匡胤的惩罚，因为这种人坏得流汤儿，杀就杀吧！

潘美

到此为止，原本独立于中原宋朝之外的湖北、湖南、广东、广西、四川以及陕西南部都已经纳入了宋朝版图，尚未归服纳土的只剩下占据山西的北汉、占据江苏江西的南唐、占据两浙的吴越和占据福建部分州郡的闽四个割据政权，其中吴越和闽并不是出于对抗的目的，赵匡胤为了让他们牵制南唐，迟迟没有同意他们纳土。北汉北临契丹强国，暂时还不能动，于是赵匡胤把南唐锁定为下一个要平定的目标。

其实早在平定湖南以后，赵匡胤就已经派人利用湖北用之不竭的毛竹修造战船，随时准备沿江东下。他之所以迟迟没有动手，是因为南唐在沿江部署了大量兵力对宋朝军队加以防范。赵匡胤不是个杀人狂，他多次劝李煜投降，可那个多情种子在这个问题上却表现得异常坚定，软里透硬死活不肯投降。他不肯降，赵匡胤也不敢贸然硬拼，就这样一直僵持下来。然而李煜做梦也没想到，他的覆亡竟然是本国一个名叫樊知古的落第秀才一手造成的。樊知古是池州

（今安徽池州）人，几次参加科举考试都没能考中，一怒之下玩了个阴的——他知道宋朝早有渡江灭唐之心，只是苦于大江滔滔，过不来罢了。于是开始整天驾着一只小船在长江上飘，还时不时把一根大绳抛进江里又收回来，再抛出去。您知道他在干什么？他在精确测量江面宽度呢。经过一段时间的“勤奋工作”，最后他跑到汴京，给赵匡胤献上了一个大胆而又精密的计策：宋朝军队可以按照他测量到的准确数值，分段打造竹筏，一片一片放进江中，边放边连接加固，最后一片竹筏刚好卡在对岸。您看明白了吧，就是要在长江江面最窄处架设一座浮桥。赵匡胤是个北方汉子，对水战不大熟悉，他命曹彬按照樊知古的方案在大池中进行试验，结果出奇地好。就这样，宋朝开始在大江北岸秘密制作宽大的竹筏。而此时，李煜还在夜夜搂着他的爱妃做美梦呢。

为了配合在采石矶架设浮桥，赵匡胤又用离间计将南唐最凶悍的大将林仁肇除掉，这样，从湖北沿长江东下的宋朝舰队就不会遇到太强的截击。一切准备就绪，赵匡胤开始调兵命将：曹彬为主帅，潘美为副帅。为了汲取王全斌大量杀人的教训，赵匡胤还特别嘱咐曹彬：只要南唐人不反抗，一个无辜都不准滥杀。开宝七年（974）底，曹彬率领大军迅速向南开进，与此同时，湖北水军编成舰队，沿江东下；早就想为宋朝立功的吴越钱俶也同时出兵。樊知古那一招儿真有效，宋军奇迹般地在滔滔大江上铺设了一条竹通道，很快越过了长江天险，几路大军分头向金陵城包围过去。历经无数大小战斗，到开宝八年的年底，十国当中最后一个大国被宋朝攻破。次年正月，曹彬押着李煜一行人来到汴京，赵匡胤赦免了李煜的死罪，不过为了羞辱他，给他封了个“违命侯”。

杯酒释兵权

杯酒释兵权是指发生在北宋乾德年间，宋太祖赵匡胤为了加强中央集权，避免下属将领也被迫“黄袍加身”，起兵篡夺新生政权，通过酒宴方式，威胁利诱，要求高级将领交出兵权的历史事件。

宋太祖即位后不出半年，就有两个节度使起兵反对宋朝。

宋太祖亲自出征，费了很大劲儿，才把他们平定。

为了这件事，宋太祖心里总不大踏实。有一次，他单独找赵普谈话，问他说：“自从唐朝末年以来，换了五个朝代，没完没了地打仗，不知道死了多少老百姓。这到底是什么道理？”

赵普说：“道理很简单。国家混乱，毛病就出在藩镇权力太大。如果把兵权集中到朝廷，天下自然太平无事了。”

宋太祖连连点头，赞赏赵普说得好。

后来，赵普又对宋太祖说：“禁军大将石守信、王审琦两人，兵权太大，还是把他们调离禁军为好。”

宋太祖说：“你放心，这两人是我的老朋友，不会反对我。”

赵普说：“我并不担心他们叛变。但是据我看，这两个人没有统帅的才能，管不住下面的将士。有朝一日，下面的人闹起事来，只怕他们也身不由己呀！”

宋太祖敲敲自己的额角说：“亏得你提醒一下。”

过了几天，宋太祖在宫里举行宴会，请石守信、王审琦等几位老将喝酒。

酒过几巡，宋太祖命令在旁侍候的太监退出。他拿起一杯酒，先请大家干了杯，说：“我要不是有你们帮助，也不会有现在这个地位。但是你们哪儿知道，做皇帝也有很大难处，还不如做个节度使自在。不瞒各位说，这一年来，我就没有一夜睡过安稳觉。”

石守信等人听了十分惊奇，连忙问这是什么缘故。宋太祖说：“这还不明白？皇帝这个位子，谁不眼红呀？”

石守信等听出话音来了。大家着了慌，跪在地上说：“陛下为什么说这样的话？现在天下已经安定了，谁还敢对陛下三心二意？”

宋太祖摇摇头说：“对你们几位我还信不过？只怕你们的部下将士当中，有人贪图富贵，把黄袍披在你们身上。你们想不干，能行吗？”

石守信等听到这里，感到大祸临头，连连磕头，含着眼泪说：“我们都是粗人，没想到这一点，请陛下指引一条出路。”

宋太祖说：“我替你们着想，你们不如把兵权交出来，到地方上去做个闲

官，买点田产房屋，给子孙留点家业，快快活活度个晚年。我和你们结为亲家，彼此毫无猜疑，不是更好吗？”

石守信等齐声说：“陛下给我们想得太周到啦！”

酒席一散，大家各自回家。第二天上朝，每人都递上一份奏章，说自己年老多病，请求辞职。宋太祖马上照准，收回他们的兵权，赏给他们一大笔财物，打发他们到各地去做节度使。

历史上把这件事称为“杯酒释兵权”（“释”就是“解除”）。

过了一段时期，又有一些节度使到京城来朝见。宋太祖在御花园举行宴会。太祖说：“你们都是国家老臣，现在藩镇的事务那么繁忙，还要你们干这种苦差，我真过意不去！”

有个乖巧的节度使马上接口说：“我本来没什么功劳，留在这个位子上也不合适，希望陛下让我告老回乡。”

也有个节度使不知趣，唠唠叨叨地把自己的经历夸说了一番，说自己立过多少多少功劳。宋太祖听了，直皱眉头，说：“这都是陈年老账了，尽提它干什么？”

第二天，宋太祖把这些节度使的兵权全部解除了。

宋太祖收回地方将领的兵权以后，建立了新的军事制度，从地方军队挑选出精兵，编成禁军，由皇帝直接控制；各地行政长官也由朝廷委派。通过这些措施，新建立的北宋王朝开始稳定下来。

李后主亡国

宋太祖稳定了内部，雄心勃勃，准备出兵统一全国。当时，五代时期的“十国”，留下来的北方有北汉，南方还有南唐、吴越、后蜀、南汉、南平等。

南唐是“十国”中最大的一个割据政权，那里土地肥沃，没有像中原那样遭到战争的破坏，所以经济繁荣，国力富裕。但是，南唐的国主都是政治上十分昏庸无能的人，后来弄得国力渐渐衰弱下来。

最后的一个国主李煜是南唐元宗李璟第六子，于宋建隆二年（961年）继位，史称李后主。开宝八年，宋军破南唐都城，李煜降宋，被俘至汴京，封为右千牛卫上将军、违命侯。后因作感怀故国的名词《虞美人》而被宋太宗毒死。李煜虽不通政治，但其艺术才华却非凡。精书法，善绘画，通音律，诗和文均有一定造诣，尤以词的成就最高。千古杰作《虞美人》《浪淘沙》《乌夜啼》等词。北宋建国后，李煜每年向北宋进贡大量金银财宝，想维持他的地位。后来，他看到宋太祖接连消灭了周围三个小国，才着慌起来，赶快派使者给宋太祖送去一封信，表示愿意取消南唐国号，自己改称“江南国主”。但是这一点小小让步，怎么能改变宋太祖统一中国的决心呢。

公元974年九月，宋太祖派大将曹彬、潘美带领十万大军分水陆两路攻打南唐。曹彬从荆南带领水军沿江东下，很快就占领了池州（今安徽贵池），进驻采石矶（今安徽马鞍山市）。潘美带领的步兵到了江北，被辽阔的江面挡住了进军的道路。

有人向宋军献计，如果用竹筏和大船搭成浮桥，步兵就可以全部顺利过江。潘美听了这个计策，马上赶造浮桥。这个消息传到南唐的国都金陵（今江苏南京市），南唐君臣正在喝酒。李后主问周围大臣该怎么办？大臣说：“自古以来，没听说搭浮桥过江的，一定办不成！”

后主听了，哈哈大笑说：“我早说他们是小孩子闹着玩罢了。”

过了三天，宋军搭好浮桥，潘美的步兵像在陆地上行军一样，跨过长江。南唐的守将败的败，投降的投降。十万宋军很快就打到金陵城边。

那时候，李后主正在宫里跟一批和尚道士诵经讲道，宋军到了城外，他还蒙在鼓里呢。有一天，他到城头上巡视，发现城外到处飘扬着宋军旗帜，这才大吃一惊，回宫以后，派大臣徐铉到东京去求和。

徐铉见了宋太祖说：“李煜待陛下，就像儿子待父亲一样孝顺，为什么还要讨伐他？”

宋太祖反问说：“那么你倒说说，父亲和儿子能分成两家吗？”

徐铉没话说，回到金陵向李后主回报。过了一个月，宋军围城越来越紧，李后主又派徐铉到东京去。

徐铉苦苦恳求宋太祖不要进攻金陵，宋太祖听得不耐烦，一手按住利剑，怒气冲冲地说："你不要多说了。李煜并没有什么罪。但是现在天下一家，我的床边，怎么能让别人睡着打呼噜呢！"

徐铉眼看再恳求也没用，只好再回到金陵。李后主听了回报，知道求和没有希望，连忙调动驻守长江的十五万大军来救。兵到皖口，受到宋军两路夹攻。南唐军放火烧宋军，哪知正碰到起北风，火反烧了自己。南唐军全军覆没。

曹彬派人进城告诉李后主，劝他趁早投降，免得城里百姓的生命财产遭到毁灭。后主还想拖下去，曹彬就下令攻城。

第二天，城被攻破了。曹彬率领宋军整队进城，秩序井然。李后主叫人在宫里堆了柴草，准备放火自杀，但是毕竟没有这个勇气，最后还是带着大臣出宫门，向曹彬投降。

李后主被押到东京，宋太祖对他还比较优待。但是李后主从一个尽情享乐的国君变成一个亡国的俘虏，心里十分辛酸，每天流着眼泪过日子。他这个写词的能手，在这段时期里，写了一些感情忧伤的词。"问君能有几多愁，恰似一江春水向东流"就是他这段时期词作中的名句。

赵普收礼

赵普（922—992），幽州蓟县人，后徙家洛阳，字则平。后周时为赵匡胤幕僚，任掌书记，策划陈桥兵变，助其代周。入宋授右谏议大夫、充枢密直学士。建隆元年，建议速平李筠之乱，从征上党，迁兵部侍郎、枢密副使。又请速平李重进之乱。三年，拜枢密使、检校太保。乾德二年代范质为相。参预北宋初年各项重大策令之制定，如罢宿卫、节镇兵权，以文臣知州；诸州置转运使、通判以集中政权和财权；先平南方后定北边等。太祖晚年渐失宠，出为河阳三城节度使。太宗朝两度入相。淳化三年以病老致仕，封魏国公。卒谥忠献。

宋太祖信任赵普，赵普也敢于在宋太祖面前坚持自己意见。有一次，赵普向宋太祖推荐一个人做官。接连两天，宋太祖没有同意。第三天赵普上朝的时候，又送上奏章，坚持要求宋太祖同意他的推荐，这下可触怒了宋太祖。宋太祖把奏章撕成两半，扔在地上。

赵普

赵普趴在地上，不慌不忙地把扯碎的奏章拾起来，放在袖子里。退朝回家以后，赵普把扯碎的奏章粘接起来，过了几天，又带着它上朝交给宋太祖，宋太祖见赵普态度这样坚决，只好接受了他的意见。

再有一次，赵普要提拔一名官员，宋太祖不批准。赵普就像前次一样坚持自己意见。宋太祖说：“我就是不准，你能怎么样？”

赵普说：“提拔人才，都是为国家着想，陛下怎能凭个人的好恶专断！”

宋太祖听了，气得脸色变白，一甩袖就往内宫走。赵普紧紧跟在后面。宋太祖进了内宫，赵普站在宫门外不走。

宫门前的卫士见宰相站在门口不走，只好向宋太祖回报。这时候宋太祖气已经平了，就叫太监通知他，说皇上已经同意他的请求，叫他回家。

赵普做了十年宰相，权力很大。日子久了，就有人想走他的门路，不时有人给他送礼物来。

宋太祖经常到赵普家里去，事先也不派人通知。有一次，吴越王钱俶派使者送信给赵普，还捎带了十坛“海产”。赵普把十坛“海产”放在堂前，还没来得及拆信，正好宋太祖到了。

宋太祖在厅堂里坐下，看到这十只坛，就问赵普是什么东西。赵普回答说：“是吴越送来的海产。”

宋太祖笑着说：“既然是吴越送来的海产，一定不错，把它打开来看看吧！”

赵普吩咐仆人，打开坛盖，在场的人一看都傻了眼。原来坛里放的不是什么海产，竟是一块块金子。

宋太祖向来怕官员接受贿赂，滥用权力，看到这情况。心里窝了一肚子火，脸色也就沉了下来。

赵普满头大汗，惶恐地向宋太祖请罪，说："臣没有看信，实在不知道里面是什么东西，请陛下恕罪。"

宋太祖冷冷地说："你就收下吧！他们以为国家大事都由你们书生决定的呢。"

打这以后，宋太祖对赵普就有点猜疑起来；不久，又有官员告发赵普违反禁令，贩运木料。原来，当时朝廷禁止私运秦、陇（今陕西、甘肃一带）大木。赵普曾经到那里运木料为自己造住宅。他的部下趁机冒用赵普名义，私运一批大木到东京贩卖。这件事牵连到赵普。宋太祖大怒，要治赵普的罪，尽管其他大臣为他说情，宋太祖还是撤了赵普的宰相职位。

开宝九年，宋太祖去世，他的弟弟赵光义继位，是为宋太宗。太宗继位的第二年，就把赵普召回京都供职。

太平兴国八年（981），赵普再次出任宰相。两年后，又被免去相位。不久，赵普又三度入相。淳化元年（990），赵普自己主动去相。

几起几落。992 年，饱经宦海风云的权臣赵普撒手西归。讣闻传到朝廷，太宗皇帝大为伤心，对近臣说："赵普事奉先帝，与朕也是故交，能断大事。曾经对我有不忠的地方，但自从朕即位以来，他对朕很是忠心，可算是一个社稷之臣。今闻他溘然长逝，朕怎能不悲痛啊？"于是辍朝五日，为赵普发丧，赠尚书令，追封真定王。

赵普是个有一定功劳的历史人物，他所参与制订的方针政策，得失皆有，深深地影响着有宋一代，称得上一代名相。

宋太宗统一北汉

宋太祖赵匡胤陈桥驿兵变，黄袍加身。在他统治期间，对内政局稳定，经济繁荣，对外灭掉一些割据小国，中原日趋统一。

但是正当他要大展宏图，统一全国之际，却病倒了，朝中大事只好交由弟弟赵光义来料理。赵光义是赵匡胤一奶同胞的亲兄弟，哥儿俩感情很好。当年陈桥驿兵谏的核心组织人物中便有赵光义。赵匡胤为了感谢弟弟拥立自己为帝，特向他许诺驾崩之时传位给他，而未立自己的长子德昭为太子。

也许，赵匡胤永远也不会想到，就是因为自己这一句承诺使自己死于非命。

其实，赵匡胤此次病发皆由赵光义而起。赵匡胤本来就有痼疾，太医屡次相告，少饮酒为宜，此事赵光义一清二楚，但他不知出于什么目的，多次借由要与赵匡胤共饮。赵匡胤不疑有他，每次总与弟弟开怀畅饮，直至酩酊大醉。这一次，赵光义又对赵匡胤说，自己新得了几坛百年陈酿，要献给哥哥。赵匡胤一听，非常高兴，当晚即在宫中设宴，与弟弟一同品酒。哥儿俩整喝了半宿。第二天，赵匡胤便病倒了，而且病体日渐沉重。这一日晚间，赵匡胤预感自己大限已到，急忙传诏让赵光义进宫。

赵光义站在赵匡胤的病榻前，看着不久前还雄壮威武的哥哥如今已瘦骨嶙峋，病得不成样子，心里不免有些伤心难过。但是这种感觉只是在他大脑中一闪而过，他很快就镇静下来，狠了狠心，对病床上的赵匡胤说道："陛下，依臣弟之见，是拟传位诏书的时候了！"

赵匡胤睁开无神的双眼，看了看自己的亲弟弟。他似乎想说什么，可是一时竟又什么都说不出来。赵光义见状，命内侍退下。屋中的人刚刚退出，他就一改往日的谦和姿态，两手撑住赵匡胤的床沿恶狠狠地道："怎么，你后悔了，不想传位给我？别在我面前装出这种样子！实话告诉你，我早等得不耐烦了。今天，你愿意不愿意传位都无所谓，因为这已经由不得你了！"说罢，从袖子里抽出一把早已藏好的明晃晃的匕首，狞笑着向赵匡胤刺去。赵匡胤没想到自己的亲弟弟竟会对自己下此毒手。亲情的泯灭使他彻底绝望了，根本就不想再做徒劳的挣扎，生命在这一刻完全崩溃了……

赵光义抹去迸溅在自己脸上的尚还残存着自己亲兄长体热的几点血迹，心满意足地喘了口气。然后，将床上的锦被向赵匡胤身上拉了拉，让他看上去就像睡着了一样。他做完这一切，又看了哥哥最后一眼，从容地走出赵匡胤的寝宫，向众人沉痛地宣布：皇帝驾崩了。一时大殿里静悄悄的，众人像被魇住了一般，似乎都不相信这是真的。过了好久，不知准率先哭出了声，众人这才一齐大哭了一通，然后各自帮着料理丧事去了。赵光义这才松了一口气，装模作样干号了几声，也回府休息去了。

不久，赵光义按照皇太后杜氏的遗嘱和皇帝赵匡胤的遗愿，光明正大地登上皇帝宝座，史称宋太宗。改年号为太平兴国。

公元978年，也就是宋太宗赵光义继位的第三年，吴越国国王钱俶为了继续讨好大宋，进京朝见新皇帝。赵光义一见正中下怀，寻个理由把钱俶扣留在京城，然后逼迫他交出所辖州县。钱俶无奈，只得将吴越国所辖州县拱手相让。据守泉州、漳州的陈洪进得到消息，自知赵光义的下一个目标就是自己，而自己的势力还不及小小的吴越国，于是也主动向大宋献出二州。至此，赵光义凭借大宋朝现有的威势轻易地统一了南方。

他的下一步计划就是统一中国。第二年，他便将矛头指向北方的北汉和辽。

太宗赵光义早年随哥哥南征北战，颇得赵匡胤真传，也称得上是一位马上皇帝，他为北伐做好了充分的准备，兵精粮足之时，便向北汉发起了大规模的进攻。他任命潘美为北路招讨使，带领崔彦进、李汉琼等人四路进兵，攻打太原；命令邢州（今河北邢台）判官郭进为太原石岭关都部署，阻截辽军援军。

赵光义在军事部署上可谓神机妙算。北汉主刘继元得知宋军大举来犯，果然向与之“素有渊源”的辽朝搬兵求救。辽朝国主知道大宋如若灭了北汉，必定会再犯大辽。唇亡齿寒，便积极派兵援助北汉。由辽太宗四子耶律敌烈协同大将耶律沙率军前往。

辽军走到白马岭附近，探马来报，白马岭已被宋军占领。白马岭地势险要，两面是山，中间夹一条狭窄的山谷，易守难攻。耶律沙深知此处地形，急命大军停止前进。但是耶律敌烈生性骄纵，此次前来，父皇没有封自己为大将军，而只是协助耶律沙，心中十分不满，一路上都不与耶律沙合作。这次见耶律沙命大军停止前进，他自恃皇子身份，与耶律沙产生争执，说什么“救兵如救火，耶律沙如此行令，定会贻误战机”。耶律沙一路上都小心翼翼，尽量避免与之产生冲突。只是这次关系到上千军兵的性命，只得平心静气对其陈述其中利害关系。耶律敌烈对此岂有不懂之理？只是他心中赌着一口气，任由耶律沙怎么说，他就是不妥协，坚持要过白马岭，最后，竟对耶律沙道：“我大辽将士战无不胜，攻无不克，从未出现过败绩。不想今日，父皇却派你这么个胆小鬼来领兵打仗。既然如此，某家不奉陪了！”言罢，竟集合马队，要自己率兵去攻白马岭。

耶律沙万般无奈，只得和耶律敌烈一同继续向白马岭前进。宋军早已在白马岭设好埋伏，等候多时，只怕辽军不过白马岭，没想到他们正要失望之时，辽军出现了。众军士立即进入警备状态。大将郭进小声传下令去，命大家沉着应战，没有主帅命令，谁都不许轻举妄动。耶律敌烈为辽军先锋，率兵先冲进白马岭。进来之后，左顾右看，见四下无异，心中正扬扬得意，忽听一声炮响，两面山头上飞箭如蝗。不一会儿，所率辽军死伤大半。耶律敌烈心叫不好，欲回马冲出去，但是已经晚了，宋军早已从两面山头上漫山遍野地冲下来。一名宋军见耶律敌烈与别的辽兵打扮不同，料定他是个头儿，用手中长枪一枪就将他的战马刺倒。耶律敌烈惊慌失措之下没有防备，一头栽落马下。大将郭进见状，策马过去补上一刀，这位骄横的大辽皇子就这样被斩了。

耶律沙此时正组织残兵退至谷口，冲杀间不断搜寻耶律敌烈的身影，欲对其施以援手。耶律敌烈坠马身死的情形，他看了个一清二楚，无奈距离尚远，又有宋军阻缠，无法营救。他见耶律敌烈一死，辽军更乱，无奈之下，只得带着残兵败将杀出一条血路，仓皇而逃。

再说四路进攻太原的人马，更是取得节节胜利。尤其是听说郭进阻击辽军得胜，前来相助的消息后，更是群情激奋，愈战愈勇。不久，捉住北汉重臣范超，太宗赵光义见他对北汉死心塌地，便命斩首示众。同时宣布，以后凡有人如范超者皆与其一样下场。北汉兵将见宋军攻下的城池越来越多，而大辽救兵却迟迟不来，便知北汉坚持不了多长时日了。与其同范超一样就死，不如投明主获一条生路，于是推举首将郭万超出城与宋太宗密约投降之事。北汉主刘继元得到消息，知道自己此时已处于孤立无援的境地，再做抵抗也只能使自己死

得更惨，万般无奈，只好同意投降。

第二天，北汉主刘继元率文武百官到北城外恭恭敬敬地迎候宋朝皇帝一行，听候发落。不料，正当受降仪式接近尾声之时，在太原城楼上传出一人的大喝：“主子投降，我不投降！誓与宋朝贼兵战个你死我活！”众人闻声皆向城楼望去，宋太宗赵光义也不禁抬头相望。只见太原城楼上有一员金盔银甲的大将，威风凛凛，煞是雄武。旁边知情人立即告诉太宗赵光义，此人便是刘继业。赵光义一听，心里暗道，好一员猛将，果然名不虚传。

原来，这刘继业本姓杨，只因骁勇善战，足智多谋，屡立战功，被北汉主刘崇赐姓为刘。他现任北汉建雄节度使，名震南北。太宗赵光义对他早有耳闻，爱才心起，便不忍相伤，派朝中德高望重之人进城对其好言相劝，特别指出为保全城中百姓不要再战了。刘继业是忠义之士，这才抚城大哭一场，开门放宋军进城。

宋太宗见招降了刘继业这员大将，万分高兴。当即封其为右领军卫大将军，同时厚厚赏赐。从此，刘继业恢复原姓为杨。他就是世人传颂，颇具传奇色彩的杨令公。

宋太宗赵光义灭了北汉，并没有杀掉北汉主刘继元，而是放他一条生路，任由他自生自灭。

攻克了太原，太宗赵光义对军队稍事休整，便一鼓作气，陆续攻下被辽占领的易州、蓟州、顺州，然后又向幽州发起攻击。

杨令公屡建奇功

杨业（？—986年），原名重贵，戏说中又名杨继业，并州太原（今山西太原）人，北宋名将。官至云州观察使、判代州，赠太尉、大同军节度使。杨业的父亲杨信，曾任后汉的麟州刺史（今陕西神木）。人称“金刀令公。”

宋太宗赵光义虽说也是一员马上皇帝，但他却犯了一个致命的错误，那就是不顾兵将劳乏，急于求成。攻下太原后，不做常规性的军事整顿，便继续北伐。虽然他凭着一时的士气又陆续攻下了几座城池，但是在攻打幽州时，却遇到辽将耶律学古的顽强抵抗。久攻不下，又得到辽朝宰相耶律沙率援兵来助耶律学古的消息，便决定退而迎战辽国援军，获胜后再来攻打幽州。

宋辽两军在高梁河附近遭遇相战，激战一个多时辰，辽军渐渐不敌。耶律沙一声令下，率众撤退。宋太宗心中暗喜，当即命令宋军乘胜追击。不料正中了耶律沙的圈套，他在途中早已设下埋伏。辽军猛将耶律休哥与耶律斜轸左右夹击，宋军只得应战。此时耶律沙又率军杀回，辽军三路合兵，与疲惫不堪的宋军相战，如入无人之境。大将耶律休哥直冲宋太宗赵光义杀来，赵光义见来人凶猛，忙呼唤左右将士护驾。无奈诸将应付辽将都已力不从心，无力抽身相救。赵光义只好仓皇而逃。

皇帝逃走，本已疲惫不堪的宋军当即军心涣散，无心恋战，纷纷各自逃命。宋太宗赵光义拼命奔逃，耶律休哥紧追不舍。天色已晚，赵光义心中暗急，心想，自己情急之中竟连亲兵也未带上，如若再遇辽军大将，可如何是好？一边想一边不停挥鞭打马，那马一来累得够呛；二则心中也埋怨主人如此对它，一个不留神，竟陷入沼泽之中。赵光义连人带马越陷越深，难以自拔，连声大呼救命。但是前后左右，竟无一人。正当赵光义陷入绝望之时，远处影影绰绰跑来一队人马。他正要呼救，却又兀自停住，心道，看这队人马队伍整齐，我军现已溃败，必不似这般。如若果真是辽军，我此番落在他们手中，倒不如死在这沼泽之中。且待他们走近些再做道理。

不一会儿，这队整齐的人马行至太宗赵光义近前，赵光义闪目细观，心中一阵狂喜。因为他看清旗上有一个大大的“杨”字，为首一人正是金刀令公杨继业，他连忙大喊：“杨爱卿，快来救驾！”杨继业正率军前行，忽闻喊声，循声望去，不由大吃一惊。只见太宗赵光义已有半个身子陷入沼泽之中，忙打马奔过来，跃马进入泥坑，将太宗救起。

宋太宗赵光义绝路逢生，万分感激杨继业，拉住他的手，一时不知说什么好，半晌方问道：“不知杨爱卿因何到此？”杨继业忙施礼答道：“我与犬子奉命押运粮草，回来途中路过此地，恰遇皇上急难之时，故此相救。料想这必是苍天之意，冥冥之中让我父子护佑明主！”赵光义闻听又是一番感慨。正在此时，忽听背后喊声震天。原来，一股辽军追了上来。赵光义吓得体如筛糠，面无人色，颤声问杨继业道：“杨爱卿，辽兵又率众追来，这可如何是好？”

杨继业异常沉着冷静地说道：“陛下不要担惊受怕，您乘微臣之坐骑先行，退敌之事交给我父子就行了。”赵光义见杨继业从容镇定的样子，一颗慌乱的心也逐渐平静下来。他坚持不肯乘杨继业的坐骑，对他道：“爱卿退敌，没有坐骑不行。朕看你这里有运粮的驴车，朕就坐着驴车先行罢！”杨继业一想，皇上说得有理，便让太宗赵光义坐上一辆驴车，由兵士护送着往回撤。

太宗刚走，潘美等几员大将随后赶来。杨继业先上前与众人见过，说清方才情况，大家这才松了一口气。潘美素来崇敬金刀令公杨继业，便谦逊地问道：“今后面尚有追兵，依令公之见，我们如何是好？”杨继业慨然答道：“我父子正要退敌，今诸将帅又来，难道还怕他们不成？”

众将闻听，群情激奋，纷纷表示唯杨令公马首是瞻。潘美也极力请他谋划良策。杨继业见众人如此，当仁不让，立即组织士兵设下埋伏。不一会儿，一队辽兵追到，为首的两员大将正是兀环奴、兀里奚。杨继业身先士卒，催马上前，挥刀力战二将。其子杨延昭怕父亲吃亏，也打马上前，挺枪相助，直逼兀里奚。杨继业对付兀环奴一人，倍感轻松，几个回合便将其斩落马下。兀环奴一死，兀里奚心中慌乱，一个不留神，被杨延昭一枪刺中后心，落马而死。

辽军一见主将战死，阵脚大乱，宋军兵将乘机冲杀。辽军死伤大半，纷纷逃走。宋军又追杀一阵，抢回许多军用物资，方才罢手收兵。

杨继业等人回至定州（今河北定县）后，向皇上禀明情况。太宗思忖半晌，决定自己带部分兵将返回国都汴京，积蓄力量，日后再报此仇。众将纷纷表示赞成，太宗又留下几位大臣驻守河北几个州镇，然后离去。

再说辽军获胜之后，辽主高兴万分。即命留守南京的韩匡嗣和耶律沙、耶律休哥率5万精兵南下攻宋。三将势如猛虎，很快攻到镇州（今河北正定）。宋军守将刘延翰等人得到消息，忙聚在一起商议御敌之计。崔彦军和李汉琼二将成竹在胸，不慌不忙献出一计，众人闻听连声叫好。刘延翰又依计部署了一番，大家各自回去准备。

第二日，刘延翰便命人去向韩匡嗣表示不做抵抗，归顺大辽。同时表示要献出城中粮饷，请韩将军进城查收。韩匡嗣知道高梁河一战，宋朝损失10万军兵，以为他们就此怕了大辽，因此对刘延翰的话不起任何疑心。但耶律休哥与宋军交过战，知道宋军厉害，怀疑其中有诈，劝韩匡嗣不要轻易进城。韩匡嗣笑道："耶律将军，我们此行就是为了攻城，现在有人拱手相送，为什么不能收呢？如果将军有所怀疑，那就在城外驻守，待我先去试探一番，若无性命之忧，将军方可入城。"耶律休哥听出韩匡嗣话中隐含讥讽，但他并未在意，依言在城外按兵不动。

韩匡嗣和耶律沙二人入城受降，果然中计。他们直到进了城门，尚未发现一人，这才觉得内中蹊跷，想要退回，为时已晚。一声炮响过后，刘延翰、李汉琼分别带兵从东西杀出，崔彦军也率军杀出，阻住辽军退路。韩匡嗣、耶律沙大惊，慌忙应战。两军混战，毫无防备的辽兵死伤大半。韩匡嗣和耶律沙二人见辽兵已乱作一团，指挥不灵，只得二人合力，杀出一条血路，冲出重围。出了城，正好遇到耶律休哥前来接应。韩匡嗣虽然暗自庆幸捡了一条性命，但一见耶律休哥，不由羞得满脸通红，后悔当初没有听从耶律休哥的劝告。

汴京的宋太宗得到捷报，非常高兴。但他又怕辽军不死心，再度南下，忙命金刀杨继业驻守重镇代州（今山西代县），阻止辽军南下。

太平兴国五年春，耶律沙、耶律斜轸再次领兵10万攻宋，很快攻至雁门关附近。雁门关可谓代州的门户，唇亡齿寒，杨继业不敢轻视，与两个儿子杨延玉、杨延昭商议对策。

六儿子杨延昭从小熟读兵书，又练得一身武艺，颇有其父之风。向父亲献计道："父亲大人，敌军有10万之众，而我军不足两万，若是硬拼，必然不敌。但若智取，就可给他个下马威，杀杀他的锐气。"杨继业闻听，以赞许的目光看着这个他最爱的六儿子，同时示意他继续说下去。杨延昭明白父亲心意又说道："兵不在多而在精，我们绕道至辽兵背后，深夜伏击，出其不意定能取胜。"杨继业听完频频点头道："正合吾意，咱们这就动手准备。"

当天夜里，杨继业父子三人各率精兵3000，趁夜深人静，辽军酣睡之机，从三路杀入辽军大营。辽军根本没想到宋军会从后面杀出进行偷袭，来不及应战，死的死，逃的逃，乱成一锅粥。辽军大将萧咄李，还想玩命抵抗，被金刀令公一刀砍下脑袋。耶律沙、耶律斜轸见辽军死伤惨重，指挥不灵，杨家父子又无人能敌，只得落荒而逃。

此一战令杨家父子声名大震，辽军兵将一提起他们，无不谈虎色变。但是他们又十分敬佩杨继业这样的大英雄，私底下给杨继业起了个外号，叫“杨无敌”。但是，多年之后，杨继业也正因这个称号，葬送了自己的一条性命。

幽州攻卫战

宋太平兴国四年（辽保宁十一年，979），宋军为夺取幽州（今北京，辽称南京），在高梁河（今北京西直门外）被辽军击败的一次作战。高梁河之战惨败后，宋太宗赵光义仍念念不忘收复幽云十六州，决心报一箭之仇。辽乾亨四年（公元982年），辽朝景宗耶律贤驾崩，12岁的小皇帝耶律隆绪即位，是为圣宗。宋太宗赵光义闻讯大喜，觉得这真是天赐良机。他认为此时辽朝主要是由国母萧太后执政，萧太后一个年仅30岁的女人，能有什么本事？正好可以率大军对其进行征伐，收复幽云十六州，报高梁河惨败之仇。其实，他这个念头一动，就犯了兵家“不可轻敌”的大忌。

宋朝雍熙三年（公元986年），宋太宗赵光义备好精兵强将，大举犯辽。他命曹彬为主帅，崔彦进为副帅从南边攻打幽州；命米信率一路人马从雄州逼向幽州；田重进率一路人马从飞狐道进攻幽州；潘美、杨继业率一路人马从雁门关出兵进攻云州（辽朝西京）。这四路大军，气势汹汹，对幽云二州形成铁壁合围之势。

然而，辽朝萧太后并非一般的女子。大敌当前，她尚能做到从容镇定，临危不惧，积极部署进攻防御，颇能稳定军心。部署完毕，她又决定同小皇帝隆绪一同亲自出征，辽军士气大振，誓死捍卫幽、云二州。

宋将曹彬率大队人马神速前进，势如破竹，很快攻下涿州。但是他只顾冒进，而没有将粮草按时供应上。后续粮草运输队与大部队脱节，辽将耶律休哥发现此事，当机立断，命辽军夜晚偷袭，将宋军粮草抢的抢，烧的烧。宋军军中无粮，一时人心涣散。曹彬得知粮草被截，恼羞成怒，命大军后撤，要与辽军决一死战。但是，大战未开，他居然后撤，军兵一时斗志全无，士气大落。赵光义得到消息，知道情况不妙，当即派人快马传令给曹彬停止后撤，率人马快速北进。曹彬接到命令，幡然醒悟，觉得自己犯了一个无可弥补的错误，赶忙又下令掉头北进。宋军被主帅搅得心慌意乱，六神无主。

再说辽朝小皇帝隆绪得到宋朝举兵来犯，业已攻下一些城池的消息，心中害怕，忙去找母亲萧太后想办法。到了萧太后寝宫一看，发现母亲正气定神闲地下围棋，仿佛没有这回事一般。隆绪从小就敬佩母亲，今见母亲若此，不敢打扰，在一旁侍立等候。

萧太后明知隆绪所来何意，但仍然埋头下棋。直到赢了这一盘棋，方命内侍拿来一张军事地图，成竹在胸地对隆绪和身边大臣道："曹彬后撤雄州，走了一步错棋。此时他虽重新北进，但军心涣散，休哥定能败他！潘美、田重进二路进犯，我已派大将耶律斜轸率精兵前去抵挡，想来也不难对付。次日曹彬一败，潘美在云州就失去呼应，还能支撑多长时间呢？我大辽将士个个勇猛，我相信他们定能取胜……"一番话说得小皇帝隆绪这才放了心，周围大臣也纷纷口呼"太后圣明"。

果然不出萧太后所料，曹彬大败。潘美也被耶律斜轸攻破，全线崩溃。潘美急欲率兵逃回雁门关，不过，回雁门关走近路要经过寰州，而寰州已被辽军占领。杨继业便提议避开寰州，绕道石碣谷奔代州。这本是十分明智之举，不料护军王侁嫉贤忌能，此时阴阳怪调地对杨继业道："杨君侯，你不是有'杨无敌'之称吗？怎么遇到敌人就裹足不前，心生畏惧了，难道你对主上有二心不成？"

杨继业闻听，双眸含泪，颤声道："王大人何出此言？！我杨继业承蒙主上不弃，愿以死报国。今提出绕道碣石谷是为了保存我军实力，但王大人今日既

出此言，杨继业就是明知赴死，也要前去攻打寰州了！”言罢，向元帅潘美请命攻打寰州。潘美爱惜杨继业是个人才，欲待不允，但有护军王侁从中作梗，只得让杨继业为先锋，自己率大军在后接应。

杨继业率军正要出发，潘美又从后面追上来，拉住杨继业的马缰道：“杨将军此去一定多多保重，能胜则胜，不能胜，则迅速回兵，不必恋战。”停了一下，又道：“杨将军可还有何要交代的吗？”

杨继业略一沉吟，对潘美道：“元帅一番心意，末将尽知。只是末将此番定然凶多吉少，恐难生还。只望元帅在陈家谷谷口接应末将，还可保全众将性命。”言罢，打马扬鞭，率军绝尘而去。

杨继业行军至途中，便听得四处号炮连天，果然中了辽军埋伏。杨继业早就料到必有此劫，心中也不忙乱，挥舞金刀，沉着应战。无奈辽军人数超过宋军十数倍，杨继业从早杀到晚，才算冲出一条血路，带领余下的宋军逃至陈家谷谷口。但是，陈家谷谷口一个援兵的影子也没有。杨继业心中升起一种不祥的预感。

原来，潘美率军在陈家谷谷口接应杨继业，而护军王侁阴险毒辣，欲置杨继业于死地，几次三番劝潘美撤兵。潘美等到黄昏仍不见杨继业来到，心想杨继业定是战死，非常失望，旁边又有王侁逼迫，只得撤兵。这样就使杨继业失去了最后的机会。

杨继业本已疲惫至极，但想到身边尚有百余名将士，不忍让他们枉送了性命，便带他们继续前逃。来到一村，名曰“狼牙村”。杨继业心中一动，心道，狼吃羊，今番恐怕我命休矣。遂将身边将士召集到一起，对众人道：“今番天要绝我，我不忍让你们枉自送了性命，快快逃生去吧！”然而，这一百多将士素来敬佩杨继业，异口同声道：“愿与将军一同战死报国！”杨继业闻听十分感动，翻身上马，对众将道：“好，今日我与大家生死与共，咱们杀一个辽兵够本，杀俩赚一个！”众人听了，也不多言，抱着必死之心同杨继业一起杀向已追上来的辽兵。可怜金刀令公杨继业就这样死于奸人王侁之手。

宋太宗赵光义得到杨继业战死的消息，非常伤心。而此时，党项族首领李继迁起兵抗宋，辽朝萧太后不失时机地对其进行大力支持，利用他构成对宋西北边境的严重威胁。同时封李继迁为夏国王，着意进行拉拢。西夏力量逐步壮大，年年在宋朝边境孳扰生事。由此，辽夏两国对宋朝实际已形成夹击之势。太宗赵光义看到形势不利，攻打幽云十六州又损兵折将，无功而返，只得下令撤军，休养生息，日后再图大业。

但是，宋朝罢手，日益走向消极防御之时，辽朝却趁势转为主动，向宋朝发起了大规模的进攻。这又令太宗赵光义吃惊不已，暗恨自己当初真是小觑了辽朝国母萧太后。

王小波、李顺起义

淳化四年（公元 993 年），宋太宗赵光义在皇宫之中心神不宁，坐立不安。原来，有消息传来，四川地区发生了声势浩大的农民起义，而且官府镇压无力，不时传来战败的消息。

从太祖赵匡胤建国，短短 30 年时间，为什么大宋王朝会发生如此震撼朝廷的农民起义呢？

这是有其深刻的历史原因及现实原因的。四川素有“天府之国”的美称，这里地肥水美、物产丰富。而且入川的道路险峻，“蜀道难，难于上青天”，就是唐代大诗人对此条道路最真实客观的评价。因此，自唐宋以来，四川一直为地主官僚避难的地方。这里战乱少，地主势力非常大，而当地农民所受的剥削也就较其他地方严重。

特别是北宋建立政权后，蜀王王衍自恃有天险之路相阻，不惧宋兵来犯，整日饮酒作乐，不思朝政。臣子们见主上荒淫无度，纷纷仿效，个个奢华无比。这样就只能通过加重对农民的剥削来满足他们的私欲。农民生活日益困苦，贫富不均现象在当地非常严重。而宋太宗灭掉蜀国之后，不但未对其进行整顿改革，反而任由官兵将士肆意掳掠，激起蜀地农民的强烈不满，时常有一些蜀兵和蜀民自发组织起来反抗宋兵。而其中规模最大，对大宋朝打击最严重的就数

农民王小波、李顺起义。

王小波是青城县（今四川灌县南部）农民。青城县盛产茶叶，许多农民以种茶为生。但是宋太宗时期推行“榷茶”法，禁止茶农自由买卖茶叶，而由国家统一进行收购。许多政府官员和地主商人趁机强买强卖，从中牟取暴利。农民稍有不从，轻则打骂，重则逮捕下狱。这样，贫富差距越来越大，农民越来越穷，生活无以为计，怨声载道。王小波有一次在交茶过程中与官吏产生争执，气愤不过，将官吏打死，于是索性号召当地茶农起义反抗朝廷。他对众人说："现在，穷的太穷，富的太富，而且富人是靠压榨我们才富起来的。他们大鱼大肉享用不尽之时，我们却连吃糠咽菜都难以维持。不如起来反抗，均贫富，消除不合理现象，求一条生路！”当地茶农都被逼得没有活路，见王小波说得慷慨激昂，纷纷响应，与他一起揭竿而起。短短几天时间，王小波率领的农民义军就发展到一万多人。

王小波首先率义军冲入青城县县衙，捉住县官，将其斩首示众。又打开粮仓放粮，得到更多人的拥护。义军队伍像滚雪球般迅速扩大，他们在王小波的带领下，先后攻下邛州、蜀州和眉州的彭山。

彭山县令齐元振，曾被朝廷赐以清正廉洁之名。实际上他不仅残酷镇压农民，而且大肆搜刮钱财，当地农民对他恨之入骨。得知王小波率军来攻彭山县时，当地农民纷纷响应，与王小波里应外合，一举擒获齐元振。众人从他的府中搜出十几箱金银财宝，粮食布帛更是不计其数。起义军依当地农民之意，将齐元振和一些顽固不化的土豪劣绅处死。但是齐元振民怨太深，虽被处死，众人仍不解恨，又将其肚子割开，取出五脏，还有那不解气的，又拿来棍子抽打他的尸体。由此可见人民对其痛恨程度之深。

可是，就在起义军取得节节胜利之时，他们的领袖王小波在攻打江原县（今重庆东南）时，身先士卒，杀死四川都巡检使张玘，自己也不幸中箭身亡。起义军众将悲愤无比，但他们并未因此而气馁，而是推举王小波的内弟李顺为首领，继续与宋廷对抗。不久，他们就在李顺的领导下相继攻克永康、双流、新津、温江、郫县等地，起义队伍也激增至几万人。

淳化五年（公元994年）初，李顺带领义军在两天内攻下汉州（今四川广汉）、彭州（今四川彭州市），对成都构成威胁。随后，义军乘胜前进，攻下成都，在此建立政权，国号“大蜀”，年号“应运”，还发行了“应运通宝”“应运元宝”等新货币。并逐步建立了由地方到中央的整套行政机构，以适应经济发展需要。大蜀最高军事长官为“枢密使”，行政最高长官为“中书令”。

李顺做了大蜀王后，没有贪图享受。他所领导的政权实践了王小波所提出的“均贫富”的口号。据沈括在《梦溪笔谈》中记载，义军每占一处，即召集当地的“乡里富人大姓，令具其家所有财粟，据其生齿足用外，一切调发，大赈贫乏”。这堪称北宋初农民起义军的壮举。

李顺此举受到老百姓的热烈欢迎，使他颇得民心，无以为计的百姓又纷纷来投，义军队伍越来越壮大。农民军在李顺的带领下，又陆续攻下许多州县。农民军所占地盘越来越大，北至剑阁，南至巫峡，皆在统辖范围之内。

面对几十万之众的农民义军，宋太宗赵光义又恨又怕。任命亲信宦官王继恩为四川招讨使，率大军入川对其进行残酷镇压。

淳化五年五月，成都被围困。这是义军只重进攻而忽略防守的结果。十几万义军同李顺一起坚守成都，最后城破，三万多将士壮烈牺牲，李顺也英勇就义。

李顺死后，人们非常怀念他。李顺部将张余仍领导余下义军在嘉州（今四川乐山）、戎州（今四川宜宾）、泸州、渝州（今四川重庆）等地与宋军周旋，人们便假托李顺尚活在人间。

宋太宗心下也十分怀疑，又命白继斌带兵入川对付义军。张余遭到王继恩、白继斌的前后夹击，损失惨重，退守嘉州。不料，大蜀嘉州知州王文操变节投降，与宋廷官军里应外合，攻破嘉州。两万义军全军覆没，张余也被捕就义。时值公元995年。

王小波、李顺领导的农民起义虽然最终失败了，但是他们给宋廷以沉重的打击。特别是起义军提出的“均贫富”口号，是中国历史上农民义军第一次明确提出的口号，标志着我国农民反封建斗争进入了一个新的历史阶段。

澶渊之盟

宋太祖赵匡胤建宋后，凭借着后周建立起来的雄厚国力，开始了他统一天下的步伐。可是他对于当时北方强大的辽国非常忌惮，便制订了一个先南后北的统一战略，企图统一南方以后再对辽所占领的燕云十六州北伐。当时的辽国国主是一个少有的昏君，在历史上有“睡王”的称号，他当政的时候是辽国的力量最为衰弱的时期。但等北宋南征结束后，辽国的统治者早已换成了巾帼不让须眉的一代女杰萧太后。赵匡胤死后，他的弟弟赵光义继位，开始谋划北伐。可是不仅北伐的大好时机已经丧失，而且赵光义的军事才能比起赵匡胤又差了许多，三次北伐只落得丢盔弃甲狼狈而逃的结局。从此宋朝畏辽如虎，再不敢轻言北伐。而不收复燕云十六州，宋朝就失掉了北方长城的掩护，整个华北平原暴露在游牧民族的铁蹄之下，无险可守。

公元998年，真宗赵恒即位，成为北宋的第三个皇帝。他统治期间，北方边境的形势更加紧张，辽兵频频南下骚扰掠夺，北方的百姓无法正常生产、生活，叫苦连天。

巢车（模型）

1004年，辽国再次集结二十万大军，由辽圣宗和萧太后亲自统领，由幽州出发大举南下攻宋。辽兵很快打到了靠近黄河的澶州（今河南濮阳附近），直接威胁着北宋都城汴京。告急的文书雪片般向汴京城飞来。宋真宗慌忙召集群臣商议对策，很快有人站出来主张退让迁都。“陛下，万不可迁都！”一个声音在朝堂上响起。宋真宗抬眼一看，是宰相寇准。寇准，三十一岁便担任副宰相之职。但由于他刚直的性格，得罪了宋太宗，一度被打发至邓州（今河南邓州市）为官。1004年，当宋朝边境吃紧时，寇准又临危受命，当上了宰相。寇准在对辽国的问题上一向主战，他对大臣们消极退让的态度十分不满，进谏宋真宗说："陛下，我们现在该做的不是迁都，而是齐心协力与辽军应战。陛下如果御驾亲征，必将鼓舞我军士气，一举打败敌人。否则，辽军长驱直入，若汴梁失守，军心涣散，宋朝的江山还保得住吗？"经过一番权衡，真宗终于答应依宰相寇准之言，御驾亲征，并向朝臣们宣布："今后任何人不得再与我提及迁都之事。"

宋真宗亲自率兵来到韦城（今河南滑县）。守卫澶州的士兵连续作战疲劳不堪，听说皇上亲自出征，士气大振。他们打退了辽兵的进攻，打死了在辽国地位很高的萧挞览，挫败了辽兵的锐气。

真宗将军事指挥大权交给寇准，自己住进了临时搭建的营寨中。宋军不断取胜，辽军数日攻城不下，士气低落，停止了进攻。战局已逐渐转为对宋军比较有利。这时候寇准主张一鼓作气，将辽军向北面驱赶，扩大己方的战果。真宗为了稳妥，下令与辽议和。消息传到寇准耳朵里，气得他捶胸顿足，却无可奈何。

和约的签订在1005年，史称"澶渊之盟"（因和约签订地点在澶渊，即澶州）。宋朝以屈辱换取了苟安。"澶渊之盟"后，寇准被罢免宰相之职。宋真宗下令大肆裁减边防守军和军官人数，边境不再做抗辽准备。到了宋仁宗时，继续实行求和政策，不修边防，许多城池甚至年久破败倒塌，旧兵器毫无进攻力可言。1042年，辽兴宗扬言要发兵南下，目的是索取更多的岁币。宋仁宗不敢抵抗，答应每年增绢十万匹，银十万两。北宋就这样再次在辽的恐吓下屈辱求和。此后长时间内宋辽之间不再有大的战事。

"澶渊之盟"后，辽一方面由于内部统治不稳，另一方面也感到难以打败宋朝，所以不再举兵南下，宋辽两国的战事基本结束，南北对峙的局面形成。此后的100多年间，宋辽大体上维持着和平状态。

铁腕宰相吕夷简

吕夷简（978—1044），字坦夫。淮南路寿州（今安徽凤台）人，祖籍京东路莱州（今属山东）。北宋政治家，太子太师吕蒙正之侄、光禄寺丞吕蒙亨之子。康定元年（1040年）再次拜相。庆历元年（1041年），徙封许国公，兼枢密使。其后因病以太尉致仕。庆历四年（1044年）去世，年六十六。追赠太师、中书令，谥号“文靖”。嘉祐八年（1063年），配享仁宗庙庭。宝庆二年（1226年），绘像于昭勋阁，为昭勋阁二十四功臣之一。原有文集二十卷，今已佚。《全宋诗》录其诗十一首。

吕夷简祖父那一辈迁到寿州（今安徽寿县）。真宗辞世时，他正担任着开封府尹。刘太后意欲铲除宰相丁谓而没抓住把柄，没想到丁谓倒把把柄主动递了过来。事情的经过是这样的：为了牢牢控制内廷，给大宦官雷允恭增加些升迁的筹码，丁谓举荐他担任真宗陵墓修建的“山陵都监”（按照宋朝规矩，先皇帝去世，由首相担任山陵使，负责山陵的全面事务）。雷允恭在刘太后垂帘问题上给她卖过力，也算是太后的恩人，又和当朝宰相丁谓勾结甚密，权势极大，自然有些忘乎所以。到了巩县（今河南巩义，北宋皇陵所在地）邓封村，没想到由他确定下来的陵墓底下土石相半，甚至出现透水迹象。按照堪舆之说，陵墓应该建在高爽干燥之处，下面有水，不是等着把尸身沤烂吗？然而修陵是有严格期限的，眼瞅着工期已经过半，再改换陵址已经来不及，按理说大总管丁谓应该尽快处理此事，可丁谓只想袒护雷允恭，没把它当成什么大不了的事。另一个宦官毛达昌怕担干系，赶紧回京向刘太后做了汇报。刘太后听罢大怒，命吕夷简火速到巩县查实。吕夷简和鲁宗道证实确有其事，接着奉命审理此案。心狠手辣的刘太后决定来个一石二鸟，先判雷允恭腰斩以灭口，又把罪责加到丁谓身上——你这个山陵使怎么当的？自以为天老大他老二的丁谓实在没料到这个女人如此厉害，带着无限的悔恨到崖州去了。吕夷简因处置雷、丁一案有功，立马儿升任为参知政事。

担任副相之后的吕夷简做的第一件事，是遏止天书崇拜的继续蔓延。他给刘太后建议，把所谓天书收藏在宫内，不要继续张扬此事。这件事看起来并不大，《宋史》本传也只有寥寥数语，但它起到的作用却是积极和正面的。与之相关联的还有一件事，说来也挺怪：天圣七年（1029）六月的一天，突然雷电交加，随后玉清昭应宫冒起滚滚浓烟，火势极盛，无法扑救。几个时辰过去，耗费巨资打造的神宫化为一片灰烬。刘太后“泣谓大臣曰：‘先帝尊道奉天而为此，今何以称遗旨哉？’”（《宋史·吕夷简传》）已经身为集贤相的吕夷简生怕老太太重修此宫，连忙用《尚书·洪范》的大道理劝谏，太后这才决定不再重修。吕夷简趁热打铁，干脆连宰相兼任玉清昭应宫使的规矩也一块儿给废了。

明道元年（1032）二月，仁宗生母李宸妃去世。刘太后没有为她治丧，只命宦官随意把她埋在洪福院的西北角。吕夷简闻知此事，趁着上朝之机问道：“听说最近后宫有宫人去世？”刘太后大吃一惊，马上明白了吕夷简的意思，反问道：“难道后宫的事也要宰相来过问？你是不是想离间我们母子？”吕夷简寸步不让，说道：“太后百年之后，还想不想保全刘家？”您听明白了吗？因为刘太后并不是仁宗的亲生母亲，当初李宸妃只是她宫里行走的一个侍寝，有一回真宗行幸了李氏，可巧这李氏就怀上了龙种。当时真宗还没有皇子，刘太后本身没有生育能力，见自己宫里的丫头怀孕，生怕这丫头生个皇子，她的地位会大受影响，于是也假装怀孕，而且“预产期”都和李氏前后脚儿，也就是说，她早就设下毒计：一旦李氏生下皇子，她就会凭着权势把那个孩子据为己有。十个月很快过去，李氏果真生了个儿子，刘太后强行将小皇子夺过来，而李氏则从此被打入冷宫。这件事当时虽然有人知道，比方说吕夷简就是知情人之一，但因惧怕刘太后的淫威，谁敢去捅这个马蜂窝？如今的情况不同了，一是当年那个小皇子成了皇帝，二是刘太后年纪越来越大，她在世时的确没人敢说，她死了以后呢，事情总会暴露出来，到那时如果皇帝了解了太后对他的生母如此不仁不义，肯定会迁怒于刘氏宗族。吕夷简这话的意思，是让刘太后别把事情做得太绝，给她刘家人留条活路。刘太后勉强答应在后宫为李宸妃发哀，并给李宸妃的三代祖赠官。吕夷简又提出：宸妃的装殓必须按照皇后的仪制，穿皇后之服、棺下铺水银、口中含宝珠等等。刘太后也咽口唾沫忍了。谁知几天之后，宫里传出刘太后懿旨，命宦官们凿宫墙把李宸妃抬出去埋葬。吕夷简马上跑到太后面前，以不容置辩的口气请太后必须吹吹打打、风风光光地从东华门送出去。这一次刘太后急眼了：你怎么没完没了地逼迫本宫？吕夷简颇有大义凛然的气概，答道："臣位宰相，朝廷大事，理当廷争。太后不许，臣终不退！"就这么僵持了很久，刘太后还是不答应。吕夷简正色说道："宸妃诞育圣躬，而丧不成礼，异日必有受其罪者，莫谓夷简今日不言也。"（《长编》卷111）刘太后抗不过吕夷简，最终答应了他的强谏。

一年后刘太后去世，临朝问政的仁宗很快从皇叔赵元俨那里得知了自己的身世。这件事对他来说，无异于晴天霹雳：他曾经极尽孝敬和爱戴的刘太后不但不是亲生母亲，反而是折磨杀害生母的恶魔！他怀着无比悲痛的心情重新隆重安葬了母亲后，第一件事就是要为可怜的生母报仇雪恨：他打算把刘太后的棺材从父皇真宗的坟旁挖出来，把刘太后从棺材里拽出来狠狠地鞭尸，再把她的滔天罪行诏告于天下。当时担任谏官的范仲淹极力劝说，仁宗最终以大局为重，没有把此事大肆张扬。在这个问题上，范仲淹和吕夷简的认识是一致的。

太后的恶行虽然可以掩盖，但政治格局却必须改变，于是吕夷简给仁宗提出建议：枢密使张耆、副使夏竦等人都是刘太后的亲信爪牙，应当罢黜。其实这不仅仅是吕夷简的意见，也很符合仁宗的心愿。正因为如此，所以仁宗回到后宫，很解气地将此事原原本本对郭皇后讲了一遍。没想到郭皇后来了个反弹琵琶，不屑地说："吕夷简有什么资格讲这种话？难道他不是刘太后的亲信？只不过这个人过于机巧，善于应变罢了。"已经在中书省混了多年的吕夷简做梦也没想到，几天后宣读的那串长长的贬黜名单里，居然也有他的大名——他被贬为陈州（今河南淮阳）知州。经验丰富的吕夷简立刻意识到，一定是有人在仁宗面前讲了他的坏话，于是托一个叫阎文应的宦官替他打听，究竟是谁给他点的眼药。

吕夷简离开朝廷后，仁宗颇感孤独无助，所以半年后，又把他召回了朝廷。

就在这时，阎文应也把内情打听清楚了，告诉他：此事的始作俑者乃当朝郭皇后。深藏心机的吕夷简开始寻找机会，他打算狠狠报复敢于在他马前使绊子的人，不管她是谁！也是事有凑巧，没多久，宫里发生了一场“家庭纠纷”：仁宗宠爱的杨、尚两个美人一直受到郭皇后的嫉妒，而这两个小丫头儿又不知天高地厚，有一次竟然在仁宗面前和郭皇后顶起嘴来。郭皇后不胜其怒，抡圆了胳膊朝尚美人打来，惯于护花的仁宗连忙上前来挡，郭皇后收不住手，误将仁宗的脖子和脸抓出几道血印子。这下子仁宗不高兴了，可巧吕夷简来奏事，仁宗万分委屈地指给他看。吕夷简捕捉到这个大好机会，数落了郭皇后一箩筐不是，建议仁宗废了她。郭氏是刘太后在仁宗尚未成人时包办的皇后，生性多妒，所以仁宗一向不喜欢她，如今被吕夷简一通儿忽悠，真的下了废后的圣旨——积压在吕夷简心里将近一年的这口恶气终于可以一吐为快，却惹怒了朝廷里的另一批人：御史中丞孔道辅、右司谏范仲淹一眼看穿了吕夷简的险恶用心，率领台谏众官提出强烈反对，请求仁宗立刻收回成命。上书无效，求见仁宗又不得见，这两个诤臣只得采取极端方式：与台谏官员伏于宰相阁门前，要求吕夷简说出个子丑寅卯。心如铁硬的吕夷简绝不可能让步，他推托明天一早便给出理由，劝伏阁的官员暂且回去。还没等到第二天，孔道辅、范仲淹等人的贬谪任命已经下来了：孔道辅贬为泰州（今江苏泰州）知州，范仲淹贬为睦州（今浙江建德东）知州，即日押出京城，其余参与伏阁的官员处以数量不等的“罚铜”。这件事吕夷简做得非常铁腕儿，他一贯的稳健和睿智也因此大打折扣，甚至给百官提了个醒儿：吕夷简的忍耐也是有限度的。

景祐三年（1036），回到京城担任开封知府的范仲淹触犯了吕夷简。范仲淹是个刚气十足的人，对于眼下百官对吕夷简趋之若鹜的庸俗做法很看不惯，于是别出心裁地画了一张《百官图》，标明某官是谁提拔举荐的，某官因为刚直久不得升迁，最后当然统统归到了吕夷简的名下，甚至把吕夷简比成了汉朝的张禹，说道：汉成帝信任张禹，不疑舅家，故终有王莽之乱。臣恐今日朝廷也有像张禹那样破坏陛下家法的人，“不可不早辨也”。您如果处在吕夷简的位置上听了这话，心里会是啥滋味儿？于是吕夷简指责范仲淹过于好名而没有实才，且“越职言事”，贬为饶州知州。当时跟着吕夷简跑的有一大批人，支持范仲淹与吕夷简死扛的也有一大批人，比如还是小官的欧阳修，就是在这种情况下怒斥御史中丞高若讷不救范仲淹，骂他不知人间还有羞耻二字，被贬到峡州夷陵县去做县令的。

由于吕夷简指斥范仲淹结党，范仲淹又指斥吕夷简结党，北宋党争的大幕就此拉开。

吕夷简执政期间，虽然多有贬黜异己的举动，但他从不把政见不同的官员置于死地，往往“教训”一段时间便重新收用，这一点连仁宗皇帝都非常赞赏。康定元年（1040）西夏元昊反叛宋朝，仁宗因范仲淹颇有威望，命他回朝主持战事，此时吕夷简再登首相之位，仁宗希望范仲淹捐弃前嫌，不要再和吕夷简没完没了。范仲淹顿首拜谢说道：“臣以前所论都是国家大计，对吕夷简本人并没有恩怨可言。”这是个不太容易引起人们关注的细节，但起码反映出两个问题：第一，范仲淹的确是有“党”气的，连仁宗都对他这一点颇不放心，这就不是吕夷简的责任了；第二，吕夷简不计前嫌，范仲淹也欣然愿与吕夷简合作，说明两人都是大君子，不存在谁是小人的问题。其后吕夷简的儿子吕公著、吕公弼；范仲淹的儿子范纯仁、范纯粹等都是响当当的栋梁名臣，也足以说明这个问题。

富弼

吕夷简当宰相一直到庆历三年（1043），不久病逝，仁宗极为悲恸。苏辙《龙川别志》卷下说：刘太后临朝时仁宗尚幼，吕夷简能以智慧使两宫和睦，无纤毫之隙。吕夷简薨逝时，仁宗正在视朝，恸哭久之，对左右大臣们说：“吕夷简死，谁复能办大事者？”足见仁宗对这位铁腕宰相倚任之重。《宋史·吕夷简传》评价说：“自仁宗初立，太后临朝十余年，天下晏然，夷简之力为多。……夷简当国柄最久，虽数为言者所诋，帝眷倚不衰。然所斥士，旋复收用，亦不终废。其于天下事，屈伸舒卷，动有操术。后配食仁宗庙，为世名相。”

讨论配享时，当朝宰相是曾经受过吕夷简不公正待遇的韩琦，也就是说，如果韩琦当时提出反对意见，吕夷简不可能配享仁宗庙廷。这又说明两个问题：第一，韩琦是个大君子，看问题非常客观公正；第二，当后人再回想吕夷简为相对朝廷大局稳定做出的非凡贡献时，大多数君子还是能够出以公心的。后来的一些学术研究或文学作品，把吕夷简当成那个时期的反面人物，是只注意到了吕夷简和范仲淹，而忽略或淡化了那时的历史背景——不幸吕夷简和范仲淹闹过矛盾，而人们又对范仲淹举手加额，吕夷简可不就成为反面人物了吗？人一旦受谤，对的也是错的，错的更是错的，这是很多人的思维模式。比如庆历初年契丹借西夏侵宋趁火打劫，向宋朝提出无理要求，宋朝必须要派得力大臣出使契丹，吕夷简举荐富弼，富弼也表示誓死不辱使命，可有人偏偏认定这是吕夷简在陷害富弼，把富弼往死路上推。大敌当前，反正总要有人挺身而出，富弼不去，别人也得去，难道换了别人，也是吕夷简在阴险加害吗？这实在是一种情绪化的认识。北宋初年直到神宗时期王安石变法，不能说朝廷里没有小人，但把舵的基本上都称得上正人君子。这种由太祖、太宗、真宗、仁宗四代君主涵育长养出来的良好士风，是到哲宗、徽宗时才渐渐变淡的。

大宋宰相寇准

莱国忠愍公寇准（961—1023），字平仲。汉族，华州下邽（今陕西渭南）人。北宋政治家、诗人。太平兴国五年进士，授大理评事，知归州巴东、大名府成安县。天禧元年，改山南东道节度使，再起为相（中书侍郎兼吏部尚书、同平章事、景灵宫使）。天圣元年（1023）九月，又贬寇准衡州司马，是时寇准病笃，诏至，抱病赴衡州（今衡阳）任，病故于竹榻之上，妻子宋氏奏乞归葬故里。皇佑四年，诏翰林学士孙抃撰神道碑，帝为篆其首曰“旌忠”。寇准善诗能文，七绝尤有韵味，今传《寇忠愍诗集》三卷。

寇准从小就机灵聪明，表现出与众不同的才华。19岁即被录取为进士，在

寇准塑像

大名府成安县当官，开始步入仕途。

由于寇准政绩卓著，很快脱颖而出，跃升为京官。他决心在其位谋其职，多为百姓做好事。

淳化二年（公元991年）春，大宋朝境内发生前所未有的旱灾。一时饿殍遍地，百姓生活无以为计。政府虽也进行了放粮赈济，但于事无甚大补。太宗赵光义把朝中大臣找来了解情况，商讨解决办法。大臣们汇报了情况，但一时均想不出好的解决办法，便纷纷议论说，这是老天的安排，没有办法。太宗见人群中的寇准一言不发，似在思考什么重大的问题，便探身问道：“寇爱卿，你在想什么？可有减缓灾情的办法吗？”寇准见皇上问自己，出班站立奏道：“皇上，臣以为，天灾并非是老天安排，而是受人祸影响。如今天气大旱，是朝廷执法不公所致。”

太宗赵光义正连日为各地灾情困扰得焦头烂额，如今又遭寇准这当头棒喝，指责朝中执法不公，一时心浮气躁，看了看寇准，鼻孔里冷哼一声，竟然转身，拂袖而去。

朝中大臣面面相觑，心中均埋怨寇准多事，惹怒了皇上。大家正不知如何是好之时，太宗又忽然转身返回，对寇准道：“寇爱卿，朕思量，你所说或许有些道理。现在，你且说说朝中有哪些事执法不公？”

寇准一见太宗回来，心中有了底，忙跪地叩头道：“皇上，臣所言之事是实，但光凭我空口白牙，恐难服众人。恳请皇上把管刑法的大臣叫来，与臣当堂对质，皇上自然明白是谁执法不公。”

太宗赵光义依言而行，命人将中书、枢密两府的大臣找到身边。寇准这才说道：“不知皇上是否记得，前些天朝中处死了一个人，叫王祖吉，他的罪名是贪污受贿。可是，与他一同下狱的王淮却只打了几下仍照常为官。臣私下已查明：实际上，大窝赃犯为王淮，王祖吉贪污数目比他少得多。但是只因王淮为

当朝参知政事王沔的弟弟，因而受到从轻发落，那王祖吉却成了替罪羊。臣不知此事是否公平？”

太宗闻听，竟有此事，不由得龙颜大怒，转向王沔，阴沉着脸道：“王爱卿，可有此事？”王沔心知寇准既揭发此事，一定掌握了大量证据，抵赖也没有好处，只得叩头认罪。太宗狠狠苛责了他，并且贬职一级。同时，任寇准为右谏议大夫、枢密副使，以后改任枢密院事。

但是，自古道仕途险恶，尤其像寇准这样一心为国的好官，定然会遭到奸佞小人的嫉恨。寇准为此蒙受过许多不白之冤，几遭贬谪。

有一天，寇准和朝臣温仲舒并骑在街上，突然斜刺里冲出来一个疯子，跪地叩头，冲着二人的马头高呼“万岁”。二人也未在意，绕道而行，那疯子兀自在那里叩头叫喊“万岁”。这本是街头不经之谈，而这一情景恰被枢密院事张逊看见。他素来与寇准不和，怀恨在心。见此情景，便心怀鬼胎，借题发挥。向太宗皇帝告御状，说寇准想当皇上。寇准不做亏心事，不怕半夜鬼叫门，与其针锋相对，不仅揭穿了他的险恶用心，同时在皇上面前历数他的过失罪责。

可是凡做皇帝的人，都怕别人有谋篡自己皇位之心，因此在这个问题上极度敏感。虽然太宗明知寇准没有篡位之心，也不愿听到此类事情发生。一气之下，将二人都进行了处罚。把张逊降了职，把寇准贬到了青州（今山东益都）当知州。这也是寇准步入仕途后第一次遭贬。

寇准为人风趣幽默，而且指摘时弊，句句切中要害。他这一走，太宗皇帝又着实有些想念他。但金口玉言，不是说变就变的，只好不时向身边臣子暗示，要他们保举寇准回到京城。但朝中大臣几乎个个被寇准得罪过，他们怕寇准回来又要碍他们的事，把他们贪污腐化的生活曝光出来，于是，假装不懂皇上之意。太宗又不好明说，只好暂且忍耐思念寇准之情。一年之后，他终于寻了个理由，将寇准又调回自己身边，任参知政事。

寇准并未因曾受到贬谪而心灰意冷，而是一如既往地为国为民着想。他从青州回来的第一件事，就是上书太宗皇帝，要求皇上立次子元侃（即赵恒）为太子。这并非寇准故意滋事，扰乱朝廷，而是因为太宗长子患着疾病，如若即位，必为大宋之祸。太宗赵光义明白寇准一片心意，当即采纳了他的建议，立次子元侃为太子。

一天，太子在街上行走，百姓们夹道欢呼“少年天子”，以表拥戴之情。消息传到太宗耳中，他有些不悦，问寇准说：“百姓之心皆朝向太子，把朕置于何地？”寇准笑道：“皇上，这正是您的造化啊！百姓拥护太子，说明太子有才有德，颇具治国安邦之能，这才能使我大宋江山千秋万代永存下去啊！”

太宗一听，寇准所言有理，这才转怒为喜。当即在宫中设宴，与寇准对饮相庆。

宦海沉浮，世事总是难料。尽管太宗很喜欢寇准，但禁不住小人的挑拨，过了不多时日，又将寇准贬了官，贬到邓州（今河南邓州市），这是寇准第二次遭贬。

公元997年，宋太宗赵光义驾鹤西归，真宗赵恒继位。赵恒在做太子时，就非常敬重寇准。因此，他继位后第一件事就是将寇准从邓州召回朝廷，升官至工部尚书郎。三年后，又调他到开封府任职。咸平六年（公元1003年），任三司使，主管财政、贡赋，职位仅次于宰相。

景德元年（公元1004年），寇准又被升为集贤殿大学士，即皇帝的顾问。

然而，就是在这一年的闰九月，辽朝举兵南下，对大宋朝发动了规模空前的军事行动。宋真宗吓得六神无主，召集群臣商议退敌之策。许多大臣坚持逃跑路线，主张迁都，而且还为迁都到哪争执不休，朝野上下，一片忙乱。关键时刻，寇准挺身而出，坚决主张积极防御。并且有条不紊地为真宗赵恒分析利害得失，鼓励他御驾亲征，以鼓舞宋军士气。宋真宗依言而行，果然保住了大宋江山。后来，在寇准的斡旋之下，又顺利签订了“澶渊之盟”。辽宋双方就此罢战，百姓们过上了安定的生活。真宗皇帝对此非常满意，从此更加信赖寇准。不久，将寇准升至宰相之职，此时寇准的官可谓升到了顶峰。

俗语道，“树大招风”“盈满则溢”。寇准越受到皇上的信任与重用，就越有人忌恨他。王钦若就是其中之一。

王钦若在辽军南下之时极力主张迁都，遭到寇准的严厉斥责。寇准还对真宗说应该把主张迁都的人都杀了，用他们的血祭鼓，然后出征。最后，还点名要王钦若去守天雄，牵制辽军。王钦若表面上碍于在皇帝面前，唯唯诺诺，实际上他心里恨透了寇准，恨不得将他生吞活剥了才解气。

澶渊之盟后，辽军退兵，王钦若也从天雄回到朝中。他见寇准的官越做越大，更加恼恨，寻机报复。但是他实在找不出寇准做过什么贪赃枉法的事，思来想去，想出一条陷害寇准的毒计。

这一天晚上，王钦若溜进皇宫，说有要事向皇上禀报。真宗命人传他进见。他见了真宗却又顾左右而言他，只说了一些不关痛痒的小事。真宗颇觉纳闷，忍不住问道：“王爱卿不是有要事要说与朕吗?”

王钦若小眼珠一转，故意装出一副为难的样子，道：“是啊，此事压在微臣心头已久。不说吧，关系到国家的得失荣辱；说了吧，又怕皇上怪罪……”说到这儿，用小眼睛瞟了一眼真宗，不再说了。

真宗不明其意，更加想知道他所要说的事。便道：“古来臣子对主上应‘知无不言，言无不尽’，王爱卿有话便说，不必如此吞吞吐吐的，朕不怪你便是。”

王钦若这才道：“臣以为，皇上皆因寇准在签订澶渊之盟立了功才对他格外尊重，不知是不是?”他见真宗微微点头，继续说道：“澶渊之盟，陛下不以为耻，反把寇准当功臣，臣着实有些不明白。”

真宗皇帝闻言一愣，忙问其故。王钦若又说道：“城下之盟，春秋时人就皆以为耻。澶渊一仗，寇准极力鼓动陛下御驾亲征，而最后又积极与辽契合，签订盟约，让天下人觉得即使皇上亲征也不能制伏辽军，只能每年屈辱地贡奉岁币，这难道不是皇上的耻辱吗?而寇准却从中获名获利，以功臣自居。臣深为皇上身边有这样阴险歹毒之人而担忧啊!”

真宗赵恒本来耳根子就软，今让王钦若一番夹枪带棒的措辞一说，竟觉得非常有理，颇有大上寇准之当的感觉。脸红一阵，白一阵，当下也不言语，只是日后居然真的渐渐冷淡了寇准。再后来，寻个理由，把寇准的宰相也给撤了，贬到陕州（今河南陕县）做官。

亏得寇准心胸开阔，也不去想自己这是第几次遭贬。在陕州安心为官，大大地为民做了几件好事，得到当地百姓们爱戴。闲暇之余，他也不顾影自怜，哀风怨柳，而是研读《汉书》增加学识。

而朝中的王钦若自以为搬倒了寇准，从此目中无人，日益骄纵。一次酒后吐真言，说出自己如何陷害寇准一事。话传到真宗赵恒耳中，他又悔又怒，遂将王钦若贬官查办。

天禧三年（公元1019年），寇准又重新受到朝廷重用，被升为尚书右仆射、集贤殿大学士。但是，多年的升升沉沉，依然没有改变寇准刚正的性格。回朝之后，他见刘太后在真宗中风期间，把持朝政，干预朝中大事，心中颇为不满，便上书提出让皇太子出来监督朝政。这下可惹恼了刘太后，没等寇准的官位坐热，又暗中操纵，将寇准贬为太子太傅。

不久，又一贬再贬，先降至雷州（今广东海康境内）司户参军，以后又降至徽州（今湖南徽阳）任司马。这期间，真宗一直在病中，一点不知此事，还一再地询问身边内侍“寇准寇爱卿呢？他怎么也不来探探朕呢?”，直到死也没能再见他的寇爱卿一面。

天圣元年（公元1023年），寇准于徽州病故，终年62岁。

先天下之忧而忧的范仲淹

范仲淹（989–1052），字希文，汉族，北宋著名的政治家、思想家、军事家、文学家，世称“范文正公”。范仲淹文学素养很高，写有著名的《岳阳楼记》。

范仲淹的父亲范墉曾是吴越国的大臣，后来随吴越国王钱俶一同降宋，被任命为武宁军节度使掌书记。范仲淹出生之时，范家已家道中衰，生活变得捉襟见肘。更为不幸的是，在范仲淹两岁的时候，范墉撒手归西，使得家中的生活雪上加霜。在万般无奈的情况下，范仲淹的母亲谢氏为生计所迫，改嫁给淄州（今山东淄博市西南之淄川）一位姓朱的男子。

朱氏家境清贫，幼年的范仲淹得不到多少家庭欢乐，甚至连基本的吃饭睡

范仲淹

觉问题都难以保障，他经常借宿于醴泉寺的僧房。也许贫困的生活更能激发出他改变命运的决心和意志。他发奋苦读，从不懈怠。为了减轻家庭负担，更为了节省时间，他每天只烧一锅粥，等到粥冷却凝固以后，用刀划成四块，一天吃两餐，早晚各取两块，就着咸菜吃。后来，人们称他这种生活为“断齑（指咸菜）划粥”，并且传为历史上刻苦好学的佳话。春夏秋冬，严寒酷暑，未曾解衣就寝，常年如此，范仲淹以瘦弱之躯苦苦支撑。漫漫冬夜，一阵阵困意袭来，每当这时，范仲淹就打来一盆凉水，把脸埋入水中以自醒，接着再读。就这样，不到三年，当地所能找到的书籍已被他阅读净尽。

后来他进入一座当时很有名气的学府——睢阳应天府（今河南商丘市）书院。这里有校舍百余间，藏书数千卷。范仲淹就像久渴之人遇到甘泉一样，如饥似渴地投入书海，不知疲倦地日夜攻读。甚至连真宗皇帝路过此地，同窗们都出去观看时，他也丝毫不为所动，仍旧埋头读书。

1015 年，27 岁的范仲淹终于考中进士。这次，他真的见到了真宗皇帝，不过不是在街头，而是在殿试时。范仲淹被任命为广德军司理参军，从此开始了将近四十年的政治生涯。

1021 年，范仲淹赴任泰州海陵西溪盐官。他上任后，立即视察辖区的海堤和海盐生产情况。海堤因年久失修，破败不堪，不但盐场生产遭到破坏，而且每当海潮汹涌之时，泰州的农田民宅也尽遭冲淹，饥民四处流亡。于是，他上书江淮漕运、泰州知州张纶，提出在通州、泰州、楚州、海州（今连云港至长江口北岸）沿海重修一道捍海堤堰。上书被批准后，范仲淹于 1024 年秋率领数万民夫奔赴海滨，开始了规模浩大的治堰工程。不久，治堰大功告成，巍巍长堤绵延数百里，使滨海盐场生产有了保障，农田宅舍免受浪潮淹没之灾。受益的百姓感激范仲淹的功德，将海堰称为“范公堤”。

岳阳楼

一年以后，范仲淹改任苏州知府。苏州乃范仲淹的故乡，多水患，于是他募集百姓，疏通河道，使积水入海。后来，范仲淹又想疏导太湖，变害为利，但开工不久，朝廷把他调到明州（今浙江宁波）。苏州百姓都不愿范仲淹离去，要求转运使上奏朝廷将范仲淹留下，疏导完太湖再走。于是，转运使上奏皇帝说明情况，宋仁宗恩准了转运使的请求，范仲淹继续留任苏州知府。在范仲淹的主持下，疏导太湖入海的工程终于竣工，苏州人民含泪送走了自己的父母官。

范仲淹疾恶如仇，刚直不阿，素有敢言之名。他在朝中做官的十年中，曾因直言进谏，触犯权贵而三次被贬离京。1028 年，范仲淹升任秘阁校理，负责皇家图书典籍的校勘和整理，实属皇帝的文学侍从，不仅可以经常见到皇帝，还能耳闻不少朝廷秘事，是个令许多人眼热的美差，只要乖顺、玲珑，不难早日提升。范仲淹却有些“不识时务”。他对仁宗二十岁仍不亲政，一切军政大事全由刘太后处置提出异议，奏请刘太后还政。朝廷一纸诏书，将范仲淹逐出京城，贬往河中府（今山西永济市）。

三年之后，刘太后去世。仁宗念及仲淹的忠诚直言，将他召回京师，委以右司谏的重任，专管评议朝政。1033 年，宋仁宗听信宰相吕夷简谗言，要废掉皇后。范仲淹仗义执言，吁请仁宗改变决定，结果再次被贬出京，任睦州（今浙江桐庐县附近）知州。

几年后，范仲淹从睦州移知苏州，因治水有功，再次调回京师，升任天章阁待制、开封知府。因宰相吕夷简独断专行，任人唯亲，范仲淹再次直言上谏，抨击吕夷简用人之道，这时的仁宗已非常信任吕夷简，范仲淹第三次被贬，任饶州知府。1052 年，范仲淹在去颍州赴任的途中不幸去世。

铁面无私包青天

包拯（999—1062），字希仁。庐州合肥（今安徽合肥肥东）人。北宋名臣。天圣五年（1027 年），包拯登进士第。嘉祐六年（1061 年），任枢密副使。因曾任天章阁待制、龙图阁直学士，故世称“包待制”“包龙图”。嘉祐七年（1062 年），包拯逝世，年六十四。追赠礼部尚书，谥号“孝肃”，后世称其为“包孝肃”。包拯廉洁公正、立朝刚毅，故有“包青天”及“包公”之名，京师有“关节不到，有阎罗包老”之语。后世将他奉为神明崇拜，认为他是奎星转世，由于民间传其黑面形象，亦被称为“包青天”。

包拯出身于没落地主家庭，少年家贫，二十八岁考取进士，开始了官场生涯。包公在三十多年的仕宦生涯中，一直以刚正不阿的态度反对贪赃枉法的人，享有“包青天”的美誉。关于他秉公断案的故事多年来盛传不衰。

相传包公在任地方官的时候，曾断过一桩著名的“牛舌案”。有一天，有一个农民跑来告状，说他的牛舌头被割了。包公听了农民的陈述，便对他说：“你先回家去吧！”农民一听，哭着说：“我的牛如今流血不止，肯定是活不下去了。官府又不准私自屠宰耕牛，我该怎么办呢？”包拯道：“我就特准你杀了这头耕牛，然后卖肉换钱吧！”农民按照包公所说杀了自己的牛。很快，就有一个人前来告状，揭发那个农民私自屠宰耕牛，应该依法惩办。包公马上下令把他捆绑起来，喝问：“说！你为什么偷割人家的牛舌头，反而来告状？”告状人大惊失色，吓得扑通一下跪在地上。包拯继续说：“我知那人的牛被割去舌头必定是仇

家所害，所以才故意特准他回去杀掉耕牛，这样一来他的仇人一定会前来告状。”告状的人一听，顿时哑口无言，只得认罪伏法。

“牛舌”一案真相大白，包公也以断案机智而闻名，并且名气越来越大。宋仁宗在位时，包公被任命为开封府尹。包公在处理案件的过程中，越来越发现老百姓控诉的矛头指向一部分无法无天的权贵身上。他就暗暗告诫自己，一定要执法如山，铁面无私，不畏强势。

有个叫张尧佐的官员，凭着侄女是仁宗的宠妃，多次贪赃枉法，为自己谋求私利。包公连续三次上奏仁宗，历数张尧佐的无能和违法之举，要求弹劾这个把持实权的人物。宋仁宗由于顾及张贵妃的面子，不想轻易撤掉张尧佐的职位，将包公的奏章都扔到了一边。包公又联络了其他几个监察御史，联名上奏，用激烈的言辞向仁宗晓以利害，使仁宗终于免去了张尧佐的官职。

北宋时，开封的泄洪问题一直很棘手，一遇暴雨整个城市便被大水淹没。包公决定重新修筑惠民河，疏通水道。但是，惠民河两岸都是达官贵人们私自筑起的堤坝，他们利用这些堤坝挡水，给自己修建大片的水池鱼塘。为了百姓的利益，包公不顾富人的反对，下令拆坝。这下，包公又和张尧佐发生了矛盾，张尧佐为自己圈河而修的水上花园是最大的，还取名为青莲池。张尧佐这回直接让张贵妃与包公作对。张贵妃骗来皇后的銮驾拦住了要去拆池的包公的去路，想把包公吓回去。包公却下令冲过张贵妃的车辇，抢在张贵妃向皇上告状之前三下五除二地先拆了青莲池。皇上听了张贵妃的哭诉，心中十分恼怒，但他看到青莲池拆掉后确实大大解除了开封城的水患，也只好放过了包公。

在有关包公的各种传说中，狸猫换太子的故事流传最久远。故事说包公奉旨到陈州放粮，途中遇一盲丐妇拄着拐杖拦路告状，向包公讲述了当年发生在宫中的一个秘密：真宗赵恒时，刘妃与太监郭槐合谋，用剥了皮的狸猫换掉李宸妃所生的婴儿，并将婴儿丢弃。弃婴被宫人寇珠救起，在太监陈琳的帮助下，送与八贤王抚养，取名赵祯。而李妃被打入冷宫，刘妃册立为后。后来刘妃下令放火烧了冷宫，李妃侥幸逃出，流落民间。包公听盲丐妇讲得真真切切，凄凄惨惨，知他就是李宸妃，便将她带回朝辩冤。回朝后，包公借元宵节请已做了皇帝的仁宗赵祯观灯，并安排了雷劈不孝之子张继宝的演出。随后包公说出当年刘后、郭槐狸猫换太子，谋害皇帝生母李妃的实情。赵祯斩了郭槐，亲迎李后还朝。李后历经多年磨难，见到赵祯又爱又恨，要包公替自己打皇帝。包公想出一个两全之策，他脱下皇帝龙袍，用打龙袍表示治皇帝的不孝之罪。

在类似的传说中，包公逐渐被塑造成一位能够昼断阳、夜断阴的人神合一的人物。老百姓把对清官形象的各种幻想附会在包公身上，表现了他们对生活的善良愿望。虽然传说中的包公形象离他的历史原型有一定距离，但他已成为人民心中正直、清明的化身。

欧阳修和他的“文学变革”运动

欧阳修（1007—1072），字永叔，号醉翁，晚号“六一居士”。汉族，吉州永丰（今江西省永丰县）人，因吉州原属庐陵郡，以“庐陵欧阳修”自居。谥号文忠，世称欧阳文忠公。北宋政治家、文学家、史学家，与韩愈、柳宗元、王安石、苏洵、苏轼、苏辙、曾巩合称“唐宋八大家”。后人又将其与韩愈、柳宗元和苏轼合称“千古文章四大家”。

欧阳修幼时丧父，家中贫寒。但欧阳修从小聪明好学，他的母亲便用沙土当纸，以棍做笔，教儿子习字，对其进行启蒙教育。后来，家境实在贫困，无以为计，其母便带他投奔在随州任推官的叔父欧阳晔，方使欧阳修所受教育得以继续进行。从而也使北宋文坛最终出现了他这样一位散文大家。

欧阳修到了叔父家后，更加好学，看书达到了如醉如痴的程度。在他叔父家隔壁，有一大户人家，主人叫李尧辅。欧阳修见他家藏书很多，便经常去他家翻阅。每次一坐就是一天，真称得上是废寝忘食。李尧辅也很喜欢这个聪明好学的孩子。一天，欧阳修在李宅无意中发现一本非常破旧的《昌黎先生集》，便随手拿过来读，读着读着入了迷，直到天色晚了，还在那里读。叔父家派人来叫他回家，他用手摩挲着那本书，竟有些爱不释手。李尧辅见状，颇为这个勤奋的孩子所感动，便把这本书送给他。欧阳修大喜过望，连连称谢，将书精心放在怀中，这才回了家。

回到家，他细细研究韩愈的文章，越发觉得韩愈的散文写得既有气势又极富变化，不愧为一代散文大家，便下决心向韩愈学习。

在叔父家的日子久了，欧阳修也结交了一些当地颇为知名的文人。特别是与黄茂宗、黄梦升兄弟相处得很好。有一年大考，文章写得非常好的黄氏兄弟均落榜，而一个叫王交的庸才却高中榜首，得了进士。黄茂宗非常不服气，便去找翰林学士胥偃说理。胥偃为官清正，当场令其作文，黄茂宗一挥而就。胥偃见他文采果然不错，便将其推荐给皇上。皇上很看重胥偃，见他推荐人来，料定此人必有才华，便令礼部对黄茂宗进行一次特殊的考试。黄茂宗凭自己的才华征服了众主考官，得中进士。

欧阳修、黄梦升得知消息，都为他感到高兴。黄梦升就对欧阳修道：“看来胥偃大人是个惜才之士，你的文章写得比茂宗还要好，何不请翰林学士胥偃为你指点一二，以求更大发展?”欧阳修一听有理，便拿上自己所写的文章去向胥偃讨教。胥偃一见他的文章大惊，觉得欧阳修的文章既有唐代大散文家韩愈的恢宏气度，而又避免了他的奇崛险怪。他又细观欧阳修为人，见他风流儒雅，又不乏端庄稳重，料定此子前途必不可限量，便当即对其详加指点。欧阳修得到胥偃真传，茅塞顿开，又与之探讨了一番，高高兴兴回了家。谁知，第二天，胥偃就找人来欧阳晔家提媒，点名要欧阳修做女婿。原来，他不仅看上了欧阳修的文章，还看上他这个人。欧阳晔早就听说胥偃之女才貌双全，忙去说与欧阳修，同时征询他自己的意见。欧阳修低头沉吟片刻，对欧阳晔道：“侄儿自幼父亡，诸事全凭叔父做主。只是侄儿想先参加完考试再谈婚事。”欧阳晔知道这个侄子的脾气，也不相劝，将原意委婉地告诉来人。

谁知，胥偃得知欧阳修如此一说，非但不生气，反而更加喜欢欧阳修这种不慕权贵，先立业后成家的志气。又差人将欧阳晔、欧阳修叔侄二人请到府中，当面表示，只要欧阳修愿意，他决定让自己的女儿等欧阳修考完试，得了状元，再与之完婚。欧阳晔不便多说，只用眼睛看着欧阳修。欧阳修素来敬佩胥偃为人，也曾闻知他的女儿才貌双全，先时婉拒，实则也有自愧不配之意，今见胥

偃对自己如此，当即跪地叩头，口称“岳父”。在场之人，无不欢喜。大家均拭目以待，盼着大考临近。

天圣七年（公元1029年）春，22岁的欧阳修到京城参加“国子监”考试，高中榜首。次年春，参加礼部考试，又考了个第一。这下欧阳修是得了“洞房花烛夜，金榜题名时”两大人生喜事。从此他步入仕途，被派到西京（今河南洛阳）任留守推官，协助留守处理刑事案件。

洛阳留守钱惟演也很喜好文学，并且礼贤下士，爱惜人才。他很欣赏欧阳修，把他请到家中做客，同时邀请当地名士尹洙、谢绛、张尧夫等人与他认识。从此之后，欧阳修经常与这些人在一起切磋文章，探讨时政。他们逐渐发现北宋立国以来，由于受约束个性的儒家伦理观念的影响，在文学方面，以道代文、以道统文的理论盛张到空前的地步，便提出进行文学变革。但是，历朝历代，不论是政治变革还是文学变革都不是一朝一夕能够完成的。欧阳修为人稳健，便主张相时而动，循序渐进。众人皆表示赞同。

景祐初，欧阳修得到钱惟演的推荐，入京任馆阁校勘。不久，范仲淹遭到吕夷简的迫害被贬至饶州。欧阳修认为不该贬，就问司谏官高若讷对此事的态度。高若讷却说贬得好。欧阳修见奸臣当道，忠良遭陷，颇为愤慨，就写了一篇与《高司谏书》，对其严加痛斥。

高若讷为人奸诈，从此怀恨在心。后来与吕夷简合计诬陷欧阳修为范仲淹的“明党”，到皇帝面前告御状。欧阳修遂被贬至夷陵（今湖北宜昌）。

庆历三年（公元1043年）春，欧阳修又被召回京师做谏官。他为官期间，敢说敢为，多次揭发贪官污吏的罪行，因此，颇受小人嫉恨。不久，他再度积极参与范仲淹所主持的“庆历新政”。后因新政失败，小人借机陷害，他又长期遭贬在外。后来，欧阳修针对反对范仲淹的革新运动的保守派的谬论，写了《明党论》一文呈送当今皇上。文章写得文思缜密，文采斐然，深得皇上赏识。欧阳修因此结束了遭贬的命运，并且升了官。至和年间，欧阳修又逐渐升至枢密副使、参政知事等权要职位。

欧阳修身居要职之位，充分利用他知员举的权力举荐人才。他在政治活动

中表现出的人格修养既为重视道德节操的士大夫所尊重，同时他又喜扬人之美。当时几乎所有的著名文学家都曾得到过他的帮助。如梅尧臣、苏舜钦二人名位不显，但欧阳修却以诗坛宗主相视，使他们声誉大张；曾巩落第，欧阳修为他写序饯行，令人刮目相看，后又在知员举时将他录为进士；对王安石、欧阳修不仅在赠诗中给予极高的评价，而且两次加以推荐；苏洵以一布衣身份，因受到欧阳修的赏识而名噪海内；而苏洵两位才华横溢的公子苏轼、苏辙也皆为欧阳修在知员举时发掘出来。因此，欧阳修在当时的文人群中，具有很强的号召力。在他周围形成了在文学方面具有集团性的力量，便于扩大影响。欧阳修本人具有相当高的文学修养，逐渐形成了一套比较合理的，富有调和性、包容性的文学主张。他以此为契机，提出推行自己早年和尹洙等人所提出的“文学变革”，很快便得到梅尧臣等人的响应。

而当时朝廷也曾几次下诏，从政治意义上提出改变文风的问题。如仁宗天圣年间就曾诏斥文人“竞为浮夸靡蔓之文”，要求学者“务明先圣之道”，并指令从朝廷文件入手“矫文章元弊”（《续资治通鉴长编》卷106、卷108）。领导这种文学的变革，既要有相当高的政治地位，又要有相当高的文学修养，在文人群中具有强大的号召力。在当时只有欧阳修具备这种资格，因此，主持这场具有文学政治双重意义的“文学革新”运动的重任，自然而然地落到了欧阳修身上。

嘉祐二年（公元1057年），欧阳修主管全国科考。他对以往的考试大胆改革，凡写华而不实文章者，一律不取；凡有革新朝政举措，而善为文者可录用。举子们以为他不过是虚张声势，仍像以往一样写一些华丽繁复或者尖酸拗涩而又无实用价值的文章交上去。欧阳修为了提倡一种朴素流畅的文风，同时也表示自己推行“文学变革”的决心，将举子刘畿的文章用红笔从头到尾，一下抹倒。刘畿为当时效仿韩愈怪僻险涩文风的代表人物。这激起举子哗变，聚集在一起议论纷纷，有的对欧阳修大力嘲骂，以发泄心中不满。到最后，他们甚至在街上拦住欧阳修的马头哄闹。但是欧阳修端坐在马上，不为所动。这些举子怏怏而归。从此，“场屋之习，从是遂变”（《宋史》本传）。科举文章与士人一生前途相关，它对社会上文章风格的影响也不言而喻。

通过欧阳修为首的文学团体的努力，北宋文学风气终于得到扭转，文学革新运动取得了空前的成就。一方面它成为士大夫集团所倡导的思想文化变革的一部分，具有积极的政治意义，另一方面它有效地抵制了极端的道学家的主张，在时代的限定条件下，孕育了中国文学的一些新特色，丰富了中国文学的总体面貌。

欧阳修不仅是一位卓越的政治家、文学家，同时还是一位史学家。他曾与宋祁合修《新唐书》，自己撰写了《新五代史》，还搜集了三代至隋唐时期的金石文字，进行论证，书名为《集古录跋尾》。总之，无论从哪方面讲，欧阳修都堪称一代大家，是一位不可多得的人才。

王安石变法

宋仁宗赵祯做了四十年皇帝，虽然也用过像范仲淹、包拯等一些正直的大臣，但是并没有改革的决心，国家越来越衰弱下去。他没有儿子，死后由一个皇族子弟做他的继承人，这就是宋英宗赵曙。英宗即位四年，就害病死了。太子赵顼即位，这就是宋神宗。

宋神宗即位的时候才二十岁，是个比较有作为的青年。他看到国家的不景气情况，有心改革一番，可是他周围的人，都是仁宗时期的老臣，就是像富弼这样支持过新政的人，也变得暮气沉沉了。宋神宗想，要改革现状，一定得找个得力的助手。

王安石

宋神宗即位前，身边有个官员叫韩维，常常在神宗面前谈一些很好的见解。神宗称赞他，他说："这些意见都是我朋友王安石说的。"宋神宗虽然没见过王安石，但是对王安石已经有了一个好印象。现在他想找助手，自然想到了王安石，就下了一道命令，把正在江宁做官的王安石调到京城来。

王安石是宋朝著名的文学家和政治家，抚川临川（今江西抚州西）人。他年轻时候，文章写得十分出色，得到欧阳修的赞赏。王安石二十岁中进士，就做了几任地方官。他在鄞县当县官的时候，正逢那里灾情严重，百姓生活十分困难。王安石兴修水利，改善交通，治理得井井有条。每逢青黄不接的季节，穷人的口粮接不上，他就打开官仓，把粮食借给农民，到秋收以后，要他们加上官定的利息偿还。这样做，农民可以不再受大地主豪强的重利盘剥，日子比较好过一些。

王安石做了二十年地方官，名声越来越大。后来，宋仁宗调他到京城当管理财政的官。他一到京城，就向仁宗上了一份万言书（约一万字的奏章），提出他对改革财政的主张。宋仁宗刚刚废除范仲淹的新政，一听到要改革就头疼，把王安石的奏章搁在一边。王安石知道朝廷没有改革的决心，跟一些大臣又合不来，他就趁母亲去世的时机，辞职回家。

这一回，他接到宋神宗召见的命令，又听说神宗正在物色人才，就高高兴兴应召上京。

王安石一到京城，宋神宗就叫他单独进宫谈话。神宗一见面就问他："你看要治理国家，该从哪儿着手？"

王安石从容不迫地回答说："先从改革旧的法度，建立新的法制开始。"

宋神宗要他回去写个详细的改革意见。王安石回家以后，当天晚上就写了一份意见书，第二天送给神宗。宋神宗认为王安石提出的意见都合他的心意，越加信任王安石。公元1069年，宋神宗把王安石提升为副宰相。那时候，朝廷里名义上有四名宰相，病的病了，老的老了。有的虽然不病不老，但是一听见改革就叫苦连天。王安石知道，跟这批人一起办不了大事，经过宋神宗批准，任用了一批年轻的官员，并且设立了一个专门制定新法的机构，把变法的权抓了来。这样一来，他就放开手脚进行改革了。

王安石变法的主要内容是：

一、青苗法。每年二月、五月青黄不接时，由官府给农民贷款、贷粮，每半年取利息二分或三分，分别随夏秋两税归还。

二、农田水利法。政府鼓励地方兴修水利，开垦荒地。

三、免役法。官府的各种差役，民户不再自己服役，改为由官府雇人服役。民户按贫富等级，交纳免役钱，原来不服役的官僚、地主也要交钱。这样既增加了官府收入，也减轻了农民的劳役负担。

四、方田均税法。为了防止大地主兼并土地，隐瞒田产人口，由政府丈量土地，核实土地数量，按土地多少、肥瘠收税。

五、保甲法。政府把农民按住户组织起来，每十家是一保，五十家为一大保，十大保为一都保。家里有两个以上成年男子的，抽一个当保丁，农闲练兵，战时编入军队打仗。

王安石的变法对巩固宋王朝的统治、增加国家收入，起了积极的作用。但是，也触犯了大地主的利益，遭到许多朝臣的反对。

有一次，宋神宗把王安石找去，问他说："外面人都在议论，说我们不怕天变，不听人们的舆论，不守祖宗的规矩，你看怎么办？"

王安石坦然回答说："陛下认真处理政事，这就可说是防止天变了。陛下征询下面的意见，这就是照顾到舆论了；再说，人们的话也有错误的，只要我们做得合乎道理，又何必怕人议论。至于祖宗老规矩，本来就不是固定不变的。"

王安石坚持三不怕，但是宋神宗并不像他那么坚决，听到反对的人不少，就动摇起来。

公元1074年，河北闹了一次大旱灾，一连十个月没下雨，农民断了粮食，到处逃荒。宋神宗正为这个发愁，有一个官员趁机画了一幅"流民图"献给宋神宗，说旱灾是王安石变法造成的，要求神宗把王安石撤职。

宋神宗看了这幅流民图，长吁短叹，晚上睡不着觉。神宗的祖母曹太后和母亲高太后也在神宗面前哭哭啼啼，诉说天下被王安石搞乱了，逼神宗停止新法。

王安石眼看新法没法实行下去，气愤得上书辞职。宋神宗也只好让王安石暂时离开东京，到江宁府去休养。

第二年，宋神宗又把王安石召回京城当宰相。刚过了几个月，天空上出现了彗星。这本来是正常的自然现象，但是在当时却被认为是不吉利的预兆。宋神宗又慌了，要大臣对朝政提意见。一些保守派又趁机攻击新法。王安石竭力为新法辩护，要宋神宗不要相信这种迷信说法，但宋神宗还是犹豫不定。

王安石没办法继续贯彻自己的主张于公元1076年春天，再一次辞去宰相职位，回江宁府去了。

哲宗绍述与徽宗腐败

元丰八年（1085），宋神宗去世，十岁的幼子赵煦继位，是为哲宗。太皇太后高氏垂帘听政。高氏是宋初大将高琼之后，是个非常顾全大局而心里又非常有数的女人——神宗在位时，她从不干预朝政；神宗去世后，她以最快的速度把闲置在洛阳十五年的司马光、因反对新法遭到贬黜的吕公著召回朝廷，委以重任，收拾王安石丢下的烂摊子。司马光入相后，又把被王安石及其党羽贬斥在外的名臣范纯仁、苏轼、苏辙、程颢、刘挚等人全都召回，还把老宰相文彦博也请到了汴京；先后罢免了暴相章惇、鬼相蔡确，与此同时，大刀阔斧地废除新法。司马光是个疾恶如仇的倔老头儿，他对一切新法恨之入骨，只要是王安石、吕惠卿、曾布之流创立的，不问青红皂白统统灭掉，这也给其死后不久新派人物反攻倒算制造了借口。据《宋史纪事本末》载，元丰八年（1085）七月，罢保甲法；十一月，罢农田水利法；十二月，罢市易法、保马法；元祐元年（1086）三月，罢免役法；八月，罢青苗法。九月一日，司马光去世。太皇太后高氏继续推行司马光之政，直到元祐八年九月，高氏薨，哲宗亲政，政局才开始发生变化，变法派重新主政，史称为“哲宗绍述”。

事情的起因是这样的：绍圣元年（1094），科举考试的时务策出现了两种截然不同的声音，一类是拥护新法的，另一类是拥护司马光复旧的。朝廷最初录取的都是后者，等到复议时，考官之一的礼部侍郎杨畏全部翻了烧饼，把初录者黜去，选择拥护新法者为上第。这事情就闹大了。

杨畏是个什么人呢？元丰末年，他仅仅是个夔州（今重庆奉节）路提点刑狱，为了巴结司马光，他在夔州上书说："畏官夔峡，虽深山群獠，闻用司马光，皆相贺，其盛德如此。"一年后司马光去世，他马上变了脸，说司马光并不懂得治国大道，所以没把国家治理好。其后吕大防、刘挚为相，知道此人心性凶狠，都不敢得罪他，提拔他为殿中侍御史。杨畏开始挑拨二相，帮助吕大防猛攻刘挚，并说台谏官梁焘、王岩叟、刘安世、朱光庭都是刘挚的死党。刘挚被罢免后，苏颂为相，杨畏又攻击苏颂，不久苏颂也遭罢免。杨畏想拥戴苏辙担任宰相，没想到太皇太后先一步召范纯仁为右仆射，于是他又猛攻范纯仁，没有得逞。这家伙一看苏辙没了戏，又把脸一翻，开始大骂苏辙。《宋史》本传说："其倾危反复如此，百僚莫不侧目。"太皇太后去世后，吕大防想提拔杨畏担任谏议大夫，范纯仁说："此人绝不是个良善之辈，把他放在那个位置上，还不把朝官们都咬死？"吕大防这才退而求其次，安排他当了礼部侍郎。

老臣李清臣、邓润甫回到朝廷，因都对司马光不满，故而在试题中提出（试题出自李清臣之手）：司马光废了新法，国家并没有因此变富；改考经义为考诗赋，并没有因此得到人才——言外之意，还是熙宁之政卓有成效。杨畏嗅到了政局可能发生巨变的气味，于是借吕大防出京担任山陵使的机会，背叛吕大防，极力煽忽哲宗恢复神宗之政。苏辙见情况严重（此前他哥哥苏轼已经被贬到定州去了），上书劝谏，奏疏中说："臣见试题极力诋毁元祐之政，大有恢复熙宁、元丰旧政的意味。当年汉武帝外攻四夷、内建宫室，弄得财力匮乏，于是任用桑弘羊等人修盐铁、均输、榷沽之政，搜刮民财，民不堪命，几乎到了天下大乱的地步。昭帝任用霍光革去弊政，天下才安定下来。"没想到哲宗看罢大怒，说道："安得以汉武比先帝！"范纯仁连忙出面解释，结果适得其反。这两个人一失势，百官立刻看清了政治信号，大局遂变。

绍圣元年（1094）三月，跟司马光死扛的曾布被召为翰林学士承旨；四月，章惇回朝担任宰相，这种安排带来连锁反应：范纯仁待不住了，灰溜溜到颍昌府（今河南许昌）当了知府，而章惇的小兄弟儿蔡京、蔡卞、林希、来之邵、张商英等纷纷占据要位，猛烈的反攻倒算正式开始。当年七月，哲宗下诏：追夺司马光、吕公著赠官和谥号，宰相吕大防、副相苏辙等贬官。章惇是个憋足了劲儿的人，只贬这么几个人哪能解了他心头之恨？于是又拟定了一个黑名单，共计三十多人，打算把他们统统赶到岭南去。李清臣虽然对司马光大为不满，毕竟是老宰相韩琦的侄女婿，还有点儿良心，他本来想自己做宰相，没曾想章惇杀回来，心里本来就很不舒服，见章惇如此丧心病狂，上书谏道："这些人好歹也是老臣，怎么能如此凶残地对待他们？"哲宗虽然进行了调和，使这个计划暂时没有实施，但李清臣也把章惇彻底得罪了。《宋史·李清臣传》说，有一回哲宗到楚王府去，路上碰见一个疯婆子把他拦住，大叫"李清臣要谋反"。官府抓起来一审才知道，这婆子本来是澶州（今河南濮阳）娼妓，被李清臣姑姑家表弟收为外室，不知怎么闹僵了，才出此下策。不管此事虚实，你李清臣总是给朝廷丢尽了脸吧？于是李清臣被贬到了河南府（今河南洛阳），从此再也没翻过身来。史家称他"首发绍述之说，以乱国是。群奸嗣之……遂重为搢绅之祸。"没让他进《宋史·奸臣传》，真是太客气了。

大势已成，再想挽回都很难。这段时间里正人君子所受的残害，是整个宋朝最为惨烈的。举例来说：范纯仁被贬为永州（今湖南永州）安置，当时他因病失明，竟然"怡然就道"。有人说他这么做是沽名钓誉，范纯仁无奈地说："七十之年，两目俱丧，万里之行，岂其欲哉？……若避好名之嫌，则无为善之路矣。"我都这样了，哪里还有沽名钓誉之心？如果连这种做法也算是沽名钓誉，还有路可以让人走吗？当时的奸臣泯灭人性已经到了无以复加的地步，罗大经《鹤林玉露》里记载：苏轼贬儋州，因为他字子瞻，都有个"詹"字；苏辙贬雷州，因为他字子由，都有个"田"字；黄庭坚贬宜州，因为他字鲁直，"直""宜"字形相似。当时执政者章惇，完全把士子的性命当玩笑来开了。自此之后直到元符三年（1100）哲宗病死，大批仁人君子就这样在蛮荒之地忍受非人的折磨，不少人就死在南方。徽宗即位后，按照惯例，被贬的士子应得到赦免，但这种"赦免"是有限度的——仅仅是把他们转移到内地，而不是官复原职。

仅仅不到两年，一个叫邹余的人给徽宗上了一道奏章，称元祐臣僚“内外相应，浸以滋蔓，为害弥甚”，又说“今奸党姓名，具在文案甚明，有议法者，有行法者，有为之唱者，有从而和者。罪有轻重，情有浅深，使有司条析，区别行遣，使各当其罪，数日可毕”。就是说他请求朝廷把所谓“元祐党人”分成三六九等，这实在是个极损的招儿。他敢这样说，完全是为了讨好蔡京，因为他已经看出，当时执政的韩忠彦和曾布都是兔子尾巴，长不了了。果然，当年七月，副相蔡京巧妙利用二人矛盾荣登首相宝座，还没来得及喘口气的“党人”们再次遭受折磨——将他们分类，把他们的名字刻在石碑上（最初是在京师刻碑，其后天下郡县都要刻碑），约束他们的子弟不准考进士做官，甚至不准进京，如此等等，于是“党人”盼望赦免的梦被彻底击碎。这种情况一直持续到靖康之变。

关于镌刻“元祐党人碑”的事，文献中记载了不少故事。王明清《挥麈三录》说：九江有个极有名的刻工叫李仲宁，黄庭坚曾为他的作坊题匾曰“琢玉坊”。崇宁初年，诏天下郡县刊刻元祐党人碑，郡太守找到他，命他刻石，李仲宁说：“小人原本是个穷人，就因为刻苏轼、黄庭坚的辞章才得以饱暖。如今把他们当成奸人，小人实在不忍下手”。太守认为此人很讲义气，叹道：“贤哉，士大夫之所不及也！”不但同意了他的恳请，还送给他一坛子好酒。

徽宗和哲宗是同父异母的两兄弟，《水浒传》里提到的那个“端王”就是后来的徽宗。此人生性颖悟，琴棋书画、吹拉弹唱、斗鸡走狗、玩弄女人，无不精通，唯独没有治国之心，用句俗话说，就是“玩儿心太重”，他当皇帝，真是宋朝最大的悲哀。您想，这么个人坐龙床，那些有责任心和使命感的元祐党人又都不在朝廷里，可不就由着奸臣们肆意胡来了吗？

这一朝里该说的坏人着实不少，不过必须给点儿笔墨的第一人当属蔡京。此人可谓宋朝最无赖的宰相，早在神宗、哲宗时期，他就以翻云覆雨著称，也属于连奸臣都惧怕的主儿。徽宗即位之初，他的仕途是不得意的，可人家就凭着翻云覆雨的手段，“崇宁元年拜相，四年罢；大观元年复入，三年又罢；政和二年复入，宣和初又罢。六年冬，王黼罢相，白时中、李邦彦并拜太、少宰未

讫，京东盗起，京党轰然以谓宰相望轻，乃诏京复总三省，三五日一造朝。时京八十岁，目盲不能书字，足蹇不能跪拜矣。其子絛用事，凡判笔皆絛为之，仍代京禁中奏事，于是肆为奸利，赏罚无章，黜陟纷纭……中外搢绅，无不侧目”（《皇宋通鉴长编纪事本末》卷131）。说整个徽宗朝属于蔡京，一点儿也不过分。他当宰相又做了些什么呢？重中之重当然是先鼓吹新法之利、迫害元祐党人和打击异己势力。他曾鼓动徽宗吃喝玩乐：“今泉币所积赢五千万，和足以广乐，富足以备礼。”（《宋史·蔡京传》）甚至对徽宗说：“人生岁月能有几何？陛下何必躬自劳苦？”您听听，这像宰相劝皇帝的话吗？他算是摸准徽宗的软肋了：徽宗喜欢书画，他就尽力为徽宗收集；徽宗喜欢花石艺术，他就倡议在汴京修建“艮岳”，把南方的奇花异石辇运到京城——这可是“竭国力而经营”的皇家园林啊。据《挥麈后录》卷2的记载，其中的亭、馆、轩、池、苑、楼、阁、冈、岭、堂、台、厅、斋、山、岫、江、湖、溪、岩、渚、谷、径、屏、峰、石、坞、川、园、壁、崖、峡、泉、寮、庵、磴、岿、庄、关、门等，几乎难以计数。宣和四年（1122）正月初一，艮岳初具规模，徽宗亲自为它写了一首长达两千多字的《艮岳记》，详细记录了上述各门类的景致，文字之优美传神，绝非一般文士可比。根据后来学者依此文做的复原，这座皇家园林的规模，绝不亚于颐和园，甚至比颐和园还要精致得多。当年运送花石的船队叫“花石纲”，就因为这个花石纲，不知使多少人倾了家荡了产，甚至丢了性命。

徽宗喜欢道教，蔡京便撺掇他大兴道观。政和七年（1117）二月，诏天下大小州县一律要建“神霄玉清万寿宫”。人家徽宗还自封为“道君教主皇帝”。其间又是铸九鼎，又是建明堂（帝王宣明政教之所），又是修方泽（古代夏至祭地祇的方坛），又是设置大晟乐府（整理制作乐曲的机构，周邦彦就担任过提举大晟乐府）、书院、画院（这个时期所干的唯一一件正经事儿就是在全国州县建立学校，并在各路设立“提举学事司”），据说还和京城名妓李师师有一腿，总之只要是玩乐折腾的事儿，那叫一个“集大成”。蔡京为此取了个特别响亮的口号，叫作“丰亨豫大”（《周易》中的词语，本指富饶安乐之象，自从蔡京用过之后，便成了奢侈挥霍的代称），像隋炀帝修建迷楼之类，那算是小巫见大巫了。当时的朝廷已经完全处在乌烟瘴气的状态，《老学庵笔记》卷4说：“蔡京为太师，赐印文曰‘公相之印’，因自称‘公相’。童贯亦官至太师，都下人谓之‘媪相’。”当轴的人在万民心目中是这等形象，这个皇朝不灭才怪呢。

沈括出使

自从宋真宗以后，宋朝一直依靠每年送大量银绢，维持了几十年跟辽朝暂时妥协的局面，但是辽朝欺宋朝软弱，想进一步侵占宋朝土地。公元1075年，辽朝派大臣萧禧到东京，要求划定边界。

宋神宗派大臣跟萧禧谈判，双方争论了几天，没有结果。萧禧一定说黄嵬山一带三十里地方应该属于辽朝。宋神宗派去谈判的大臣不了解那里的地形，明知萧禧提出的是无理要求，又没法反驳他。宋神宗就另派沈括去谈判。

沈括（1031—1095），字存中，号梦溪丈人，北宋浙江杭州钱塘县（今浙江杭州）人，汉族。北宋科学家、政治家。仁宗嘉祐进士，后任翰林学士。晚年在镇江梦溪园撰写了《梦溪笔谈》。我国历史上最卓越的科学家之一。精通天文、数学、物理学、化学、地质学、气象学、地理学、农学和医学、工程师、外交家。

沈括不但办事认真细致，而且精通地理。他先到枢密院，从档案资料中把过去议定边界的文件都查清楚了，证明那块土地应该是属于宋朝的。他向宋神宗报告，宋神宗听了很高兴，就要沈括画成地图送给萧禧看，萧禧才没话说。

宋神宗又派沈括出使上京（辽朝的京城，在今内蒙古自治区巴林左旗南）。沈括首先收集了许多地理资料，并且叫随从的官员都背熟。到了上京，辽朝派宰相杨益戒跟沈括谈判边界，辽方提出的问题，沈括和官员们对答如流，有凭有据。杨益戒一看没有空子好钻，就板起脸来蛮横地说：“你们连这点土地都斤斤计较，难道想跟我们断绝友好关系吗？”

沈括理直气壮地说：“你们背弃过去的盟约，想用武力来胁迫我们。真要闹翻了，我看你们也得不到便宜。”

辽朝官员说不服沈括，又怕闹僵了对他们没好处，只好放弃了他们的无理要求。

沈括带着随员从辽朝回来，一路上，每经过一个地方，把那里的大山河流、险要关口，画成地图，还把当地的风俗人情，调查得清清楚楚。回到东京以后，他把这些资料整理起来，献给宋神宗。宋神宗认为沈括立了功，拜他为翰林学士。

沈括为了维护宋朝边境的安全，十分重视地形勘察。有一次，宋神宗派他到定州（今河北定县）去巡视。他假装在那里打猎，花了二十多天时间，详细考察了定州边境的地形，还用木屑和融化的蜡捏制成一个立体模型。回到定州后，沈括要木工用木板根据他的模型，雕刻出木制的模型，献给宋神宗。这种立体地图模型当然比绘制在纸上的地图更清楚了。

宋神宗对沈括画的地图和制作的地图模型很感兴趣。第二年，就叫沈括编制一份全国地图。但是不久，沈括受人诬告，被朝廷贬谪到随州（今湖北随县）。在那里，环境虽然很困难，但是他坚持绘制没有画完的地图；后来，他换了几个地方的官职，也是一面考察地理，一面修订地图，坚持了十二年，终于完成了当时最准确的一本全国地图——《天下郡国图》。

沈括不但在地理研究上做出了出色的成就，而且是个研究兴趣很广泛的科学家。他在天文、历法、音乐、医药、数学等方面，都十分精通。他很早就研究天文历法。后来，他担任司天监的工作，发现在那里工作的人，不少是不学无术的，不懂得用仪器观测。他到了司天监以后，添置了天文仪器。为了观察北极星的位置，他一连三个月，每天夜里用浑天仪观察，终于计算出北极星的正确位置。

沈括晚年的时候，闲居在润州（今江苏镇江）的梦溪园。他把一生研究的成果记载下来，写了一本著作《梦溪笔谈》。在那本书里，除了记载他自己研究的成果以外，还记录了当时劳动人民的许多创造发明，其中特别有名的是毕昇的活字印刷技术。

印刷术是我国古代四大发明之一。在北宋之前，已经有了雕版印刷术。但是雕版花工夫大，而且刻好一块木板，要改动一个字，就要全部重刻。沈括在他钱塘老家看到一位老工匠毕昇，用一种很细的黏土，做成许多小块，刻上字后放在窑里烧硬，成为一个个活字。用这种活字排版印刷，比雕版印刷方便多了。沈括看到这件新鲜事，十分感兴趣，就进行详细地观察和了解，还把毕昇的发明，记载在他的《梦溪笔谈》里，后代的人读了他的书，才知道活字印刷术的来历。

司马光写《通鉴》

王安石罢相以后，宋神宗还把王安石定下的新法维持了将近十年。公元1085年，宋神宗病死，年仅十岁的太子赵煦即位，就是宋哲宗。哲宗年幼，由他祖母高太后临朝。高太后是一向反对新法的。她一临朝，就把反对新法最激烈的司马光召到东京担任宰相。

司马光是当时最有名望的大臣，陕州夏县（今山西夏县）人。他的名声，从他幼小的时候已经开始传开了。他七岁那年，就开始专心读书。不论是大伏暑天，或者数九寒冬，他总捧着书不放，有时候连吃饭喝水都忘了。他不但读书用功，而且很机灵。有一次，他跟小伙伴们在后院子里玩耍，院子里有一口大水缸，有个小孩爬到缸沿上，一不小心，掉到缸里。缸大水深，眼看那孩子快要没顶了。别的孩子们一见出了事，吓得一面哭喊，一面往外跑，找大人来救。司马光不慌不忙，顺手从地上拾起一块大石头，使尽力气朝水缸砸去。“砰”的一声，水缸破了，缸里的水流了出来，被淹在水里的小孩也得救了。

这件偶然的事情，使幼小的司马光出了名。东京和洛阳有人把这件事画成图画，广泛流传。

宋神宗在位的时候，司马光担任翰林学士。司马光和王安石本来是要好的朋友，后来王安石主张改革，司马光思想保守，两个人就谈不到一块儿去了。

王安石做了宰相以后，提出的一件件改革措施，司马光没有一件不反对。有一次，司马光向宋神宗提出要求取消青苗法，同时，以老朋友的资格，写了

一封信，责备王安石侵犯其他官员的职权，惹是生非，搜刮财富，还拒不接受别人的意见。

王安石写了一封回信，对司马光的四条责难针锋相对地做了反驳。信里说：我受皇上的命令，改革法制，怎能说我侵犯别人职权；为国家办事，怎能说我惹是生非；为天下理财，怎能说是搜刮财富；驳斥错误的言论，怎能说拒绝意见。

司马光接到回信，气得要命。但是眼看王安石有皇帝撑腰，也无可奈何。最后，他辞去朝廷职务，离开京城，到了洛阳，表示不愿过问政事，关起门来写书了。

司马光

原来，司马光对历史很有研究，他认为治理国家的人，一定要通晓从古以来的历史，从历史中吸取兴盛、衰亡的经验教训。他又觉得，从上古到五代，历史书实在太多，做皇帝的人没有那么多时间看。于是，他很早就动手编写一本从战国到五代的史书。宋英宗在位的时候，他把一部分稿子献给朝廷。宋英宗觉得这本书对巩固王朝统治有好处，十分赞赏这项工作，专门为他设立一个编写机构，叫他继续编下去。

宋神宗即位以后，司马光又把编好的一部分献给宋神宗。

宋神宗并不信司马光的政治主张，但是对司马光编书却十分支持。他把自己年轻时候收藏的二千四百卷书都送给司马光，要他好好完成这部著作。还亲自为这本书起了个书名，叫《资治通鉴》（“资治”就是能帮助皇帝治理天下的意思）。

司马光罢官回到洛阳之后，就专心写《资治通鉴》，一共花了十九年时间，才把这部著作完成。这部书按历史年代编写，从战国时期公元前403年到五代时期公元959年，记载了一千三百六十二年的历史。

为了写这部巨大篇幅的著作，司马光和他的助手们收集和整理了大量资料，除了采用历代的正史之外，还参看各种历史著作三百多种。据说，这部书写成的时候，原稿足足堆放了两间屋子。由于它材料丰富、剪裁恰当和考证严格，加上文字精练生动，《资治通鉴》成为我国史学史上最有价值的著作之一。它为后来的人研究历史，提供了比较完备的资料。

在整整十九年时间里，司马光把全部精力放在这部著作上面，每天工作到深夜。到《资治通鉴》完成的时候，他的身体已经十分衰弱，眼睛昏花，牙齿大多脱落了。由于他在史学方面做出了贡献，他被认为我国历史上著名的史学家。

司马光在洛阳写了十多年书，但是因为他反对新法出了名，一些保守的官员都很记挂他。他虽然口口声声说不谈政治，但是许多人还把他当作“真宰相”看待，连普通百姓也知道洛阳住着一个司马相公。

高太后临朝执政，把司马光召回朝廷，这时司马光已经是又老又病了。但是，他反对王安石新法却丝毫不肯放松。他一当上宰相，第一件大事就是废除新法。有人劝阻他说，神宗刚刚去世，马上把他的政治措施改掉，总不大好吧！司马光气呼呼地说：“先皇帝立的法度，好的自然不要去改动，像王安石搞的那一套，却是害民的事，为什么不能改？再说，现在高太后执政，高太后是神宗的母亲，做母亲的改动儿子的主张，有什么不可以？”

就这样，他不顾许多官员的反对，到了第二年（公元 1086 年），就把王安石建立的新法一股脑儿废除了。王安石听到这个消息，十分生气，不久就郁郁不乐地死去。而司马光的病也越来越重，在同年九月咽了气。

皇帝一字之师

北宋仁宗天圣年间，四川成都考生赵旭，字伯升，学得满腹经纶，喜气洋洋，辞别父母，前往东京（今河南开封）应试。三场考试终结，赵旭自我审视成绩优秀，金榜题名，势在必得；而魁首高中，情亦可能。因此考试完后，回到状元坊客店，诗兴大发，随即龙飞凤舞，就在客店粉墙题词抒慨。此时，他只等黄榜揭晓了。

主考官阅卷评审完毕，就将前三名文卷呈给仁宗赵祯过目裁定。

赵祯看了第一卷，觉得文才卓绝，只是所书一字的形体稍有差欠，就对考官说："这一份试卷的确如你所评，做得极好，可惜中间有一个字写得不对。"

考官拜问是何字写错。

赵祯笑道："就是那个'唯'字。'唯'字不明明是'口'旁吗？可这位考生不知道是别出心裁呢，还是粗心大意，却偏偏要写成一个'厶'旁！"

考官说："这……这两个字形或许可以通用吧？容臣查考查考。"

赵祯说："不需要查考什么了！朕自心里明白。现在看看此人姓甚名谁？何处人氏？"一边说，一边随手拆了卷上的封皮：是赵旭。

于是传旨至状元坊店内，叫赵旭上殿。

店内客人、同年考生一时议论纷纷，都说赵旭有幸，皇帝有诏殿见，一定已经夺魁，即将大福大贵。

赵旭闻宣，急忙上殿叩头拜见。

赵祯问他家乡、姓名以及所作文题、字数，赵旭一一回答。

赵祯听了，自是高兴。转过话题，说："爱卿文才颇佳，只是卷内有一字差错。"

赵旭惊问是什么字，请圣上赐教。

赵桢就说了那个"唯"字的错误。

赵旭奏道："此字两写可以通用。"

赵祯听他强辩，很不高兴，随即在御案上取出文房四宝、写下六个大字，递给赵旭。并说："卿家自己去看吧？'去'与'吉'、'吴'与'矣'、'吕'与'台'，有的含'厶'，有的含'口'，你说通用，给朕解释！通用以后，这些字怎么分辨？你说个明白。"

赵旭看了半天，无言以对。

赵祯发话："爱卿还是回去刻苦攻读吧！"

赵旭满面羞惭，无精打采地信步走回住店。朋友们一见神色，早已看破几分。

盼到发榜之日，果然榜上无名。好端端的状元郎，就这样白白地丢了。

赵旭自是叹息流泪，又羞于回家去见父母，只得流落东京，靠给别人写字作文为生，再等三年开科考试。

批示公文的笑柄

北宋仁宗年间程琳官运亨通，从参政知事，拜大学士，直到同中书门下平章事（宰相）。他的儿子程覃，虽然认不得几个字，却叨父荫，作了京都（开封）的府尹。曾经有人递来执状请求造桥，程覃在执状上大书“昭执”二字。

身旁的僚佐见他写了错字，便轻轻地告诉他说：“应该是‘照执’，您漏掉了四点。”

程覃急忙拿起笔来，在“执”字下加了四点，于是便成了“昭热”。

当时学校的一些生员知道了，还写打油诗嘲笑这位“昭热”的京都首长，一时传为新闻。

数百年以后，清朝又有一位和程覃相类似的朝廷大员叫刚毅。此人做过山西、江苏、广东巡抚，担任过军机大臣、吏部尚书、协办大学士等要职。就是这么一个赫赫大员，在批示公文时留下了若干笑柄。

刚毅在任刑部尚书时，监狱主管部门每每送来犯人在狱中病死的呈文，他都要提起笔把“瘐毙”的“瘐”字改作“瘦”字。改了以后，他还要申斥下面的官吏不认得字，以致动笔写错。那些下属无不偷偷讪笑，但也只能偷偷地讪笑一下罢了，谁还奈何得他，又谁有胆量告诉他“瘐”和“瘦”不但形体不同，音读也不同，而意义更是有别。“瘐毙”或者“瘐死”，都特指在牢狱中死亡。

后来刚毅进了军机处。四川地方报上来一份关于剿灭当地少数民族起事获得全胜的奏折，内有“追奔逐北”一语。刚毅看到这里，忽然大怒，吼道：“堂堂四川总督，怎么这样粗心大意，呈报朝廷的奏折是一件十分严肃的事，怎么能随便出现错讹呢？”他打算禀报皇上，请旨重重申斥。

周围的同僚看到他那一副十分气恼的神态，都感到很诧异，便来问他是怎么回事？

刚毅说："这'追奔逐北'，一定是'逐奔追比'的讹误。你们不妨设想一下，那些谋反的家伙，我们的军队追赶上去捉住他们，'追比'他们往日抢去的汉人的财物。如果写成'逐北'，怎么知道这一群反贼逃跑起来，不向着东方、西方和南方，会偏偏朝着北方跑呢？所以，这'逐北'，肯定是'追比'之误！"

当时光绪皇帝的师傅翁同龢在场，强忍住笑，耐心给他讲解"逐北"的含义，说"逐北"就是追击败兵，"北"在这里是指败逃的敌人，不是表方位，即不是指"北方"。

虽然翁同龢在学识上很有威望，刚毅却始终摇着脑袋不肯信服。

"怀山襄陵"

北宋仁宗赵祯庆历年间（1041—1048），河北地方洪水泛滥成灾，田地房舍大量淹没，灾情十分严重。

仁宗听到消息，忧形于色，颇为焦虑。一天，听说派遣出去察看灾区的官吏回到朝廷来了，仁宗正急于想知道具体而详细的情况，便迫不及待地召见这位官吏。

仁宗问："河北水灾何如？"

使臣说："怀山襄陵。"

仁宗又问："百姓如何？"

使臣说："如丧考妣。"

仁宗听了很恼火，但没有发作，只是默默不理。

"怀山襄陵"，语出《书·尧典》："汤汤洪水方割，荡荡怀山襄陵。"（意思是："奔腾呼啸的洪水正泛滥成灾，洪水包围了大山，冲上了高冈。"）怀山，指山的四周都被洪水包围；襄陵，谓水势凶猛以至冲上了丘陵。

"如丧考妣"，出自《书·舜典》："二十有八载，帝乃殂落，百姓如丧考妣。”（意思是：舜受尧禅二十八年，尧死，百姓如同死了父母一样伤心哭泣。）

仁宗急迫地希望了解水势和百姓的情况，可是那位使官却绕圈子、掉书袋子，引述《书经》对答，致使仁宗大为扫兴。

退殿以后，仁宗即给侍从官下了诏令，说，“今后臣子上殿报告事情，必须直截了当，不得过于花哨，文采雕饰。”

沈括说：“仁宗的诏令，至今犹在传说。遇有应该上奏的人，就预先给他打个招呼，要有一说一，不要咬文嚼字。”

秦观“清新似鲍谢”

北宋词人。字少游，一字太虚，号邗沟居士，学者称淮海先生，高邮（今属江苏）人。少时丧父，侍母家居，借书苦读，研习文辞。个性豪隽，喜读兵书。神宗熙宁十年（1077）往谒苏轼于徐州，作《黄楼赋》。

元丰七年（1084），自编诗文集10卷，名为《淮海闲居集》。同年苏轼向王安石推荐他的诗，王安石赞为“清新似鲍谢”。

秦观是“苏门四学士”之一，在四学士中他最受苏轼爱重。诗、词、文皆工，而以词著称。他的词艺术成就很高，当时即负盛名，如陈师道《后山诗话》誉之为“当代词手”，叶梦得《避暑录话》则说秦观“善为乐府，语工而入律，知乐者谓之作家歌，元丰间盛行于淮楚”。他是北宋以后几百年被视为词坛第一流的正宗婉约作家。秦词以描写男女恋情和哀叹本人不幸身世为主，感伤色彩较为浓重。他极善于把男女的思恋怀想、悲欢离合之情，同个人的坎坷际遇自然地结合在一起，运用含蓄的手法、淡雅的语言，通过柔婉的乐律、幽冷的场景、鲜明新颖的形象，抒发出来，达到情韵兼胜，令人回味无穷。所作〔满庭芳〕“山抹微云”，把离情放在一个凄迷幽暗的特定环境中来抒写，以素描笔法勾勒景物，以抒情色彩很浓的感慨之语，绘出了一幅精巧工致、情韵兼胜的送别画图。此外如〔望海潮〕“梅英疏淡”、〔水龙吟〕“小楼连远横空”、〔八六子〕“倚危亭”、〔千秋岁〕“水边沙外”、〔踏莎行〕“雾失楼台”等名作，哀感顽艳，幽婉动人，都是辞情相称的本色词。它们承继了柳永的家数，但又与柳永的俚俗、白描与讲求铺叙蔓延不同，而主要以秀丽含蓄取胜。

秦观词的不足之处，除题材较窄外，风格也较柔弱，情调时时显得过于凄凉，这与他的遭遇坎坷和意志消沉有关。但也有少数词写得爽健开朗，如〔鹊桥仙〕所写“两情若是久长时，又岂在朝朝暮暮”的爱情，思想境界就很高。此外，他还有几首词较多地运用了俚俗语，如〔满园花〕、〔迎春乐〕等，有似后来的曲；又〔调笑令〕十首，每首以诗、词结合来歌咏一个古代美人故事，这些在词的形式上都有所创新。

秦观的诗风略似其词。许多抒情短章写得精致细密，秀丽有余，但气魄较弱。如七绝《春日》：“一夕轻雷落万丝，霁光浮瓦碧参差。有情芍药含春泪，无力蔷薇卧晓枝。”就充分显示了秦诗的特色。所以金人元好问讥之为“女郎诗”（《论诗绝句》），南宋敖陶孙亦谓其诗“如时女步春，终伤婉弱”（《诗评》）。这些评语实际上指出了秦观诗词共有的弱点。但秦观的诗风并非单一的，“女郎诗”不能代表其全貌。他的诗尚有如《泊吴兴西观音院》《答朱广微》《寄少仪弟》《蓬莱阁》等，表现出“严重高古”（《苕溪渔隐丛话》引《吕氏童蒙训》）的一面。

秦观的文章长于议论，其史论喜欢标新立异；策论虽多针对时事而发，然而见解泛泛，不免空谈。

奉旨填词的柳永

柳永（约987—约1053），北宋著名词人，婉约派代表人物。汉族，崇安（今福建武夷山）人，原名三变，字景庄，后改名永，字耆卿，排行第七，又称柳七。宋仁宗朝进士，官至屯田员外郎，故世称柳屯田。他自称“奉旨填词柳三变”，以毕生精力作词，并以“白衣卿相”自诩。其词多描绘城市风光和歌妓生活，尤长于抒写羁旅行役之情，创作慢词独多。铺叙刻画，情景交融，语言通俗，音律谐婉，在当时流传极其广泛，人称“凡有井水饮处，皆能歌柳词”，婉约派最具代表性的人物之一，对宋词的发展有重大影响，代表作《雨霖铃》《八声甘州》。

柳永为后人所重视的，是他在宋词方面的贡献。他在这方面之所以有显著的成就，和他生性放浪、风流倜傥的私生活有关。据宋人笔记，他因在〔鹤冲天〕词中说过："忍把浮名，换了浅斟低唱"，为宋仁宗所不喜，说："此人风前月下，好去'浅斟低唱'，何要'浮名'？且填词去!"因此他屡试不中。直到他改名为"永"，才中了景祐元年（1034）的进士。按〔鹤冲天〕开头说"黄金榜上，偶失龙头望"，则此词正为"下第"而作，并非先有此词而后仁宗除他的名。其次，像他这种似乎颓废的牢骚是当时一般士大夫常有的习气，连堂堂宰相范仲淹都说："屈指细寻思，争如共刘伶一醉"，"人世都无百岁……忍把浮名牵系?"（〔易银灯〕）柳永的牢骚，正是从范仲淹那里来的。又据说，因为仁宗对他的批评，他就自称"奉圣旨填词"（《艺苑雌黄》）。

他在词史上的贡献有两个方面：其一，他是长调（慢词）的倡导者。其二，他用俗语填入词中。宋初词宗《花间》，多唱小令。由柳永大力开拓新局面。试看北宋初年直到徽宗时代，几个大名家的词集几乎全是小令；例如晏殊的〔珠玉洞〕，全部130多首中，除了卷末5首应酬的寿词〔拂霓裳〕、〔连理枝〕是中调外，几乎全部是小令。欧阳修的《六一词》，也绝大部分是小令，而且有些调子用得特别多，如〔渔家傲〕30调，〔玉楼春〕29调，〔蝶恋花〕17调，〔采桑子〕13调。这些情况，都是符合《花间》和南唐的本色传统的。在北宋大家的集子中，保存长调最多的要算柳永的作品，而且以《乐章》名集，又在许多慢词的调名上还注明宫调名称，以指导乐器的演奏员按调奏乐。如"正宫""仙吕宫""大石调"等。可见他不但提倡写长调，而且着重证明长调也和小令一样，可以入乐演唱；他的作品不仅是诗集而且是唱本，故名《乐章》。

和柳永约略同时的张先也写了一些慢词，但比柳永要少得多。《乐章集》中除少数当时流行的小令如〔玉楼春〕、〔巫山一段云〕、〔少年游〕、〔木兰花〕、〔蝶恋花〕等，绝大多数是长调，其中有不少是他自创的。其最长者如〔戚氏〕多至212字，〔抛球乐〕也有188字，这是以前所没有的。自他开创了写长调的风气，后来苏轼也写〔戚氏〕、〔哨遍〕等长调。柳永的〔忆帝京〕说："系我一生心，负你千行泪。"苏轼的〔雨中花慢〕说："算应负你，枕前珠泪，万点千行。"从这些材料中，可以看出，正是苏轼受柳永的影响。世人论苏轼词称他以柳永为舆台（奴仆），不符合事实。

柳永的〔八声甘州〕，"霜风凄紧，关河冷落，残照当楼"三句曾被苏轼评为"不减唐人高处"（《侯鲭录》）。此词上片"唯有长江水，无语东流"，即苏轼〔念奴娇〕"大江东去"所本。下片"误几回天际识归舟"，即温庭筠词"过尽千帆皆不是"之意。北宋词家融化前人佳作，大率如此。

柳永在仁宗时相对繁荣安乐的社会环境中，享受汴京的都市生活。除了一部分作品是描写歌女舞伎的闲愁别恨以外，也写了不少他自己不得意的牢骚，以及羁旅行役之苦。在这些作品中描写祖国的如画江山，真可谓"一洗绮罗香泽之态"。如〔满江红〕"暮雨初收"，〔望远行〕"长空降瑞"，〔雨霖铃〕"寒蝉凄切"都是一幅幅山水画卷，读之如置身大自然中。至于他铺写都市风物之美，也可以使读者眼明神旺。相传金主完颜亮因为读了柳永的〔望海潮〕而动南侵之念，妄想"立马吴山第一峰"。柳词〔望海潮〕称"烟柳画桥，风帘翠幕，参差十万人家。云树绕堤沙。怒涛卷霜雪，天堑无涯。市列珠玑，户盈罗绮，竞豪奢。"又称："重湖叠巘清嘉。有三秋桂子，十里荷花。"

寻寻觅觅李清照

李清照（1084—1155）号易安居士，汉族，山东省济南章丘人。宋代（南北宋之交）女词人，婉约词派代表，有"千古第一才女"之称。所作词，前期多写其悠闲生活，后期多悲叹身世，情调感伤。形式上善用白描手法，自辟途径，语言清丽。论词强调协律，崇尚典雅，提出词"别是一家"之说，反对以作诗文之法作词。能诗，留存不多，部分篇章感时咏史，情辞慷慨，与其词风不同。有《易安居士文集》《易安词》，已散佚。后人有《漱玉词》辑本。今有《李清照集校注》。

李清照

李清照一生经历可以宋室南迁为界，分作前后两个时期。

前期李清照早年随父住在汴京、洛阳，受过较好的文化教养。她工书，能文，兼通音律，“自少年便有诗名，才力华赡，逼近前辈”（王灼《碧鸡漫志》）。在元符三年（1100）左右，写有《浯溪中兴颂诗和张文潜》，受到当时人们的好评。

约在崇宁二年（1103），赵明诚开始出仕，曾任鸿胪少卿。他们夫妻志同道合，“有饭蔬衣练，穷遐方绝域，尽天下古文奇字之志”（《金石录后序》）。经他们的搜求寻访，日积月累，其所藏蓄的亡诗逸史、古今名人书画和古器物，逐渐增多。

后期建炎二年（1128），李清照怀着国破家亡之痛南逃至建康。她极关心国家命运和当时的政治形势，写有“南来尚怯吴江冷，北狩应知易水寒”，“南渡衣冠少王导，北来消息欠刘琨”的诗句，表达了对于南宋朝廷苟且偷安的极大不满。这一年冬，金人南犯，她又自临安避乱金华，次年才返回临安。关于李清照晚年的生活情况缺乏资料记载，但她曾写诗送韩肖胄、胡松年使金，曾作《打马图经》及“自序”，还曾携前人墨迹访米友仁求题跋。这说明她一直在关心国家大事，并且一直在从事文学创作和学术活动。

李清照工诗，能文，更擅长词。从艺术成就上看，她的词超过了诗和文。从总的情况看，她的创作因她在北宋和南宋时期生活的变化而呈现出前后期不同的特点。

从李清照北宋时期创作的为数不多的诗、文中可以看出，她的生活领域和精神境界是比封建社会一般女子宽阔的。基于对北宋王朝现实政治的清醒认识，在《浯溪中兴颂诗和张文潜》中，她提出“夏商有鉴当深戒，简策汗青今具在”，主张吸取唐王朝天宝之乱的历史教训。宣和三年写于莱州的《感怀》诗，表达了对于官场庸俗生活的厌恶。另外，在早年她还写过一篇《词论》，提出词“别是一家”的说法，认为词分五音、五声、六律，又分清浊轻重，因称晏殊、欧阳修、苏轼的词，“皆句读不葺之诗尔”。又称柳永词，“变旧声作新声”，“虽协音律，而词语尘下”。是宋代的重要词论。总之，她的诗、文讲历史，谈世事，论文艺，题材范围比较宽广。

李清照前期的词比较真实地反映了她的闺中生活和思想感情，题材集中于写自然风光和离别相思。如〔如梦令〕二首，活泼秀丽，语新意隽。〔凤凰台上忆吹箫〕、〔一剪梅〕、〔醉花阴〕等词，通过描绘孤独的生活和抒发相思之情，表达了对丈夫的深厚感情，宛转曲折，清俊疏朗。〔蝶恋花〕《晚止昌乐馆寄姊妹》写对女伴们的留恋，感情也极其真挚。她的词虽多是描写寂寞的生活，抒发忧郁的感情，但从中往往可以看到她对大自然的热爱，也坦率地表露出她对美好爱情生活的追求。这出自一个女作家之手，比起“花间派”代言体的闺怨词来要有价值得多。王灼说李清照“作长短句，能曲折尽人意，轻巧尖新，姿态百出。闾巷荒淫之语，肆意落笔。自古缙绅之家能文妇女，未见如此无顾籍也”（《碧鸡漫志》卷二）。这种批评正说明了李清照词的意旨在客观上是违背了封建规范的。

到南宋时期，李清照的作品出现了比较明显的变化。她的诗文的思想性提高了，表现出密切关怀国家命运的高度爱国精神。如《咏史》诗和《夏日绝句》，通过对嵇康“至死薄殷周”、项羽“不肯过江东”的行为的赞扬，批判了伪楚政权，指责了统治集团的屈辱投降政策，表达了自己坚持民族气节的决心。绍兴三年（1133）写的《上枢密韩公诗》，表现了作者对北方的家乡和人民的怀念，并勉励使者充分估计使命的艰劬，勇敢地维护朝廷的尊严。她在绍兴四年写的《打马图经自序》和《打马赋》，真实地记录了人们在战乱中的“流离迁徙”，表现了主张秣马厉兵、抗击金人、恢复中原的爱国思想。这一时期她创作的很多诗、文都是针对时事发表自己的意见的，具有很强的现实性。

李清照南渡后的词和前期相比也迥然不同。国破家亡后政治上的风险和个人生活的种种悲惨遭遇，使她的精神很痛苦，因而她的词作一改早年的清丽、明快，而充满了凄凉、低沉之音，主要是抒发伤时念旧和怀乡悼亡的情感。在流离生活中她常常思念中原故乡，如〔菩萨蛮〕写的“故乡何处是，忘了除非醉”，〔蝶恋花〕写的“空梦长安，认取长安道”，都流露出她对失陷了的北方的深切怀恋。她更留恋已往的生活，如著名的慢词〔永遇乐〕，回忆“中州盛日”的京洛旧事；〔转调满庭芳〕“芳草池塘”回忆当年的“胜赏”，都将过去的美好生活和今日的凄凉憔悴做对比，寄托了故国之思。

她在词中充分地表达了自己在孤独生活中的浓重哀愁，如〔武陵春〕通过写“物是人非事事休”的感慨，〔声声慢〕通过写“寻寻觅觅，冷冷清清，凄凄惨惨戚戚”的处境，表达了自己难以克制、无法形容的“愁”。又如〔清平乐〕中“今年海角天涯，萧萧两鬓生华”的悲伤，〔孤雁儿〕中的悼亡情绪，都是在国破家亡、孤苦凄惨的生活基础上产生的，所以她的这部分词作正是对那个时代的苦难和个人不幸命运的艺术概括。

李清照词的艺术成就很高，在文学史上占有重要的地位。她的《词论》重视词的特殊格调和协律性，所以能够独辟门径，在丰富词的表现手法上做出了突出的贡献。李清照是抒情的能手，她创作了不少优秀的抒情词，真实地反映了自己的闺中生活和流落异乡的思想情感。她巧于构思，常常选取一些生活片段写入词中，具体、细致地展现自己的内心世界。如〔武陵春〕通过“也拟泛轻舟”和“只恐双溪舴艋舟，载不动许多愁”的矛盾，来表现自己的痛苦处境。她又善于运用白描手法，通过写具体的行动或事物，将抽象的内心活动形象化，如〔永遇乐〕中以“向帘儿底下，听人笑语”写自己情怀之恶；〔一剪梅〕以“才下眉头，却上心头”的情状来写相思之深。她的抒情既委婉、含蓄，又极其自然，毫无矫揉造作的毛病。她的词的风格以婉约为主，但也偶有豪放之作，像〔渔家傲〕“天接云涛连晓雾”，即被称赞为“浑成大雅，无一毫钗粉气”（黄了翁《蓼园词选》），很值得重视。

李清照词的语言更是独具特色，优美、精巧，却不雕琢求工。她在遣词造句上很有创造性，像她笔下的花树是“宠柳娇花”，“绿肥红瘦”；天气是“浓烟暗雨”，“风柔日薄”；又以“黄花瘦”比人，都十分新颖、清丽。她还常常以“明白如家常”的方言口语入词，如“甚霎儿晴，霎儿雨，霎儿风”，“守著窗儿，独自怎生得黑?”信手拈来，便增添了许多新鲜生动的情味，正像彭孙遹所说“用浅俗之语发清新之思”（《金粟词话》）。这种语言对于北宋末期华贵典雅的词风无异是一种冲击。李清照的词富有音乐美，她极注意“分五音，又分五声，又分六律，又分清浊轻重”（《词论》）。还讲究舌、齿音的交错和叠字的连续运用，像〔声声慢〕的开头一连用了14个叠字，其独创性为历来评论者所盛赞。自李清照的词被称为“易安体”后，从南宋起就不断有人学习和效仿。

苏东坡游赤壁

北宋名相司马光执政后，把宋神宗贬谪的许多大臣都召回朝廷，其中有两个是宋朝著名的文学家——苏轼和苏辙。

苏轼兄弟俩，是眉州眉山（今四川眉山）人。苏轼二十岁刚出头的那年，他的父亲苏洵带着他和苏辙到京城去考进士。主考官欧阳修，正在注意从考生中物色有才华的人。第一场考试下来，他在阅卷的时候，看到一篇文章，高兴得拍案叫好。

考卷是密封的，上面没有考生的名字。欧阳修心里想，能写出这样精彩的文章，一定是一个文坛能手。京城里有点名气的文人，欧阳修多少了解一点，这篇文章究竟是谁写的呢？他猜想了半晌，觉得从文章的风格看，很可能是他的门生曾巩。他本来想把这篇文章评为第一名，但是曾巩是他门生，评得高了，怕人们说他偏袒，就把它评为第二。

直到发榜的那天，欧阳修才知道，那个写精彩文章的不是曾巩，却是刚到京城的青年考生苏轼。

苏轼考取以后，照例要去拜见主考老师欧阳修。欧阳修跟他谈了一阵子，觉得他气度大方，才华出众，打心眼里喜欢。苏轼走了以后，欧阳修跟他的老同事梅尧臣说："像这样出众的人才的确难得，我真应该让他高出一头呢！"（成语"出人头地"就是这样来的。）

苏东坡

欧阳修这番话一传出去，一些读书人听了都不服气。京城里这样多的人才，难道比不上一个初出茅庐的小伙子。后来，大家读到苏轼才气横溢的诗歌和文章，才不得不服输。

苏轼出了名，他的弟弟、十九岁的苏辙也在同年考取了进士，他们的父亲苏洵的高兴劲儿就不用说了。但是苏洵另外有一番感触。原来苏洵也是个擅长散文的人，他在少年时期，没认真读书，到二十七岁那年，看到别人一个个都上进了，才发个狠劲读书。过了一年，考进士没考中，回到家里，一气之下把他过去写的文章，一把火烧了，从头学起，果然进步很大。

这回，他带儿子到了京城，眼看儿子年轻轻的都考中了，怎能不感慨呢。他听说欧阳修是最重视文才的，就把他几年来写的二十多篇文章托人送给欧阳修，请欧阳修指教。欧阳修一看，苏洵的文章文笔老练，别具风格，就向宰相韩琦推荐，韩琦也很赞赏。后来，没经过考试，破格把苏洵任命为秘书省校书郎。

这样，苏家父子三人当时在京城中都出了名。后来，人们把他们父子三人合起来称作"三苏"。

王安石实行新法的时候，苏洵已经死了。苏辙在王安石手下干过事，后来，因为跟王安石合不来，被降了职到外地去了。苏轼主动要求外调，先后当过杭州、湖州（今浙江吴兴）等地方的刺史。他每到一个地方，都兴修水利，减轻赋税，提倡生产，做了一些对人民生活有益的事。

后来，苏轼在湖州看到地方豪强官吏的横行霸道，很不满意，写了一些诗，讽刺这些事。没想到这些诗传到京城，几个反对苏轼的官僚从苏轼的诗文里摘出几句话，诬陷苏轼诽谤朝廷，大逆不道。朝廷撤了苏轼的职，把他押解到东京，关在大狱里，想把他处死。

苏轼在牢监里足足被关了一百天，受尽折磨。后来，因为实在算不上什么大罪，宋神宗才下令把他释放，贬谪到黄州（今湖北黄冈）。

苏轼到了黄州，挂了个小小的空头官衔，实际上过着流放的生活。他穷得过不了日子，后来靠朋友的帮助，弄到一块地，自己耕种起来。他还亲自整理场地，在东边山坡上盖了一间屋。他给自己起了一个别号，叫东坡居士。后来，人们常把苏轼叫作苏东坡。

苏轼在政治上失意的日子里，常常游览山水，写作诗歌，抒发他的心情。有一次，他打听到长江边有个名胜古迹叫作赤壁，就在一个月光皎洁的夜里，约了几个朋友，乘着小船到赤壁去游览。在那里，他想起三国时期曹操和周瑜大战的情景，触景生情，十分感慨。回来以后，写了一篇文章，叫作《赤壁赋》。

苏轼不但是写散文和写诗的能手，而且在词的写作上也有很高的成就。他写的词，有一种与众不同的豪放风格。在游赤壁之后，他又写了一首《念奴娇·大江东去》词的上半首是：

大江东去，浪淘尽，千古风流人物。
故垒西边，人道是，三国周郎赤壁。
乱石穿空，惊涛拍岸，卷起千堆雪。
江山如画，一时多少豪杰。

苏轼是个博学多才的人，但是他在地理上却出了一个不小的差错。原来黄州的赤壁并不是周瑜火烧曹军的地方。三国的赤壁在现在武汉的上游，而黄州却在武汉下游。不过，黄州的赤壁却因为苏轼这一个差错出了名。后来人们为了纪念这位大文学家，就称它为“东坡赤壁”。

名臣之后范纯仁

范纯仁（1027—1101），字尧夫，谥忠宣。北宋大臣，人称“布衣宰相”。参知政事范仲淹次子。1027年6月，范纯仁生于南京应天府。宋仁宗皇祐元年进士。曾从胡瑗、孙复学习。父亲殁没后才出仕知襄邑县，累官侍御史、同知谏院，出知河中府，徙成都路转运使。宋哲宗立，拜官给事中，元祐元年同知枢密院事，后拜相。宋哲宗亲政，累贬永州安置。范纯仁于宋徽宗立后，官复观文殿大学士，后以目疾乞归。建中靖国年间去世，追赠开府仪同三司，谥号忠宣。著有《范忠宣公集》。

范纯仁清正廉洁，性情执拗，敢于直言劝谏，关心民间疾苦。他为官一生，无论在地方官任上，还是身为宰相，都履行了先父的“先天下之忧而忧，后天下之乐而乐”的教诲，称得上是一个清官。

名臣范仲淹有4个儿子，次子范纯仁最有作为。他天资警悟，8岁就能讲所授书，长大后，根据恩荫制度，任为太常寺太祝。仁宗皇祐元年（1049），刚刚22岁就进士及第。

青少年时代的范纯仁酷爱读书，他的父亲门下招揽了不少有才干的青年，如胡瑗、孙复、石介等，范纯仁与他们交往密切，日夜在一起读书切磋学问。夜深人静，他的朋友们都休息了，他还独自一人点着油灯，在蚊帐中读书。时间长了，白色的蚊帐都被烟熏成了黑色。

当范纯仁功成名就当上高官后，他的夫人经常将这床蚊帐拿出来，教育他的子女，说：“这蚊帐，就是你们的父亲过去读书时熏黑的，你们一定要像父亲那样刻苦读书。”

范纯仁很有孝心，他的哥哥范纯佑有心疾，他像侍奉自己的父亲一样，经常亲自煎汤送药，精心服侍。

范仲淹去世以后，范纯仁才开始踏上仕途。他的第一个职务是任襄城知县。

他和他的父亲一样，是一个关心百姓疾苦的清官。在襄城时，他了解到，当地百姓受传统习俗的影响，素来不养蚕织布，也很少有人种桑树。百姓生活得不富裕。他想，要使百姓富起来，必须种桑，养蚕，发展经济。可是，老百姓就是不肯听他的。范纯仁就想了个办法。他把一些情节较轻的犯人放回家去，让他们种桑树，规定按种植桑树成活后获利的多少，减轻其罪行，结果，这些犯人的桑树长得很好，不仅减少了刑期，还获得了一部分利益。

从此，襄城老百姓也学着种桑树，生活也有了改善。

范纯仁还非常重视粮食储备。他要求商人多储备粮食。有一年，发生大旱灾，农民颗粒无收，周围地区的各县都缺粮闹饥荒。范纯仁下令商人将这些粮食拿出来救济灾民，使得襄城民心安定，没有出现饥荒。

因为在地方政绩突出，范纯仁在朝廷也有了名望。英宗时，范纯仁升至侍御史。但他和他的父亲一样，愿意到地方多做一些实事。于是，又主动到地方去了。

神宗时，他被召回京城，任兵部员外郎，兼起居舍人，同知谏院。他对朝廷很负责，又敢于直言。他与王安石政见不和，以激烈的言辞猛烈抨击王安石变法，使王安石非常恼火，范纯仁随即被外任成都路转运使。在任上，他告诫各州县不要急于实施新法，又遭到降职。

元祐元年（1086），范纯仁被召回京城，任同知枢密使。司马光执政后，将王安石的新法全部废除。范纯仁虽然也反对新法，但他比较客观，劝司马光："新法当废，但把其中过分的地方除去就行了。恢复差役法一项，尤当缓行，否则会滋为民病。您做宰相，当务之急是求人才，不是改变新法。愿司马公倾听众人的意见，不要事事都自己说了算。如果计划都从自己出，就会有人趁机谄谀了。"司马光不以为然，说："你的看法我不敢苟同，差役法病民害国，有百害无一利，老百姓都讨厌，为何还有人钟情于此呢？"司马光带着个人情绪尽废新法。范纯仁喟然而叹："奈何又一位拗相公！"

元祐三年（1088），范纯仁当上了宰相。他很重视人才。当时，苏轼因发策问被人攻击，韩维被罢门下侍郎补外，范纯仁上奏皇上，说苏轼无罪，韩维也是尽心国家，不能因为他们说了几句话，就罢了他们的官。

范纯仁荐引人才，只看他们的才德，有的人当上官了，还不知是范纯仁推荐的。有人说："你身为宰相，岂能不牢笼天下人士，让他们知道是出于你门下，你的官才能坐得稳啊!"范纯仁回答："荐举人才是我的职责，人才是国家之宝，只要他们能尽忠国家君王就是了，何必让他们知道出于我的门下?"这就是他的为官理念，大公无私。

尽管范纯仁在自己的任上，尽职尽责，但还是被言官所攻击，说他擅结朋党。元祐四年（1089），他主动要求罢相，出任地方官。

元祐八年（1093），范纯仁复相。但哲宗亲政后，任命章惇做了丞相。范纯仁与惇因政见不和，坚决请求到外地任职。以后，还是屡受打击。

建中靖国元年（1101），徽宗即位，"布衣宰相"范纯仁的境遇才获得改善。但在这一年，他以 75 岁高龄辞世。

三大发明

宋代科学技术的发展是非常突出的。中国的四大发明除西汉初年蔡伦发明了造纸术以外，其他三个发明即火药、印刷术、指南针都是在宋代发明或得到广泛应用的。

1. 火药武器的使用

火药是我国古代的伟大发明，到了宋代已经得到广泛的应用，特别是在军事上的应用更具有重要的意义。据《武经总经》记载，当时有三种火药的配方。它们以硫磺、硝、木炭为主要的原料，再配上其他的易燃物质。应用火药为原料的武器种类很多。火药武器按性质分有三种，有燃烧性的、有爆炸性的、有射击性的。射击性的武器出现得较晚。燃烧性的，如火炮等。爆炸性的各种武器具有相当大的威力，如霹雳火毬。这种武器的威力大，爆炸时"声如霹雳"。此外有蒺藜炮等。南宋理宗时，在战争中使用的"突火枪"，就是一种射击性很强的武器。金人、蒙古人从宋人那里学会了制造、使用火药武器。蒙古军队在

灭金、宋的战争中，大量地使用了火炮、火枪。

2. 毕昇首创活字印刷

就在雕版印刷发展趋于鼎盛的时期，我国古代印刷技术出现了重大的突破。据《梦溪笔谈》卷18记载，宋仁宗庆历年间（1041—1048），平民毕昇创造了活字印刷术。它既能节省费用，又能缩短时间，非常经济和方便。不仅在我国，在世界印刷技术史上，也是一件伟大的创举，它的影响是十分深远的。

毕昇活字印刷术的基本原理，与近现代盛行的铅字排印方法完全相同。

其方法是用胶泥刻字，每字一印，字薄如钱唇，上火焙烧，使其坚硬。另外置一铁板，上面敷以松蜡和纸灰；板上四周设有铁框。印书的时候，将烧好的字布于框内。再持铁板就火烤之，待松脂等熔化，再用铁板把字压平。以这样的活字版印书，效率提高了。这种活字以后又有了很大的改进。元人王祯的《农书·造活字印书法》中记载了多种改进的方法。但锡活字、木活字是在泥活字的基础上改进而成的。

毕昇蜡像

毕昇发明的活字印刷术不但直接传播到亚洲各国，而且影响到整个世界，影响到世界的文明和进步。它是我国人民对人类的重大贡献之一。

3. 指南针的应用

我国早在战国时期就知道利用磁石做成一种指南工具，这种工具叫作司南。司南的形状如同一把汤匙，其磁的南极一端研磨成如同汤匙柄的长柄。匙的底部磨得很圆，很光滑。这个磁匙放在一只方形的盘上，四周刻有24个方位的刻度。司南在盘中转动，当它静止时，匙柄则指向南方。

宋代有一种“司南鱼”，据《武经总经》记载，它是由人造磁铁制成的指南的工具。以后，指南的仪器又有了改进。据《梦溪笔谈》记载，当时人们已经知道用磁化的钢针作为指南的工具。磁化的钢针放在手指甲或者放在碗边，或用丝线将针悬起，都可以灵活地指出南边的方向。后来又进一步将磁化的钢针支撑放在一个刻有方位的盘中，这便是罗盘针。《梦溪笔谈》不但指出“磁石磨针，则能指南”的情形，还进一步指明磁针指向是“然微偏东，不全南也”。

在世界上，沈括是发现磁偏角的第一个人。北宋末年朱彧的《萍洲可谈》记载了当时的海船上已经使用指南针作为辨别航向的仪器。公元1123年，徐兢出使朝鲜，他在所写的《宣和奉使高丽图经》书中，提到了他所乘的海船上使用指南针的事实。指南针的使用，促进了我国航海事业的发展。

沈括著《梦溪笔谈》

北宋哲宗元祐三年（1087），润州（江苏省镇江）梦溪园中，一位睿智儒雅、饱经沧桑的老者时常在园中漫步，他时而沉浸于往日的追思中，时而在园中书房里凝神沉思，奋笔疾书……

他就是北宋卓越的科学家沈括，他所著述的作品就是被誉为“中国科学史上的坐标”的巨著《梦溪笔谈》。

沈括（1031—1095），字存中，号梦溪丈人，北宋浙江杭州钱塘县（今浙江杭州）人，汉族。北宋科学家、政治家。仁宗嘉佑进士，后任翰林学士。晚年在镇江梦溪园撰写了《梦溪笔谈》。我国历史上最卓越的科学家之一。精通天文、数学、物理学、化学、地质学、气象学、地理学、农学和医学、工程师、外交家。

沈括的父亲沈周（字望之），曾任地方官，母亲许氏读书识字、知书达理。

沈括自幼勤奋好学，有旺盛的求知欲。在母亲的启蒙教育和指导下，他14岁时就通读完家中所有的藏书。此后，追随父亲，到过福建的泉州、江苏润州

沈括

（今镇江）、四川简州（今简阳）和京城汴京等。他的足迹遍及祖国大半个山河，这激起他深深地爱国之情，也使他能深入接触人民和社会。小小年纪的他已成了见多识广、遇事有独到见解的小“万事通”了。

24岁时，沈括走上为官的道路，历任海州沭阳县（今江苏省）主簿；东海（今江苏省）、宁国（今安徽省）、宛丘（今河南省淮阳县）等地的县令。

33岁时，博学多才的沈括考中进士，被任命为扬州司理参军，掌管刑讼审讯。3年后，由于政绩显赫，他又被推荐为京师昭文馆编校书籍。此时，他开始研究天文历算。

宋神宗熙宁五年（1072），沈括执掌观测天象，推算历书。之后，沈括又担任了史馆检侍，熙宁六年（1073）做集贤院校理。由于职务的便利，沈括如饥似渴地阅读所能见到的皇家藏书，充实了自己的学识，成为一名博学多识的“通才”。

宋神宗熙宁二年（1069），主张“富国强兵”的宰相王安石进行轰轰烈烈的变法改革，以解救北宋统治面临的严重危机。沈括积极参加支持这次运动，并受到重视和重用，担任过管理全国财政的最高长官等要职。

由于王安石的变法在一定程度上损害了大官僚大地主的利益，遭到保守派的强烈抵抗，终于失败。沈括也因此被贬官。

3年后，为抵御西夏的进犯，沈括改知延州（今陕西省延安一带），兼任鄜延路经略安抚使，并立下赫赫战功，因此被升任为龙图阁直学士。后又因谗言诬陷，降职做均州（今湖北省均县）团练副使。

哲宗元祐二年（1087），沈括终于编成花费十几年心血的大型地图集《天下州县图》，被特许亲自到汴京进献。次年，沈括定居润州（今江苏省镇江）梦溪园。

于是开始了篇首的那一幕。在梦溪园里，沈括认真反思总结自己一生的经历和科学活动，经过近10年的辛劳，他写成了震惊中外的科学巨著《梦溪笔谈》和《忘怀录》等。宋哲宗绍圣二年（1095），这位中国科学史和世界文化史上的巨人，静静地告别了人世。

作为一位博学多才的科学家，沈括一生成就卓著。他在天文、数学、地学、物理、化学、生物、医药以及水利、军事、文学、音乐等方面都有精湛的研究和独特的见解。他一生著述多达几十部，但遗憾的是留存至今的只有《梦溪笔谈》、综合性文集《长兴集》和医药著作《良方》等少数几部了。

青年时期任沭阳县主簿时，沈括就主持了沭水的工程，同时积极倡导并主持了现在安徽芜湖地区修筑规模宏大的万春圩，开辟出能排能灌、旱涝保收的1270顷良田，并著有《圩田立说》《万春圩图书》等著作。

沈括担任河北西路察访使和军器监长官时，面对辽和西夏贵族的侵扰，他站在主战派一边，认真攻读兵书，精心研究城防、阵法、兵车、兵器、战略战术等，他对一些武器的制造进行科学的改进，提高部队的战斗力，并编成《修城法式条约》和《边州阵法》等著作。

作为一名杰出的天文学家，负责领导司太监时，他罢免毫无建树的旧历官，推荐能力强的人。主持修订历法的工作，研究改革了浮漏和影表等旧式的天文观测仪器，并写成三篇论文《浑天仪》《浮漏议》和《影表议》，详细阐明仪器改革的原理，是我国天文史上的重要文献。他晚年提出的用“十二气历”代替旧历法的主张，既符合天体运行的实际，又有利于农业活动的安排。现在世界上各国采用的公历，即阳历，在月份上实际还真不如沈括的“十二气历”合理。

在数学研究上，沈括从实际计算需要出发，创立了“隙积术”和“会圆术”；在物理学研究上，沈括的见解成果涉及力学、光学、磁学和声学等各领域，尤其是他指出的磁针的偏角问题是世界上关于地磁偏角的最早记录。西方直到1492年哥伦布航行美洲时，才发现地磁偏角，比沈括的发现晚了400年。

在地学研究上，沈括做出了卓越而富有见解的论断。他指出浙东雁荡山的地貌是水流侵蚀作用的结果；正确论述华北平原的形成原因，推断出河北太行山崖曾是远古时代的海滨；而华北平原则是由黄河、漳河、桑乾河等河流所携带的泥沙沉积而形成的；他根据地下发掘出的类似动植物的化石，明确指出它们是古代动物植物的遗迹，并推论出古代的自然环境，这比文艺复兴时达·芬奇对化石性质的论述早了400多年；沈括还奉旨完成了我国制图史上的巨作《守令图》，编绘《天下州县图》，图幅之大，内容之详，都是他之前少见的。

沈括对药用植物学的知识也十分广博，他从实际出发，辨别真伪，纠正古书上的错误；他致力于医药研究，搜集许多验方，治愈了不少病人，并著有医学著作《良方》等三种。

以上提到的科学活动的成果和他个人一生的事迹，主要都反映在他晚年呕心沥血的巨著《梦溪笔谈》中。

除提及的科学研究外，沈括在《梦溪笔谈》中还谈及考古、语文、史学、文学、音乐、绘画以及财政、经济等。

《梦溪笔谈》原有二十六卷，后又增加《补笔谈》三卷、《续笔谈》一卷，总计三十卷。全书分为十七卷，共六百零九条，十几万字。全书具有朴素的唯物主义思想，能用发展变化的观点研究客观事物，对自然现象的观察不停留在表面，而是努力探求它的科学道理，更难能可贵的是作者十分重视劳动群众的实践经验和发明创造，他以敬佩的态度记载了宋朝劳动人民在科学技术上的贡献。如平民毕昇发明活字印刷术；民间匠师喻皓的建筑成就和著作《木经》；平民天文数学家卫朴修历的事迹；河工高超创造的合龙堵口的先进方法，等等。这些劳动者的业绩，由于沈括的记载才得以为后人知晓。

《梦溪笔谈》以内容丰富、集前代科学成就之大成而为中外人士称道，无愧于“中国科学史上的坐标”之美称；而沈括则以他在科学技术上的卓越成就和顽强刻苦的钻研精神而被后人崇敬，不愧于“科技奇才”的赞誉。

奸相蔡京

蔡京（1047—1126），北宋名臣、北宋宰相兼书法家，也是北宋著名的大奸臣，陈东称他为“六贼”之一。字元常，兴化军仙游（今属福建）人。蔡京是王安石变法的坚决拥护者和得力干将。他是个天资特别好的人，熙宁三年（1070），24岁的蔡京就与弟弟蔡卞同登进士第，初授浙江钱塘县尉、舒州推官，后任起居郎，出使辽国归来后被提升为中书舍人。

蔡京一步入仕途，就充分施展自己善于投机的本性，当神宗任用王安石推行变法时，他积极支持并参与王安石变法。元祐（1086），哲宗即位。哲宗只有9岁，神宗的母亲高太后听政，起用守旧派大臣司马光等重新执政。司马光一上台，就全力废除新法，恢复原来的政策。这在历史上称为“元祐更化”。蔡京一看风向变化，立即投靠司马光，司马光限期5日内恢复差役制，大家都以为不可能，只有他在5日内完成，干净利落，受到司马光的赏识。司马光高兴地说：“假如人人都像你这样执行法令，还有什么不能实行的！”官声清正的司马光觉得蔡京这人真是不错，就把他提升为龙图阁直学士，再知成都。

绍圣元年（1094），哲宗亲政。他立志继承神宗革新的事业，将元祐遭贬的大臣纷纷起用。任命章惇为宰相，以图恢复新法。蔡京一看风向又变了，他也赶紧调整。章惇召集文武官员商讨如何更改新法，久议不决，蔡京摸准了上峰的意图，就说：“按照熙宁成法施行就是了，还用研究吗？”于是章惇采纳了蔡京的主张，从此两人沆瀣一气，共同把元祐诸臣一网打尽，连司马光的坟都被挖了。

结果是，蔡京正式成为户部尚书。

哲宗年少贪色，25岁就死了。建中靖国元年（1101），神宗的第十一子，18岁的瑞王赵佶登上皇位，是为宋徽宗。徽宗即位后，做了不少坏事的蔡京屡遭弹劾，被罢为端明、龙图两学士，后来再被劾夺职，闭居杭州。

徽宗是个大才子，尤其擅书画，年纪轻轻艺术成就就名闻朝野。而且他还

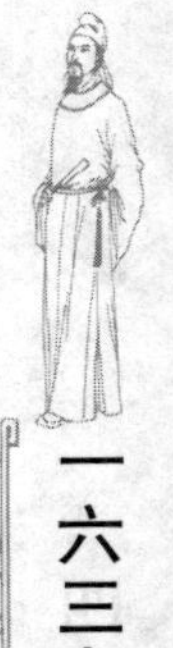

蔡京

喜欢搜罗古玩奇巧。这一年，他派亲信宦官童贯到杭州为他搜刮书画。蔡京就和童贯结识了。两人臭味相投，结为挚友。那蔡京绝非等闲之辈。为了投徽宗之所好，蔡京刻意加工了屏障、扇带，托童贯进呈，当然也没少给童贯贿赂。童贯回京就上表给徽宗，说蔡京是个人才，应该重用他。于是，在崇宁元年(1102)，蔡京被提拔为右仆射。徽宗因为和蔡京有着共同的爱好，就格外赏识他。一次，徽宗说："神宗创法立制，先帝继志述事，中遇两变，国是未定，朕欲上述父兄遗志，卿将何以教朕？"蔡京忙起座顿首道："敢不尽死。"结果第二年，徽宗就让蔡京当上了左仆射。

蔡京当上了宰相，童贯的好处当然少不得，连官位也节节上升。时人把蔡京叫作"公相"，把童贯叫作"媪相"。

徽宗与蔡京，蔡京与童贯，童贯与徽宗，结成了牢不可破的"友谊"，再加上他们手下的各色奸佞，国家在他们手上，也就没有安宁的日子了。

徽宗有一幅传世的人物画代表作，名《听琴图》，弹琴者是徽宗的自画像，听琴者就是他的宰相——在后世声名狼藉的蔡京。这幅具有宿命般象征意义的杰作，透露出一种休戚与共的意味，更能看出这真是一对名实相符的亡国君臣。

臣子对君王的影响力也是不可低估的。有一次，当上皇帝不久的宋徽宗，拿出一些玉制的盘碗杯盏来，小心翼翼地问大家："我打算在国宴上用这些东西，又怕别人觉得太奢华，只好把它们藏到府库，你们认为是不是有些奢侈？"蔡京赶忙说："陛下，臣以前出使辽国，看到其国君臣所用玉盘、玉盏都是当年石敬瑭奉上的，辽人竟把它们拿出来向臣炫耀。现在看到陛下用这些东西，臣很高兴。再者，玉器可以延年益寿，但用无妨。"宋徽宗犹犹豫豫地说："先帝曾修建了一个小台，不过数尺高，上书者便接踵而至。朕是最怕这天下悠悠之口的。"蔡京鼓励道："凡事合乎礼法，人言就不足畏了。再者，天下是皇帝的天下，陛下就是拿天下所有东西来享用，又有何不可？区区玉器，何足道哉！"

听了蔡京的谀辞，宋徽宗像是被小猫挠了下巴一样舒服，当下龙颜大悦。据说，蔡京最看不上的，就是历朝历代讲究节俭的帝王。他本人生活就极为奢侈，据说他喜欢吃鹌鹑羹和蟹黄包子，每吃一次鹌鹑羹就要杀鹌鹑三百只；请人吃一次饭，仅蟹黄包子一项，就要花一千三百贯钱，相当于五十户普通人家一年的收入。他家里的厨房养着一位小姐，其职责就是专门负责切葱丝，别的一概都不会。这样的一个人辅佐皇帝，"档次"当然只会更高。

蔡京被提拔为宰相的第二年，就对徽宗说："今天国家府库积蓄极为充盈，足以让陛下进一步完备礼仪了。"这话正合宋徽宗的口味。于是，宋徽宗开始在全国大兴土木，建造楼堂馆所，塔观寺庙。在蔡京的主持下，富丽无比的九成宫建起来了，许多朝代不敢轻易动工的大工程，如延福宫、艮岳等也大张旗鼓地开始营建。花石纲之役也随之蔓延成灾，荼毒全国。

蔡京的大儿子蔡攸"很有出息"，他也得到了徽宗皇帝的宠爱，和仪表堂堂的宰相王黼、号称"浪子宰相"的李邦彦一起，经常参与宫中的秘戏。这三位宰相、副宰相时常涂脂抹粉，夹杂在倡优侏儒中间，满口淫谑浪语，相当于今天的黄色笑话之类，还要加上一些绘声绘色的表演。有时还把全身画满花样，把身上的衣服全脱光了表演，以此来取悦皇帝。据说，有一次君臣玩得开心，被皇后撞见了，皇后吓了一跳，摇头叹息道："宰相尚且如此，这个国家可怎么治理？"

后来，蔡攸还想自立门户，与父亲分庭抗礼。

有一天，蔡攸突然来到蔡京家中。蔡京正与一位客人说话，见他进来，客人连忙避让。蔡攸抓住他父亲的手腕，边为他诊脉，边问道："大人最近身体还好吗？"

蔡京回答："还好！"

蔡攸面露失望之色，说了声："宫里的事情太忙了。"

蔡攸走了以后，客人一头雾水地问蔡京，这是玩的什么花样？蔡京叹了口气说："你有所不知，这小子想以我有病为借口顶我的空缺，自己执掌相印呢！"

后来，宋徽宗顶不住朝野上下的压力，有心让蔡京休息，但蔡京内心实在不想离开相位。当童贯到蔡府宣诏之时，蔡京哭泣着说："圣上为什么不再容我数年，而听信犬子的谗言？"

童贯只好回答："我实在是不知情。"

蔡京万般无奈，上章谢事，结束了自己的官宦生涯。

蔡京最后栽在自己儿子蔡攸的手上，也算是历史和他开的一个玩笑。不过，蔡攸的希望也落了空，接替蔡京相位的是王黼。这一年是宣和七年（1124），离北宋灭亡仅仅1年。

蔡京被罢官之后，便生了一场大病，人们都说他活不长了。一个叫晁冲之的大臣却力排众议："蔡京不会死的。他把国家败坏到这种程度，现在让他这么安静地死，还有什么天理可言？"果然，蔡京很快就病愈了。

而此时，新兴的金王朝已做好南下准备，宣和八年（1125），金兵分两路向南推进，北宋的末日来临了。徽宗匆匆忙忙传位给太子赵桓，是为钦宗。徽宗自己带着宠臣童贯、蔡攸等人逃往南方。蔡京闻知徽宗南逃的消息，也和家人一起逃往南方，还没忘了把平日搜刮来的金银珠宝用船运走，装了满满一大船，把40担金银珠宝寄放到浙江海盐的族人家中。

第二年，金兵逼近京城开封。李纲挺身而出，组织开封军民抗金。他和太学生陈东等人屡次上书，强烈要求钦宗治蔡京、王黼、童贯、梁师成、李彦、朱勔六人之罪。陈东慷慨激昂地说："这六人实为六贼，异名而同罪，陛下一定要处死他们，以谢天下。"

钦宗为形势所迫，只好将王黼、梁师成、李彦斩首，蔡京、童贯、朱勔贬官流放。但如此仍不足以平民愤，宋钦宗万般无奈，又派人到流放地斩了童贯、朱勔、蔡攸。蔡京被贬到儋州（今海南）。

蔡京如丧家之犬一般，带着家人前往流放地。一路上，人们听说蔡京来了，群情激愤，商贩都不肯将食物卖给他，所过州县官吏都不准他行走大道，弄得蔡京老泪纵横，仰天长叹道："我失人心到了这个地步了吗？"

蔡京又气又怕，走到潭州（今长沙）便一命归西，年80岁。

很有意味的是，蔡京是一个艺术天赋极高的人，素有才子之称，在书法、绘画等各个艺术领域均有不俗表现。他的书法，跻身于北宋苏、黄、米、蔡四大家之中。

据说，有一次蔡京与米芾聊天，蔡京问米芾：“当今书法什么人最好？”

连狂傲的米芾都承认：“从唐朝的柳公权之后，就得算你和你的弟弟蔡卞了。”

当时的人们谈到他的书法时，使用的词汇经常是“冠绝一时”之类的说法。这样高妙的书法境界，竟无传世。自古正邪如冰炭，从来毁誉在人心。蔡京为相的17年，把国家推向了毁灭的深渊，而他自己堪称艺术的作品竟也没能流传，可恨、可悲、可叹！

蔡京的一生惯于见风使舵，投机钻营，又奸诈多谋，寡廉鲜耻，唯利是图，奢靡无度。如果用“罄竹难书”这几个字形容他的罪行决不为过。他为官半个多世纪，图谋权利，荼毒百姓，乱政祸国，与宋徽宗“惺惺相惜”，共同努力，一起把北宋江山推进了地狱。

方腊起义

公元1085年，宋神宗赵顼死，一个不满10岁的孩子赵煦继承了皇位，这就是宋哲宗。当时国家大权操纵在太皇太后高氏手中，一些主张政治革新的官员，纷纷遭到排斥和打击，政治局面日趋紊乱。到了宋徽宗赵佶统治时期，封建专制主义的暴政，使阶级矛盾更加尖锐。

在重重的经济剥削和政治压迫下，人民被逼无奈，进行武装反抗。南方规模较大的农民起义是方腊领导的起义。

方腊（约1076—1121），又名方十三，方世腊，睦州青溪（今浙江省杭州市淳安县西）人，一说原籍歙县（今安徽歙县）。北宋末年浙江农民起义首领。方腊刚出生不久，就赶上天下大旱，缺吃少喝，实在难以生存下去，方腊的父亲为了全家人活命，只好背井离乡，带领全家老小搬到方村，投奔方腊的姑姑。

方腊还是个孩子，就跟着父亲下田干活，后来又到杨八桶匠身边学箍桶。那个时候铁桶少，多数是木桶，用窄木板拼集而成。箍桶的工匠日夜劳作，非常辛苦，却挣不了多少钱，难以维持一家人的生活。方腊因此对社会不满。

方腊的爷爷常给他讲农民起义军的故事，他对唐朝建国前后的陈硕真农民起义、东汉末年黄巾起义的事迹十分敬佩，暗下决心向这些起义英雄学习。

方腊长大成人以后，看到老百姓吃糠咽菜难以生活，而官家粮仓的粮食却不给百姓们一点救济，心中非常气愤，于是下定决心把箍桶的、种地的农民组织起来，抢劫官府的粮仓，把粮食分给贫苦百姓。

百姓们早就盼望有人领着造反，所以，当方腊提出造反的口号后，立即得到响应。方腊让一位教书先生写了一张告示，内容是以县衙门的名义分发粮食。告示写好后，方腊拿着告示带领众人来到粮仓前，守卫粮仓的衙役用刀枪阻挡人群。方腊举着告示，厉声吼道："如今天下大旱，民不聊生，知县大人已发出告示开仓放粮，你们这些小小的衙役，还敢违抗县太爷的命令吗?"

农民群众随即举着扁担齐喊："快打开仓门!""快打开仓门……"守卫粮仓的衙役顾不得研究告示的真假，慌忙打开粮仓，方腊指挥众人一拥而上，将粮食分给灾民。灾民有了粮食，渡过了难关。

通过这件事，方腊认识到老百姓团结起来力量是大的，便在心中琢磨更大规模的农民起义。

方腊组织了1000多人，将堨村作为根据地，一面训练队伍，一面挖陷阱搞战备，防止官兵侵犯。

一天，青溪县知县派500名官兵去镇压方腊义军。双方刚一交手，官兵便败，有的掉进陷阱，有的被义军杀死，500兵马无一生还，而起义军几乎没有伤亡。

这一仗，方腊看到了官兵的软弱本质，增强了必胜信心，他乘胜攻下万年镇，拥护者蜂拥而至，仅仅几天就达10万人之多。

宣和二年十一月初一，方腊的农民起义军宣布正式建立政权，方腊为"圣公"，他儿子方亳为太子，方肥为丞相，改元为"永乐"。义军以帮源为根据地，向四周迅猛发展。

朝廷得到方腊起义的消息，立即派两浙路都监蔡遵和颜坦率5000兵将去围剿方腊义军。方腊探知以后，做了充分准备。官兵赶到息岭、云头一带与起义军遭遇。义军与官兵刚战几个回合，便假装败走。蔡遵见起义军衣衫不整、武器不精，便大意起来，不去追赶义军，下令休息吃饭。正在此时，一支义军冲杀过来，不让官兵生火做饭。蔡遵大怒，下令迎击义军，并追出几里路，进入峡谷之中，道路难行，山势险恶，蔡遵知道不妙，正要下令撤退，山上突然响起鼓声，喊杀声震天，起义军如同从天而降，官兵哪有心抵抗，各自逃命，互相践踏，不战自败。5000官兵全部被歼，蔡遵和颜坦两个统帅也被杀死。

方腊率领起义军乘胜前进，攻下青溪、睦州城、寿昌、分水、桐庐、遂安等县城。不久，方腊义军打下歙州等地，直逼江南重镇杭州。

这天夜里，方腊指挥起义军攻打杭州城门。起义军头上戴着小铜镜，手拿火把，火光把铜镜照得闪闪反光，胆小的守城士兵见状，以为来了神兵神将，吓得慌忙逃走，只有少数官兵还在城楼上防守。

方腊的妹妹方百花，作战一向勇敢，冲锋在前，她率领一支女兵，爬云梯登城。城墙上官兵立即放箭，方百花不幸中箭，摔到城下阵亡。方腊眼睁睁看着妹妹牺牲，忍住悲愤，继续率领义军攻城，守城的将领陈建、赵约眼见大势已去，只好投降。杭州城被义军攻占。

宋徽宗原先把主要兵力用在对辽朝战争方面，现在得知杭州陷落，才知事情危急，于是改变战略，暂缓攻辽，将15万精兵用来对付方腊起义军。

方腊低估了官兵的力量，当童贯担任两浙路宣抚使率兵来攻打义军时，义军开始尝到失败的滋味。

官兵对起义军采取又打、又骗、又拉的策略，企图分化瓦解义军。义军的缪二大王与洪载被"招抚"归顺朝廷，义军的力量削弱了。方腊只好采取退却，保存实力的对策，但兵败如山倒，不断有农民军叛变，最后，方腊等人在帮源洞东北的山洞里被俘。

方腊一家被捕后，宋徽宗诱骗他归顺朝廷，方腊临危不惧，视死如归，痛斥皇帝的罪行，徽宗大怒，于1121年八月二十四日，下令将方腊等38名起义军将士杀害。

轰轰烈烈的方腊农民起义就这样失败了。

逼上梁山

十二世纪初，北方连续不断地爆发大小规模的农民起义。起义的一个中心地点是梁山泊。梁山泊原址已经干涸，横跨东平、梁山、汶上三县的东平湖和梁山县马营镇的"水泊遗址"（湿地）均为古梁山泊的遗存水域。

梁山就在湖的南边。由于北宋时期黄河的两次大决口，梁山泊变成一个方圆800里的大湖泊。

宋江

梁山泊既产鱼虾，又长芦苇，附近农民靠泊吃饭。由于北宋末年官府对梁山泊一带农民横征暴敛，百姓活不下去，便放下农具，拿起刀枪，到梁山投奔宋江。

宋江打出"劫富济贫"的旗号，深受百姓欢迎和拥护，起义队伍迅速扩大。连续打了几仗，均以少胜多，战无不胜，因此士气大振。

仅一个方腊就够朝廷对付的了，现在又添了个宋江，宋徽宗害怕极了，下令"招抚"宋江，许愿让他做大官。宋江对朝廷的招抚置之不理，继续率领义军同官兵作战，很快攻下青州城，于是威名传遍山东，吓坏了皇帝。亳州（今安徽省亳县）知州侯蒙给皇帝上奏，出了一个主意：宋江在黄河以北所向无敌，数万官兵无可奈何，不如赦免他，封以高官，用他的力量去制伏方腊义军。

皇帝看罢奏折大喜，觉得这是一箭双雕之计，立即任命侯蒙为东平府（今山东省东平）知府，前去招降宋江。可惜不巧，侯蒙还未上任就病故了。

宋江正确估量了起义军的实力，觉得与官兵硬拼是难以取得最终胜利的，所以采取避实就虚的策略，先攻击力量薄弱的淮南地区，又转向京东、江北的楚州（今江苏淮安）、海州（今江苏新海连市）等地进兵，不断取得胜利。但是，义军在沭阳县遭到重创。在这种时机之下，宋徽宗派海州知州张叔夜去招降宋江。

一天，宋江义军夺了官军十多只大船，装满货物准备运回根据地。张叔夜探知此情，心生一计：一面派人埋伏周围，一面派兵去烧船。这天午夜，风格外大，官兵趁风势将船烧着，风助火势，眨眼间十几只船就变成了火船。

宋江见船上着火，命令义军全力以赴救火，张叔夜趁此机会下令伏兵出击，起义军前后受到夹击，防不胜防，遭到惨败。张叔夜见机会来了，大声喊道："宋江听命，你反叛朝廷，罪大恶极，但皇恩浩荡，只要你接受招安，就赦你无罪，还让你升官。否则，就只有死路一条了……"

宋江眼看大势已去，反抗无益，无可奈何之下，投降了官军。不久，投降了的宋江因无法忍受耻辱和压迫，再度举行起义，可是最终雄风不再。宋朝大军镇压了方腊起义后，又调转回头镇压梁山泊义军，义军最终失败。

东京保卫战

北宋末年，以宋徽宗为代表的北宋封建王朝，由于本身封建专制制度的败坏，在农民起义的不断猛烈冲击下，已经到了日落西山、摇摇欲坠的境地。契丹贵族建立的辽朝，经过200多年的统治，也已日趋衰败，处于崩溃的前夕。在这个时候，生活在我国东北地区的女真人日益强盛起来。

1115年，女真奴隶主的首领阿骨打（金太祖）建立金国，随即向辽朝进攻，辽兵屡败。西夏支持辽朝抗金。徽宗和蔡京、童贯密谋，联金灭辽，乘机收取燕云。1118年，宋朝派武义大夫马政以买马为名，从海上去金朝探听虚实。此后，宋金使者往来联络。1120年，宋金商定，金兵攻取辽中京大定府（辽宁昭乌达盟宁城县境），宋兵攻取燕京析津府。辽朝灭后，宋朝将原来贡献给辽朝的“岁币”，全部献给金朝。宋、金的第一个所谓协议，宋朝就确认了贡纳岁币的屈辱条件。徽宗君臣一心只想依赖金朝，乘机取利，根本没有积极作战的认真打算。1122年，金兵攻占辽中京、西京（山西大同）。辽朝的天祚帝逃入夹山。燕京留守耶律淳被辽臣拥立称帝。

徽宗、王黼任童贯作统帅，只懂得“太平娱乐”的蔡攸作副统帅，领兵伐辽。这时的辽朝，已处在灭亡的前夕，但童贯、蔡攸统领的宋军仍然不堪辽兵的攻击。宋军种师道、辛兴宗部，分东西两路进兵，被辽耶律大石兵战败，退守雄州，辽兵进至雄州城下。徽宗得报大惊，赶忙下诏班师。几天后，宋朝得知耶律淳病死。王黼又命童贯、蔡攸出兵，以刘延庆为都统制，宋兵号称20万。辽涿州守将郭药师降宋。童贯命刘延庆领兵10万取燕京，郭药师为向导。刘延庆到良乡，被辽萧干军截住。郭药师率兵5000偷渡芦沟，袭入燕京。刘光世（延庆子）率领的援军违约不到，郭药师被辽兵打得大败。刘延庆军在良乡，凌晨见辽军中火起，以为辽兵来攻，自行烧营逃跑。辽兵追击，直到涿水。宋兵一路上死伤甚多。据说，自神宗、王安石变法以来积存的军需，经此一战，几乎全部折损。

宋兵败退到雄州。童贯为逃避兵败的罪责，秘密遣使者到金营，要求金军攻打燕京。12月，金太祖亲自领兵一举攻下燕京，责备宋朝何以不出兵夹攻。金太祖提出，燕京交宋，宋朝需将燕京租税100万贯献给金朝。徽宗、王黼全部应允照办。宋朝每年除向金贡献原来献辽的岁币50万外，又增加一百万贯，称“燕京代租钱”。1123年4月，金兵退走时，在燕京城内大肆抢掠财物，又把城内男女掳去做奴隶。燕京被搜刮一空，据说“城市丘墟，狐狸穴处”。童贯、蔡攸等接收的只是这样一座残破不堪的空城！

金兵退后，用主力去追击逃跑的辽天祚帝。金太祖在1123年病死，弟吴乞买（完颜晟，金太宗）即位。1125年2月，天祚在应州被金兵俘虏。耶律大石等辽贵族西迁。在灭辽过程中，北宋统治者的腐败暴露无遗，激起了新兴的金朝进军北宋，问鼎中原的野心。1125 年 10 月，金太宗两路发兵，大规模南侵。一路由完颜宗翰率领，进取太原。一路由完颜宗望率领进取燕京。两路金兵计划在宋朝的国都东京会合。宗翰向太原进军，童贯慌忙从太原逃回东京。金兵直抵太原城下。宗望军到燕京，宋守将郭药师投降。金兵以郭药师为向导，长驱南下，势如破竹，直向东京进军。

金兵侵入中山府，距东京只有 10 日路程，情势更加紧迫。徽宗又想弃国南逃。给事中吴敏去见徽宗，竭力反对逃跑，主张任用有威望的官员，坚持固守。吴敏荐用太常少卿李纲。李纲奏上“御戎”五策。又说，非传位太子，不足以招徕天下豪杰”，要徽宗宣布退位，“收将士心”。徽宗任吴敏为门下侍郎，辅佐太子。

1125 年 12 月，徽宗传位太子赵桓，是为钦宗，改年号为靖康。宋徽宗带着蔡京、童贯等亲信侍从南逃避难。

长期以来作恶多端的蔡京、童贯集团，一旦溃逃，长久压抑在人们心中的愤怒和仇恨，一起迸发了。朝野官民纷纷揭露蔡京、童贯集团的罪恶。太学生陈东等上书，指蔡京、王黼、童贯、梁师成、李彦、朱勔为六贼，说“六贼异名同罪”，请把他们处死，“传首四方，以谢天下”。钦宗被迫罢免王黼。吴敏、李纲请斩王黼，开封府尹聂昌（聂山）派武士斩王黼首级献上。李彦、梁师成赐死。蔡京、童贯在亳州被贬官流放。蔡京在流放途中死于潭州。朝中继续揭发童贯罪恶，钦宗又只好派监察御史斩童贯。九月，朱勔和蔡攸、蔡翛 3 人都被流放。此后，朝官纷纷议论，说 3 人罪不容诛，3 人也都在流窜地被处死。残酷地压榨人民、屠杀人民的民贼们，恶贯满盈。除灭民贼，使人心振奋，濒于灭亡的北宋，又显出了一线转机。

钦宗在军民愤激的形势下即位，不得不在靖康元年（1126）正月初三立即下诏亲征，命门下侍郎吴敏为亲征行营副使，许便宜从事，以显谟阁直学士、开封府尹聂昌，兵部侍郎李纲为行营使司参谋官，团结兵马于殿前司。

这时，各地勤王兵陆续来援东京。河北、河东路制置使种师道，得到勤王诏，立即率领泾原、秦凤兵启程，武安军承宣使姚平仲随行。种师道沿途揭榜，自称“种少保领西兵百万来”，直进东京。其他各处勤王兵，每天也都有几万人到达。种师道和各地到来的援兵，实际有20余万，金兵不过6万。宗望见宋军日众，将军营北撤，不敢轻动。

钦宗召李纲、李邦彦、吴敏、种师道、姚平仲等商议军事。李纲主张，以重兵临敌营，坚壁不战，等敌军粮尽力疲北撤时，中途截击，是必胜之计。种师道也主张：“三镇不可弃，城下不可战”，迁延半月，等敌军粮尽北还，在过河时追击，可以得胜。议定在二月初六出击。但二月初一，姚平仲建议夜间去劫金营，生擒宗望，迎回康王。姚平仲的建议得到钦宗的支持。钦宗希望侥幸取胜，半夜命李纲出兵应援。但姚军未出，消息已经泄露，金营早有准备，姚平仲劫营不成，落荒而逃。天明，李纲会集行营司左、右、中军将士，出景阳门，与金兵鏖战，杀敌甚多。金兵攻中军，又被李纲亲率将士射退。宋朝军民群众的一再斗争，终于挫败了投降派弃城逃跑的图谋，宋朝首都东京保全了。

靖康之变

金国（1115—1234年）是中国历史上由女真族建立的一个部族国家。完颜阿骨打建立金国后，不久就攻下了辽的重要军事据点黄龙府（今吉林农安）。辽天祚帝亲率十万大军反扑过来，不料又被阿骨打打得狼狈而逃。辽军受到重创，国力大为减弱。金军大败辽国的消息传到北宋以后，宋徽宗与蔡京、童贯一伙商议，决定趁火打劫，出兵辽国，收复燕云十六州。

从1118年起，北宋以向金国买马为名，派人渡海与金国统治者接洽，表达自己联金伐辽的愿望。金感到此举有利于先一步灭掉辽国，便同意了北宋的要求。北宋大臣中有人提醒宋徽宗说：女真是虎狼之心，不可结交，不如早做防范准备。但宋徽宗根本不以为意，一心去结交野心极大的金国。

1120年，宋金订下所谓“海上之盟”，即：宋、金同时出兵攻辽；灭辽后，长城以南州县归北宋管辖，而宋将以前贡献辽国的岁币如数转交金国。这实际使北宋继续处于屈辱地位，但宋徽宗却痛痛快快地应承下来。“海上之盟”订立以后，金很快发起了对辽的新攻势，接连攻下辽的上京临潢府、中京大定府和西京大同府，辽天祚帝率卫兵逃入夹山（今内蒙古包头附近）。燕京留守耶律淳被拥立为帝。

1122年，北宋看到金军伐辽节节胜利，才派童贯和蔡攸率十万大军进取燕京，结果大败。辽兵在金兵的面前不堪一击，这回却遇上了比自己更弱的宋兵。不久宋再派20万大兵伐辽，又一次被辽打败。童贯为了掩饰自己的败绩，暗中约金代宋进攻燕京。这正中了金的下怀，因为它早已有越过长城，占据更大地盘的打算。金立刻分兵三路向燕京攻去，结果一战即胜。

1125年，辽天祚帝在逃亡中被金兵俘虏。辽皇族耶律大石率残余势力，向西到达新疆西部和中亚细亚地区，建立西辽王朝。辽政权在北方的统治结束。同年，金太宗灭辽后再次集结大军，南下侵略北宋。金兵仍分作两路，攻城拔寨，分别渡过黄河，一起进逼东京。

宋钦宗仍想和第一次一样投降乞和，不做积极军事准备，结果更便利了金兵的进攻。1126年底，金兵再次将东京团团围住。这时东京城内还有七万宋兵，但宋钦宗依旧没有放弃求和的幻想。而且他不依靠开封军民应战，反而任命一群市井无赖组成的所谓“神兵”守城。结果，这群乌合之众一开城门出战，就被金兵击溃。金兵乘机登城，东京就这么糊里糊涂地失守了。

城破之后，东京军民仍有和金兵展开巷战、一拼到底的要求。但软弱的宋钦宗却派人前去金营求和。金兵首领完颜宗翰、完颜宗望说：“我们没想灭掉宋朝，但要退兵，宋钦宗必须亲自来商议割地之事。”宋钦宗竟然真的带上几个大臣，亲赴金营，交上降表。他心里想，只要能退兵，什么条件都可以答应。然而，金收了北宋降表后，并没有撤兵的意思，这时才提出早已决定下来的要求：废除钦宗帝号，另立国君。

宋钦宗这时才明白，金国要的不只是金银布帛，还要他北宋的江山！他失声痛哭，后悔不该屈膝求和，将大好的江山拱手送与他人。但一切在这时都已太迟了。

东京完全置于异族的铁蹄下。金兵不断进行大肆掠夺，北宋百姓生活在水深火热之中。东京城内的米价一升暴涨至三百钱，许多人靠吃树叶、野草求生。天气又正值寒冬，冻死、饿死街头的尸首比比皆是，无人收殓。北宋统治者的投降政策使国家蒙受灭顶之灾，人民饱尝欺凌之苦。

1127 年春天，金兵把宋徽宗、宋钦宗关押至金营。金太宗下令废掉徽宗、钦宗二帝。随后，徽宗、钦宗、太后、皇后、妃子、公主、驸马、亲王大臣等共 3000 多人被装上囚车，运送回金国当奴隶。北宋经历了 153 年，灭亡在金国手中。这个事件发生在北宋靖康年间，因而在历史上被称为“靖康之变”。同年五月初一，康王赵构在南京（今河南商丘南）即位，是为高宗。历史上的南宋王朝自此开始。

宋词

宋朝文学很有代表性的成就是宋词。宋词是宋代盛行的一种中国文学体裁，宋词是一种相对于古体诗的新体诗歌之一，标志宋代文学的最高成就。宋词句子有长有短，便于歌唱。因是合乐的歌词，故又称曲子词，又叫诗余，又叫长短句。为什么叫“曲子词”呢？因为这些文字原本是填写在曲谱中用来歌唱的，又有曲子又有歌词嘛。它本是民间的俗文化形态，如果追溯其源，广义来说可以追到《诗经》；狭义来说，也可以追溯到唐朝，李白的《忆秦娥》、白居易的《忆江南》等，都是典型的词。唐人崔令钦《教坊记》中记录了很多唐朝的曲名，如《西江月》《虞美人》《临江仙》《谒金门》《苏幕遮》《菩萨蛮》《诉衷情》《浪淘沙》《定风波》《浣溪沙》等，都是宋朝文人常用的词牌。可见唐朝已经为宋词的繁荣奠定了丰厚的基础，只不过那时更多流传于宫廷，由宫廷乐师把民间小曲儿进行改造。五代时期，国家分裂，词的流传很不均衡，除了十国当中的南唐和后蜀以外，其他地区很少见到，这和李璟、李煜、孟昶等帝王的个人爱好和这两个国家崇尚奢靡生活有直接关系。其后两国相继归宋，把词带到中原，在士大夫间传播开来，并逐渐达到鼎盛。

宋朝初年还处在金戈铁马的杀伐状态，但人们都知道什么是词，只是无暇理会。直到北宋建立二十年，南唐降王李煜的一首《虞美人》，才在已经进入和平年代的北宋文坛上激起了一片别具风格的浪花：

春花秋月何时了，往事知多少。小楼昨夜又东风，故国不堪回首月明中。雕栏玉砌应犹在，只是朱颜改。问君能有几多愁，恰似一江春水向东流。

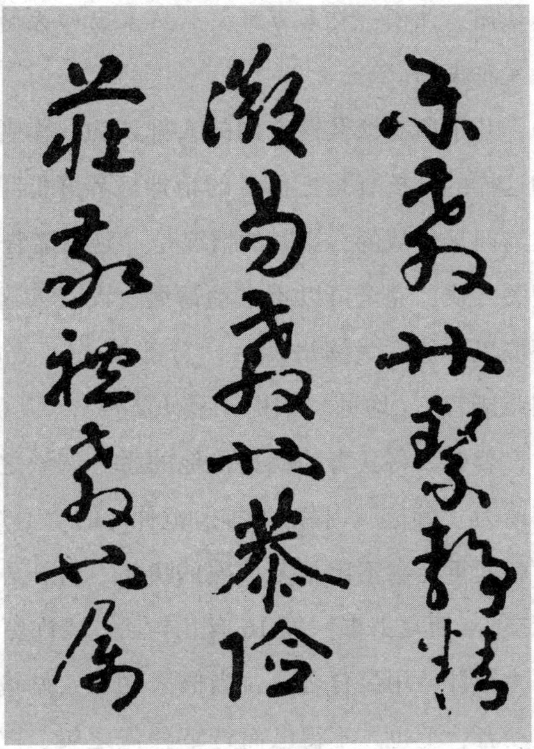

李煜手迹

整首词没有一个难字，明白如话，然而字里行间倾泻出来的故国情思，满腹哀怨，能让很多人为之动容，为之慨叹。这个“翰林学士型”帝王把词写到了极致，也因为这首词而丢了性命：太宗赵光义认为他不认真进行思想改造，有仇视新朝、怀念故土的不臣之心，必须得吃牵机药了。这首词不但要了他的命，捎带连他最喜爱的小周后也葬送了，他死后没几天，绝望的小周后随之香消玉殒。

于是北宋很多闲适文人，或者说向往闲适的文人，开始尝试着用这种体裁抒发内心的情愫。不过宋朝前期出现的词作实在寥寥，《全宋词》里记载的仁宗以前写过词的人总共不到十位，这几个人又往往只有三两首作品，几乎可以忽略不计。词真正被中原士子所钟爱，应该在仁宗时期，连镇守西北的名臣范仲淹也加入到记事词的创作行列，他那首无尽沧桑的《渔家傲》，千余年来一直为人津津乐道：

塞下秋来风景异，衡阳雁去无留意。四面边声连角起，千嶂里，长烟落日孤城闭。浊酒一杯家万里，燕然未勒归无计。羌管悠悠霜满地，人不寐，将军白发征夫泪。

几乎所有谈及这首词的人都认为，作者是在抒发边关久戍的凄苦，而我认为这样的分析真是把作者的精神境界降低了三等。范仲淹是带着满怀豪情到西北与西夏作战的，当时的情况是“延州诸砦多失守，仲淹自请行”。如果他惧怕边关久戍，完全可以不主动请缨，没有人逼着他去。在那个他并不熟悉的艰苦环境里，他“大阅州兵”，“分部教之”，“量贼众寡，使更出御贼”，“筑细腰、胡芦诸砦”（均见《宋史·范仲淹传》），立下了很大的功劳。甚至不忘培养人才，著名大将狄青，就是在他的悉心调教之下成长起来的。当时西夏人称他和韩琦为“韩范”，畏之如神。范仲淹的“心烦”并不是因条件艰苦造成的，而是对朝廷重臣拿不出果断成熟的决策、对在外之将钳制太紧、约束太多感到非常无奈。《西夏书事》卷16有几句话，或许更能揭示范仲淹内心苦闷的根源：“于时为宋计，用吴育之言，当僭表初至，姑许其求，密修战备，拊背扼吭，使不敢动者，上也。不得已而行范仲淹之策，严边城，实关内，相持数年，敌必困敝，次也。乃在廷寡虑，轻动干戈，促其速反。延州之战，士气沮伤；任福违令，败于好水。至定川之役，怀敏等复死，三战皆北，关右震动，天子旰食。以有道之世，战危若此，佳兵不祥，信哉！”也就是说，范仲淹的“烦”是基于人事，而非基于恶劣的自然环境。

有一点必须说明：范仲淹笔下的“词”，洗尽铅华，成为抒发烈士情怀的载体，这是“词”进入北宋的一种“新生”。

比范仲淹稍早些，福建人柳永已经准确地把词拽回它本来应该待的地方。柳永一生写的词很多，称为“词人”当之无愧。此人善写羁旅行役，但“意境不高”（陈廷焯《白雨斋词话》）。其实他更善于写的还是男女情爱，而且用语本色，又合音律，难怪人说“凡有井水饮处，即能歌柳词”。翻开他的《乐章集》，除了少数如《望海潮·东南形胜》之类佳作外，更多的是旖旎之音。以两首《凤栖梧》为例：

伫倚危楼风细细，望极春愁，黯黯生天际。草色烟光残照里，无言谁会凭栏意？拟把疏狂图一醉，对酒当歌，强乐还无味。衣带渐宽终不悔，为伊消得人憔悴。

蜀锦地衣丝步障，屈曲回廊，静夜闲寻访。玉砌雕阑新月上，朱扉半掩人相望。旋暖熏炉温斗帐，玉树琼枝，迤逦相偎傍。酒力渐浓春思荡，鸳鸯绣被翻红浪。

无论从语言、音律还是情致，似乎都达到了最佳的程度，只是反复吟咏，总觉得和范仲淹的词全然不是一码事儿。

记得读过一本书，说欧阳修的词，是“一反他在古文中所常表现的庄重严肃的面孔，表现出他风流蕴藉的情调”。我同意这样的说法，而且认为这种说法最符合欧词的实际。这或许是因为欧阳修原本就具有多重感情层面的缘故：刚劲起来，他可以置身家性命于不顾，愤然写出《与高司谏书》，被贬到夷陵也无怨无悔；柔情起来，他甚至冒着得罪顶头上司的危险，和妓女缱绻不舍。《钱氏私志》里说：欧阳修首任河南府留守推官时，与一个妓女十分亲昵。一次，知府钱惟演宴请属僚，谢绛、梅尧臣、尹洙等早就到了，惟欧阳修迟迟不来。好不容易来了，才知道是因为为妓女寻找遗失的金钗。钱惟演很给欧阳修面子，拿出公库的钱偿还妓女，仅仅告诫欧阳修今后“当少戢”——稍微收敛一点儿。对欧阳修这样的大文豪，在散文里抒写政治抱负，再借小词抖搂点儿女之情，本来无可厚非，因为宋朝文人狎妓属于风流韵事，并不涉及道德层面。不过欧阳修的词更多倾向于清丽淡雅，不像柳词那样色彩浓重。比如最具代表性的《踏莎行》：

候馆梅残，溪桥柳细。草薰风暖摇征辔。离愁渐远渐无穷，迢迢不断如春水。寸寸柔肠，盈盈粉泪。楼高莫近危阑倚。平芜尽处是春山，行人更在春山外。

词到苏轼，一洗儿女之态，形成了“如天地奇观”的豪放词。如大家很熟悉的《江城子·密州出猎》：

老夫聊发少年狂，左牵黄，右擎苍。锦帽貂裘，千骑卷平冈。为报倾城随太守，亲射虎，看孙郎。酒酣胸胆尚开张，鬓微霜，又何妨。持节云中，何日

遣冯唐？会挽雕弓如满月，西北望，射天狼。

再如大家更熟悉的《念奴娇·赤壁怀古》：

大江东去，浪淘尽、千古风流人物。故垒西边，人道是：三国周郎赤壁。乱石穿空，惊涛拍岸，卷起千堆雪。江山如画，一时多少豪杰。遥想公瑾当年，小乔初嫁了，雄姿英发。羽扇纶巾，谈笑间，樯橹灰飞烟灭。故国神游，多情应笑我，早生华发。人生如梦，一樽还酹江月。

诗词之作，大多与作者的襟怀和性格有关，心胸狭窄或儿女心重的人写出诗文来，大都显得柔软，想让他刚也刚不起来。以往研究诗词的人，更多着眼于作者个人经历、宦海浮沉等等，以此分析作品不能说不对，起码来说不够全面，其实人们内在的性情才更能体现作品的风格。苏轼郡望赵州（今河北赵县），即使迁居，也是蜀中豪爽之地，又出生在一个豪侠之家，造就了他的基本性格。尽管他身边也不乏歌儿舞女，却绝不可能写出柳永那类词。王晔《道山清话》说："范蜀公镇每对客，尊严静重，言有条理，客亦不敢慢易。惟苏子瞻，则掀髯鼓掌，旁若无人，然蜀公甚敬之。"您看这位苏大人的狂放性格，怎么可能写出莺莺燕燕之作呢？

与苏轼有点儿相近的是王安石，虽不至于"掀髯鼓掌，旁若无人"，却也是个大政治家，一个倔强老头儿，不喜欢卿卿我我那一套，写出的词也很能代表他的胸怀，如《桂枝香·金陵怀古》：

登临送目，正故国晚秋，天气初肃。千里澄江似练，翠峰如簇。归帆去棹斜阳里，背西风、酒旗斜矗。彩舟云淡，星河鹭起，画图难足。念往昔、繁华竞逐。叹门外楼头，悲恨相续。千古凭高，对此漫嗟荣辱。六朝旧事如流水，但寒烟、芳草凝绿。至今商女，时时犹唱，后庭遗曲。

他心里想的是"千古凭高""漫嗟荣辱"，是国家兴衰以及个人对国家应该做出什么样的贡献，至于女子，随她去唱《玉树后庭花》，老夫可没功夫听！

北宋后期的周邦彦，属于"学院派"词人：严格恪守音律，讲求辞藻意境，既是文学家又是音乐家，可惜真正的"文学"，出自学院大墙里的实在太少了。和他比起来，苏轼只是个不懂音律、胡乱填词的门外汉——清朝的词学家都赞赏周邦彦，老百姓却更喜欢苏轼。至于秦观等苏门弟子，各有佳作，大约介于老师和学院派词人之间。

李清照是位难得的才女，副相之家出身的她和副相之家出身的丈夫赵明诚的确是粉雕玉琢的一对儿。这位女才子以非凡的细腻赢得了人们的喜爱，把一个封建仕女的内心刻画得惟妙惟肖。那首《醉花阴》几乎成了她的标签：

薄雾浓云愁永昼，瑞脑消金兽。佳节又重阳，玉枕纱橱，半夜凉初透。东篱把酒黄昏后，有暗香盈袖。莫道不销魂，帘卷西风，人比黄花瘦。

《词林纪事》卷 19 说："易安作此词，明诚叹绝，苦思求胜之，乃忘寝食三日夜，得十五阕，杂易安作以示友人陆德夫。德夫玩之再三，曰：'只有"莫道不销魂"三句绝佳。'" 看来真的假不了，假的也真不了。李清照的词，可以称为真正意义上的性灵之作，在整个宋词中都是极具特色的。

南宋大家应当首推辛弃疾，这个山东大汉，怀揣着收复中原的万丈豪情来到南宋，却一而再再而三地受到压制和排挤，闲居长达二十多年。辛词的风格与苏轼词大体相近，只是更喜欢用典故。其实诗词用典未必一定是在"掉书袋"，满腹才学适当地掉一掉，更能增加作品的深度和广度，不算坏事。他喜欢写词，喜欢用词这种形式宣泄内心的孤独与苦闷。一部《稼轩长短句》，其实就是一部个人自传。而那首《鹧鸪天》，更像是这部自传的前言：

壮岁旌旗拥万夫，锦襜突骑渡江初。燕兵夜娖银胡䩮，汉箭朝飞金仆姑。追往事，叹今吾，春风不染白髭须。却将万字平戎策，换得东家种树书！

他内心的苦痛，经常用非常直白的话语表达出来，让人感到宛如遏制不住的自然倾倒。情到难持时，连书袋也懒得掉了。《西江月·遣兴》就是此类作品：

醉里且贪欢笑，要愁那得功夫。近来始觉古人书，信著全无是处。昨夜松边醉倒，问松"我醉何如"？只疑松动要来扶，以手推松曰"去"！

南宋可谓词人辈出，无论是从人数上，还是从作品数量上，都比北宋多得多。著名词人还有陈亮、姜夔、刘过、史达祖、刘克庄、吴文英、汪元量、张炎等等，其中属于豪放派的有陈亮和刘克庄，然而前有苏、辛，他们很难超越。

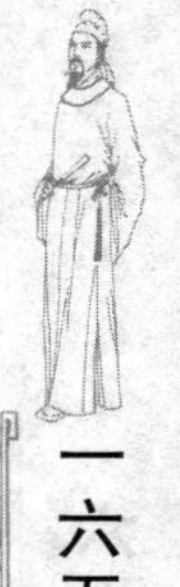

至于姜夔之流，则属于更加注重音律和辞藻的专家，国之兴亡，似乎离他们很远很远。

大词人周邦彦

周邦彦（1056—1121），中国北宋末期著名的词人，字美成，号清真居士，汉族，钱塘（今浙江杭州）人。历官太学正、庐州教授、知溧水县等。徽宗时为徽猷阁待制，提举大晟府。精通音律，曾创作不少新词调。作品多写闺情、羁旅，也有咏物之作。格律谨严。语言典丽精雅。长调尤善铺叙。为后来格律派词人所宗。旧时词论称他为“词家之冠”。有《清真集》传世。周邦彦是北宋最后一位大词人。

周邦彦年少时个性比较疏散，但喜欢读书，宋神宗时，他写了一篇《汴都赋》，赞扬新法，受神宗赏识，名动天下。徽宗时为徽猷阁待制，提兴大晟府。作品多写闺情、羁旅，也有咏物之作。旧时词论称他为“词家之冠”。词集有《清真集》《集外词》。

周邦彦前期和柳永有着类似的生活经历，后期一变而为宫廷文人。他被看作是婉约派词的集大成者；又由于其词音韵格律精审，受到南宋姜夔、吴文英、张炎等人推崇效法，因而，他又被看作是格律派词的创始人。

他也长于写羁旅离别之苦，所以有人把他和柳永并称；又由于他的词律工巧，用语清新，而与秦观并称。继柳永之后，他又把慢词推进一步。以更加成熟的艺术手法，运用复杂的联想表现情绪变化的曲折过程。如《兰陵王》：

柳阴直，烟里丝丝弄碧。隋堤上、曾见几番，拂水飘绵送行色。登临望故国，谁识京华倦客。长亭路、年去岁来，应折柔条过千尺。　闲寻旧踪迹，又酒趁哀弦，灯照离席，梨花榆火催寒食。愁一箭风快，半篙波暖，回头迢递便数驿，望人在天北。

凄恻，恨堆积。渐别浦萦回，津堠岑寂，斜阳冉冉春无极。念月榭携手，露桥闻笛。沉思前事，似梦里，泪暗滴。

这是一首借咏柳而抒离情的词，词中还织进作者仕途失意的慨叹。“沉思前事，似梦里，泪暗滴”，发出作者心中深深的叹息，读来令人心碎。

周邦彦博学多才，精通音律，无论是做地方官还是在京城里，都经常和歌妓舞女们有交往，过着偎绿倚红、眠花宿柳的生活。据说他和宋徽宗都是当时京都名妓李师师的狎客。像他这样长期过着放浪生活，又要专侍皇帝和贵族的词人，自然免不了要写艳词。《瑞龙吟·大石春景》就是首典型的艳词：

章台路，还见褪粉梅梢，试花桃树。愔愔坊陌人家，定巢燕子，归来旧处。

黯凝伫，因念个人痴小，乍窥门户。侵晨浅约宫黄，障风映袖，盈盈笑语。

前度刘郎重到，访邻寻里，同时歌舞，唯有旧家秋娘，声价如故。吟笺赋笔，犹记燕台句。知谁伴，名园露饮，东城闲步？　　事与孤鸿去，探春尽是，伤离意绪。官柳低金缕。归骑晚、纤纤池塘飞雨。断肠院落，一帘风絮。

写重游旧地、追忆往事，思念并寻找当年眷恋过的一位歌妓，情人不见，以及由此而触发的离情别意。在这首词中可见周邦彦继承了宋初以来婉约派词家的长处，拓展了比兴与寄托的艺术手段，形成了他自己典雅精丽的独特风格。《四库全书总目》卷一百九十八《片玉词》提要说：“其词多用唐人诗句，隐括入调，浑然天成。长篇尤富艳精工，善于铺叙。”“邦彦本通音律，下字用韵，皆有法度。”王国维在《清真先生遗事》中把他比作“词中老杜”，认为他的作品格律精细，无与伦比。

艺术家皇帝宋徽宗

宋徽宗赵佶（1082—1135），北宋徽宗皇帝，在位二十五年，（1082-1135）。在他主政时期，奸臣当道，穷奢极欲，国库空虚，民不聊生，内忧外患，纷至沓来。宣和七年（1125）金兵南下，年底，传位与赵桓（钦宗），自称太上皇。靖康二年（1127）被金兵所俘，与儿子一起沦为亡国之君，最后死于五国城（今黑龙江依兰）。

赵佶是一位艺术家皇帝，他终日潜心迷恋于书法和绘画，无心坐在龙椅上处理庞大的大宋政事，他先是启用当时的足球明星高俅，封他为殿帅府太尉，接着又重用蔡京、童贯之类，把一切朝政都交由这几个人处理。而他则狠抓文化艺术事业，并亲自掌管翰林图画院，给画家以优厚的待遇，鼓励他们创作优秀的作品，像米芾、张择端等一代大师遂应运而生。他广泛收集民间文物，特别是金石书画，扩充翰林图画院，将御府所藏历代书画辑编成《宣和书谱》《宣和画谱》《宣和博古图》等书。他对于宋代画院的建设和院体画的发展，对于书画艺术的推动和倡导，以及对于古代艺术的整理与保存，是有突出贡献的。他称得上是一个“不爱江山爱丹青”的皇帝。这位亡国皇帝政治无能，生活穷奢，但是艺术造诣极深，吹弹、书画、声歌、辞赋无不精工极研，堪称一代大家。平生著作极多，都散佚无存。存世画迹有《芙蓉锦鸡》《池塘秋晚》《四禽》《雪江归棹》等图。有词集《宋徽宗词》。

赵佶的书法，初习黄庭坚，后又学褚遂良和薛稷、薛曜兄弟，并杂糅各家，取众人所长，创造出别具一格的“瘦金书”体。“瘦金书”是书法史上的一项独创，其特点是瘦直挺拔，侧锋如兰竹，横画收笔带钩，竖划收笔带点，撇如匕首，捺如切刀，竖钩细长，所谓“如屈铁断金”。这种书体，这是一种非常成熟的书体，赵佶把它的艺术个性发挥得淋漓尽致，后代习其书者甚多，然得其骨髓者寥若晨星。正如《书史会要》推崇的那样：“笔法追劲，意度天成，非可以陈迹求也。”传世书帖有《草书千字文》《闰中秋月诗帖》等。

书法家米芾藏砚

米芾（1051—1107），字元章，号海岳外史。祖籍山西，迁居襄阳，有“米襄阳”之称。他是宋代另一位具有鲜明个性的书法大家。他是个怪才，喜穿唐服，嗜洁成癖，遇石称“兄”，膜拜不已，因而人称“米颠”。

据《宋史》及有关记载，米芾为文奇险，特工于翰墨；召为书画学博士，赐谒便殿，擢礼部员外郎，出知淮阳军。他在官场上并不得意，但却成就了他卓异于世的书法天才。他与苏轼、黄庭坚、蔡襄，书法史称“宋四大家”。他还是大画家，独创山水画中的“米家云山”之法。

米芾平生在书法方面用功最深，成就以行书为最大，得王献之笔意。书法潇洒自如，有骨有肉，肉中透着骨气，骨气中透着灵气。

宋高宗曾以书学博士召对，皇帝问：“本朝以书名世者凡几人”？

米芾说：“蔡京不得笔，蔡卞得笔而乏逸韵，蔡襄勒字，沈辽排字，黄庭坚描字，苏轼画字。”

皇帝又问：“卿书如何？”

对曰：“臣书刷字耳！”就是说他自己五指执笔之势，翩翩如飞，结体飘逸而少法度。其得意处大似李北海，亦时窃小王。

有一次，蔡京问米芾：“近世工书者几人？”米芾答：“晚时柳氏，近时君家兄弟。”是指蔡京、蔡卞兄弟。“再其次？”米芾答：“芾耳！”

米芾最工临摹，几与真迹莫辨，尤精鉴别，遇古器物、书画之佳者，则力求归己有，他经常从别人那里借古本临摹，临摹完了，把临本与原本一并还之，让人家自己选择哪是原本；借家往往不能辨，误将临本取去，所以他家里藏了不少古书、古画。苏东坡在《二王帖跋》中说他：“锦囊玉轴来无耻，粲然夺真疑圣智。”虽说有些不当手段，但足见其以假乱真的高深功夫。

米芾的传世作品有《蜀素帖》《乐见帖》《珊瑚帖》《苕溪诗帖》等。他的儿子米友仁书法继承家风，也是一代书法家。

米芾癖好很多，他痴迷砚台，为了一台砚，即使在皇帝面前也可以不顾大雅。一次，同为书法家的宋徽宗让米芾以两韵诗草书御屏，实际上也想见识一下米芾的书法。米芾笔走龙蛇，从上而下其直如线，宋徽宗看后觉得果然名不虚传，大加赞赏。米芾看到皇上高兴，随即将皇上心爱的砚台装入怀中，墨汁四处飞溅，并告皇帝：“此砚已被臣濡染，皇上不能再用，请陛下赐予臣吧！”徽宗爱惜其书法，不觉大笑，将砚赐之。米芾爱砚至深，曾抱着所爱之砚共眠数日。

米芾有洁癖，到了神经质的地步。他和周仁熟交情很好。一天，米芾向周仁熟炫耀，说：“我得了一方砚，世间罕见，定是天地秘藏，只等着我来鉴识它。”周仁熟说：“你虽博识，可得到的东西真假各半，只是特能夸口罢了。”米芾就把砚取出来，周仁熟知道米芾的毛病，拿了毛巾再三地洗手，像是要很恭敬地观赏的样子。米芾喜出望外，拿出砚来，周仁熟称赏不已，说：“真是好东西，就是不知道发墨怎么样？”随即就吐了口唾沫开始研墨。米芾立马变了脸色道：“砚被你弄脏了，这不能用了！”就让周仁熟把砚拿走了。其实，周仁熟也不是真的想要人家的砚台，只是知道米芾有洁癖，就跟他开个玩笑。周仁熟后来要把砚还给米芾，米芾说什么也不要了。

南宋

南宋帝系表

1127—1279

高宗（赵构）	建炎（4）	1127
	绍兴（32）	1131
孝宗（赵昚）	隆兴（2）	1163
	乾道（9）	1165
	淳熙（16）	1174
光宗（赵惇）	绍熙（5）	1190
宁宗（赵扩）	庆元（6）	1195
	嘉泰（4）	1201
	开禧（3）	1205
	嘉定（17）	1208
理宗（赵昀）	宝庆（3）	1225
	绍定（6）	1228
	端平（3）	1234
	嘉熙（4）	1237
	淳祐（12）	1241
	宝祐（6）	1253
	开庆（1）	1259
	景定（5）	1260
度宗（赵禥）	咸淳（10）	1265
恭帝（赵㬎）	德祐（2）	1275
端宗（赵昰）	景炎（3）	1276
帝昺（赵昺）	祥兴（2）	1278

李纲抗金与赵构建南宋

李纲出生在一个官僚家庭，他的父亲曾官至龙图阁待制。他少年就有大志，做事有法度，深受时人好评。33岁，李纲中进士。

徽宗政和二年（1112），李纲授官承务郎，后任太常少卿等职。此时，朝政被蔡京、王黼等奸贼把持，政治黑暗，吏治败坏，言论阻塞。一般官员为保身，不敢言语。只有李纲刚正不阿，不顾个人得失，数次上书皇帝，抨击时弊，要求改革。

可惜，李纲沉痛的上书，丝毫没有引起统治者的重视。

宣和七年（1125）十月，金兵分两路进攻北宋。西路由完颜宗翰率领，攻打太原；东路由完颜宗望率领，攻打燕京。两路大军约定在东京开封会师。

前线的告急文书像雪片一样飞到北宋朝廷。金太宗又派出使者到东京，胁迫北宋割地称臣。满朝文武大臣吓得不知该怎么办，徽宗赶紧让太子赵桓出来应付局面，自己准备逃跑。

这时，官微言轻的李纲挺身而出，提出御敌五策：“正己以收人心，听言以收士用，蓄财谷以足军储，审号令以尊国势，施惠泽以弥民怨。”就是要求统治者积极准备，调动全国人民的力量，上下团结，共同抗敌。

接着，李纲又提出“捍敌十策”，为抗金制订具体方案。

李纲又联络宰相吴敏，刺臂流血上疏，请求徽宗退位，让太子有实权，号令天下，挽救危局。十二月，徽宗禅位，赵桓即位，是为钦宗。第二年改国号为靖康。

这时，宋将郭药师投降。金将完颜宗望教郭药师做向导，领兵南下，直取东京。东京吃紧。

宰相白时中、李邦彦两人劝宋钦宗逃跑，宋钦宗也动摇了。

李纲得知这个消息，立刻求见宋钦宗，说：“太上皇（指宋徽宗）传位给皇上，正是希望陛下能留守京城，陛下怎么能走呢？”

宋钦宗还没开口，宰相白时中先搭了腔，说：“敌军声势浩大，哪能守得住？”

李纲驳斥说：“天下的城池，没有比京城更坚固的。这里有宗庙社稷，万民百官，只要皇上督率抗战，安慰民心，哪有守不住的道理？”

李纲接着说：“我刚才视察过了，城楼又高又坚固，城河虽然浅狭一些，只要按下精兵强弩，不愁守不住。”接着，他还提出许多防守措施，要钦宗团结军民，共同坚守，等各地援军到来，就组织反攻。

宋钦宗还有点犹豫，说：“那么，谁能担当守城主帅呢？”

李纲把目光向大臣们扫视了一下，说：“国家平时用高官厚禄供养官员，就是为了危急的时候要大家出力。白时中、李邦彦身为宰相，抗击敌人是他们义不容辞的责任！”

白时中、李邦彦本来要逃跑，听李纲这么一说，气急败坏地嚷道：“李纲你说得好听！你能打仗吗？”

李纲当即表示：“如果陛下让我领兵守卫京城，臣甘愿用生命报答国家！”

宋钦宗看李纲态度坚决，就派他负责全线防守。自己勉强答应留下，与广大军民一起守城。

谁知，第二天一早，钦宗在白时中一伙的挑唆下，又要逃跑。

李纲大为恼火，厉声对禁军将士说：“你们到底愿意守卫京城，还是想逃跑？”

将士们齐声回答说：“愿意保卫京城！”

李纲和禁军将领一起进宫，对宋钦宗说：“禁军将士的家属都在东京，不愿离开。如果强迫他们走，万一半路上逃散，敌人追来，谁来保护皇上？”宋钦宗一听逃跑也有风险，才不得不留下来。

李纲立刻出宫向大家宣布：“皇上已经决定留守京城，以后谁再提逃跑的事，一律处斩。”

将士们听了，军心大振。

李纲稳住了宋钦宗，就积极准备防守，在京城四面都布置好强大兵力，配备好各种防守的武器；还派出一支精兵到城外保护粮仓，防止金兵偷袭。

金兵几次进攻，都被李纲率领的将士们打退。城池固若金汤，金兵不得不撤退，并派出使者与宋讲和。李纲要求自己去金营议和，钦宗担心李纲过于刚强，影响了他求之不得的议和，拒绝了他。结果派去了一个胆小如鼠的使者，带着一纸屈辱的和约回到了朝廷。

李纲还被罢免了官职。

靖康元年（1126）九月，金军又大举进攻，攻破太原、真定府，以两路重兵包围开封。危急时刻，钦宗又想到了勇猛善战、忠心为国的李纲，任命他为资政殿大学士、领开封府，保卫开封。可是，圣旨还没送到，开封就被攻破。第二年，金军掳走徽宗、钦宗北上。北宋灭亡。

建元元年（1127），康王赵构在南京（今河南商丘）称帝，建元建炎，史称南宋。赵构为宋高宗。

宋室南渡以后，高宗赵构起用李纲为相。李纲成为南宋政权的第一任宰相。李纲一上任，便“首陈十事”，他说：“中国之御夷狄，能守而后可战，能战而后可知。”意思是抵御金人进攻，必须首先使自己强大起来。他决心重整朝纲，收复失地，重建山河。

随后，他又在上呈的《论水便宜六事奏状》中指出，在国破家亡的时刻，最高统治阶层不应一味奢侈享乐，而应采取紧急措施拯民于水火。对徽宗、蔡京害民扰民的生辰纲、花石纲之役，李纲尤其反感，严正地提出应将这些害民之举全部减免。

但是，赵构只想偏安，并不图复国，于是硬给李纲扣上了许多莫须有的罪名。这样，李纲主政仅 75 天，便被罢相。这就是后来传说的“七十五天宰相”。

李纲关心人民的疾苦，建炎一年至绍兴元年，他先后被贬到澧州（今湖南澧县）、万安（今海南岛万宁市）。在流放途中，李纲目睹了南宋腐败统治下，乱兵蹂躏下人民的苦难生活。他悲愤交加，面对残酷的现实，只有用写诗表达自己壮志难酬、怀才不遇的心情。

绍兴二年（1132），金兵撤走，高宗回到临安，将李纲召回朝廷，任命他为湖广宣抚使兼知潭州。李纲再次投入报效国家的事业中，做了很多利国利民的事情。但他始终为投降派所不容，被一贬再贬。

绍兴十年（1140），这位与宗泽、岳飞、韩世忠同为后世敬仰的民族英雄，在福建苍山松风堂含恨逝世，年仅58岁。

老英雄宗泽抗金

北宋末年，以至到南宋年间，宋廷几位皇帝昏庸无能，为金所制，甘为人臣。但朝中却有几位大臣，力主抗金，成为众人敬仰的民族英雄，宗泽就是其中之一。

宗泽堪称是一位具有远见卓识的爱国英雄。他早在北宋末年就曾指出，徽宗采取“联金抗辽”的策略，势必造成前门拒虎、后门进狼的结果。但是由于奸臣当道，贤良受到压制。宗泽虽为有识之士，却一直为地方小官，因官小言微，他的竟见没有被朝廷采纳。不仅如此，还受到奸人陷害，宗泽一气之下，辞职回家。

金灭辽之后，果然大举侵宋。钦宗无以为计，忽然想起宗泽，便下诏请他入朝，宗泽此时已68岁高龄，但国难当头，他毫不犹豫，奔赴抗敌前线。但由于朝中奸佞小人为祸朝纲，力主议和，钦宗软弱无能，宗泽虽全力以赴，但抗金成效不大。

靖康之耻，徽、钦二帝被金兵掳走。高宗赵构与一帮文臣武将苟安江南，他不仅不以靖康之变为耻，反而暗暗庆幸自己趁机当了皇上，更不要说兴兵迎回徽、钦二帝了。而金朝国势日升，不肯放过宋朝这块肥肉。朝中有识之士早已觉察金对本朝的觊觎之心。因为早在礼部侍郎出使中都时，金主就对他说：“你家皇上对我大金多有不敬之处，回去转告他，若有背盟之举，休怪我翻脸！”这是很明显的挑衅行为。后来金使到临安，他本为宋臣，回故土后感慨万千。他深知金主伐宋之心，不愿故乡的百姓惨遭涂炭，希望宋廷有所准备。于是，在与宋朝大臣张焘谈话时，指着桌案上的笔说：“笔来，笔来！”暗示张焘“金主必来”。可昏庸无能的赵构竟然不信，也不布置兵力御敌。

然而人民的抗金呼声很高，高宗赵构为避免大失人心，只好启用抗金威望较高的李纲为宰相，同时让老将宗泽任东京留守兼开封府尹辅助李纲。

钦宗在位时，李纲遭奸臣诬陷被贬官至离京城开封较远的河阳。待他风闻朝中有变，受诏赶来时，开封已被金兵攻破，城池被洗劫一空，钦、徽二帝被劫走。在这种情况下，他与宗泽担负起抗金重任，困难可想而知。金兵走后，当地的盗匪趁火打劫，老百姓大白天都不敢出门。宗泽上任后，决定先安内后攘外。他带领一支队伍，暗中调查几日，掌握盗匪的行踪，然后采取突袭的方式，将之一举歼灭。紧接着，宋泽又采取措施惩治奸商，整顿物价，使百姓生活有所改观。百姓们都非常拥护他，在他的带领下，河道疏通，生产恢复，开封城又逐渐有了生气。

开封府稳定下来后，老将宗泽又上奏朝廷，请求高宗皇帝整顿军队，做好讨伐金朝的准备。他在奏疏中写道，金朝对我大宋垂涎已久，吞并之心早已暴露无遗。金主野心勃勃，长久以来，我朝均向其屈膝求和，长此以往，国将不国。想我中原，才子众多，望皇上率我大宋子民，奋发图强，抵抗金贼。一篇奏疏写得慷慨激昂。

然而，高宗赵构软弱无能，惧怕金军势力，一再妥协退让。他甚至并不信任李纲、宗泽这些抗战派将领，依然重用黄潜善和汪伯彦这些投降派。黄潜善和汪伯彦二人，一个为中书侍郎，一个为伺知枢密院事，掌握兵权，狼狈为奸。不久，由于听信小人谗言，高宗赵构又将黄潜善升为右相，并且握有朝中实权，以压制同为宰相的李纲。投降派对宗泽要求备战伐金的奏疏置之不理，却老将宗泽的牛脾气也上来了，他毫不气馁，接连向高宗上奏 20 余次。但是均被黄、汪二人扣押下来。宗泽毫不泄气，见上奏无效，便直接下令在黄河沿岸建立防线，在京城建立 24 个战斗据点，还在农村组织民兵，训练水师，防止敌人乘船入侵。

宗泽的一系列举措得到了李纲的大力支持。他建议宗泽布置好防守，也要多多考虑进攻之策。还将自己珍藏已久的靖康年间张行中制造的战车图转赠给他，以资鼓励。宗泽素敬李纲为人，得到他的支持，干劲更大。他拿回战车图，如获至宝，日夜研究，找来能工巧匠，制造出1000多辆用于攻击敌人的新型战车。老百姓为宗泽的精神所感动，自发组织起来，形成无数的地方武装，遥相呼应，与金兵周旋，令其头痛不已。

然而，朝廷中投降派占上风，他们掌握朝中实权，由于害怕地方武装得罪金廷，他们想出一条毒计，让主战的宗泽去河北围剿抗金的地方武装。

宗泽心中明白，这是黄潜善和汪伯彦二人的鬼主意。他想，自己去一趟河北也好，可以趁机将地方武装联合起来对抗金兵。于是将计就计，准备去河北。临行前夜，他伏案疾书，向高宗上书，指出百姓组成的地方武装有其存在的重要意义，应大力扶植，进行招抚。第二天，他将助手范讷叫来，对他叮嘱道："老夫此番去河北招安王善，军中之事，全托付将军了。"说到此，从袖中拿出写好的奏折，交到范讷手中，道："老夫连夜写了一张奏表，还请将军无论如何转呈皇上。"范讷非常敬重宗泽，今见他有此重托，忙施礼道："老将军请放宽心，末将一定不违此托。"但是，范讷同时又为宗泽担心。他深知，河北地方武装抗金的力量强大。特别是一个叫王善的头目，号称手下军兵70万。宗泽此去，无异于身赴死地。于是他对老将军道："河北王善手下有70万军兵，将军不可只身一个奔赴险地，还请多带些兵马为妙。"宗泽捋须微微一笑道："老夫此去又不是去打仗，多带兵马又有何益？更何况，如果王善要杀老夫，就算我再多带些兵马，也难以活命回来，我只带一名随从足矣。"范讷闻听，深为老将的魄力所动，又见他决心已定，也就不再相劝。

宗泽交代好军中事务，便带上一个随从，上路而去。这一日，渡过黄河，刚行了一段路，便被几个彪形大汉拦住去路。为首一人喝问宗泽姓甚名谁，从哪来，到哪去。宗泽毫不慌张，顺口答道："老夫姓王，从开封来，去串亲戚。"谁知大汉听罢，哈哈大笑，道："宗泽老将军，您何时成了我的本家？如今又来河北串亲戚，想必是来探望我吧！"

宗泽先闻他指出自己的身份，心中一惊，后又听他一番言语，料定此人必是王善。心里又一喜，脱口道："你可就是抗金的地方将领王善吗？"王善见问

也不否认，在马上看着宗泽微笑不语。宗泽更加确定，也不绕弯子，开门见山，极力邀请王善到开封，共商抗金大计。老将军力数金兵罪行，宋廷过失，说到伤心处，不由得泪沾衣襟。王善也是一位爱国之士，深为他一番肺腑之言所感，当即跪倒在地，对宗泽道："老将军年届70，仍为国家操劳若此，我王善何德何能，值得老将军亲临河北相邀。我本为一平民百姓，蒙老将军如此看重，虽肝脑涂地，愿随老将军共商抗金大计！"

宗泽忙上前相搀，感动万分。王善还表示，要说服其他武装力量，和宗泽一起奔赴抗金前线。宗泽闻听，老泪纵横，竟跪在王善面前道："王将军此种义举，我大宋朝江山有望，我大汉民族有望啊！"王善见两鬓斑白的老将军跪在自己面前，哪里经受得起，也跪了下去，他身后的随从也随之跪了下去，场面颇为感人。

不久，在宗泽和王善的组织领导之下，黄河一带就有百万民众联合在一起，严阵以待，准备痛击入侵的金兵。

建炎二年（公元1128年）冬，金兀术率军直捣宋廷京师开封，老将宗泽运筹帷幄，做了周密的部署。兀术见无懈可击，只得无功而返。

但是，金主贼心不死。第二年春再次命大将金兀术率军南下，此次金兀术先打郑州，再打白河（今河南中牟县西）。白河离开封非常近，这引起了百姓的恐慌。宗泽为稳定民心，先贴出了安民告示，又派大将刘衍出城御敌。老百姓见宗泽出面组织抵抗金兵，心中顿感安稳，积极响应配合。

是夜，宗泽又派出数千精兵绕到金兵后面埋伏起来。第二天，按照与刘衍约定好的时间，同时向金兵发起进攻。金兀术没料到自己腹背受敌，不敢恋战，慌忙撤退，逃出白河。

金兀术在逃跑过程中，不甘心再次无功而返，便在行至滑州时，将滑州包围，欲抢夺些财物再走。宗泽得到消息，立即派骁勇善战的大将张前去支援。张一马当先，杀入敌营。金军本为败兵，不堪一击，很快就又离开滑州，继续败逃。

金兀术虽然走了，粘罕却从西面进兵，攻占洛阳。进驻洛阳城后，粘罕得意洋洋，竟派何仲祖和刚刚投降的宋将郭俊民劝降宗泽。宗泽大怒，先斩了叛徒郭俊民，又割下金使何仲祖的一只耳朵，让他滚回去给粘罕通个信儿，趁早死了劝降之心。

宗泽抗金取得了实质性的胜利。他又在开封加紧修筑坚固的防御工事，招募、训练精兵强将。而此时的高宗早在金兵入侵之前，就在投降派黄潜善、汪伯彦等人的撺掇下将都城迁到扬州，以求保全性命。宗泽认为京中无主，军心不稳，在取得节节胜利，而京师开封又固若金汤的情况下，上书请求高宗重返东京，主持大局。但昏庸的高宗不但不听，反而要将都城再向东迁移。

宗泽知道这都是因为有小人在高宗身边捣鬼。他为了使高宗对他的奏折引起足够的重视，让他的儿子宗颖亲自到应天府向高宗呈送奏疏。高宗看了，也确实感到应该回东京开封，但又怕金兵将开封攻破，不能保全性命，一时举棋不定。奸人黄潜善趁机挑拨，在高宗面前吹风，说宗泽与盗匪串通，意欲与朝廷作对。还暗示高宗，如宗泽迎回钦、徽二宗，高宗的皇位可就不保了。赵构闻言，心中害怕，便决定不回开封，同时派郭仲荀为东京副留守，监视宗泽。

郭仲荀也是一位忠臣，他来到开封，便将事情经过全部告知宗泽。老将宗泽又急又气，这一气，背上便生了毒疽。病情发展迅速，又加之年事已高，不久便与世长辞，终年 70 岁。

宗泽老将一缕忠魂虽悠悠而去，但他无私无畏的民族精神却永远活在人们心中。

赵构的下台与复位

老英雄宗泽死后，可乐坏了投降派。他们认为，宗泽一死，少了一块降金的绊脚石，从此万事大吉。他们鼓动高宗赵构，派他们的死党杜充任东京留守。无能的赵构，一点主意也没有，完全被他们控制在股掌之中，当即表示同意。

杜充在黄、汪等奸臣的授意之下，完全推行与宗泽相反的政策，解散地方武装队伍，打击抗金将领，拆毁防御工事，将本已恢复生机的开封城重新推向

赵构

死地。

建炎二年秋，已得到宗泽死讯的粘罕再次率兵伐宋，以报当年一败涂地之仇。开封军民拼死抵抗，无奈朝廷不派救兵，修好的坚固的防御工事又被拆毁，最终力不能支，开封城沦陷了。在金兵的铁蹄之下，城中居民惨遭蹂躏，苦不堪言。

占领了开封，粘罕又发兵濮州。濮州守将姚端为主战派将领，他不惧金兵淫威，在夜里率兵偷袭金营。当时金兵正在饮酒作乐，防备松弛，被姚端打了个措手不及。但是，金军人数众多，很快就卷土重来，向濮州发起猛攻。濮州军民在姚端的带领下奋起抵抗，但敌人攻势凌厉，濮州告急！姚端接连三次向开封的杜充求援，前两次都被金兵拦截住杀死，第三次才到开封。所去的宋将对杜充苦苦相劝，让他速派援军。但杜充以开封城需重兵把守为由，拒不发兵。姚端与濮州军民坚持了30天，因孤立无援，被金兵攻破。金兵侵入濮州城，烧杀抢掠，无恶不作。

濮州陷落后，开封便成为金兵的下一个进攻目标。得知金兵杀来，开封留守杜充又急又怕，不知如何是好。最后，他为了保住自己的一条狗命，竟丧心病狂，不顾百姓死活，下令决开黄河大堤，堤坝一开，黄河水滚滚而下，百姓们猝不及防，成千上万的百姓葬身汹涌的洪水之中。

粘罕见杜充开决黄河大堤阻挡自己大军，便暂时放弃开封，改攻大名府，大名府很快被金兵攻占。粘罕又乘胜前进，陆续攻下沧州、济南、青州、潍州等地。此后，又迅速逼近高宗赵构所居住的地方——扬州。

御史中丞张浚知道此时朝中无将，扬州怕也难保，建议赵构速速离开。而黄潜善、汪伯彦二人却百般阻挠，他们对赵构说，扬州有重兵把守，不会出现任何差错，金兵一时也打不过来。赵构对汪、黄二人言听计从，留在扬州不动，只派刘光世率兵到淮水堵截金兵。

刘光世是个投降派将领，行军至中途，闻听金兵杀来，便丢下队伍，自去逃命。当兵的见主帅都跑了，也四下奔逃。金兵在淮水未遇任何抵抗，顺利过河，占领了天长（今安徽省天长市），离扬州城已非常近了。

消息很快传到扬州城，高宗赵构在睡梦中被宦官叫醒。他正做着千秋大梦，迷迷糊糊睁开双眼，见窗外还是一片漆黑，心中生气，正要发作，宦官急禀："皇上，金兵已打下天长，马上要攻打扬州了！"一句话，如晴空打了个惊雷，吓得高宗激灵灵打了个冷战，一下子就清醒过来。也顾不得生气，哆哆嗦嗦穿上衣服，往外就跑。御前都统制王渊和几个宦官保着他，连夜出城奔逃。黄潜善、汪伯彦二人也早已得到消息，在后紧紧相随，城中宦官缙绅、达官显贵见状也争相逃命，一时之间，扬州城内鸡飞狗跳，混乱不堪。

赵构在御前都统制王渊的护卫下，一口气逃到杭州。随行官员和杭州百姓认为这是黄、汪二人造成的，强烈要求杀了他俩。赵构此时也对他俩失去信任，颇为不满，便免去二人宰相之职，由朱胜非接任宰相。御前总都统制王渊自恃护驾有功，在人前耀武扬威。实际上他也是个大奸臣，投降派。老百姓对他恨之入骨，而赵构却非常宠信他。这惹恼了许多官员，尤以护送高宗亲眷到杭州的苗傅、刘正彦二人为甚，他们暗中谋划举行兵谏。

建炎三年三月初五，苗傅和刘正彦率领部下举行暴动。他们先将奸臣王渊斩首示众，又派兵入宫杀死百余名宦官，最后逼至高宗赵构所居住的地方。赵构吓得抖成一团，暴动的官兵在他的门外高喊，要见皇上。赵构被逼无奈，最后只得哆哆嗦嗦地来见众人。他看着门前黑压压的人群，险些吓晕过去，强作镇定，指着他们道："众位爱卿，这却是为何？"众人一见赵构出来了，一时也安静下来。苗傅上前答道："皇上，臣等并非想谋反。只是皇上偏听偏信，忠奸不分，赏罚不明，我等心中不服。今天，三军将士在此，也并非想难为皇上，不过是想请皇上惩处王渊和康履等奸臣小人。王渊已被我们杀死，但康履还在皇上身边，希望皇上能将他交出来以正国法……"

康履平日为非作歹，鱼肉百姓，民愤极大。但他善于逢迎拍马，最受高宗赵构宠信。赵构不想杀他，对众人道：“朕已将奸人黄潜善、汪伯彦免职，自然还要重重惩处康履。卿等速速回营去吧！”苗傅为人机警，他知道赵构用的是缓兵之计。心中生气，怒道：“此时此刻，想不到皇上还包庇恶人。今日，皇上若不将康履斩首，臣等决不回营！”

赵构闻言，倒吸一口凉气。又见将士们怒目圆睁，杀气逼人，不禁心胆俱寒，心想如不交出康履，恐怕自己性命也将难保。于是，命人将康履找来。康履早知苗傅和刘正彦发动兵谏，要求皇上杀了自己，正要骑马逃走，被去拿他的禁卫军逮个正着，被五花大绑拖到众人面前。苗傅见状，上前一步，一刀结果了这个恶人的性命。

赵构吓得浑身直哆嗦，颤声道：“如此，众卿可否返回军营了？”刘正彦在一旁道：“主上无德，便应让其位。今皇上面对金兵来犯，毫无主张，不如传位于太子，令贤德之臣从中辅佐。”赵构闻听傻了眼，因为他知道，刘正彦此言不过是迫自己退位。因为太子赵旉刚刚3岁，也根本不能主事。但是，事到如今，也无法反抗，只好退位，将皇位传于儿子赵旉。所幸皇位还在赵家手中。

苗傅、刘正彦所发动的兵变，确实杀了一批奸人，为民除了害。但是二人行伍出身，生性粗鲁，并不能提出治理国家的正确主张，对抵御金兵也无甚良策。朝野的混乱程度比以前有增无减，杭州百姓仍处于一片惊恐之中。

赵旉继位后，改年号为“明受”。平江留守张浚知道这是苗、刘二人挟制小皇子的结果。于是，扣诏不发，还联合韩世忠、刘光世等人一起兴兵讨伐他二人。苗、刘二人兵败被杀，张浚等人重新恢复了赵构的皇位。就这样，高宗下台不久又轻易复了位。但是张浚等人可能没有想到，他们尽心竭力帮其恢复帝位的皇帝赵构却一心想着向金朝伏地称臣，并且迅速采取了行动……

南宋的爱国之臣，民族志士不胜枚举。他们为保祖国山河披肝沥胆，流尽鲜血。但是在赵构这位昏庸无能的皇帝手下，他们做任何努力都是徒劳的。南宋江山风雨飘摇，岌岌可危，坚持不了多久了……

金兀术被困黄天荡

兀术，为金朝四太子，其人骁勇无敌，又极善用兵打仗，历史上称其为金兀术。

建炎三年（公元 1129 年），金兀术统率千军万马，浩浩荡荡，气势汹汹，再次向南京杀来。

此时的赵构刚刚重新恢复了帝位。但他仍不吸取教训，不思进取，而是一心琢磨着如何才能讨得金朝主子欢心，使金兵不再进犯，以苟延残喘。他为此采取了一系列投降举措。他还在三四个月的时间里，连续给金朝皇帝写信乞降。他在信中说，金国兵强马壮，他自知不是对手，三年中连续迁都三次，现在已到了走投无路的地步。万望金主能够原谅和饶恕自己，给他一条活路，他将从心底不胜感激。自愿削去帝号，臣服大金……信中言辞之苟且，令人不齿。金朝皇帝看到他的乞降信，对他甚为不屑。非但不撤兵，反而增强了攻宋的信心，令四太子兀术全力出击。金兀术更是气焰嚣张，率军蜂拥而来。

赵构闻讯，吓得战战兢兢，哪有心思抵抗。带着部分文武官员仓皇逃离建康，往杭州避难去了。

大敌当前，皇帝临阵脱逃，一些贪生怕死的宋将也随之逃命或者弃城投降。金兀术不费吹灰之力，便攻入建康城。不久，又顺利攻下杜充把守的开封。杜充本来就是投降派，这下如愿以偿，降了金兵。

但是，中土自古多豪杰。在南宋将领中，也不乏抗金英雄。他们不畏金兵淫威，英勇抗金，写下了一首首壮丽的诗篇。驻守建康的通刺杨邦义，见主将怯弱，非常气愤，便咬破手指，在衣襟上写下“宁做宋朝鬼，不做他邦臣”十个大字，以鼓舞士气。众将一见他身上的血书，一时气血翻涌，奋勇当先，与金兵战在一处。无奈，敌众我寡，建康城最终陷落，杨邦义也被金兵俘虏。

金兀术非常爱惜人才，尤其欣赏像杨邦义这样的忠勇之士。他为了笼络杨邦义，亲自给他松绑。而后许以高官厚禄，欲将其劝降。杨邦义闻言满面怒容，毫不为其所动，痛斥金兵南侵的罪行。直至后来，大骂金兀术。金兀术一怒之下将其斩首。杨邦义慷慨就义。事后，金兀术还为杨邦义的死深感惋惜。

金兀术杀了杨邦义，一路率军南下，烧杀抢掠，无恶不作。南宋百姓，许多人不堪忍受，自发组织起来抗金。其中最为著名的就是韩世忠、梁红玉夫妇。韩世忠是一员猛将，他妻子梁红玉虽为一妇人，但自幼习武，十八般武艺样样精通，而且智勇双全，最喜排兵布阵。他夫妇二人，在长江岸边严阵以待，只等金兵来犯，予以迎头痛击。

建炎四年，金兀术一路追杀宋高宗赵构。赵构一路逃窜，先至杭州，再至越州（今浙江绍兴），后来又辗转至明州（今宁波）等地。再后来，他觉得陆地上哪都不安全，便接受宰相颐浩的建议，准备了20多条大船，装满生活必需品，去海上避难。金兀术虽瞧不起赵构，见他竟逃到海上，也无可奈何，不再追杀，率军北返。

金兀术想得很美，想从镇江渡江返回扬州，在长江沿岸还可再掳掠些金银财宝。但是，他想不到的是，韩世忠、梁红玉夫妇早已排兵布阵，等待他多时了。韩、梁夫妇二人闻得金兵要渡江的消息，连忙商议计策，以做到万无一失。韩世忠对妻子道："我军所在之地周围最高之处是金山，兀术与我军遭遇，必登此山观察军情。金山上有一座龙王庙，我派兵埋伏庙中，到时将其擒获。"梁红玉赞赏地看了丈夫一眼，思忖片刻道："万一金兀术逃脱，我还有一计。"韩世忠闻言大喜，让她快说。梁红玉微微一笑，道："金兀术号称10万精兵，而我军不足万人，就算以一当十，也难以取胜。不过，我们可排兵布阵，智取金兀术。明日相战，若我军不能取胜，再战之时，我领中军专管防御，只用炮弩射击金兵，你可带两队兵将在江上等候。金军败逃时，我在船楼上竖旗击鼓，金兵向哪个方向退，我就向哪个方向挥舞大旗，你率兵向我所指方向痛击金兵，我军必胜。"韩世忠闻言，也不由得暗暗佩服妻子足智多谋。夫妇二人计议停当，便分头下去准备。

再说金兀术率军刚至镇江口岸，便遭到韩世忠所率军兵的袭击。但他侵宋以来，几乎没吃过败仗，因此根本没将韩世忠放在眼里。谁知，令他意想不到的是，韩世忠所率军兵与以往碰到的那些宋朝兵将截然不同。他们个个训练有素，奋勇当先。金兀术与之大战一天，也不能前进半步，只得收兵，明日再战。

金兀术想不到自己大风大浪都经过了，在小河沟里却翻了船，心下惊叹之余，也不敢再轻敌。察看了一下周围地形，便想登上此地最高处金山，探看宋兵军情。韩世忠早已派偏将苏德率200精兵健卒埋伏在金山上的龙王庙内。时间不长，金兀术率领4名骑兵登上金山。韩世忠在船楼上将这一切看得清清楚楚，连忙击鼓为令，庙中埋伏的宋兵当即杀出。金兀术闻得鼓声，也心知不好，忙掉转马头，向山下猛冲。那金兀术也确是英雄，三下五除二，便冲破宋军包围圈，回至自己的大营。不过他也着实吓了一大跳，对韩世忠更加刮目相看。

次日，他亲率船队与宋兵再次相战，欲报昨晚险些被俘之仇。但是，韩世忠早已依梁红玉之计布置妥当。两军一交战，夫妻二人一个船楼上指挥，一个率兵攻击，配合得相当默契。金兀术指挥船队向宋军船队进攻。梁红玉击鼓发令，兵士们万箭齐发，金兵伤亡惨重。金兀术见状，急命船队掉头后撤。梁红玉挥舞大旗，向丈夫发出指令。韩世忠顺旗指方向率军出击，挡住金兀术，两军又战在一处。宋军越战越勇，金兀术的女婿龙虎大王也被宋兵打入水中，韩世忠顺势，一枪将他扎死。金兀术见爱婿已死，无心恋战，只好撤兵。

韩世忠乘胜追击，在后紧追不舍。金兀术无奈，只得抽空派人送信给韩世忠，表示如若放他顺利回金朝，他便奉送掠来的所有财物，并保证永不再犯宋廷。韩世忠对他恨之入骨，恨不得一口咬碎了他。另外也深知金兀术为人狡诈，放他回金朝，无异于放虎归山。因此，严词拒绝了他的要求。金兀术走投无路，率残部在德江逆流而上，最后进入死港黄天荡。

黄天荡只能进不能出，韩世忠非常熟悉这里的地形，得知金兀术进入黄天荡，欣喜万分。心想，这真是天助我也。我一定借此大好良机，将金兀术困死在黄天荡。他急命人送信给妻子梁红玉，告知这一情况。梁红玉也是大喜，率粮草兵马前来接应。夫妻二人把住港口，步步为营，向黄天荡里推进，想要一举歼灭金兀术残部。

金兀术见情况越来越危急，心中也越来越焦虑。危难之中，他悬赏求计。

说来也是他命不该绝，在他的军兵中，有一个投降不久的汉人。此人对黄天荡一带的地形颇为熟悉，他向金兀术献出一计：往北 10 余里有一条通往秦淮河的旧河道，如能开掘得通，便可绝路逢生。金兀术闻言大喜，重赏此人，又即刻命军士疏通此旧河道。时间不久，他还真打通了通往秦淮河的旧河道。

金兀术被围 48 天，终于侥幸逃脱。但是，黄天荡一战给金兵以重创，令金兵从此对中原有所忌惮，再也不敢肆意妄为。

岳飞抗金

在南宋众多的抗金英雄中，岳飞称得上是最传奇、结局最凄惨的一位。岳飞字鹏举，是相州汤阴（今河南汤阴）人。他少时勤奋好学，并练就一身好武艺。1126 年，金兵大举入侵中原，岳飞也开始了他抗击金军、保家卫国的戎马生涯。

岳飞

岳飞投军后，因勇武善战，很快就擢升为秉义郎。这时北宋都城被金军围困，岳飞与副元帅宗泽前往救援，多次打败金军。宗泽赞他说：“智勇才艺，古良将不能过。”靖康之变后，康王赵构在临安登基，建立南宋，是为高宗。高宗即位后，岳飞满怀热情地上了一道奏章，请求高宗亲自率领南宋的爱国将士渡过黄河，消灭金兵，收复失地。没想到昏庸的高宗却给岳飞定了个“越职言谏”（意思是议论了自己职权以外的事）的罪，革除了他的职务。岳飞心里很苦闷，就去拜见河北路招抚使张所。张所很赞赏岳飞，提拔他当了武经郎。

恰好这时金兵南侵，张所就命令都统制王彦带领岳飞等七千将士渡过黄河，抗击金兵。到了新乡，一见几万金兵冲杀过来，王彦有些害怕了。岳飞却毫无惧色，举起长矛大喊着冲进敌群。宋军将士受了岳飞的鼓舞，勇气倍增，呐喊着冲向敌军。这一仗，宋军取得了辉煌胜利。宗泽认为岳飞立了大功，再次把他提升为统制。

撞车（宋）

岳飞治军严明，他曾提过一个响亮的口号："冻死不拆屋，饿死不掳掠。"因此，他的部队不但作战骁勇，而且深受老百姓拥护，堪称南宋初年最有战斗力的一支部队。岳飞多次同金兵交战，从来没打过败仗，是名副其实的常胜将军。吃够了苦头的金兵，把岳飞的部下称作"岳家军"。金兵中还流行这样一句话："撼山易，撼岳家军难!"

1133年秋，宋高宗将岳飞召到临安，将他御笔亲题的"精忠岳飞"四个大字制成锦旗赐给岳飞。同时，还要在京城为他建造府第。岳飞辞谢说："敌未灭，何以家为?"为此，皇帝赵构十分喜悦，便问他："你觉得天下什么时候可以太平?"岳飞回答："文臣不爱钱，武将不怕死，就可以天下太平。"不久，刚过而立之年的岳飞被授清远军节度使，成为长江中游的最高军事指挥官。

1140年，金国撕毁了和约，调集兵马，以金兀术为首领，兵分四路向南宋大举进攻。宋高宗急令各路宋军抵抗。岳飞得到命令，就派部将牛皋、杨再兴带兵北上迎敌，自己与儿子岳云驻守郾城，积极准备与金军主力决战。金兀术这次使出了看家本领"铁浮图"和"拐子马"。"铁浮图"由一些身材高大健壮、武艺高强、身披双重铁甲的金兵组成。"拐子马"是金兀术专门训练的一支骑兵，骑艺精湛，奔跑迅速，善于从两边向对手发起进攻。

岳飞一方面调派各部回援，一方面派儿子岳云率先出战，并且严令说："如果不能取胜，我就先将你斩首示众!"他让士兵都手持麻札刀，不要仰视，低着头只管削砍马足，敌骑兵大乱。岳飞又亲率四十骑冲到敌阵中，左右开弓，箭不虚发，金军全面溃败。

金兀术被迫后退到临颍，继续纠合军队，合兵 12 万，想要卷土重来。岳飞遂挥军直进。岳家军前锋三百骑在进抵临颍城南小商桥的时候，突然与金军遭遇，猝不及防，被团团包围。领兵将领杨再兴毫无惧色，奋勇杀敌，竟然斩杀金兵两千余人。最后杨再兴中箭而死，金人焚烧他的尸体，从灰烬中挑出整整两升箭镞！张宪等部随后杀到，岳家军人人悲愤，个个争先，杀得金兀术大败溃逃 15 里才收拢了残兵。

岳飞在夺取临颍后，判断金兀术定会再夺颍昌，就急派岳云前往增援。果然，金兀术集合了 3 万骑兵，并龙虎大王、盖天大王的 10 万步兵，气势汹汹开到颍昌城西。七月十四日，颍昌守将王贵和岳云等率兵出城迎战。双方从早晨一直杀到中午，金军全面溃败。此战杀死金国统军上将军夏金吾及千户 5 人，活捉大小首领 78 人，俘虏 2000 人，杀死 5000 人，缴获战马 3000 匹，铠甲器械不计其数。

经过颍昌大捷，金兀术主力已不堪再战，如果此时其他各路宋军能够前来协助，相信开封指日可下。然而这时的高宗和宰相秦桧一心求和，严令各军班师。岳飞眼见友军纷纷后撤，后方的粮草也逐渐停止供应，不禁仰天长叹道："所得诸郡，一旦都休，社稷江山，难以中兴，乾坤世界，无由再复！"遂将主力撤离洒下无数鲜血才得以收复的郾城、颍昌等地，退守淮中防区。

1141 年，四月，高宗和秦桧召岳飞至临安，解除了他的兵权。之后，岳飞父子被秦桧以谋反罪名予以逮捕审讯。由于找不到证据而无审讯结果，最终秦桧以"莫须有"的罪名〔韩世忠当面质问秦桧，秦桧支吾其词"其事体莫须有（也许有、不见得没有）"〕于十二月廿九除夕之夜，将一代名将岳飞及其子岳云、部将张宪在临安大理寺风波亭内杀害。岳飞被害前，在风波亭中写下八个绝笔字："天日昭昭，天日昭昭"，意思是上天明白我岳飞精忠报国一片忠心！

奸臣秦桧

人们一提起秦桧这两个字，首先想到的就是奸臣这个字眼。中国历史上有过许多的奸臣，但是，人们对秦桧的恨的程度恐怕要甚之又甚，人们恨秦桧的主要原因他诬陷杀害岳飞。

民间有许多故事及历史遗迹都反映出人们用各种方式表达对秦桧的痛恨和对岳飞的怀念。

在美丽的西子湖畔，在肃穆的鄂王墓前，人们可以看到被反缚双手，跪在墓前的四个铁人，他们就是秦桧、王氏、万俟卨、张俊。这是在秦桧害死岳元帅后，人们自发筹钱，铸成铁跪像，让这四个人永世都受人唾骂。

另外，在我国民间炸油条都是合在一起炸，在过去这叫“油炸桧”，意思是秦桧和他的夫人王氏合谋害死了岳元帅，人们为了表达对他们夫妻二人的痛恨之情，就用这种油炸的方式来发泄。

秦桧是宋徽宗时的御史中丞，他被金人掳到北国，与宋徽宗、宋钦宗一起沦为金人的人质。

但是，秦桧善于见风使舵，他看到宋徽宗和宋钦宗二帝都做了阶下囚，于是他就暗中投靠了金朝的一个大将挞懒，做了金人忠实的走狗。

有一年，挞懒率领军队攻打宋朝，秦桧当时也跟随去了，挞懒的军队一路烧杀抢劫，无恶不作，秦桧也从中为虎作伥。在金军攻打到楚州时，遭到了楚州人民的强烈反抗。

楚州守城将领鼓励军民说：“我们若不誓死保卫楚州城，等到了城破的那一天，我们就死无葬身之地了。”

楚州军民大为振奋，奋起打击金军，挞懒一时久攻不下楚州。秦桧看到这种情况，就向挞懒谄媚说：“我以前是宋朝的大官，让我说服他们投降吧！”挞懒非常高兴，就同意了秦桧的要求。

秦桧以宋朝官吏的身份给楚州将领写信，要他们投降，信中厚颜无耻地对大金国歌功颂德，同时又逼迫楚州将领若不投降，就会使徽、钦二帝丧命等。

在秦桧当时的假象蒙蔽及胁迫下，楚州失守了。

挞懒看到秦桧如此忠心耿耿地为金效力，于是就派秦桧潜回南宋，作为金朝日后侵略宋朝时的内应。

当秦桧返回宋朝时，许多大臣纷纷议论，说：“从金国到南宋距离好几千里，为什么秦桧能如此顺利地逃回来呢?”

秦桧的死党范宗尹、李回为他辩解说，秦桧是装扮成老百姓逃回来的，他历经磨难，不顾个人安危逃回大宋，说明他是爱国的，不应该再怀疑他了。秦桧由此躲过了众大臣的盘问。

秦桧返回宋朝后，先是拿钱打点了好几个大臣，并且又了解到宋高宗想求和的想法，于是就想方设法讨宋高宗的欢心，以达到卖国的目的。

有一次，秦桧向赵构说：“徽、钦二帝在金朝受到很好的待遇，他们二人都不想回来了，有些乐不思蜀了。”并且还虚构了很多自己是怎样照顾宋徽宗、宋钦宗的故事来蒙蔽赵构，赵构听了十分高兴。不久，赵构就任命秦桧做了参知政事。

秦桧见这一招很有效，于是就更加殷勤地陪伴在赵构的身边，不断地用甜言蜜语哄骗宋高宗，而宋高宗也渐渐地听惯了秦桧的谎言，对他开始信任起来。

秦桧见时机成熟，就向赵构提出，说他有治国良方，但苦于官职太小，才能施展不出来。昏庸的赵构就任命秦桧为宰相，处理国家大事。

秦桧当上了宰相，加快了卖国的步伐。

公元 1139 年，岳飞率岳家军节节胜利，打得金兀术连连败退，先是韩世忠在黄天荡围困金兀术达 48 天，接着在牛头山，岳飞率军队又重创金兀术。

金兀术的军队只要一听到“岳家军”三个字，便魂飞胆破，谈“岳飞”色变。

就在岳飞要乘胜追击，打败金兀术，打到金兵老巢时，秦桧一看形势不好，赶紧来为金国说话。

他先是代表赵构和金签订了受降条件，要南宋向金称臣，金把河南赐给南宋。岳飞得知此事后，大为生气，发誓要打到黄龙府。但是由于秦桧和赵构串通一气，把岳飞召回临安，使得大好形势被秦桧所耽误，奠定了南宋灭亡的基础。

金兀术得知这个消息后，十分高兴，他想利用借刀杀人之计，在战场上打败不了岳飞，就用卑鄙诡计杀害岳飞。

于是，金兀术派人捎信给秦桧，让他设法除掉岳飞。秦桧得到主子的指示，便开始了陷害岳飞的罪恶行动。

秦桧的死党万俟卨得到消息后，诬告岳飞谋反。岳飞心里本来就因为被12道金牌召回而不平，如今又有人诬告，心里十分气愤，于是就要辞官回乡。

赵构一开始不同意，但是在秦桧的怂恿下，就同意了岳飞的辞官。

岳飞本想辞官之后，不再理会官场的争争斗斗。但是，残酷的敌人将他残忍杀害了。

陆游临终留诗

陆游（1125—1210），字务观，号放翁。汉族，越州山阴（今浙江绍兴）人，南宋著名诗人。少时受家庭爱国思想熏陶，高宗时应礼部试，为秦桧所黜。孝宗时赐进士出身。中年入蜀，投身军旅生活，官至宝章阁待制。晚年退居家乡。创作诗歌今存九千多首，内容极为丰富。著有《剑南诗稿》《渭南文集》《南唐书》《老学庵笔记》等。

陆游的幼年时代，正逢金人南下、北宋灭亡的动荡时期。金军在江南地区的抢杀掳掠，使陆游从小就体会到什么叫作国难当头。成年后，陆游参加了两浙地区的科举考试。当时，宰相秦桧的孙子也参加了这次考试，秦桧在考试前暗示考官，要让自己的孙子名列第一。考官没有屈服于秦桧的淫威，秉公办事，使陆游被取为当地第一名，这件事令秦桧十分恼火。待到第二年，陆游前往临安（今杭州）参加殿试，秦桧却蛮横地命令主考官取消陆游考试的资格，还要追究两浙地区科举官员的责任。由于秦桧的阻挠，陆游一直不能留在朝廷任职，直到这位臭名昭著的奸臣去世，他才得以担任枢密院的编修官，回到临安。

来到临安不久，在主战派大臣的鼓动下，孝宗皇帝决定派遣宿将张浚等人北上收复失地。热切支持北伐的陆游被邀请加入张浚的幕府，并为之起草了讨伐金人的诏书。然而，开战不久宋军就在符离（今安徽宿州）吃了败仗，北伐

的军队全线溃退。主和派大臣在皇帝面前对张浚大肆攻击，结果张浚被排挤出朝廷，陆游也因此罢官。

这样差不多过了10年的时间，负责西北地区军务的著名将领王炎得知陆游颇有声名，请他到汉中（今属陕西）做自己的幕僚。汉中接近抗金的前线，陆游认为到那里去就会有机会参加抗金斗争，于是很高兴地接受了邀请。陆游向王炎提出了收复失地的宏伟计划，然而偏安的南宋王朝并没有北伐的胆量，因此王炎虽然官居要职却对此无能为力。不久王炎被调任他职，陆游孤身一人来到成都，在安抚使范成大的官署中担任参议官。

陆游

陆游的抗金志愿一直得不到实现，郁闷之下就常常喝酒写诗，以此抒发自己忧国忧民的复杂感情。许多同僚都看不惯他的作为，便在背后议论他不讲礼法，思想颓废。陆游听到后索性为自己取了“放翁”的别号，意为“放荡的老人”。

1178年，诗名日盛的陆游被宋孝宗召见，但是由于政见的原因，他并未得到真正的任用，皇帝只是派他到福州、江西去做了两任提举常平茶盐公事。他在江西任职期间，恰逢当地发生水灾，陆游“草行露宿”，亲自前往灾区视察，并奏请朝廷拨款赈济灾民，又向周边郡县请求援助，不料却因此触犯了腐朽的官僚阶层，被扣上“擅权”的罪名，很快被解除职务。在家闲居六七年后，陆游又被召到临安，出任军器监少监，后来改任朝议大夫礼部郎中。在这个清闲的职位上，满腔抱负的陆游连续递上奏章，恳请朝廷减轻赋税，结果反被政敌弹劾，再度罢官。

这样又过了二十多年，南宋王朝换了宋光宗和宋宁宗两位皇帝，但是偏安的小朝廷始终没有决心收复失地。郁郁不得志的陆游长期过着闲居生活，将满腔的爱国热忱寄托在诗歌的创作上。

陆游一生辛勤创作，一共留下了9000多首诗，是中国历代诗人中，创作最为丰富的诗人之一。作为一位著名的爱国诗人，陆游的诗大致可以分为三个阶段。第一阶段是从少年到中年入蜀之前，这期间的诗仅留下200首左右，作品偏重文字运用，略显平凡。第二阶段是从入蜀后到他64岁罢官回乡，前后近20年，至今存诗约2400余首。在这一时期，诗人奔波于军旅之间，作品中充满了战斗气息和爱国激情，此时他的诗歌创作开始成熟。第三阶段是在隐居故乡山阴以后，也经历了将近20年，这段时间他共传下6500多首诗，在作品中表现出一种清旷淡远的田园风味，并不时流露着苍凉的人生感慨。

陆游的诗题材、体裁都很广泛，无论是古体、律诗还是绝句，都不乏出色之作，其中尤以七律又多又好。虽然陆游的诗呈现出多彩多姿的艺术风格，然而从总的创作倾向看还是以现实主义题材为主。在陆游的诗作中，始终贯穿着炽热的爱国主义精神，中年入蜀以后表现得尤其明显，不仅在同时代的诗人中显得非常突出，在中国文学史上也是罕见的。陆游继承了屈原以来历代诗人忧国忧民的高尚传统，成为一位名留青史的爱国诗人。

“人中之龙”陈亮

在我国古代文学史上有“唐诗宋词”的说法。意思就是唐代以诗胜出，宋代以词闻名。事实确实如此，唐代涌现出了李白、杜甫这样伟大的诗人，留下了不朽的名篇；而宋代也涌现出李清照、辛弃疾等一大批才华横溢的词人，有一首首的丽词传世。

而南宋时期，围绕在辛弃疾周围形成了一个词风相近的文人集团，他们是陈亮、刘过、韩元吉、杨炎正等人。其中陈亮不仅与辛弃疾交情甚厚，同时也有较好的创作。如他的名篇《水调歌头·送章德茂大卿使虏》：

不见南师久，谩说北群空。当场只手，毕竟还我万夫雄。自笑堂堂汉使，得似洋洋河水，依旧只流东。且复穹庐拜，会向藁街逢。

尧之都，舜之壤，禹之封，于中应有，一个半个耻臣戎。万里腥膻如许，千古英灵安在，磅礴几时通？胡运何须问，赫日自当中。

词中充满了强烈的民族意识和豪情，与辛弃疾的词一样具有一种强烈的感情力度。但是，陈亮的词无论在词风的流转多变，还是在词的语言技巧方面，却远不如辛弃疾。然而，他在南宋时期，却堪称一位杰出的思想家。

陈亮（公元1143—1194年），字同甫，号龙川。他是南宋著名的政治家和北伐中原的热情鼓吹者。他从小就喜读兵书，研究军事，具有独到的见解。他还敢于坚持真理，尤其通过他的词阐述深刻的哲理，如他在《水调歌头·和赵周得》中有“安识鲲鹏变化，九万里风在下，如许上南溟，斥鷃旁边笑，河汉一头倾”的宏大诗句。

他的一生充满了强烈的政治信念，这些都在他的词中表现出来。如：他与辛弃疾唱和的词中，就有“离乱从头说。爱吾民，金缯不爱，蔓藤累葛”，“父老长安今余几，后死无仇可雪”等词句。

公元1178年，陈亮写了《上孝宗皇帝书》。其中写道：朝廷自南渡以来，仍循祖宗旧法，赵鼎等人不懂变法之道理。朝中奸臣当道，秦桧等人，诬陷忠良，谄媚敌，死有余辜……言辞犀利，慷慨激昂，孝宗皇帝大为欣赏，将他的奏疏贴在朝堂之上，当着满朝文武对其大加赞赏，并要群臣向陈亮学习，更好地为朝廷做事。孝宗对陈亮表现出的欣赏之态，立即引起了一些奸佞小人对陈亮的妒忌。他们表面附和孝宗，称赞陈亮，背地里却寻机要整倒陈亮。

陈亮为人快言快语，要寻他的不是，那可是不费吹灰之力。一天，他同几位朋友在家中饮酒。酒至兴处，他又大发感慨，对朋友们道：“当今朝中，奸臣当道。许多人自命不凡，但一遇敌人来犯，立刻变得卑躬屈膝。还有许多人，在皇上面前极尽媚态，对百姓却横眉竖目敲诈勒索……”言者无心，听者有意。碰巧，这一日与陈亮饮酒的人中，有一人人品不好，与朝中小人暗中勾结。他如今听陈亮说出这一番话，当即跑到刑部告发，说陈亮辱骂朝廷。在封建社会，这是一个了不得的罪名。刑部马上派人将陈亮逮捕下狱。

陈亮对别人的谗陷极为气愤。他虽被打得浑身是血，仍慨然陈词，拒不认罪。大理寺便以图谋不轨的罪名报送孝宗皇帝批复。孝宗皇帝看过陈亮上奏的许多奏疏，知道他是一个忠义爱国而又才华横溢的人，看了大理寺给他治的罪名，不仅不信，反而将奏折撕掉道：“秀才吃醉酒，说点痴言妄语，也值得如此大惊小怪吗？”大理寺的官员见皇帝若此，谁还去追究此事呢？陈亮也就无罪获释。

陈亮出狱后，仍到处演说他的政治观点，这让当时南宋的道学家朱熹又气又怕。朱熹年轻时也赞同抗战，但中年后，政治观点发生变化。他以维护三纲五常为由，反对抗战。为了阻止陈亮到处散播他的言论，他让自己的门徒设法诬陷陈亮。

在此情势下，陈亮很快又被陷害入狱，但关押两个月后，苦于找不到证据，又被无罪释放。

陈亮出狱后，朱熹对其威逼利诱，要他放弃自己的政治观点，否则没有好下场。陈亮不买账，予以坚决反击。陈亮的所作所为得到大词人辛弃疾的赞赏和支持。公元 1188 年，陈亮、辛弃疾两位老友相见，谈得甚为投机。后来，二人游鹅湖山，并且邀朱熹来面谈，要与其就学术和政治两方面的分歧进行辩论。可惜朱熹未敢前来，二人对此唏嘘不已。

通过这一次推心置腹的交谈，两人了解加深。辛弃疾在一句词中将陈亮比作诸葛亮道：“看渊明、风流酷似，卧龙诸葛。”陈亮也写词回赠：“二十五弦多少恨，算世间哪有平分月……”

陈亮以其卓越的才华和见识，被时人誉为“人中之龙，文中之虎”。只可惜，出生在软弱无能、腐败透顶的南宋朝廷统治之下，英雄无用武之地，他根本无法实现自己的抱负。

千古风流稼轩词

辛弃疾（1140—1207），原字坦夫，后改字为幼安，号稼轩，今山东济南人，是南宋著名的爱国词人。

辛弃疾早年丧父，由祖父辛赞一手把他培养成人。当年金兵攻占济南时，辛赞并未携家南下，为了养家糊口，他不得不在金朝担任官职。他在亳州的谯县做县令时，辛弃疾已到了读书年龄，便跟随祖父前往谯县。当时，亳州有个人叫刘瞻，善于作田园诗，诗中充满了清新野逸之趣，在当地颇有名声。辛赞便让辛弃疾去拜他为师，向他学习。刘瞻的门下虽然有许多学生，但在平时学习过程中表现得聪明颖悟、反应速度快的，却只有辛弃疾和党怀英两个人。辛弃疾比党怀英要小 7 岁，但他们毕竟是同学，而亳州人也认为他们二人的才华不相上下，因而，亳州的读书界并称他俩为“辛党”。他们虽然受教于同一位老师，但各自的理想和人生道路却截然不同。辛弃疾为了民族的大业勇敢地走上了抗击金兵的战场，并屡建战功，成为一位令人敬仰的民族英雄和爱国词人；而党怀英做了金国的达官贵人。

辛弃疾 23 岁的时候，带领一部分起义军归入南宋朝廷后，以宋高宗为首的南宋政府却并未重用他。他们先是解除了起义军的武装，然后派辛弃疾做江阴军签判，帮助地方官处理政务。尽管如此，辛弃疾仍然继续坚持爱国主义的立场，用他那饱含激情、气势磅礴的词和文章，宣传北伐抗金、收复中原、统一祖国的主张。

辛弃疾一生留有诗词 600 多首，其中诗 120 多首，其余皆为词。这些词又大都是在他两度退休、20 年隐居闲散的生活中写的。他的词，常常是稿子还没有修改好，就被朋友们抢去收藏起来了。有时，他随便写写或写了就烧，致使他的词流失了不少。1188 年，他的门人范开，将他创作的词编成《稼轩词甲集》，并写了《稼轩词序》，才使他的词得以保留下来。

辛弃疾的词创作最多的时候，也正是他在政治生活中最苦闷、最烦恼的时候。试想想，一个人的雄心抱负不能实现，那会是怎样的心情？一个人的宏图大志不能施展，那又是怎样的情绪？无疑，他的心情是郁闷的，情绪是低沉的。当这种心情无以表达时，就只好婉转曲折地表现在他的作品里。因此，辛弃疾的词大多是反映民族、国家等方面的重大题材，他的作品充满了奋发激越的积极进取精神，反映人民的意愿和苦闷，真切地体现现实社会内容，有着强烈的感染力和号召力。其代表作有［水龙吟］《登建康赏心亭》、［永遇乐］《京口北固亭怀古》、［破阵子］《醉里挑灯看剑》等。也因为这些作品有奔放驰骋、生气蓬勃的“豪放”风格，世人便把辛弃疾与苏轼并称。

但是，辛弃疾的词不只是“豪放”，有的还是“清而丽，婉而妩媚”的，有的似“花间体”一样秾纤，有的“效白乐天体”，有的仿朱敦儒、李清照的词风，有的婉约秾丽像秦观、晏几道的小令。这些正是他刚柔并济、不拘一格的风格的再现，而且这些作品也同样是相当出色的。如［青玉案］《元夕》：

东风夜放花千树，更吹落、星如雨。宝马雕车香满路。凤箫生动，玉壶光转，一夜鱼龙舞。　　蛾儿雪柳黄金缕，笑语盈盈暗香去。众里寻他千百度，蓦然回首，那人却在，灯火阑珊处。

这首词是辛弃疾婉约含蓄、风流妩媚词风的代表作。它塑造了一个孤高、淡泊、自甘寂寞的形象。作者在词的开头写元宵场景，对那些“笑语盈盈”的观灯人来说是正衬，而对孤高的“那人”来说则是反衬。全词一共十三句，用以反衬的就有九句，只有那最后四句，作者写了主要人物形象，并再现了人物形象的孤高性格。这里，作者把这一形象放在了元宵佳节、火树银花的热闹场面来塑造，可见作者创作手法之高明。正是这高超的艺术手法，联想他在政治上的失意，心情郁闷，我们不难看出，词中的“那人”正是作者自己在被排斥时的情境的真实写照。梁启超评价说：“自怜幽独，伤心人别有怀抱。”

辛弃疾的词在艺术成就方面非常突出，他善于创造生动的形象，善于运用浪漫主义的手法表现丰富的想象。他写长剑是“倚天万里”，写长桥是“千丈晴虹”，写水仙花的盆景也是“汤沐烟波万顷”，就连那突兀的青山，在他的想象中，不但妩媚可爱，而且奔腾驰骤，像万马回旋。这些生动、形象的描绘创造了深远的意境，使辛弃疾的词呈现出豪放的风格。

辛弃疾还善于运用比兴的手法寄托自己的理想，并且运用大量的典故，托古喻今。对此，曾有人说他是“掉书袋”，是滥用书本材料来炫耀自己的渊博，连岳坷也向他提出过这一意见，而辛弃疾自己也承认，他对岳坷说：“夫君实中予痼”，“乃味改其语，日数十易，累月犹未竟”。

雪堂客话图

辛弃疾的词在语言方面能力很强，可以说是唐、宋以来词家中成就最高的。他打破了语言运用的范畴，丰富了词的语言，开拓了词的境界，运用民间语言、口语等，轻松自如，明白流利，并且有很强的艺术性，尤其是他在写农村题材的词时，有的通俗易懂，有的明白如话，却又不失创造性。

辛弃疾是南宋时期第一流的词作家，他集豪放与婉转、风流与妩媚于一身，为宋代词坛的发展做出了突出的贡献，也深深地影响着他以后的一些作家。

韩侂胄北伐

韩侂胄是北宋名臣韩琦曾孙，韩家世代都是皇亲国戚，祖父韩嘉彦娶宋神宗第三女，父韩诚娶宋高宗吴皇后之妹，韩侂胄本人也娶了吴皇后的侄女。所以，他不是通过科举考试登上仕途的，而是因恩荫补官，当过宣赞舍人、带御器械等。

韩侂胄的得势还得从孝宗去世说起。绍熙元年（1190），皇后李氏请立皇子嘉王赵扩为皇太子，光宗请示退位的太上皇孝宗皇帝，竟遭到孝宗的反对。光宗与这位太上皇产生了矛盾，以至于孝宗驾崩了，光宗都不出朝执丧，朝野上下一片骚乱。

这时，知枢密院事、皇族出身的赵汝愚想拥立皇子嘉王为帝，觉得这事得太皇太后出面。当时太皇太后住在慈福宫，赵汝愚打算派一个能够接近太皇太后的人去请命。他想来想去想起一个人，那就是韩侂胄。

韩侂胄的母亲是吴皇后的妹妹，他本人又和慈福宫的内侍张宗尹素来友好，赵汝愚想让他通过张宗尹，把自己的想法秘密启奏给太皇太后。韩侂胄不敢怠慢，来到慈福宫找到张宗尹，把赵汝愚的意思奏与太皇太后。费了半天劲，太皇太后却说："既然孝宗皇帝不允，说别的有什么用呢！"正在无计可施之际，重华宫提举关礼得知事由，也找到太皇太后，对她说："如今圣上有疾，朝内空虚，可以依靠的只有赵知院。如今赵知院欲定大计，却没有太皇太后的旨意，只怕也要去朝请归。"太皇太后说："知院本与宗室同姓，怎么会同普通人一样不识大体呢？"关礼说："赵知院尚未请去，只因想仰恃太皇太后。如果您今日不帮他，他无可奈何，也只有请辞了。赵知院一去，天下又将如何，请太后设想一下！"

关礼的话使太皇太后有所触动，于是她命关礼传旨，让韩侂胄告诉赵汝愚，明日她将上朝垂帘颁旨。此时已近黄昏，为防变故，赵汝愚马不停蹄地命殿帅郭果招集所部兵士，在夜里分别守住南北内宫。第二天，宪圣太后按丧次垂帘，令宰臣传旨，命嘉王即位称帝，嘉王即宋宁宗，改元庆元。

宁宗称帝，韩侂胄确实拥戴有功，他很是得意，总想分一点胜利果实。赵汝愚对他说："我是宋皇宗室，你是后族至戚，拥王定策是分内的事，何以言功呢？唯爪牙之臣才当推恩请赏。"韩侂胄自此对赵汝愚怀恨在心。

不久，理学家朱熹上奏宁宗，说韩侂胄为人奸诈，不可重用。韩侂胄大怒，让优人扮成峨冠阔袖的大儒模样，在宁宗面前嬉戏取乐，朱熹深感受辱，辞官而去。彭龟年请宁宗明鉴忠奸，驱逐韩侂胄留住朱熹，也被韩侂胄陷害谪贬。自此，韩侂胄更加独断专行。他的党羽充斥朝廷，拥塞上听。赵汝愚的势力则被削弱了。

后来，韩侂胄又上奏宁宗，说赵汝愚以同姓居相位，将对宗庙社稷不利。庆元元年（1195）二月，赵汝愚被罢相，出知福州。同年十一月，诏命赵汝愚前往永州（今湖南零陵），韩侂胄还不断迫害，庆元二年正月，赵汝愚暴死于衡州（今湖南衡阳）。

赵汝愚暴病身亡，韩侂胄去了一块心病。不久，韩侂胄又被封为豫国公。官运亨通，更加为所欲为。

韩侂胄的政敌并没有因为赵汝愚的贬死而减少，相反，因为赵汝愚的被贬，许多朝臣纷纷上书，为赵汝愚喊冤。太学生杨宏中等六君子上书，要求为赵汝愚平反，朝野上下群情激愤。韩侂胄这才知道，自己得罪了道学家操纵的天下公议。人言可畏，韩侂胄为了把所有危险的因素都熄灭在萌芽状态，就指使何澹等人组织反击，并剥夺了许多道学人士的科举、做官资格。到最后，干脆将赵汝愚、朱熹等59人打入“伪学逆党籍”，将道学斥为“伪学”，并正式下诏禁止“伪学”。这就是南宋历史上有名的“庆元党禁”。

庆元党禁后，韩侂胄每三日一朝，位列丞相之上，并将尚书、门下、中书三省官印都收在他个人的府第内。更有甚者，他还时常伪作御笔，发号施令。无论是官吏的任免，还是事关国家大政方针的大事，他都不上奏宁宗，只是自行处置，大家看在眼里，敢怒而不敢言。

权势大了，必然会有宵小之徒聚集在身边。韩侂胄当政后，吏部尚书许及之谄媚的功夫可谓达到了登峰造极的地步，但两年内却一直未得升迁。及之每次拜见韩侂胄，总是涕泗俱下，就差要跪在韩侂胄面前。如此这般次数多了，韩侂胄恻然生怜，终于把他升为同知枢密院事。还有一次，韩侂胄过生日，许及之来迟一步，仆人已经上栓落门，许及之无奈之下，只得从狗洞进入。

这还不是最典型的。相比之下，有一位临安的赵知府比许及之可高明得多了。韩侂胄有一次和门客们在郊外散步，他信手指着山庄中人工修筑的竹篱草舍说："这里还真有一派乡村气息，只是少了犬吠鸡鸣之声。"话音未落，丛草之中立时就传来犬吠。众人趋前一看，原来是赵知府在那里学狗叫，大家哄堂大笑。这一笑给赵知府笑来个工部侍郎的官衔。

韩侂胄及其党羽的倒行逆施，不仅把朝政搞得一团糟，民间也通过各种方式来隐晦地表达他们的不满。杭州城里有在钱塘江潮中放纸画的乌贼的游戏，卖这种纸画的小贩一面卖一边吆喝："满潮（朝）都是贼！"

韩侂胄也知道自己树敌甚多，为了保住自己的地位，他迫切地需要立一个"盖世功名"。

开禧元年（1205），韩侂胄任平章军国事，将苏师旦、陈自强等引为心腹，策划对金开战，收复中原。第二年，他奏请朝廷追封岳飞为鄂王，褫夺秦桧的王爵，出兵北伐。北伐前，韩侂胄捐出个人家财20万以供军用。但因准备不足，北伐失利，宋廷被迫向遣使请和。

金人趁机提出了苛刻条件，指责韩侂胄是北伐主谋，要拿他的人头。韩侂胄大怒，决意再度整兵出战，可惜，韩侂胄北伐最终断送在朝廷奸佞之手。

开禧三年（1207）十一月初三，史弥远在杨皇后的支持下，矫诏杀死了韩侂胄。从此，史弥远大权独揽，他命人将韩侂胄的人头砍下来，装在匣子里送给了金人。一朝重臣的脑袋，就这样被送出去乞和。

史弥远弄权

南宋宁宗皇帝虽然心地仁厚，但才能平庸，加上体质很弱，健康状况影响他处理政务。因此，他整日深居内宫，下情难以上达，这就给权臣专政制造了可乘之机。他在位的三十年间，一直被权臣控制，成为坐在龙椅上的一具傀儡。

使宁宗皇帝成为傀儡的就是史弥远。

史弥远是宰相史浩的儿子，以恩荫入仕。淳熙十四年（1187），考中进士，曾任大理寺直、枢密院编修官、秘书少监、起居郎等职务。

开禧二年（1206），韩侂胄奏请宁宗下诏出兵攻金，史弥远认为攻金的机会还不成熟，上书反对北伐。开禧三年，任礼部侍郎兼同修国史。这时，史弥远开始在政治上发迹。而这又是因得到杨皇后的帮助才实现的。

韩侂胄以外戚身份总管朝政。当年，宁宗要立杨氏为皇后，韩侂胄阻挠过，致使杨氏差一点就当不上皇后了，所以杨皇后一直耿耿于怀，伺机报复。韩侂胄北伐遭到严重挫折后，她便竭力向宁宗斥责韩侂胄轻启兵端，祸国殃民。但宁宗对韩侂胄仍然没有失去信任。杨皇后认识到要除掉韩侂胄，必须有大臣的有力支持，便找到了与韩侂胄素来不和的史弥远，二人一拍即合，勾结在一起。

诛杀韩侂胄，史弥远是前台指挥，杨皇后则是幕后策划。开禧三年（1207）十一月初三，史弥远假称有密旨，令殿前司公事夏震率兵三百，埋伏在六部桥侧，等韩侂胄入朝时，把他截至玉津园夹墙内活活打死。

这个密旨就出自杨皇后之手。当韩侂胄被押往玉津园时，杨皇后向宁宗透露，将对韩侘胄动手，已将他押往玉津园。宁宗一听，隐隐觉得韩侂胄处境不妙，立即要下旨追回韩太师。杨皇后一把夺过写有旨意的笺条，对宁宗哭诉道："韩太师要废掉我与儿子，还残害了宋金两国百万生灵，陛下怎能对这样的人心慈手软呢！"甚至说道："若下谕旨，就让妾先死吧！"宁宗只得作罢。韩侂胄本可赢得的最后一线生机，就这样被杨皇后的眼泪葬送了。

史弥远诛杀了韩侂胄，把他的首级送到了金营，宋金终于达成和议。

嘉定元年（1208），史弥远任知枢密院事兼参知政事。当年十月，提升为右丞相兼枢密使。从此，彻底操纵了朝政。

他经常以养病为名不到政事堂理事，官员们只好把公文送到他府上阅览或签署，而其他大臣则处于可有可无的地位。按照制度，朝廷任命官员必须首先由宰相注拟，取得皇帝的旨意后，才能起草任命状。而史弥远当权后，则省去了向皇帝请旨的程序，只是把任命的结果向皇帝报告了事。有的大臣提醒宁宗说："朝廷大员的任命，事关国家纲纪，所以必须由皇帝亲自选拔任命，这样才不会发生权力下移的情况。如今则变成了私下里的谒见，然后数月里内定，有的官员走马上任了，满朝文武都不认得他是谁。希望陛下下诏，明令大臣不得以官职私相授受。"

宁宗知道这些话是针对史弥远的，竟然说："君主选宰相，宰相选百官，是治理天下的简要之道。君主喜欢简要，朝廷上的事才能变得简要，如果君主事必躬亲，事情反而做不好。"这话听着似乎有点道理，但把大权全交给一个野心家和阴谋家，而不是一个为国为民的贤相，怎能把事情做好？

史弥远的党羽几乎控制了从中央到地方的重要职位。在他的爪牙中，最著名的是"三凶"和"四木"。"三凶"是指长期在台谏机构任职的梁成大、李知孝和莫泽三人，他们与史弥远上下勾结，凡是朝中有不同意见，他们立即报告史弥远，然后再一起研究打击的策略。梁成大是一个心狠手辣的人，他是史弥远迫害良善的有力打手，太学生们在背地里都叫他"梁成犬"。他还贪得无厌，竟把受贿得来的财物在自己家中公开摆放，有宾客临门时便让人领着细细地参观，有意无意地暗示宾客应如法炮制。"四木"是指参知政事薛极、庆元知府胡榘等人，朝野上下无不痛恨，当时有民谣说："草头古，天下苦！"

在史弥远的经营下，从朝廷到地方，他的耳目心腹无处不在。笼络和任用同乡是史弥远培植个人势力的突出特点。一次，在他的府中举办宴会，一个戏子扮作士人模样念了一首诗："满朝朱紫贵，尽是读书人。"另一位伶人则插话道："非也！应是'尽是四明人'。"四明就是史弥远的老家鄞县。

还有一次是在宫里的宴会上，针对许多宵小之徒争相巴结史弥远的状况，一个伶人拿着拳头大的石头，用指头比画着在石头上钻，故作不能钻入状，嘴里感慨道："钻之弥坚。"另一个伶人上前打趣道："你为什么不去钻弥远，却来钻弥坚，怎么能钻得进去呢！"第二天，这两个伶人受到了杖责，被赶出了杭州。

还有一次，杭州城发生了一次特大火灾，无数民居被毁，连皇家的太庙都未能幸免。而史弥远的府邸却由于殿前将士的奋力扑救得以保护下来。所以当时有人作诗道：

殿前将军如猛虎，救得汾阳令公府。

祖宗神灵飞上天，可怜九庙成焦土。

由此也可见，史弥远的权势确实非同一般。

嘉定十三年（1220），皇太子赵询死，次年，皇弟沂王之子贵和立为皇子，改名赵竑。史弥远权势熏灼，赵竑内心不平，就写了几个字："弥远当决配八千里"，意思是他日当将史弥远流放远方。史弥远害怕了。千方百计从越州求得宗室子赵与莒，赐名贵诚，立为沂王，极力扶植。

嘉定十七年（1224），宁宗死后，史弥远矫诏拥立贵诚，改名昀，是为理宗。史弥远又派人逼着皇子竑自缢。史弥远被拜为太师，以后独居相位达九年，专擅朝政，为所欲为，理宗则一直对史弥远优容袒护。

绍定六年（1233），史弥远病重不治，理宗封其为卫王，谥忠献。

一代权奸，专擅朝政二十多年，致使朝廷失去了判断是非善恶的能力，国家的上空到处充斥着腐败的气息，加速了南宋王朝无可挽回的崩溃。

贾似道误国

蒙古、南宋联合灭了金国以后，南宋出兵想收复开封、河南一带土地。窝阔台借口南宋破坏协议，向南宋发起进攻。从这以后，蒙宋双方不断发生战争。

到窝阔台的侄儿蒙哥即位后，派他弟弟忽必烈和大将兀良合台进军云南，占领了西南地区。1258 年，蒙哥分 3 路进兵攻打南宋。他亲率主力进攻合州（今四川合川），忽必烈攻打鄂州（今湖北武昌），另一路由兀良合台率领，从云南向北攻打潭州（今湖南长沙），3 路的进军路线，都直指临安。

警报一个接一个送到临安，南宋朝廷震动了。宋理宗命令各路宋军援救被忽必烈围困的鄂州；又任命贾似道担任右丞相兼枢密使，去汉阳督战。贾似道，字师宪，台州天台（今属浙江）人，嘉定六年生于官宦之家。他少年时整天游荡赌博，不思上进，后来靠父亲的关系，荫补为嘉兴司仓。他的姐姐做了宋理宗的贵妃后，贾似道开始官运亨通，一两年内便由正九品籍田令升为正六品军器监，并于嘉熙二年中进士。理宗还特别召见了贾似道，予以勉励。新任丞相的他，原本是个不学无术的二流子。这一回，宋理宗派他上汉阳前线督战，他只好硬着头皮去了。

忽必烈攻城越来越猛。贾似道眼看形势紧张，就瞒着朝廷，偷偷地派了一个亲信到蒙古大营去求和，表示只要蒙古退兵，宋朝就愿意称臣，进贡银绢。正巧这时候，忽必烈接到他妻子从北方派人送来的密信，说蒙古一些贵族正准备立他弟弟阿里不哥做大汗。忽必烈见汗位要被弟弟占了，就答应了贾似道的请求，订下了秘密协定，赶着回去争夺汗位去了。

贾似道回到临安，瞒着私自订立和约的事，还抓了一些蒙古兵俘虏，吹嘘各路宋军大获全胜，不但打跑了鄂州的蒙古兵，还把长江一带的敌人也全部肃清了。

宋理宗听信了贾似道的谎言，认为贾似道立了大功，特意下了一道诏书，赞赏贾似道指挥有方，给他加官晋爵。贾似道由此进一步掌握了大权。他随即使人编造左相吴潜罪状上奏理宗，吴潜被罢相。宦官董宋臣已在吴潜为相时被斥出朝，支持董宋臣的阎妃在同年七月病死。贾似道进而清除朝中异己，一手把持了政权。从此，贾似道在理宗、度宗两朝独专朝政长达 15 年。

贾似道隐瞒求和真相，骗取权位，陆续对抗蒙有功的将士给予打击。贾似道又实行所谓“打算法”，只要在抗战中支取官物作军需的人，一律治罪。贾似道控制御史台，反对贾似道的官员都被御史台以各种罪名予以免官。

景定五年（1264 年），理宗赵昀养子赵禥即皇帝位，即宋度宗。次年，度宗加封贾似道为太师。赵禥认为贾似道有“定策”之功，每逢他朝拜，也定回拜，称贾似道为“师臣”，而不呼其名。朝廷百官都称贾似道为“周公”。

忽必烈打败阿里不哥，稳定了内部以后，在 1271 年称帝，改国号叫元，他就是元世祖。元世祖借口南宋不履行和约，派大将刘整、阿术出兵进攻襄阳，把襄阳城整整围了 5 年。贾似道把前线来的消息一一封锁起来，不让宋度宗知道。有个官员向宋度宗上奏章告急，奏章落在贾似道手里，那个官员马上被革职了。最终，襄阳还是被元兵攻破了。消息传来，南宋朝廷大为震惊。这个时候，贾似道再想瞒也瞒不住了，就把责任推给襄阳守将，免了守将的职了事。

元世祖见南宋这样腐败，便决定一鼓作气消灭南宋。他派左丞相伯颜率领元军 20 万，分兵两路，一路从西面攻鄂州，另一路从东面攻扬州。这时，宋度宗病死了，贾似道拥立一个4岁的幼儿赵㬎做皇帝。伯颜攻下鄂州后，沿江东下，直指临安。贾似道一面带领7万宋军驻守芜湖，一面派使臣到元营求和。伯颜拒绝议和，命令元军在长江两岸同时发起进攻，宋军全线溃败，贾似道逃回扬州。到了这个时候，南宋灭亡的局势已经无法挽回了。

张世杰死守崖山

在临安被元兵占领、小皇帝赵㬎被俘虏去大都以后，南宋皇族和大臣陆秀夫护送赵㬎的两个哥哥——9岁的赵昰和6岁的赵昺逃到福州。陆秀夫派人找到张世杰、陈宜中，把他们请到福州。3个大臣一商量，便拥立赵昰即位，继续反抗元朝。

文天祥得到消息，感到有了兴国的希望，马上也赶到福州，在新的朝廷里担任枢密使。

公元1278年十一月，元大将董文炳率兵攻进福建，赵昰被张世杰和陆秀夫等人护送到海上，到达惠州。十二月，赵昰又坐船下海，途中被元军袭击，因惊吓过度而患病，第二年四月在州岛病逝，时年11岁。

赵昰死后，张世杰又拥立赵昺即位，改元祥兴。至元十五年（1278年）六月，雷州被元军攻破，张世杰带着赵昺撤到崖山（今广东新会），开始建筑工事，企图凭借险要地形久守。

元世祖担心，如果不迅速扑灭南方的小朝廷，会有更多的宋人响应。就派张弘范为元帅，李恒为副帅，带领2万精兵，分水陆两路南下。

张弘范先派兵攻打驻守在潮州的文天祥。不久，文天祥便因兵少势孤，兵败被俘了。

崖山地处我国南面海湾里，背山面海，地势十分险要。张世杰在海上把1000多条战船一字排开，用绳索连接起来，船的四周还筑起城楼，决心跟元军决一死战。

张弘范先用火攻，失败后，就用船队封锁海口，断绝了张世杰通往陆地的交通。宋军忍饥挨饿，誓死抵抗，双方相持不下。

这时候，元军副统帅李恒也从广州赶到崖山跟张弘范会师。张弘范增加了兵力，重新组织力量进攻。他把元军分为 4 路，围攻宋军。张世杰知道大势已去，急忙把精兵集中在中军，又派人驾驶小船去接赵昺，准备组织突围。

赵昺的坐船由陆秀夫保护着，他对张世杰派来接赵昺的小船弄不清是真是假，担心小皇帝落在元军手中，就拒绝了使者的要求。他对赵昺说："国家到了这步田地，陛下也只好以身殉国了。"说着，就背着赵昺跳进了大海，淹没在滚滚波涛里了。

张世杰没有接到赵昺，便指挥战船，趁着夜色朦胧，突围撤退到海陵山。这时候，海岸又刮起了飓风，把张世杰的船打沉了，这位誓死抵抗的宋将落水牺牲。南宋的最后一支军队覆没，至此宋朝彻底灭亡。

1279 年农历二月，元朝统一了中国。

不甘屈辱的烈女子

南宋末期，当元兵的铁蹄踏上中原的大地时，许许多多不肯被元兵蹂躏的汉族百姓，演出了一场场可歌可泣的壮烈篇章。在诗坛上，一个被称作"徐君宝妻"的无名女性，就以自己洋溢着炽热爱国激情的词作与不肯受辱的高风亮节谱写了一曲生命的悲歌。

公元 1275 年的春天，元朝的军队沿着汉水长驱直下，攻占了无数的城池。洞庭湖畔一个宁静的小城——岳州城也被元兵的铁蹄踏碎了。元兵攻占下岳州城以后，一味地烧杀抢掠，昔日繁华与富丽的小城在这场劫难中变得满目疮痍。

岳州城里住着一对夫妇，丈夫的名字叫徐君宝。这一天，当岳州城面临着屠城的危险时，徐君宝带着自己的妻子随着人群四处躲藏。天黑时分，他们与许多人一起躲进了一座破庙，希望搜查的元兵能够放过这个不起眼的地方。第二天，天刚刚亮，这座破庙就被元兵包围了。他们堵在门口，看见略有姿色的女子就往外拖。徐君宝的妻子又年轻，又漂亮，元兵看见了二话不说就往外抢。

徐君宝紧紧抓住妻子的胳臂，不让元兵带走，一个元兵走上前来就是一脚，他当即昏死过去。

当元兵看见年轻、好看一点的女子基本上被脱光了以后，就对留在破庙里的人群展开了杀戮。徐君宝就这样被杀害了。

徐君宝妻被元兵带走，关进了监狱。一天，一个元将在俘虏中发现了徐君宝妻，就把她带回自己的军帐中去，当夜就想让她陪宿。徐君宝妻回答说："让我陪宿可以，不过，你一定要把我明媒正娶过去，我才同意。"这个元将倒真的很喜欢她，就答应了她的要求，打算等攻下宋都临安以后再娶她。

后来，元军很快就攻下了临安城。这名元将因为攻城有功，不但加官晋爵，还住进了当年抗金名将韩世忠住过的蕲王府。元将心想，这下总可以与这个抓来的女子成婚了吧？

这一天，元将把徐君宝妻带到堂前问她："你现在可以嫁给我了吧？"徐君宝妻从容地说道："我是一个已经结过婚的女子。现在虽然我的丈夫已经死了，但我在与你结婚以前请让我祭奠他一下。如果你不让我祭奠，我一辈子都会不得安宁的。"元将听她说得有理，就允许她祭奠自己的丈夫。徐君宝妻继续说道："在我祭奠我的先夫的时候，我希望不要有人打扰我。"元将心想，即使不看着她，谅她一个小女子也逃不到哪里去，因此就答应了徐君宝妻的要求。

等众人走后，徐君宝妻向着丈夫死去的方向拜了几拜，然后放声大哭。她在哭泣声中写下了一首《满庭芳·汉上繁华》：

汉上繁华，江南人物，尚遗宣政风流。绿窗朱户，十里烂银钩。一旦刀兵齐举，旌旗拥、百万貔貅。长驱入，歌台舞榭，风卷落花愁。　清平三百载，典章文物，扫地俱休。幸此身未北，犹客南州。破鉴徐郎安在？空惆怅、相见无由。从此后，断魂千里，夜夜岳阳楼。

在词作中，徐君宝妻以满腔的热诚回忆了当初江南的繁荣景象，控诉了元兵烧杀抢掠的罪行。词的下片转入对自身身世的描述。在这首词中，徐君宝妻已经立下了必死的决心：既然今生已不能与自己的丈夫相见，那就在死后让自己的魂灵重新回到自己的故乡，再与丈夫相见吧！

写完这首词以后，徐君宝妻就从容地走向院中的小河，投水自尽了。

元将在门口等了半天，还不见徐君宝妻出来，有点不耐烦了。他推门走进院中，才发现徐君宝妻已经自尽了。他看见了徐君宝妻写的词，倒也对她很佩服，就遂了她的心愿，把徐君宝妻送回家乡安葬了。

辽朝

辽朝帝系表

1032—1227

太祖（耶律阿保机）	—（10）	907
	神册（7）	916
	天赞（5）	922
	天显（13）	926
太宗（耶律德光）	天显	927
	会同（10）	938
	大同（1）	947
世宗（耶律阮）	天禄（5）	947
穆宗（耶律璟）	应历（19）	951
景宗（耶律贤）	保宁（11）	969
	乾亨（5）	979
圣宗（耶律隆绪）	乾亨	982
	统和（30）	983
	开泰（10）	1012
	太平（11）	1021
兴宗（耶律宗真）	景福（2）	1031
	重熙（24）	1032
道宗（耶律洪基）	清宁（10）	1055
	咸雍（10）	1065
	大（太）康（10）	1075
	大安（10）	1085
	寿昌（隆）(7)	1095
天祚帝（耶律延禧）	乾统（10）	1101
	天庆（10）	1111
	保大（5）	1121

契丹八部

早在公元4世纪，即两晋南北朝时期，在我国北方的潢河（西拉木伦河）和土河（老哈河）一带，居住着契丹族。这时的契丹人，主要还是以渔猎为主。稍后，契丹人开始经营畜牧。他们住在帐篷里，“逐寒暑，随水草畜牧”，在各处往来迁徙。

据《契丹国志》中记载的一则传说，契丹人的祖先是一位骑白马的男子和一位乘小车驾灰色牛的女子，这两个人在木叶山面对河水结为夫妇。他们一共生了八个儿子，就是后来的八个部落。《辽史》中称这两个始祖为奇首可汗和可敦，显然是借用了突厥语对“王”和“王后”的称谓。据说，辽太祖耶律阿保机还在木叶山造了一个“始祖庙”，庙中供奉着可汗、可敦和他们的八个儿子的塑像，让他们永远享受契丹人的祭祀。

传说仅暗示了契丹八部之间的血缘关系，却没有留下那八个儿子的姓名。从《魏书·契丹传》的记载中可以得知，契丹八部最早的名称是：悉万丹部、何大何部、伏弗郁部、羽陵部、日连部、匹絜部、黎部、吐六於部。这八个部族曾分头向北魏王朝贡献名马和兽皮，以求在边境地区换取其他的生活必需品。人们逐水草而居，繁衍人口，虽谈不上锦绣绫罗，倒也丰衣足食，怡然自乐。

北魏统治时期，曾攻打过契丹，契丹也曾不断地对北魏边塞进行侵扰。但这时期，契丹八个部落仍是各自行动，不相统属，没有形成部落间的联盟，没有一个统一的首领。他们各自与周边相邻部落、民族及中原地区进行物品交换，发生着各种各样的联系。

久已垂涎契丹牛马的突厥和北齐王朝终于兴起刀兵，打碎了契丹人温馨的迷梦。数十万牲畜被掠，数十万民众被俘，残酷的现实教育了契丹人，使他们逐渐认识到了团结的重要性，于是，契丹历史上的第一个氏族组织——大贺氏联盟出现了。

北齐天保四年（553），契丹攻扰北齐边境，齐文宣帝亲自到营州（今辽宁朝阳）指挥军队，分兵两路攻打契丹，契丹大败，丧失了大批的人口和牲畜，一部分契丹人被北齐俘虏后安置在各州。

北齐天保七年（556），契丹又被强邻突厥族侵袭，不得不东徙，依附于高丽（今朝鲜）。

隋朝建立后，大量的契丹人纷纷内附，回迁故地。他们也不时地侵扰隋的边境，大业元年（605），契丹侵扰营州，隋大将韦云起发兵迎击，大败契丹，并掳走了契丹的大量人口和牲畜，此次冲突，契丹族损失惨重。

由于自卫的需要，契丹各部逐渐在军事上联合在一起。唐初，契丹各部推举共同的军事首领，称为“夷离堇”。每遇战斗，就召集各部首领共同商议，协同作战。契丹族开始出现了部落联盟的组织。

唐贞观二年（628），契丹酋长大贺氏摩会率领各部落依附于唐朝。唐太宗把在北方诸族中象征着部落联盟酋长的旗鼓赐给了摩会，表示承认摩会的部落联盟酋长的地位。

公元648年，唐朝在契丹人居住的地区设置行政管理机构，叫作“松漠都督府”，以契丹部落联盟的首领窟哥为都督，并赐姓“李”，下设十个州，都用契丹各部落的首领担任各州的刺史。从此，契丹和中原汉族人民的关系更加密切。唐太宗又在奚人居住的地区，设置饶乐都督府，也任用奚族首领为都督。以上两个都督府，都受营州都督府节制。

武则天统治时期，契丹族部落联盟有了较快的发展，契丹和唐朝之间，时常发生矛盾。唐朝曾派二十八将，率领大军袭击契丹，大败而归，说明契丹已有足够的力量保卫他们自己。但是，契丹族还没有形成一个统一的共同体。

唐玄宗开元三年（715），契丹部落联盟首领失活统率各部归于唐朝。当时唐朝的国势强大，北边突厥的势力已经日益衰落。唐玄宗依照先例，封失活为松漠都督。开元五年（717），失活到长安朝见唐玄宗，唐朝把永乐公主嫁给失活。

开元六年（718）六月，失活死，弟娑固继任联盟长，承袭唐官职为松漠都督、静析军大使。这时，契丹部落联盟军事首领，静析军副大使可突于想与之争权。11月，娑固与唐公主入朝长安，受到玄宗赏赐，返回契丹后即被可突于发兵围攻。娑固投依唐营州都督许钦澹。许钦澹令薛泰领州兵与奚族部落长李大酺及娑固合兵攻可突于。娑固及李大酺战败被杀。可突于另立娑固从弟郁于为大贺氏联盟长。

郁于死后，弟吐于继任联盟长，又遭到可突于的威胁。开元十三年（725），吐于携公主奔唐不返，可突于另立李尽忠弟邵固为联盟长。三年后，可突于杀邵固，另立别部屈烈为联盟长，并胁迫奚族一起背叛唐朝，投附于突厥。从此，大贺氏联盟时代结束，契丹中衰。

当大贺氏联盟在与唐朝的激烈对抗和内部纷争中力量衰落，难以振作的时期，联盟以外的乙室活部落逐渐壮大起来。部落长郁捷已拥有强大的军事力量，并且得到唐玄宗的认可，被封为契丹知兵马官。公元734年，唐幽州节度使张守珪联合乙室活部攻打契丹可突于部，杀其部落长屈烈和军事首领可突于。唐玄宗加封郁捷为北平郡王、松漠都督。次年，郁捷因残暴被部落贵族涅里杀死，玄宗遂以涅里为松漠都督。

公元736年，唐将张守珪派平卢讨击使安禄山出兵攻契丹涅里部，大败而回。次年二月，张守珪再次出兵，大败契丹，涅里出走松漠，重建契丹部落联盟。

涅里以其所属的乙室活部落为基础，收集、联合了大贺氏联盟溃散后的余部以及联盟以外的分散的氏族部落，推选遥辇氏阻午为联盟长，重新建立起遥辇氏部落联盟。

天宝四年（745），回纥族攻杀突厥白眉可汗，推翻了突厥的统治。突厥毗伽可敦率众归唐。契丹联盟长阻午亦率部降唐，唐拜阻午为松漠都督，封崇顺王，赐其姓名李怀秀。不久，李怀秀杀唐赐公主而叛。

公元751年，唐将安禄山领兵出击契丹，安禄山大败，率二十骑逃走。从此，契丹与唐朝处于敌对状态。

公元755年，唐朝爆发了安史之乱，此后，河北地区藩镇割据，道路不通，契丹与唐很少往来，只保持着“朝贡”关系，不再有政治上的联系。这期间，契丹族处于回纥汗国统治之下。回纥在契丹族、奚族地区都派有使臣监督，每年要征收赋税，发展缓慢，一直到公元840年回纥汗国被推翻之后，契丹部落联盟才重新归附于唐朝。此后的60年间，契丹族由于摆脱了回纥的统治，使他们在与中原联系的不断加强中，得到较为顺利的发展。

唐末，由于中原地区的封建割据斗争，北方汉族军民为了逃避战乱，成群结队移居到契丹人生活的地区，每次迁移，多达几千人。汉人把中原地区的生产工具、生产技术带到北方和东北边疆，与契丹人民共同进行艰苦的生产劳动。到了契丹迭剌部耶律阿保机的祖父耶律匀德实担任夷离堇时，已经开始“教民稼穑，养畜牧，国以殷富”。契丹人民除了畜牧以外，已从事农业生产。耶律匀德实的儿子耶律撒剌的担任夷离堇时，契丹人民已学会冶铁，铸造铁器。撒剌的的兄弟述澜，引导契丹人民栽种桑麻，从事纺织；并修造房舍，建筑城邑。

契丹社会从公元4世纪到10世纪初，经过几百年的时间，从氏族制进入奴隶占有制，契丹社会有了新的飞跃。

阿保机称帝

唐末五代时期，契丹逐渐强大起来。

契丹八部之一的迭剌部接近中原地区，汉族人民流入契丹地区的，多数也是进入迭剌部，使迭剌部成为契丹部落联盟中生产最先进的一部。公元9世纪时，契丹各部还在氏族制阶段，迭剌部已经出现阶级分化。加上汉族的影响，使迭剌部最先产生奴隶占有制。部落联盟长和军事首长由世选制（三年一选）而逐渐成为事实上的世袭制。遥辇氏部落联盟的夷离堇

阿保机塑像

由迭剌部涅里的后裔耶律氏家族世选，自阿保机四代祖耨里思以下，阿保机一家任夷离堇职位共十三人，二十四任。家族地位仅次于遥辇氏，具有强大的势力，是部落内部其他家族觊觎的目标。

自鲜质可汗以来，联盟内部先后爆发了三次较大规模争夺夷离堇权位的斗争，而且都是在迭剌部内部家族中进行的，阿保机就是在这样的环境下出生、成长、建立国家的。

契丹族杰出领袖耶律阿保机生于公元872年，是耶律撒剌的之子。当时迭剌部是契丹部落联盟中最强大的一部，部落联盟的军事首领夷离堇，都是从迭剌部中选出的。

公元901年，耶律阿保机被推选为夷离堇，掌握了军事大权。在新的历史条件下，他统一了契丹，并以武力威服邻近各部，连破室韦、奚、女真等族，俘获了大量的人口；又南下攻入中原地区，俘虏大批汉人。连年的征战，使契丹部落联盟内部增添了大批汉人、室韦人、奚人、女真人。外来各族力量的加入，自然地引起契丹族内部的变化。耶律阿保机的威信越来越高了，他掌握了军事大权。契丹各部首领也从对外战争中得到大批财富、牲畜和俘户。他们变成了新的贵族，对外掠夺被当作"光荣"的职业。

公元907年，耶律阿保机终于得到各部落首领的承认，成为契丹族新的部落联盟的首领。

为了进一步加强个人的权力，阿保机在继续对外掠夺征战中，对部落联盟组织也进行了一系列的改革。首先是限制于越的权力。其次，设立惕隐官。惕隐的职务是调节迭剌部落贵族集团的内部事务，以确保他们对阿保机的服从。第三，设立宿卫军。这是阿保机的侍卫亲军，主要是为了加强联盟首领的力量，扈从和保卫部落联盟的首领。

经过部落联盟组织的改革，契丹部迅速由氏族社会向阶级、国家过渡。

在强化个人权力的同时，阿保机同部落联盟中一些贵族反对势力也展开了斗争。在联盟中，原来世选联盟长的遥辇氏贵族虽然不满于权力旁落他人，但是他们没有军事力量与阿保机抗衡。遥辇氏八部之一的小部落涅剌部曾起兵反抗，因力量弱小，也很快被阿保机讨平。

公元911年，也就是阿保机任联盟长的第五年，阿保机之弟剌葛、迭剌、寅底石、安端等人共同策划谋反。阿保机立即采取措施，制止了这场诸弟之乱，随后改任剌葛为迭剌部夷离堇。公元912年十月，剌葛奉命分兵攻破平州（河北卢龙）后返回途中，再一次与迭剌、寅底石、安端等发动叛乱，又被阿保机平息下去。

公元913年九月，剌葛一面派想当奚王的迭剌与安端一起领兵千余骑以入觐为名谋杀阿保机，一面亲自率领部众进入迭剌部兄弟部落乙室堇淀，准备旗鼓，图谋自立。阿保机发现了这个密谋，拘捕了前来的迭剌、安端，又亲自率大军击讨剌葛。这次，阿保机依靠他的腹心部侍卫军和被征服的邻族室韦、吐谷浑的兵力，联合作战，终于击溃了剌葛的叛军。

这次叛乱持续达两个月之久，造成了巨大的物质财产损失。百姓财产被剽掠，生命遭残害，大批物资被丢弃，物价上涨了十倍。这是阿保机任联盟长以来，社会动荡、经济损失最严重的一次。同时，这次叛乱对阿保机个人权力直接构成了巨大的威胁，这不得不使阿保机在平叛后进一步采取措施，加强和巩固自己的权力，防范他人对自己权力构成的威胁。

对外连年征战，对内平定叛乱，阿保机把契丹诸部已经完全置于自己的控制之下。

后梁贞明二年、辽神册元年，公元916年，是契丹历史上重要的一年。这一年的二月一日，阿保机在龙化州（内蒙古昭盟八仙筒）金铃冈筑坛称帝。阿保机称“天皇帝”，妻称“地皇后”，建年号为“神册”。至此，阿保机正式建立了契丹国。阿保机是为辽太祖。

神册三年（918），阿保机在黄河沿岸建立皇都。都城的建筑是在汉族知识分子康默记等人的主持下完成的，都城的结构完全仿照汉族的城邑。

天显元年（926），在汉族知识分子贾去疑的帮助下，契丹国扩建了皇都，增加了宫殿庙宇。耶律阿保机还建立孔子庙，命皇太子春秋设奠，传播汉族封建文化。

阿保机称帝以后，形成了以南府和北府为核心的行政统治。南府宰相由皇族贵族担任，北府宰相由后族贵族充任。

契丹族原来没有文字。立国不久，于公元920年，仿照汉字偏旁，创制了契丹文字。现在已经发现的契丹字，大约有1200多个。公元921年，阿保机又制订了法律。除统治区内的汉人仍旧使用唐朝的法律外，契丹和其他各族都要受新法律的管束。

述律平与东丹建国

断腕太后述律平　太祖阿保机皇后述律氏，汉名平，小字月理朵，其先为回鹘人。述律平的母亲是阿保机的姑姑，阿保机和述律平为姑表亲。传说述律平有一次到潢河、土河会流之处，有一女子乘青牛车，见到她而仓皇避路，忽然不见了。于是有童谣说："青牛妪，曾避路。"妪，就是老年妇女。这一传说，显然是根据有关契丹起源的青牛白马故事附会而成的，预示述律平为驾青牛女子的化身，增加了她的神秘性。

《辽史·后妃传》说，述律平庄严持重，果断，有雄才大略。《契丹国志·后妃传》也说，述律平勇敢果断，善于权变，太祖领兵御众，述律平常常参与谋划。

神册元年（916），太祖亲率大军远涉沙碛，攻打党项，以皇后述律平留守。黄头、臭泊二室韦乘太祖在外，联合起来进攻契丹。述律平得知后，调兵遣将，严阵以待，并大破黄头、臭泊，于是名声大振。

在协助太祖选任人才上，述律平支持阿保机任用汉人。幽州刘守光因受到晋王李存勖的攻伐，派遣参军韩延徽向契丹求援。韩延徽见太祖时，不肯下拜，太祖十分不悦，于是派他去放马，以示惩罚。述律平说："韩延徽守节不屈，本是一位贤人，我们对他应该礼而用之。"太祖听了，召见韩延徽，与他畅谈，十分高兴。此后，太祖以韩延徽为谋主，遇事经常同他商量，韩延徽最终成为辽朝的一代名相。

在谋略上，述律平也给太祖以很大支持。神册二年，南方吴国李昪向契丹献猛火油（即石油），说：“攻打城池，用此油点燃，火烧楼橹（古代军中用来瞭望、攻守的无顶盖的高台，建于地面或车、船之上），敌方用水浇时，火势就会更加猛烈。”太祖听了，为之心动，打算派遣三万骑兵进攻幽州（今北京西南）。述律平劝说道：“哪有因为想试用猛火油就进攻人家国家的道理？”接着，又指着毡帐前的树说：“这棵树没有皮可以活吗？”太祖说：“不可。”述律平说：“幽州有土有民，也是这个道理。我以三千兵掳掠人家四方原野，使城中无食，不过数年，城中什么也没有了，即使我们占有了它，又有什么用呢？万一不胜，还要被中原人耻笑，那时我们的部落也难免要解体了。”太祖于是取消了这次行动。

在913年阿保机平定诸弟叛乱事件中，述律平发挥了很大作用。当剌葛派遣寅底石率兵进逼阿保机行宫，焚烧辎重、庐帐，纵兵烧杀时，述律平迅速派人援救，并从叛军手中夺回象征汗位的天子旗鼓。

天显元年（926），述律平随同太祖东征，一举灭掉渤海国，在那里建立东丹国，以太子耶律倍为人皇王，太祖死于班师途中。

太祖下葬时，述律平一再表示要以身殉葬，经诸位皇子、亲戚、百官极力劝阻，才没有殉葬。述律平曾召集从行将帅的妻子，对她们说：“我已经成为寡妇，你们岂能还有丈夫？”于是屠杀将帅百余人，并说：“你们可随同先帝去往地下。”其他有过错的人，也被杀在太祖的墓道中。当轮到重臣赵思温时，述律平说：“平时你与先帝非常亲近，为什么不去殉葬？”赵思温说：“要说先帝最亲的人，谁也比不上皇后，皇后为何不跟随先帝而去？”述律平说：“我并非不想随先帝而去，只是考虑到皇子幼弱、国家无主，所以我不能随先帝而去。”于是砍断一腕，埋葬在太祖墓中，后来述律平遂有“断腕太后”之称。

太祖死后次日，述律平代行皇帝职权，很快掌控了契丹的军政大权。

述律平称制后，为了确保自己的统治地位和契丹王朝的稳定，做了几件大事：

一是清除一批阿保机的亲信。述律平为确立自己的地位，除了让太祖的一些近臣为他殉葬之外，还杀了南院夷离堇耶律迭里、郎君耶律匹鲁等。耶律迭里曾随从阿保机讨阻卜、党项，征渤海，攻忽汗城（今黑龙江宁安西南渤海镇），南征北战，累建功勋。太祖死后，述律平打算以次子、大元帅耶律德光继位，耶律迭里一再建言，应该立嫡长子耶律倍，忤逆太后旨意，被太后杀掉。同时，述律平还关押了一批人。如耶律铎臻，他长期跟随阿保机左右，出谋划策，深得太祖器重。太后称制，耶律铎臻被长期关押。

二是立耶律德光为帝。述律平与阿保机有三个儿子：长子耶律倍（图欲）、次子耶律德光（尧骨）、少子耶律李胡（奚隐）。早年，阿保机曾在严冬里命三个儿子外出采柴，结果德光毫无选择地最先背了一捆柴回来，耶律倍选取干柴捆好最后归来，李胡则只采集很少一点柴禾。于是阿保机说：“长子巧而次子能成就事情，少子则不行。”太祖死后，按理应由耶律倍继位，然而述律平喜爱德光。述律平先是杀了拥戴耶律倍的耶律迭里，控制了局面；然后命德光和耶律倍乘马立于帐前，对各酋长说：“两个儿子我都喜爱，不知立谁好，你们看是立谁好啊？”酋长们都知道她的本意，纷纷争相表态，愿意侍奉耶律德光。述律平说：“既然众人拥护德光，我怎敢违背呀！”于是立耶律德光为天皇王，尊述律平为应天皇太后。

三是反对南征。太祖时，述律平就曾阻止阿保机因听信猛火油的神奇功效而进攻幽州的计划。太宗继位后，屡次南进，攻打后晋，太后却不以为然. 她对太宗说：“假使汉人成为胡人的主人可以吗？”太宗说：“不可以。”太后说：“那么你却为什么一心想当汉人的主人呢？”太宗说：“后晋忘恩负义，不可宽容。”太后说：“你今天虽然可得汉地，却不能在那里久居，万一出现差池，后悔就来不及了。”又说：“自古只听说汉人和蕃，没有听说蕃和汉人的。汉人如果有意，我们未尝不可与他们和解。”但是，太宗最终还是病死在了攻晋班师的途中。

东丹建国　神册元年（916），太祖立长子耶律倍（图欲、或译突欲）为皇太子。耶律倍曾随从阿保机征乌古、党项，为先锋都统。太祖西征，留耶律倍居守京师。天显元年（926），从征渤海国，耶律倍与大元帅德光为前锋，夜围忽汗城，大諲譔请降，后又反叛，太祖大败諲譔，改渤海国为东丹国，以忽汗城为天福城，以耶律倍为人皇王，建元甘露。依中原制度，设置左、右、大、次四相及百官，由东丹国自行任免。

太祖死后，耶律倍知道太后想立德光为帝，于是对公卿说："大元帅（指德光）的功德配得上先祖神灵，人心所向，应该执掌社稷。"并与群臣请太后册立德光，于是大元帅耶律德光即皇帝位，是为太宗。

太宗是由于述律平的偏爱才取代太子耶律倍得到皇位的，继位后，当然对曾经的太子耶律倍多有怀疑。为了控制耶律倍，太宗以东平（今辽宁辽阳）为南京，将耶律倍迁居于此，并设卫士监视他的行踪。耶律倍为消除太宗的猜忌，命人撰《建南京碑》，并在西宫修建书楼，作《乐田园》，以示毫无与他争权的意思。

后唐明宗听说耶律倍的处境之后，两次派人过海递交密书，邀请耶律倍去后唐。耶律倍对左右说："我把皇位让给皇上，如今反而被他怀疑，还不如投奔到外国去。"于是立木于海上，并在上面刻诗："小山压大山，大山全无力。羞见故乡人，从此投外国。"耶律倍带着高美人及许多书籍渡海而去，在登州（今山东蓬莱）上岸投奔后唐。后唐以天子礼仪迎接耶律倍。至汴梁（今河南开封），晋见明宗。明宗把庄宗后夏氏嫁给耶律倍为妻，赐姓东丹，名慕华，授怀化军节度使。后来又赐姓李，名赞华。

耶律倍虽在异国，却经常思念故国和亲人，不断派使者往返于后唐和辽国之间。后来，后唐内部发生内乱，耶律倍被末帝李从珂派人杀死，时年38岁。

后来，太宗将耶律倍改葬在医巫闾山（在今辽宁北镇），谥文武元皇帝。世宗耶律阮（耶律倍长子）即位后，谥让国皇帝。

燕云烽烟

辽建国后，在汉人和与之结盟的中原割据政权的影响下，阿保机已经不甘心只做草原游牧部落的统治者，他把目光投向了草原地区之外。阿保机称帝后，加紧向周边用兵，他庞大的征服计划是：征服漠北，占领辽东，臣服高丽，南下幽、蓟，将统治范围推进到黄河以北，建立一个南到黄河，北至漠北的北方大国。

公元917年，驻扎在太原的军阀李存勖聚力量进攻后梁，征兵新州（今河北涿鹿），激起军民不满，李存勖的部将卢文进举兵降辽，这为契丹提供了一次绝好的南下机会。

阿保机抓住战机，很快发动了对中原的第一次大规模战争——新州、幽州之战，他指挥契丹兵联合卢文进合攻新州，击败李存勖部将周德威，并围攻幽州达半年之久。之后阿保机虽在李存勖援军的强大攻势下被迫撤军，但幽州实际被卢文进控制，这为契丹再次南下留置了一个重要通道。阿保机继续不断地向周围邻族和地区展开了大规模的掠夺和扩张。

契丹军队以武力压服了邻近的奚、室韦等部族，取得了一部分突厥故地。阿保机还以武力西征突厥、吐谷浑、党项、沙陀等部，俘获无数的人口和驼马牛羊。契丹政权的领地，西达甘州（甘肃张掖），西北至鄂尔浑河。阿保机又南下进入中原地区。当时中原正处于混乱时期。

公元921年，阿保机率大军冲入居庸关（今北京市昌平西北云台），攻陷了澶州（今北京市密云）、顺州（今北京市顺义）等十多个城市。阿保机还亲自率领皇后述律氏、太子耶律倍、次子耶律德光等东征。汉族知识分子韩知古、唐默记、韩延徽等人，成为阿保机的重要帮手，随军出征，终于在公元926年正月占领扶余城（今吉林农安），吞灭了辽东的渤海政权。阿保机改渤海为“东丹”，即东契丹的意思，并封太子耶律倍为东丹王，统治具有较高封建文明的渤海故地。渤海故地出产粟米、布、马匹等，是农业生产比较兴旺的地区。耶律倍采用“权法”建立各项制度。这一年（926）的七月，耶律阿保机死于扶余府。

阿保机死后，皇后述律氏月理朵称制，权决军国大事。天显二年（927）十一月，掌握兵马大权的大元帅耶律倍被迁往东平（辽阳），受到疑忌和监视，后来，耶律倍偕妻子高氏逃奔到后唐，唐明宗赐姓李名赞华。

太宗耶律德光即位后，继承太祖阿保机的事业，继续进兵汉族地区，一再率大军南下，深入中原，大规模掠夺财富和奴隶，抢占中原土地。契丹族由奴隶制迅速转入封建制。

公元928年，唐定州守将王都降契丹，唐派兵讨伐。耶律德光命奚兵统帅铁剌去救定州，败唐将王晏球。唐兵又大举攻定州。辽惕隐涅里衮等出兵增援。七月，唐兵破定州，铁剌战死，涅里衮等被俘。十一月，耶律德光准备亲自领兵攻唐。唐停止进攻，遣使臣来辽。耶律德光班师。公元929年十月，耶律德光检阅诸军，命皇弟李胡领兵攻掠云中诸郡。李胡攻下寰州。次年二月，还军。耶律德光以李胡为天下兵马大元帅。

公元936年，后唐河东节度使石敬瑭反后唐自立，向契丹求援。八月，耶律德光亲率大兵南下救石敬瑭。九月，入雁门，进驻太原，大败后唐张敬达军。十一月，耶律德光与石敬瑭约为父子，册封石敬瑭为“大晋皇帝”。唐将赵德钧、赵延寿父子投降。十二月，石敬瑭进驻河阳。唐废帝李从珂兵败，杀死投奔后唐的耶律倍，然后自焚而死。耶律德光自太原领兵北还。

公元937年，石敬瑭遣使臣来，愿以幽、蓟、瀛、莫、涿、澶、顺、妫、儒、新、武、云、应、朔、寰、蔚等十六州土地“奉献”给契丹。公元938年，燕云十六州归入契丹的统治领域。辽太宗耶律德光把皇都建于上京，称临潢府。幽州称南京，原南京东平府改称东京，又改年号为会同。

这时，契丹政权已有三个统治中心：上京统治草原地区；南京统治十六州之地；东京统治渤海故地。

公元942年，后晋石敬瑭死，石重贵（晋出帝）继位，向契丹称孙，拒不称臣。公元943年冬，耶律德光到南京，以晋降将赵延寿为先锋，统兵五万，大举伐晋。公元944年，晋贝州守将开城投降。耶律德光接受赵延寿的建议，率大兵直趋澶州，石重贵也亲至澶州督战。两军在澶州北戚城交锋，互有胜负。契丹不能胜，沿路掳掠大批财物和民户北还。这年冬季，耶律德光再度领兵南侵，进围恒州，晋兵退守相州。

公元945年，契丹分兵在邢、洺、磁三州大肆杀掠，进入磁、洺之间的邺都。晋石重贵下诏亲征，至澶州。攻下契丹所占泰州。

泰州之战后，契丹受挫，准备再度大举南侵。晋兵获胜，却以为从此太平无事。公元946年八月，耶律德光再次率领大兵南侵直至恒州。杜重威领后晋兵迎敌，两军于夹滹沱河对阵。

晋将杜重威怯懦不敢出战，置酒作乐。契丹别部由萧翰（耶律德光妻兄）率领，绕道晋军之后，切断晋军粮道和归路。萧翰至栾城，晋守城军投降。

耶律德光率领契丹兵自相州南下，杜重威率领晋降兵从行。耶律德光以皇甫遇为前锋，攻打晋都城开封，皇甫遇拒命自杀。后晋降蒋张彦泽领先锋军攻开封，迫使晋出帝石重贵奉表投降。

会同十年（947）正月，耶律德光进入晋都开封，改穿汉族皇帝的服装，受百官朝贺。二月，建国号大辽，改年号为大同。

辽太宗耶律德光并没有在汉地建立统治，而是按照奴隶制的传统，把晋国的宫女、宦官、百工等作为奴隶掳走，连同晋宫的财宝，运回上京临潢府。辽灭晋过程中，四处掳掠人口和财物，称为“打草谷”。各地人民纷起反抗，辽兵遭到沉重打击。辽太宗慨叹地说：“不知中原的人，难治如此!”在返回上京的路上，辽太宗病死在栾城（今属河北）。晋河东节度使刘知远在晋阳（今山西太原西南）称帝，建立后汉，进驻开封。

辽宋高粱河之战

公元926年，辽太祖耶律阿保机去世，第二年，他的二儿子耶律德光在述律平皇后的支持下，赶走太子耶律倍，继承皇位。以后，又传位至世宗、穆宗。公元969年二月，辽世宗第二子耶律贤（景宗）率领侍中萧思温、飞龙使女里和南院枢密使高勋等领甲兵千人，赶到穆宗灵柩前即皇帝位，改年号为保宁。辽朝皇权由此又转到耶律倍、世宗一系。

景宗即位后，分别任命拥立他的萧思温和高勋为北院和南院枢密使。萧思温封魏王，高勋封泰王，又任命他早已交结的汉人韩匡嗣（中书令韩知古之子）为上京留守。亲信贵族耶律贤适封检校太保。景宗由此组成了他的统治集团。

但是，这个统治集团的内部，又很快地出现了相互倾轧的争斗。公元970年，统领汉军的南院枢密使高勋和飞龙使女里合谋，指使萧海只、海里等刺杀了北院枢密使萧思温。景宗处死了萧海只、海里等凶手。随即任命耶律贤适为北院枢密使，并且把继位前的侍卫组成为挞马部，以加强皇权。高勋、女里到公元978年才被处死。

公元969年景宗即位后，宋太祖赵匡胤即领兵攻打北汉，辽出兵援汉，宋兵退走。公元974年，辽宋议和。

公元976年九月，宋太祖赵匡胤统一江南后，分道向北汉都城太原进军。景帝命南府宰相耶律沙、冀王敌烈领兵出援，宋兵败退。十一月，宋太祖病死，宋太宗赵光义即位。公元979年，宋太宗亲领大军攻太原。耶律沙、敌烈与宋军战于白马岭，敌烈战死，辽军大败。六月，北汉帝刘继元降宋。北汉是辽朝的属国，宋灭北汉，是辽朝一个惨重的失败。宋太宗乘胜向辽南京进攻。驻在南京的北院大王奚底与南京留守韩德让（韩匡嗣之子）合力防守。奚底出战，南京城被宋兵围困，韩德让登城坚守，辽景宗命惕隐耶律休哥代奚底领兵。

七月，耶律沙自太原退兵来援，与宋军战于高粱河（今北京外城一带），耶律休哥与南院大王耶律斜轸从后面分兵合击，宋兵大败，太宗乘驴车仓皇逃走，韩德让乘胜出击，此次战役被称为高粱河之战或幽州之战。宋军损伤惨重，而辽兵则转败为胜。

九月，景帝以燕王、摄枢密使韩匡嗣为都统，反攻南伐。十月，韩匡嗣与耶律休哥等与宋兵战于满城。韩匡嗣指挥失误，辽军大败。耶律休哥力战退敌。景宗下诏责备韩匡嗣，赏赐耶律休哥，任命他为北院大王，总领南面戍兵。

公元980年十月，辽景宗到南京，领兵攻宋，围瓦桥关。耶律休哥斩宋守将张师，追击宋兵，至莫州还军。

辽景宗击败了宋朝收复燕云的企图，巩固了对这些地区的统治。

大辽韩知古家族

韩知古（898—930）辽朝大臣，蓟州玉田人，善谋有识量。他从小就聪明好学。辽太祖阿保机率辽军攻占蓟州，掳走韩知古那年，韩知古只有6岁。作为战利品，韩知古被赏给述律平皇后之兄。尽管韩知古在契丹为奴，但他聪明伶俐，知书达礼，人们都很喜欢他。述律平皇后收养了他，认为他有经纬治世之才，把他推荐给阿保机，阿保机也很器重他。

韩知古长大后，善出奇谋，颇有胆识。那时，辽国初立，各项制度都很不健全。辽太祖赏识他的才能，让他参与国家管理。最初，他主要是受命管理汉人事务。神册年间，太祖任他为漳武军节度使。韩知古在任上表现出色，太祖更信任他了。后来，就命令他主持与各部落及各国的礼仪交往。

当时辽国刚刚建立，礼仪粗略，各项制度多为初创，韩知古引经据典，参考汉民族的习惯和契丹族的风俗，制订了一套易于实行的礼仪制度，加快了辽朝的发展。为此，太祖耶律阿保机又拜他为尚书左仆射，以后升迁中书令，成为辽朝的最高行政长官。

天显中期，韩知古病逝。

从韩知古开始，韩家成为辽朝最显赫的汉人家族。韩知古的儿子韩匡嗣在景宗时曾任上京留守、南京留守、摄枢密使。他的孙子韩德让是历史上著名的萧太后的情人，封晋王，权倾一时。

承天太后萧燕燕

萧燕燕（953—1009），名绰，小字燕燕。辽景宗皇后。

萧燕燕出生于辽代最显赫的萧阿古只家族，她的父亲是北府宰相萧思温，母亲是燕国大长公主。萧思温“通书史”，对子女的家教自然不一般，又有政治家族为背景，萧燕燕的成长环境为她日后做皇后，并“以女主临朝，国事一决其手”奠定了良好的基础。

萧燕燕从小就非常聪慧。有一次，萧思温的几个女儿在家中扫地，别的女儿都是敷衍了事，马马虎虎，做个样子而已，萧燕燕却非常认真，扫得干干净净，一尘不染。萧思温禁不住高兴地说：“将来这个女儿必定能成大事！”

时光荏苒，萧燕燕转眼长大成人。她不仅美貌绝伦，而且精通书史，才华横溢。景宗仰慕她的才德，把她娶到皇宫，封为皇后。

萧燕燕

辽景宗本来也应该是一个很有作为的皇帝。他登上皇位后，励精图治，渴望建一番大业，只可惜有心而无“力”，他自幼身体羸弱多病，自然承担不起繁重的国事政务。萧燕燕便有了施展自己才能的机会。

历史记载，辽朝凡是“大诛罚，大征讨，蕃汉诸臣集众共议，皇后裁决，报之知帝而已”，一个女人有这样的实力和魅力也不能不令人佩服。景宗对皇后处理政务的能力完全放心，后来，他给史馆学士下了一道诏令，说以后记录皇后的话，也应用“朕”字，并“著为定式”，这就等于承认了萧燕燕“女主临朝”的事实，并以法令的形式确定了萧燕燕代行皇帝职权的合法性和权威性。

景宗对自己的妻子是很敬重的，而且夫妻关系很好。他们只做了十几年的夫妻，萧燕燕为景宗生了四子三女，说明他们的感情是很深的。萧燕燕作为正宫皇后，儿子耶律隆绪作为辽国皇储，地位自然也是牢不可破的。

乾亨四年（982），多病的景宗驾崩。萧燕燕的儿子耶律隆绪继位，是为圣宗。圣宗年龄太小，不到30岁的萧燕燕再次被推上政治的前台，以皇太后的身份总摄军国大事，这便是辽代历史上著名的“承天后摄政”时期。

萧太后作为一位女性政治家，最大的特长是懂得知人并且善用。她为自己，也为辽国聚集了一批忠心耿耿的好将官。她有谋略，善于驾驭臣下，凡是得到她信任的大臣，都愿意为她效死力。

当初，景帝驾崩，主少国疑，耶律宗室有二百多人拥重兵，都虎视眈眈，内外震恐。萧燕燕哭泣着说：“母寡子弱，族属雄强，边防未靖，这可怎么办啊?”顾命大臣耶律斜轸和和汉人权臣韩德让立马进言：“太后只要信任臣等，还有什么可顾虑的呢!”

从此，这两个大臣就成为她推行政务、管理国家的坚强支柱和有力助手。

辽圣宗、萧太后以韩德让等汉人官僚为辅佐，对辽朝制度进行了一系列变革。

第一，宫帐奴隶置部。原处在宫帐奴隶地位的俘户改为部民，分统于北府和南府。新征服的民户，不再编为宫帐奴隶，而分别设部统治。

第二，投下州县赋税：奴隶不再属奴隶主所有，而成为向朝廷纳税的编民，鼓励农耕，西北沿边各地设置屯田垦耕，在屯民户“力耕公田，不输税赋”，即不再向朝廷输税，积粟供给当地军饷。在屯户实际上是为朝廷服力役的农奴。

第三，刑法。将汉人与契丹人斗殴死亡、治罪轻重不同的旧律，改为同等治罪。契丹人犯十恶大罪，也按照汉人法律制裁。

第四，捺钵。辽朝建国后，皇帝游猎设行帐称“捺钵”（《辽史》释“行营”，宋人释“行在”）。辽帝去捺钵时，契丹大小内外臣僚随从出行，汉人枢密院、中书省也有少数官员扈从。夏冬并在捺钵“与北南大臣会议国事”。夏冬捺钵因此又是辽朝决定军政大事的中心。

至圣宗时，汉族的封建文明已有了越来越广泛的影响。圣宗喜读《贞观政要》，又善吟诗作曲，后族萧合卓以善属文，为圣宗诗友，充南面林牙（翰林）。四时捺钵制，使契丹贵族在接受汉文明的同时，仍能不废鞍马射猎，保持勇健的武风。契丹不像前世北魏的拓跋、后世金朝的女真那样由于汉化而趋于文弱，四时捺钵制是有一定作用的。

辽圣宗和萧太后统治时期，先后出现的多方面的变革，显示契丹族的历史正在跨入一个新时期，此后的辽朝，虽然仍保留着严重的奴隶制的残余，但封建制已经逐步确立起来。辽朝由此进入全盛时代。

公元986年三月，宋太宗兵分三路，直向燕云，所向披靡。萧太后和辽圣宗亲自披挂到南京（幽州）督战。辽军很快赢得有利形势。五月，辽军在歧沟关大败曹彬所率宋军，宋军奔高阳又被辽军截击，死伤数万。六月，耶律斜轸军复朔州，生擒宋将杨业。辽军大获全胜。萧太后在这场战争中表现了卓越的指挥才能。

宋真宗景德元年（1004），萧太后和圣宗再次率军亲征。发大兵南下，避实击虚，绕过宋军固守的城邑，长驱直进。十一月，破德清军、通利军，抵达黄河之滨的重镇澶州（今河南濮阳），直接威胁宋朝的都城东京开封。北宋王朝一时间朝野震动。可是北宋一直奉行“重文抑武”的国策，导致国家积弱。

当萧太后兵临城下时，宋朝的王廷上一片混乱。一些大臣主张迁都。丞相寇准极力说服宋真宗御驾亲征。皇帝亲临战场第一线，使得宋军士气大振，萧太后吃了几次败仗，而且驸马都尉萧挞凛中宋军伏弩身死，军心开始动摇，战况急转直下，处境对萧太后极为不利。

此时，萧太后以一个政治家的远见，从国家利益出发，一边派使者到宋营，提出“罢战言和”的愿望，一边派兵加紧攻打宋境其他城池，以期给自己谈判添加筹码。宋军也打了几次大胜仗，形势转好，但宋真宗急着罢兵，只要辽国没有国土要求，给钱给物没问题。于是，两边坐下来议和。最后，宋朝每年向辽输银十万两、绢二十万匹，辽撤军，随后互换誓书，约为兄弟，萧太后则当上了宋帝的叔母。辽宋之间长达25年的战争结束了。

这就是历史上有名的“澶渊之盟”。

“澶渊之盟”，萧太后审时度势，虽没有实现自己的战略目标，但也得了不少好处。最重要的是，宋辽边境由此获得安宁，百姓安居乐业，享受了一百多年和风细雨的和平日子。宋辽两朝也维持“兄弟情谊”达118年，双方和平往来，通使殷勤。双方都获得了难得的和平发展时机。这是萧太后对历史做出的最大贡献。

公元1009年，一代杰出的女政治家萧太后病死，终年57岁，她的风流一生以及这一生坎坷，悲惨，传奇，其中的味道，估计只有萧太后自己一个人能品味得过来。

辽朝后宫的女诗人

辽代是我国北方游牧民族契丹人建立的封建王朝，辽代皇室深受中原文化的影响，辽代诗歌从另一个侧面揭示了中华诗歌文化的辉煌、宏大，体现了北方民族海纳中原文化，奋发向上、积极进取的精神风貌，是诗歌史不可替代的组成部分。辽代宗室贵族有很多人都爱好诗歌并能作诗，都有诗歌传世。辽诗留存下来的作品只有七十余首，多数是以汉字写成的。作者既有契丹人，也有汉人。其中最能体现辽诗特色的当推契丹诗人之作。契丹诗人大多是君主、皇族和后妃。因为他们最先接触到了中原先进文化的滋养。

萧观音（1040—1075），辽道宗皇后，她擅音乐，会琵琶，是很有名的女诗人。

道宗喜欢畋猎，她常常跟随。一次，她随道宗畋猎秋山至伏虎林时，奉诏即兴赋诗曰：

威风万里压南邦，东去能翻鸭绿江。
灵怪大千俱破胆，那教猛虎不投降。

以打猎为题，表现出雄心万里，道宗很高兴，称赞道："皇后可谓女中才子。"但她实际上是反对道宗过度畋猎的，因而又写下《谏猎疏》一文。全文仅一百二十余字，但论点鲜明，论据切实，如首言："妾闻穆王远驾，周德用衰；太康佚豫，夏社几屋，此游畋之往戒，帝王之龟鉴也。"事出有据，颇有气势；后言："傥有绝群之兽，果如东方所言，则沟中之豖，必败简子之驾矣，妾虽愚暗，窃为社稷忧之。"言出肺腑，情词并茂。

萧观音熟练地运用一系列典故和骈语，说明她有很高的文化修养。但不幸的是，她竟为此而被疏，幽闭于回心院，于是又写下了《回心院词》，抒发自己的幽怨之情：

扫深院，闭久金铺暗。游丝络网尘作堆，积岁青苔厚阶面。扫深殿，待君宴。

换香枕，一半无云锦。为是秋来展转多，更有双双泪痕渗。换香枕，待君寝。

铺翠被，羞杀鸳鸯对。犹忆当时叫合欢，而今独自相思眠。铺翠被，待君睡。

装绣帐，金钩未敢上。解却四角夜光珠；不教照见愁模样。装绣帐，待君贶。

叠锦茵，重重空自陈。只愿身当白玉体，不愿伊当薄幸人。叠锦茵，待君临。

爇熏炉，能将孤闷苏。若道妾身多秽贱，自沾御香香彻肤。爇熏炉，待君娱。

……

其格调之浑雅不亚于中原传统的宫怨诗词，难怪后人评为“怨而不怒，深得词家含蓄之意。斯时柳七之调未行于北国，故萧词大有唐人遗意也”。（徐釚《词苑丛谈》）

《回心院词》情致缠绵，萧观音叫宫廷乐师赵惟一谱上音乐。赵惟一殚精虑智，把《回心院词》发挥得淋漓尽致。一支玉笛，一曲琵琶，萧观音与赵惟一丝竹相合，每每使听的人怦然心动，后宫盛传他们两人情投意合，一些别有用心的人又利用纷纷谣言，恶意中伤，有意陷害萧观音。

萧观音还有《怀古》诗一首，诗曰：

宫中只数赵家妆，败雨残云误汉王。

唯有知情一片月，曾窥飞燕入昭阳。

这本是讽刺汉成帝宠妃赵飞燕的，不料却被诬为与伶官赵惟一私通的证据，其理由是诗中嵌入了“赵”“惟”“一”三字，她因此而被道宗赐死。自尽前，她做了《绝命词》，诗中有这样的句子：

岂祸生兮无朕，蒙秽恶兮宫闱。

将剖心兮自陈，冀回照兮白日。

情极哀伤。辽代的这件冤案。幸有涿州文人王鼎著有《焚椒录》一书把全部经过和萧观音的诗、词、文章都记录下来。

辽代皇室后妃中的知名作家还有天祚帝文妃萧瑟瑟。

萧瑟瑟，史称她见后金日日进逼，天祚帝只知以畋猎为乐，宠任奸佞，疏远忠良，于是作《讽谏歌》《咏史》诗以劝谏：

勿嗟塞上兮暗红尘，勿伤多难兮畏夷人。

不如塞奸邪之路兮，选取贤臣。

直须卧薪尝胆兮，激壮士之捐身。

可以朝清漠北兮，夕枕燕云。

但不幸的是她亦被他人所诬而赐死。

秦晋国妃萧氏也善诗文，“落笔则传诵朝野，脍炙人口”。道宗时耶律常哥亦能诗文，今尚传其《述时政文》一篇，气盛言直，慷慨激切。难怪后人常有“辽邦闺阁多才”之叹了。

耶律大石西迁

辽朝后期，契丹贵族日益腐化。在女真族的军事进攻下，辽朝大败。数月间，金军接连攻陷州城，大肆杀掠。1115 年秋，天祚帝下诏亲征，率契丹、汉军，号称十余万，以精兵两万为先锋，以必灭女真的决心出发了。

十一月，天祚帝与女真军队相遇，接战不久，辽军就溃败了。天祚帝吓得一日奔跑五百里，退保长春。金军乘胜侵占辽阳等五十四州。

耶律章奴见辽军溃败，谋废天祚帝，另立燕王、南京留守耶律淳。章奴与同谋者二千骑奔上京迎位，遣淳妃弟萧敌里去南京给耶律淳报信。耶律淳斩敌里，前去见天祚帝。章奴事败，投女真，中途被捕获腰斩。

1116 年，渤海人高永昌据东京反叛，称大渤海皇帝，占据辽东五十余州，只沈州未被攻下。天祚帝命张琳往讨。高永昌向金兵求援，金兵大举来侵，辽兵败逃入沈州城，金兵入城。

天祚帝命耶律淳为都元帅抗金。耶律淳招募辽东饥民得两万余，另募燕云民兵数千。耶律淳攻沈州不下，还军。金兵斩高永昌，据有其地。

1117 年，耶律淳统领的“怨军”有两营起义反辽。耶律淳往讨起义的“怨军”，在徽州东与金兵相遇，辽军大溃败。金兵占领新州。成、懿、壕、惠等州均降。金兵又在显州蒺藜山进攻耶律淳部，辽军再次大败。

1117 年，阿骨打建号大圣皇帝，改元天辅，遣使与辽议和。金对辽提出的条件，大体近似“澶渊之盟”时辽对宋的条件：辽册封金帝为大金大圣大明皇帝，称兄，岁输银、绢二十五万两、匹，割辽东、长春两路地。辽朝册封阿骨打为东怀国皇帝，不称兄，其余一切照办。阿骨打不允。公元 1120 年，阿骨打亲率金军攻辽上京，上京留守降。天祚帝去西京。辽朝至此已失去半数江山。

辽朝灭亡在即，贵族之间仍在相互残杀。1121 年，文妃与统兵副都监耶律余睹（文妃妹夫）、驸马萧昱，贵族耶律挞曷里（文妃姐夫）等谋立晋王敖鲁斡。天祚帝元后兄、北院枢密使萧奉先派人告发，文妃被赐死，萧昱、耶律挞曷里都被处死。晋王因没有参与此事，免罪。萧昱、耶律余睹在军中叛辽投金。

1122 年，金兵攻陷辽中京，进陷泽州。天祚帝出居庸关，至鸳鸯泊（辽捺钵）。耶律余睹竟引金兵来攻。萧奉先向天祚帝献策说：余睹此来不过为了晋王，杀了晋王，余睹自回。晋王敖鲁斡由此无罪而被处死，满朝贵族更加解体。余睹引金兵直逼天祚帝行帐，天祚帝率卫兵五千逃往云中。三月，金兵进陷云中，天祚帝逃入夹山。

汉人宰相李处温与皇族耶律大石等，在南京拥立耶律淳称帝，号为“北辽”。三个月后，耶律淳病死。宋军两次大举攻辽，均遭失败。金军攻陷辽南京。耶律大石在居庸关被金兵捕获，1123 年九月，耶律大石领兵逃出，去夹山见天祚帝。天祚帝苛责他擅立耶律淳为帝。耶律大石心中不安，又见辽将亡，于是率骑兵二百人北走，自立为王。保大四年，天祚帝自夹山出兵，败溃。次年二月被金兵俘虏。在金朝被囚一年多后病死。

契丹自公元 916 年太祖阿保机建国至天祚帝被俘，凡 209 年。太宗于公元 947 年灭晋，建国号大辽。圣宗时一度改国号为大契丹，道宗时复号为辽。自阿保机至天祚帝，习惯上都称为辽朝。

辽皇族耶律大石率部到西北，重建辽朝，史称西辽。西辽在我国西北存在约 90 余年。正像南迁后的南宋是北宋的继续一样，西迁后的西辽也是辽朝的继续。

1124 年，耶律大石率二百铁骑向西北方行进。西北边地是诸游牧民族的地区，在金朝南侵过程中，仍然是辽朝的统治范围，局势相对稳定。

耶律大石领兵至镇州（今蒙古鄂尔浑河上游，哈达桑东北古回鹘城），召集西北地区十八个部落，征兵万人，设置官员，重新组成统治机构。延庆七年（1130），耶律大石率部经回鹘西行，至叶密立（今新疆塔城一带），征服突厥各部落。耶律大石建号称帝，号天佑皇帝，又号古儿汗，耶律大石仍用辽国号，史称西辽，又称哈喇契丹（黑契丹）。康国元年（1134），耶律大石在楚河南岸八剌沙衮建都，号为虎思斡耳朵。

耶律大石建都后，出兵东征喀什噶尔，进至和阗。向西征服撒马尔罕和花剌子模。康国十年，耶律大石病死，依汉制立庙号德宗。

西辽德宗耶律大石死后，由皇后塔不烟执政7年，以后传子耶律夷列（仁宗）。崇福元年，西辽仁宗死，妹普速完摄政，号承天皇太后，普速完与丈夫的弟弟萧朴古只私通，谋杀丈夫萧朵鲁不。萧朵鲁不的父亲萧翰里剌为西辽元帅，领兵杀普速完及萧朴古只。天禧元年（1178），西辽仁宗子耶律直鲁古继帝位。

天禧二十七年，蒙古成吉思汗灭乃蛮部，乃蛮部首领太阳汗败死，子屈出律西逃。年初，屈出律逃奔西辽。耶律直鲁古将女儿嫁给屈出律。屈出律又离西辽东去收集乃蛮残部，与花剌子模相约，夹攻西辽。天禧三十四年，耶律直鲁古被迫退位。屈出律篡夺了西辽王位，奉耶律直鲁古为太上皇。公元1218年，蒙古军灭其国，屈出律被捕当即处死。

西夏

西夏帝系表

1038—1227

景宗李元昊	（1034—1048）
毅宗李谅祚	（1049—1067）
惠宗李秉常	（1068—1084）
崇宗李乾顺	（1085—1139）
仁宗李仁孝	（1140—1193）
桓宗李纯祐	（1194—1205）
越王李仁友	
襄宗李安全	（1206—1210）
彦宗	
神宗李遵顼	（1211—1223）
献宗李德旺	（1224—1226）
清平郡王	
末帝李晛	（1227—1227）

元昊称帝

党项族从唐末据有西北五州之地，到11世纪时，人口已有数十万户。由于汉族经济和先进文化的影响，又跟吐蕃人、回鹘人生活在一起，使党项族内部的经济生活和社会制度发生很大的变化。在经济生活方面，从狩猎转为畜牧和农业并举，手工业和商业也有一定程度的进展，党项人已经学会制造铁器。从社会制度的变化来看，部落联盟的首领变成有势力的贵族，控制汉人、党项人和各族人民从事农垦，缴纳赋税，出现了封建剥削制度。李德明时代，党项的势力已经扩大到甘州（今甘肃张掖）、凉州（今甘肃武威）一带。这些地区的自然条件都比较好，既有适宜于游牧的水草，又有便于农田灌溉的河流，使党项人民的物质生活有所改善。

1032年，李德明病死。在对外作战中立有大功的太子元昊，继承李德明的职位。宋朝封元昊定难军节度使，袭爵西平王。

元昊继续统率党项部落，向吐蕃、回鹘进攻。1033年，元昊战胜吐蕃唃厮罗部，攻破牦牛城。1036年，又西攻回鹘，攻下瓜州、沙州和肃州，占领了河西走廊。统治的领域"东尽黄河，西界玉门，南接萧关，北控大漠"，包括夏、宥、银、会、绥、静、灵、盐、胜、威、定、永和甘、凉、瓜、沙、肃等州的广大区域。

随着领域的扩展，外族人口的大量涌入和俘掠奴隶的急剧增加，原来以兴州为中心的松散的部落联合，显然无法适应新的形势，迫切需要建立一个适宜的统治机构，以保护党项贵族的利益，统治奴隶和各族人民。建立国家的条件成熟了。

唐末宋初以来，拓跋部和被称为平夏部的夏州部落首领，接受唐、宋封授的官职，并且入居州衙，通过贡赐的方式，接受了汉族的物质生活和文化。他们以这种特殊的地位，在对外作战时召集各部落形成暂时的联合。宋朝皇室也通过他们来控制党项各部落的对外掳掠。历史形成的这种特殊的状况，不仅越来越不能适应党项奴隶制发展的要求，而且日益成为退，据守凉州。1016年，甘州回鹘攻占凉州，凉州守将苏守信子啰麻弃城。回鹘成为李德明的一个严重威胁。

1020年，李德明在灵州怀远镇修建都城，从西平迁到新城，号为兴州。1024年，又在怀远西北省嵬山下建省嵬城，作为兴州的屏障。1026年，甘州回鹘叛辽，辽萧惠兵攻甘肃，李德明出兵助战，不能战胜，随辽朝退兵。1028年，李德明的儿子元昊领兵攻下甘肃，又乘胜攻下西凉府，取得对回鹘作战的重大胜利。李德明仿宋朝制度，立元昊为皇太子。1030年，瓜州回鹘可汗贤顺也率部投降。李德明、李元昊战胜回鹘，党项的历史进入了一个新时期。

党项族的崛起

公元10世纪中后期，我国西北边区的古老民族——党项族，已经进入了半农半牧的经济阶段，封建生产方式正在扩大。党项族的部落首领，从唐朝以来就接受中原汉族王朝的封号，臣属于中原王朝。到了宋朝，西北地区的经济有较大的发展。党项贵族在汉族进步文化和生产技术的影响下，在汉族地主的支持下，建立起封建地方政权。

党项是我国古代羌族的一支。大约在7世纪，生活在今青海一带和四川西北的党项人，还处于氏族社会趋向解体的历史阶段。他们“以姓别为部”，大的部落有万余骑，小的也有几十骑。他们互不统属，每隔几年聚会一次，过着游牧狩猎生活。

公元629年，弃宗弄赞建立吐蕃国家。吐蕃古钵教经典把党项列为吐蕃统治下的“外四族”之一。吐蕃强盛，党项族遭到吐蕃的压迫。8世纪初，吐蕃袭杀党项拓跋首领，党项各部落被迫迁移到今甘肃和陕西北部一带。迁到夏州的部落，被称为平夏部。

唐朝末年，党项平夏部首领拓跋思恭接受唐朝求助出兵，镇压黄巢起义，党项军队随李克用攻占长安。唐朝以夏州为定难军，加思恭节度使，晋爵夏国公，赐姓李氏。从此，党项族便据有银、夏、绥、静、宥等五州地区。

这时的党项族，还处在氏族社会的父权制时期。党项族的居民组成为大小不等的氏族和部落，最大的部落可达四五千人。各部落散处各地，还没有形成固定的部落间的联盟。接受唐朝封号的拓跋首领在党项族中有着颇大的权威，遇有战事，他可以射箭为号，召集各部落对外作战，但战事过后，即行解散。

唐朝末年以来，一些党项部落进入汉地，入居州城。党项族在不断地发生着分化。

党项部落进入州城后，与汉族杂居，逐渐接受了汉族先进的文化制度。

宋、夏好水川之战

党项族是宁夏历史上重要的少数民族之一，之所以重要，是因为这个民族建立了以宁夏为中心的西夏王朝，雄踞西北190多年，与宋、辽、金等朝呈鼎立之势。

党项贵族在建立西夏政权的过程中，迅速向封建制转化。但是他们本身仍然带着落后民族的掠夺性，掠夺的对象就是社会经济发展较高的中原地区。西夏的骑兵经常对宋朝边境进行骚扰。

当西夏政权强大的时候，宋朝企图从经济上加以牵制，采取禁止物资交流，割断双方经济联系的手段。宋朝一度下令关闭陕西和河东地区的贸易场所，保安军的榷场也取消了。陕西的官兵和汉人，不能自由地和党项人进行交易，这就人为地加深了民族矛盾，引起党项人对宋朝的不满和怨恨。

元昊称帝建西夏的消息传到宋朝，宋朝极为愤怒，下令削去了元昊的平西王爵位，断绝贸易往来，按现在的说法，就是进行“经济封锁”。既敢称帝当然有备无患，元昊就发兵进攻宋朝。

宋朝在西北地区的驻军有四五十万之众，但由于宋太祖为防止兵变实行“兵不识将，将不识兵”的策略，使战斗力大为削弱，而西夏国的兵将在元昊的统一领导下，既能集中，又能分散，机动灵活，战斗力很强，两军一交战，宋军就吃败仗。

接着，元昊带兵进犯延州（今陕西延安）。延州刺史范雍是个无能之辈，对进犯的西夏军不敢出城应战，他妄想让西夏军不战自退。

范雍的妄想居然变成了现实，西夏军果然放松进攻，而且还有不少士兵前来投降。明眼人一看就知这是诈降，范雍却心中大喜，还自以为得计，对降兵一律厚待，并放松了城防，结果被元昊里应外合，一举打下了延州，一万多宋军被杀死。范雍带领残兵败将落荒而逃。

宋仁宗将范雍撤去职务，另派大臣韩琦和范仲淹去陕西指挥抗敌。范仲淹来到前线，把延州残留的一万六千人加以整顿，兵分六部，由六名将领带领，军队的战斗力有所加强。

西夏将士见宋军面貌一新，知道范仲淹治军有方。他们感叹说："小范老子（指范仲淹）可不像大范老子（指范雍）那样好欺侮。"他们撤出了延州，延州复为宋军所得。

元昊又转向渭州杀去（今甘肃平凉市），那里有韩琦守着。

元昊又使用诈降计，但被韩琦识破，不为所动。韩琦用兵，不像范仲淹那样重防守，而是主动出击。待到元昊大军来到怀远时，他命大将任福领兵出击，并一再嘱咐："元昊诡计多端，且作战勇猛，你要加倍小心，切莫妄自深入，以免中他的奸计。"

任福领兵出城，迎击西夏军。他见西夏军人数很少，队形不整，刚一交战就溃退了，军马和骆驼丢得到处都是。他心想，西夏军毕竟处于荒野之地，没见过大阵仗，打打范雍那种平庸之辈还可以，一遇到朝廷大军就不行了。他求功心切，早忘了韩琦对他的嘱咐。他挥兵追去，直追了三天三夜，追到了一个名叫好水川（今宁夏隆德县北）的地方。这时，宋军已追得兵困马乏，加上天色已暗，任福命令就地休息，准备来日再行追杀。

第二天，任福领着兵马，沿着好水川，继续追赶，追着追着，前面的西夏兵马渐渐消失了。追到六盘山下，西夏军队已杳无人影。这时，任福开始迷惑起来，他颇有些后悔，不该不听主帅韩琦的忠告而纵兵深入。如今不见西夏人马，找谁去作战呢？他正想回兵时，部下士兵在地上拾到了一个泥盒子来交给他。

这泥盒子好像是敌军故意丢下的。泥盒子很大，里面还有些许响声，任福和士兵们端详了这个泥盒子半天，也看不出什么名堂。任福就命令将泥盒子打开。

泥盒子打开了，顿时有百来只飞鸽“扑”地向空中飞去，并在宋军上空飞旋不已。任福被这特殊的景观惊住了，但他很快就明白过来，这一定是元昊搞的鬼。飞鸽是向元昊报告自己部队方向的，他立即传令全军撤退。

可是，已经来不及了，在飞鸽的指引下，元昊率领的西夏军从四面八方围了上来。原来西夏军早就潜伏在六盘山下的林子里，只等飞鸽报信。一旦信号出现，同时出击，将宋军紧紧围在好水川的中间。韩琦中不了元昊的诈降计，可是他的大将任福还是中了元昊的诱敌计。

宋军受此突然袭击，顿时乱了阵脚，他们还是各自为战，奋力抵抗，但经过数天行军，身体疲惫不堪，西夏军则养精蓄锐，以逸待劳，人数又占优势，宋军将士纷纷战死。

任福后悔莫及，只有顽强战斗。西夏军靠近不了他，就用箭射他。他接连中了十几支箭，仍坚持作战，士兵拉他突围，他悲壮地说：“我误中奸计，无脸见人，对不起将士，只能以死报国了！”他最后力竭身亡。

宋仁宗听到好水川的败绩，一怒之下将韩琦和范仲淹都撤了职。

宋、夏双方的战争一直不断，互有胜败。后来范仲淹再次出任边将，任用了一个名叫狄青的大将，使宋朝的败势有了缓和。但西夏不时又发兵骚扰，掠夺人口、财物和军马而归。

宋真宗时曾与辽国议和，宋仁宗也想效法先皇，与西夏议和。元昊因连年战争，消耗了大量的人力、财力、物力，加上宋朝的“经济封锁”，西夏缺乏茶叶、布帛等日常生活用品，西夏百姓也痛恨战争，对元昊不满。在这种情况下，元昊便同意和宋朝议和。

双方协议规定，宋朝承认元昊称帝，西夏国名义上仍对宋朝称臣，但臣子不必向君朝贡，反而由大宋每年“赐”给西夏绢十三万匹，银子五万两，茶叶二万斤，逢年过节，还要“加赐”，双方恢复贸易往来。懦弱的宋朝只好用“赏赐”的办法，换取一时的安宁。

好水川之战发生在宋庆历元年（1041）。

西夏文字

20世纪初，当俄国探险家柯兹洛夫走在西夏古堡——神秘的黑水之城时，他发现了一种奇特难解的文字，这种文字与汉文字有些相似，但又远比汉文字繁复多变，虽然他拜访了许多语言学家，但没有人能破解其中的奥义，这种神秘的文字便成为一个难解之谜令考古学家、文字学家不能释怀。直到1909年，俄国著名汉学家伊凤阁在黑水城文献中找到一卷《番汉合时掌中珠》时，才知道这种文字原来就是西夏文，至此，西夏文字才揭开它尘封已久的神秘面纱。

西夏建国时，景宗元昊和野利仁荣等创制西夏文字，称“国书”。野利仁荣演绎为十二卷，是西夏最早的一部字书。西夏文模仿汉字，字形方整。字体也有草书、隶书、篆书。文字结构有全、左、右、干、头、下等区别。字体的创制，多用汉字六书的会意法。如闪为电旁、霹旁。也有类相从法，如属于丝织品的字自成一类。西夏文中还有时直接借用汉字，如“圣”字，字义和读音都作“圣”。但西夏文字多用左撇，无直钩，这又与汉字不同。西夏文字的创制，是西夏国进入阶级社会，建立国家的一个标志，同时也为西夏文化的形成和发展提供了必要的条件。

西夏国书创制后，公私文书都用国书书写，但汉字仍在西夏国通行。西夏国给宋朝的文书，多用西夏文和汉文并列书写。西夏国铸造的钱币也有国书和汉字两种文字。惠宗秉常时铸造的天赐宝钱、大安宝钱都是两种字同时并列，以利于在各民族间流通。现存西夏碑刻，如1094年凉州护国寺感应塔碑，也是西夏字和汉字同时并列刻石。

随着西夏文字的广泛应用，西夏学者编纂了多种说明西夏字声韵、字义和结构的书籍。《音同》是按声排列的字汇，仿《切韵》的九音分类编辑，收入六千余字。《五声切韵》编排与《音同》一样，是仿司马光的《切韵指掌图》编纂的西夏字韵表。《文海杂类》也是按声排列的字典，每一字下都有解释，分别说明字体构成、字义、发音。《文海》的内容与《文海杂类》一样，但它是一种仿照《广韵》按韵排列的字典。梁义礼编的《义同一类》属于另一种类型，是一部大型的同义语字典。还有一种按字形和概念分类排列的字汇，如《杂字》《三才杂字》等，书中分天、地、人三部，以下再分小类，如“地”部分牛、羊、男服、女服、山、河海、宝、丝等，这类字书收编字数不多，没有解释。元昊曾命人译《尔雅》《四言杂字》供番学之用。可能这些书是《四言杂字》一类的西夏字识字读本。另有一种字书名《要集》，每字下注有汉义，用西夏字表汉字音，兼有帮助学习汉文的功能。

公元1190年，骨勒茂才编的《番汉合时掌中珠》是一部西夏语汉语字典，也是按天地人“三才”分类，收编常用词，用汉字注“国书”的音、义，又用“国书”注汉义所用字的音。汉字注音难以准确，《掌中珠》采用了反切法，同时旁注“合”（合口）“轻”（轻呼）等字以表示发音部位，说明编者力求审音精确，是一部比较不错的夏汉字典。

佛教之盛

公元1250年左右的时期，意大利旅行家、商人马可·波罗，从意大利出发，经过帕米尔高原，来到了中国北部的河西走廊，在他触目可及之处，到处都是寺庙，到处都是佛像，最令他无比震惊的是那尊35米长的大卧佛，光肩宽就达7米，耳朵2米之大。这尊卧佛就是如今的张掖大卧佛，而塑造这尊卧佛的就是当时统治这一地区的西夏王朝。

丝绸之路上的河西走廊，是佛教东传的重要纽带。控制河西走廊长达两个世纪的西夏，是一个深受佛教影响的国度。早在西夏第一任皇帝李元昊登基之前，他就意识到西夏文化，特别是佛教文化对一个国家潜移默化的影响力，他不仅派人出使宋朝请赐经书，还亲自督查翻译佛教经典、兴建寺庙、遍请高僧，鼓励百姓信佛参禅，他自己也是一个佛教徒，每遇大事小情，必上香祈求佛祖开示。从元昊开始，西夏历代王朝都把佛教视为国教，全境之内，佛塔林立，僧侣随处可见，西夏俨然一个西域佛国。

12世纪中期，正是佛教大兴之时，很多国家地区都受到佛教的强烈影响，当时处于丝绸之路东西交会的西夏更是受到藏传佛教的耳濡目染，连年的争战使人们渴望和平与安宁，佛教的慈悲与隐忍恰好迎合了人们的这一需求。为了抚平战争创伤，安抚百姓心灵，也为了自己的统治需要，元昊决定广著佛经、大兴寺庙。这一日他把野利仁荣等大将召集过来，对他们说："各位将军，你们还记得当年咱们一起去大宋朝贺新帝登基时所见所闻吗？那阵势和气派如今想来还历历在目，更令我羡慕不已的是他们那庄严宏伟的藏书大殿和浩如烟海的经史子集，那可是思想文化的精华啊！一个国家要想治国安邦、青史留名，没有书籍、没有学院、没有信仰，那怎么行呢？我想了很久，我们也要建造我们西夏的学院和藏书大殿，培养人才，著书立说。"

"是呀，我们应该创造我们党项人自己的文化。而一个国家的文化根基就是佛教啊！你没看到百姓对佛教的渴望就像渴望甘露琼浆一样吗？那是安抚他们心灵创伤最好的良药啊！"野利仁荣有些动情。

"老将军，你说得对，咱们应该从佛教开始抓起，这才是当下最最重要的。"元昊兴奋地说。

"嵬名山遇将军，我派你即日起就去大宋请赐佛经，特别是《大藏经》，不惜一切代价请回来。我们要把它翻译成西夏文的《大藏经》。张元军师，我命你把最好的法师请到我们西夏来，我需要他们宣传佛法，遍洒法界甘露。仁荣老将军，我把建造寺庙的任务委托与你，我要在西夏境内建造上千座佛塔、寺庙，把西夏变成一个法界佛国。"

从这以后，西夏境内开始了轰轰烈烈的印经造像建塔活动，其中一套用西夏文印制的九卷本佛经——《吉祥遍至口合本续》最令人称奇，这本经书采用雕版印刷，从有倒字的情况分析，只有活字印刷才会出现这种情形。所以研究人员断定这本经书为800年前的活字印刷品，比之前发现的元代活字整整提前了一百年。

为了适应佛教的发展，西夏官府曾经六次用马匹与宋朝换取佛经，也许正是在这个过程中，活字印刷术传入西夏。西夏文虽然早已变成无人应用的死文字，但活字印刷术发明后不久印制而成的西夏经文，却成为这项科技最早出现在中国的确凿证明。

除了广印佛经外，西夏政府还建造了大量的佛塔，光在黄河岸边的一处就汇集了一百零八塔，它们按照1、3、5、7的奇数组合类推，排成12行，形成一个平面呈现三角形的总体，人们根据这些塔的数目称它们为“一百零八塔”。

著名的拜寺口双塔矗立在贺兰山拜寺沟口左侧的一个方形平台上，塔身背后是一座紫色岩石的山峰。两塔东西相距百米，像一对情侣，含情脉脉，形影不离。传说很久以前，有一年兵荒马乱，山泉枯竭，民不聊生。有一天晚上，在紫石山前拜寺庙里的老僧依稀听到有人在半空中说话。“此地不可久留”。老僧出庙观看，只见拜寺庙东西两侧各约50来步远的地方不知何处飞来了两座亭亭玉立的佛塔。双塔造型精美，均为平面八角形密檐式，高约45米，塔身华丽，每层均用各色琉璃砖装饰，塔顶为上仰的莲花瓣形刹座，其上承托着13层相轮作为塔刹。塔室为圆形，面南辟有券门，室内采用厚壁空心木板楼层结构。两塔又各具特色，西边一塔，每面塔檐下中间各砌进一个浅佛龛，龛内有砖雕佛像一尊。在佛龛的两侧均饰有直径30厘米的圆形砖雕兽头，口含串珠，形象奇特。东边一塔，每层塔檐下均有两个砖雕兽面，怒目下视，龇牙咧嘴，凶神恶煞，使古塔更显神奇壮观。

拜寺口双塔是西夏开国皇帝嵬名元昊离宫建筑的一个组成部分。当年拜寺口周围寺庙众多，与华丽的宫殿参差交错，金碧辉煌，给气势雄伟、古木参天的拜寺口增添了无穷的魅力。今天，这个充满劳动人民智慧结晶的杰出建筑——拜寺口双塔，已成为研究西夏历史的重要遗物。

西夏还有一处著名的承天寺塔，那是嵬名元昊死后，皇后为刚满周岁的私生子登基祈福而建。承天寺塔用了五年零七个月的时间在兴庆府建成，它是今天中国境内唯一一座记载着准确修建年代的西夏古塔。

除了印经造塔，西夏人还开凿了很多佛教洞窟，在我国著名的艺术宝库——敦煌的五百多个洞窟中，有77个属于西夏王朝。西夏人还把生活中的真实供养人永久地刻画在石壁之上，位于第17窟的壁画，主角就是当时统治敦煌地区的西夏国王。中国宁夏银川市是昔日西夏国都兴庆府的所在地。1986年，在市内繁华地段的工程建设中，一批文物破土而出，其中包括七尊通体镏金的佛教铜像。考古人员根据出土现场的地层关系和制作工艺推断，这些铜像应当属于西夏后期。而它们无序的掩埋方式分析，极有可能是蒙古军队进攻兴庆府时，城内僧人仓皇埋入地下的。

西夏王朝灭亡后，他们的后裔通过佛教信仰延缓了党项民族消亡的时间。一直到15世纪，仍然有僧侣用西夏文刻写经书。西夏人的民族文字和宗教信仰已成为后世追踪他们历史的佐证。

没藏专权

景宗元昊建立夏国，后族野利氏起了重要的作用。野利仁荣成为景宗的主要的支持者。1042年七月，野利仁荣病死。同年（天授礼法延祚五年）十二月，太子宁明病死。景宗另立野利后子宁令哥为太子。野利后从父野利遇乞领兵驻守天都山。后族野利旺荣为宁令（大王）。

1043年四月，夏、宋议和。宋朝派遣间谍从中离间，诬陷野利旺荣、野利遇乞通宋叛夏。景宗中计，九月，杀野利旺荣及野利遇乞。

1045年，野利后向景宗诉说旺荣、遇乞兄弟无罪。景宗始知中计，迎遇乞妻没藏氏入宫。景宗与没藏氏私通。野利后将没藏氏赶到居兴州戒坛寺为尼。1047年5月，景宗又夺太子宁令哥新妇没㖠氏，立为皇后，废野利后，黜居别宫。

没藏氏被黜出宫后，景宗仍常到寺院看视，还常常偕同没藏氏出猎。1047年二月，没藏氏随景宗出猎，在行帐中生下儿子谅祚。谅祚从小寄养在没藏氏的哥哥讹庞家。没藏氏是西夏的大族，讹庞是没藏的族长。1047 年三月，景宗任命讹庞为国相，总管政务。野利后被废，讹庞唆使宁令哥作乱。天授礼法延祚十一年（1048）正月，宁令哥与野利氏族人浪烈等入宫刺杀景宗。景宗受重伤，第二天就死了。景宗建国 17 年，死于非命。

野利氏和没藏氏都是夏国有权势的贵族，皇后的废立和夏景宗的被刺，并不只是宫廷间的私事，而是反映着党项奴隶主贵族间争权夺利的斗争。景宗死后，讹庞又杀宁令哥及其母野利后。讹庞与夏国领兵的大将诸移赏都等共立谅祚为夏帝，没藏氏为太后。这时，谅祚只是两岁的幼儿。夏国的政权落入没藏后和国相没藏讹庞一族的手里。

1049 年七月，辽兴宗又领兵亲征西夏，以重元、耶律仁先、萧惠为先锋。九月，没藏讹庞领兵袭击萧惠部，辽兵大败。十月，辽、西夏又战于贺兰山，西夏战败。西夏景宗后没哆氏及家属被辽军俘虏。次年二月，西夏军攻辽金肃城，战败。三月，在三角川攻辽，西夏军又败。五月，辽军围攻西夏兴庆府，大掠而去。西夏军屡次失败，被迫向辽求降，依旧称臣。

没藏讹庞执政，夏国贵族间争夺权利的斗争仍在继续。代表汉人地主势力的汉臣也在夺取政治权力。1056 年十月，拥有权势的汉臣李守贵在没藏太后出猎途中，将她杀死。讹庞把李守贵全家处死。随后又把自己的女儿嫁给谅祚为妻，立为皇后，继续通过后族操纵皇室。1059 年八月，没藏讹庞杀汉臣高怀正、毛惟昌。高、毛原属野利遇乞帐下，高、毛二人的妻子曾哺乳谅祚。讹庞杀高、毛，意在削弱谅祚左右的汉人力量。毅宗谅祚已经 12 岁，出面制止杀高、毛，讹庞竟拒绝。

当谅祚长大成人后，与没藏讹庞的儿媳梁氏有私情，后来被其丈夫发现，他们哪里肯容忍这些，但迫于皇帝之名无法公开报复，就想利用谅祚与梁氏私通时把谅祚处死。

事也凑巧，当没藏讹庞父子二人密谋时，恰被经过的梁氏听到，梁氏马上把这些话传给了谅祚。这令谅祚十分震惊，他连忙招来大将漫咩，商议如何应对。大将漫咩说先下手为强，趁他们还没有下手时，提前行动。于是谅祚在密室里召见没藏讹庞，没藏讹庞哪里料到，一些早已埋伏在那里的卫队早就等着摘他的人头了。除掉了没藏讹庞，谅祚又派人包围他的儿子及其家人，连没藏家在外做官的八十多人，都一一处死。至此，控制西夏王朝二十几载的没藏家族最终灭亡。

破盟降金

西夏第四代皇帝乾顺依靠辽国的扶持才得以摄政，为了表达对辽国的感恩，乾顺不仅与辽国结为秦晋之好，还与辽国结成军事联盟，并彼此约定：两国应互为掎角，如一方有难，另一方定要出兵相助。

在此期间，在辽国统治下的东北地区，一支强悍的民族正悄然兴起，这个民族就是女真族。女真族是一支古老的少数民族，他们世世代代居住、生活在松花江和黑龙江流域的广大地区，在白山黑水间生活繁衍。经过几代人的奋斗，到了完颜阿骨打时期，女真族已十分强大。由于自身的强大和不堪辽、宋压迫，1114 年九月，阿骨打命女真各部人马誓师来流水，开始了为期十年的伐辽争战。1115 年正月，阿骨打称帝，建立金国。

金的建立，直接威胁到的就是辽国的利益，为了争夺牛羊水草，彼此冲突不断。早对辽夏联盟深怀恐惧的宋朝看到机会来了，便悄悄派出使臣前往金国，以阴山以北之地相许，要求与之结成联盟，内外夹击，消灭辽国。

宋、金两国的举动不仅使辽国大为恐惧，就是远在西北的西夏也大为慌恐，皇帝乾顺召集群臣商议对策：

“我盟国大辽之北新兴起一个国家金，对辽国威胁很大，最近又听说金与宋结成联盟欲消灭辽国。唇亡而齿寒，如果辽国一旦有个闪失，那我们的日子也就不好过了。你们看我们该怎么办哪？”

“圣上，辽国是我们的盟主，在我危难之际伸出援手，他们有难，我们不能坐视不管，况且一旦辽国受损，面对宋金两国的威胁，我们可就被动了，所以发兵援辽实为明智之举啊！”

“好吧，发兵五千前往辽国中京！”乾顺一锤定音。

1122年春，西夏派出五千骑兵前往辽国，准备援助辽国抗击宋金联军。西夏兵马刚出夏境，就见探马疾驰而来，大声报告：“辽中京西京已被攻陷，天祚帝已出逃！”西夏军闻讯，连忙调转方向返回夏境等待事态的进一步发展。

春天短暂，转眼就到夏天，天气的回暖并没给辽国带来一些暖意，相反，情况变得愈加糟糕，金军大举入侵，所到之处势如破竹，辽军无招架之功、还手之力，可怜大辽圣主天祚被撵得四处躲藏，最后逃到阴山深处。

听说天祚帝躲入阴山，乾顺忙派兵三万，由大将李良辅率领，前去救援。西夏军一路上倒也顺利，可是当他们到达宜水（今呼和浩特市东南）时，突然遭到埋伏在那里的金军的袭击，西夏军没有提防，被金军打得大败。结果救援未成，反倒损兵折将不少，只得落荒而回。

1123年，西夏再度出兵救辽，结果又以失败告终。而此时的大辽圣主天祚已经被金兵逼得上天无路，入地无门，无奈之下，只得投降。但天祚不想就这样束手就擒，他还心存希望，希望盟友西夏能够帮助自己改变颓势，于是，他假意向金送印，以作缓兵之计，趁此机会带着一些人马逃往临近西夏境的云内州。乾顺帝听到天祚已经来到西夏境，马上派人前去接应。

知道天祚投降是假，逃跑是真，金国马上派兵追杀，但已经晚了，西夏已经把天祚护送渡过了黄河。看到马上就要到手的肥肉丢了，金国怎愿善罢甘休，他们就把主意打到了西夏身上。世上只有长久的利益，没有长久的友谊，在利益的诱惑之下，西夏一定会动摇。于是，他们写了一封信给西夏皇帝，信中说，只要西夏国把辽主天祚交与金国，那金国将把辽西北一带的土地全部割让给西夏。

“这样的诱惑无疑是巨大的，但是西夏与辽国可是生死之盟啊，想当年我就是依靠辽国的扶持才得以夺回皇权的！眼下辽国皇帝投奔到我这里，是对我的信任。可是，辽国目前已经名存实亡，金国取而代之只在朝夕之间，如果金国一旦占据了辽国，就与西夏为邻，如果此时结下了仇怨，那日后想要安生恐怕也难了。怎么办？怎么办？交吧，等于落井下石，不交吧，那金国一旦攻来，后果不堪设想。”乾顺左思右想拿不定主意。

第二天早朝，他把自己的想法说给众人，没想到大家都认为为了一个没国没家的末代皇帝而牺牲了西夏的利益不值得，为了西夏的长远打算，此时与金国交好，献出辽帝是恰逢时机。见众人如此说，乾顺下了决心，回信给金国，同意他们提出的要求。

1124年，乾顺奉表金国，表示愿意成为金国的番邦属国，愿意接受金朝割让的土地，同时把辽天祚皇帝送给金国。金国也遵守承诺，把原属辽国的下塞以北、阴山以南、吐禄泺以西的大片土地划割给了西夏，西夏坐收渔翁之利。

联金灭宋

在中国历史上，大金国是非常强悍的一个国家。大金国在建国之后的10多年时间里，先后灭掉了不可一世的大辽国和繁华的北宋王朝。对于西夏国，金国一直是招抚的态度。如果金国大举进攻西夏，估计南方的宋朝还会再次北伐。当年的金国皇帝完颜亮，制定了先南宋、后西夏、然后高丽的征服计划。

又是一年的春天，草长莺飞，养精蓄锐了一冬的金兵正磨刀霍霍。消灭辽国以来，金国上下的气势也如春天的麻雀鼓噪喧腾，他们的猎物还不只是辽，他们要把宋、夏统统吃掉，然后一统华夏。目前，他们还要与西夏暂时联手，待消灭了宋朝再说。

此时，在西夏，乾顺皇帝和他的臣子们可没有金国那样雀跃兴奋，虽然在灭辽过程中他们也获得了下塞以北、阴山以南的大片土地，但金国的来势汹汹令他们不能不小心谨慎地注视着这个勃勃蒸腾的北方民族。下一步金会做何打算？是保持新的三足鼎立之势，还是要乘胜追击，那下一个目标又是谁呢？无疑，下一个目标一定是宋朝了，最后就是金与西夏决一雌雄。此时形势十分关键，谁能在最后的博弈中取胜，就取决于对宋这至关重要的一步棋了。

在西夏首府兴庆城的皇宫大殿里，灯火昼夜不熄，乾顺和大臣们正日夜分析着目前时局，乾顺说：“金灭辽后，正虎视眈眈，他们的下一个目标该是谁呢？是我西夏还是宋朝啊？”

“圣上，金灭辽后，气焰正盛，他们绝不会就此罢手，无疑他们会选择下一个攻击目标，那个目标应是宋朝。因为宋朝官员腐败，国库空虚，士兵战斗力孱弱，攻打宋朝无疑可以取得事半功倍之效。”

“那我西夏处于何种位置？我们又该怎样行动呢？”

“圣上，金虽气焰强劲，但他们无力单独灭掉宋朝，他们只有与我们联手才能达到目的，如果到时金欲联合我们，我们只需如此这般——”这位大臣的计策令乾顺帝把心放到了肚子里。

银镶珠“金翅鸟”

天一天比一天暖了，北方的杨树都放出鹅黄的嫩叶，金军此时也蠢蠢欲动。一个冬天，他们的士兵战马已养得膘肥体壮，只待春天一来，就挥戈南下，直取宋都汴京。

见到金军进攻宋朝，西夏乘机发兵临近夏境的武州、朔州，并攻占了宋朝丰、麟二州，乘胜追击，打到宋朝边境震威城。

此时，西夏军已一举攻下沿途各城，只剩下了一座孤城震威城，西夏军本想攻下震威城后大军南下，也分得金国一杯羹，可是没想到震威城坚如磐石，久攻不下，这令西夏军十分恼火，他们派出宋军降将去劝说震威城的守将朱昭。这位昔日宋朝的将军与朱昭也是相识，便开门见山地说：“天下大局已经如此，你看金军已大举南下，直逼汴京，势头之猛，恐怕赵家的江山支持不了多久了。自古识时务者为俊杰，朱兄应该明白此理呀！”

朱昭说道：“自古以来食人俸禄，就要尽忠职守，我们从小就学习‘忠义’二字，身为大宋朝臣，难道这些你都忘了吗？为了一己的性命就苟且偷生、背信弃义吗？生当人杰，死亦鬼雄，总不能死后像猪狗一样遭人耻笑吧。人都有选择的权力，你选择了投降，可我选择了杀身成仁，你也不用再当说客了，你走吧！”

没能劝降朱昭，反遭一顿训斥，这位降将灰溜溜地走了。

西夏军听说朱昭荣华富贵不动，生死荣辱不惧，气恼不已，便派出重兵日夜攻城，把“火鸭子”放入城中。同时派出兵丁利用云梯日夜攻城，几天下来，城墙被摧开了几处，而城中的士兵也死伤无数。见到城池难保，朱昭召集众人说：“城马上就要被攻破，西夏军马上就会涌上来。就是死，我们也不能落到敌人手里，妻子儿女不能遭到贼人玷污，你们先把自己的家眷处置了吧。”说完率先把全家老少杀死，埋入井中。将士家属也纷纷自杀而死。

此时西夏军已攻上城来，与宋军在街巷展开厮杀。从天明到日落，直杀得血肉横飞，堵塞街巷，马蹄都没有落脚的地方。守将朱昭双眼血红，浑身是伤，他已不知自己杀死了多少西夏兵，本能驱使他不停地挥动刀剑。这时忽听身边一位士兵叫道：“将军，前边有一处豁口，快冲出去！”朱昭定睛一看，果见城墙有一处缺口，朱昭打马冲了过去，可是街巷里到处都是堆积如山的尸体，行进起来十分困难。朱昭好不容易到了城墙口，可是突然马腿一瘸，把朱昭从马上摔到了城外的壕沟里。西夏军见状蜂拥而上，欲活捉朱昭。此时朱昭手持利刃，微闭双眼，欲与西夏军决一死战。见此情景，西夏兵竟无人敢上前来，只得在远处放箭。箭雨纷纷，落向朱昭，朱昭直到死前还大骂不止，令西夏兵无不胆寒。

1127 年，金夏联军攻下了宋都汴京，俘虏了宋徽宗，北宋灭亡。